中国上市公司协会公司治理丛书

上市公司监事会
最佳实践案例

（第二版）

中国上市公司协会　编

中国财经出版传媒集团
中国财政经济出版社

图书在版编目（CIP）数据

上市公司监事会最佳实践案例 / 中国上市公司协会编. --2 版. --北京：中国财政经济出版社，2023. 2
ISBN 978 -7 -5223 -1864 -6

Ⅰ. ①上… Ⅱ. ①中… Ⅲ. ①上市公司 - 监事会 - 案例 - 中国 Ⅳ. ①F279. 246

中国版本图书馆 CIP 数据核字（2023）第 012577 号

责任编辑：叶 彤　　　　责任校对：张 凡
封面设计：北京兰卡绘世　　　　责任印制：党 辉

上市公司监事会最佳实践案例
SHANGSHI GONGSI JIANSHIHUI ZUIJIA SHIJIAN ANLI

中国财政经济出版社 出版
URL：http：//www. cfeph. cn
E - mail：cfeph@ cfeph. cn

社址：北京市海淀区阜成路甲 28 号　邮政编码：100142
营销中心电话：010 - 88191522
天猫网店：中国财政经济出版社旗舰店
网址：https：//zgczjjcbs. tmall. com
北京时捷印刷有限公司印刷　各地新华书店经销
成品尺寸：170mm×240mm　16 开　27 印张　390 000 字
2023 年 2 月第 2 版　2023 年 2 月北京第 1 次印刷
定价：80. 00 元
ISBN 978 -7 -5223 -1864 -6
（图书出现印装问题，本社负责调换，电话：010 - 88190548）
本社质量投诉电话：010 - 88190744
打击盗版举报热线：010 - 88191661　QQ：2242791300

目 录

① 部分入选公司案例。

概　论

2017 年中国上市公司协会监事会专业委员会牵头成立课题组，对上市公司监事会履职评价体系进行了调查研究，通过调研和座谈的形式征求了 100 多家上市公司的意见和建议，制定了上市公司监事会最佳实践评选的评价体系和标准，形成了《上市公司监事会履职评分指标》《上市公司监事会评选入围申报条件》《上市公司监事会评选计分规则》和《上市公司监事会最佳实践评选申报信息表》，并开展了第一届上市公司监事会最佳实践评选工作。2022 年，在分析我国上市公司监事会履职现状和存在问题的基础上，结合最新监管政策要求，进一步完善了评价体系，作为 2022 年度上市公司监事会最佳实践评选的主要标准和依据。

2022 年上市公司监事会最佳实践评选活动于 6 月 27 日正式启动。此次评选活动是中国上市公司协会在建立和完善我国上市公司监事会制度、倡导和树立行业标杆、发挥优秀上市公司监事会在行业中的引领作用上的体现，同时，也是在倡导会员自律、不断提升上市公司治理水平上的进一步探索和尝试。

为全面了解和掌握上市公司监事会在公司治理中的最新动态，进一步加强和改进服务工作和评选机制，评选工作组对本次评选入围的 133 家上市公司监事会的申报材料进行了梳理、统计和分析。

一、入围上市公司概况

本次入围的 133 家企业中，沪市上市公司 81 家，占 60.9%，其中有 3 家科创板公司，分别是卓然股份、富淼科技和华特气体；深市上市公司 52 家，占 39.1%，其中主板上市公司 35 家，创业板上市公司 17 家；按照所有制性质划分，国有企业86家，占64.66%，民营企业34家，占25.56%，公众企业13家，占9.77%；按照行业划分，入围的上市公司中制造业企业最多，共有53家，占比为39.85%，金融业企业40家，占比为30.08%，批发和零售业企业8家，占比为6.02%，采矿业和能源生产和供应业各5家，建筑业、房地产业、交通运输业和信息技术类各4家，文体娱乐类3家，科学研究和技术服务业2家，餐饮住宿类1家；按地域划分，入围企业所属辖区覆盖全国32个省（市），其中，北京、上海、广东各17家上市公司申报，分别占比12.78%，其次是江苏省14家，深圳市8家，浙江7家，四川6家。

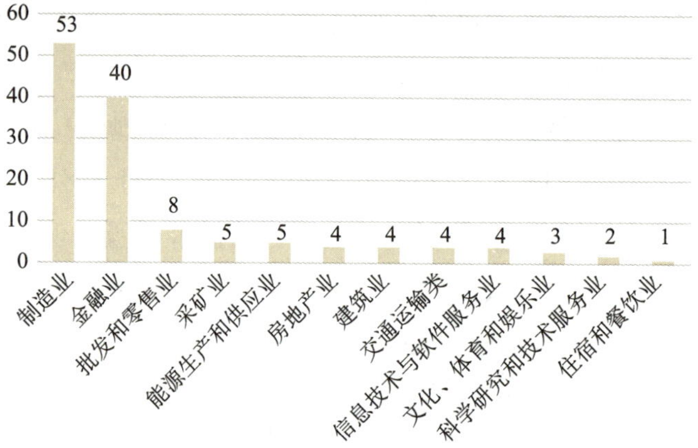

图1　入围上市公司的行业分布情况

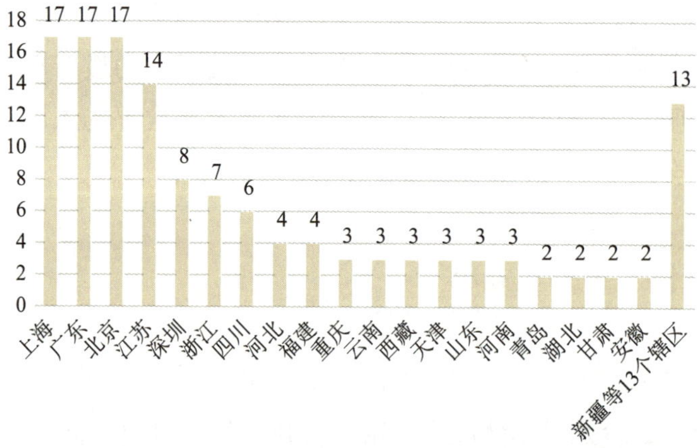

图2　入围上市公司的辖区分布情况

分值分布方面，综合得分 90 分以上的企业有 26 家，80 ~ 90 分的有 64 家，60 ~ 80 分的有 35 家，60 分以下的有 8 家。133 家公司得分的中位数为 84.5 分，平均数为 81.7 分，与上一届监事会评选结果相比，上市公司监事会制度建设与履职水平有了较大的提升。

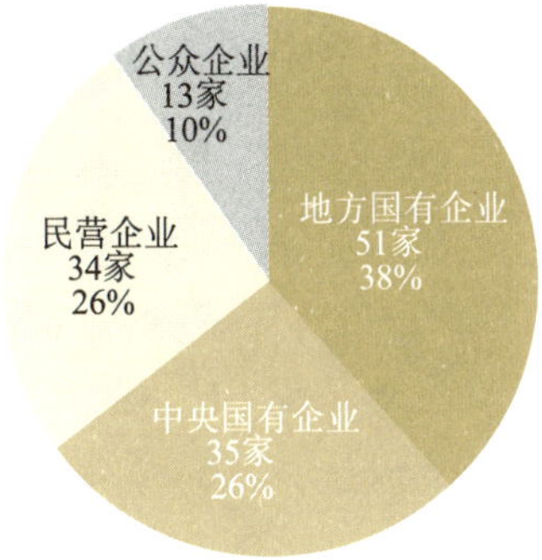

图 3　入围上市公司的企业性质分布情况

二、上市公司监事会履职评价结果分析

从 133 家入围企业监事会的评价结果分析来看，具有以下几个特点。

（一）监管要求不同，行业差异巨大

目前，我国现有的法律、法规体系中，只有《中华人民共和国公司法》《中华人民共和国证券法》《上市公司治理指引》等少数法规对监事会相关制度从架构、组成层面作了简单的规定，中国上市公司协会发布的《上市公司监事会工作指引》对监事会设立与监事任免、监事会职权、监事的义务与法律责任等作出较为详细的指引，属于自律规则，并不具备法律约束效力。因此，对于大多数行业来说，对监事会结构、人员、职责、运作规范等没有过多要求，导致监事会运作相对偏松、偏弱。而对于如商业银行、大型国企等企业来说，由于监管机制和力度的差异，对其公司治理以及监事会的要求相对严格、细致，使商业银行和大型国企监事会的结构相对完善、职责相对清晰、监事整体职业素质相对较高、履职相对规范、监督作用的发挥相对充分。

评分结果表明，金融行业平均得分 89.02 分，批发和零售业平均得分 78.53 分，制造行业平均得分 75.63 分；所有制类型方面，中央国有企业平均得分 86.05 分，地方国有企业平均得分 84.37 分，民营企业平均得分 71.31 分。

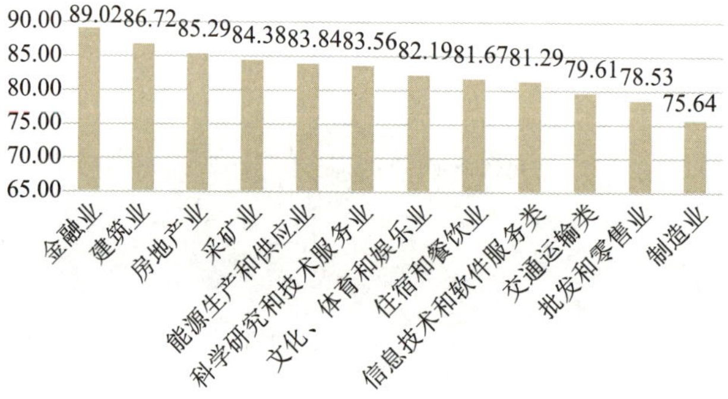

图 4　入围上市公司的行业平均得分情况

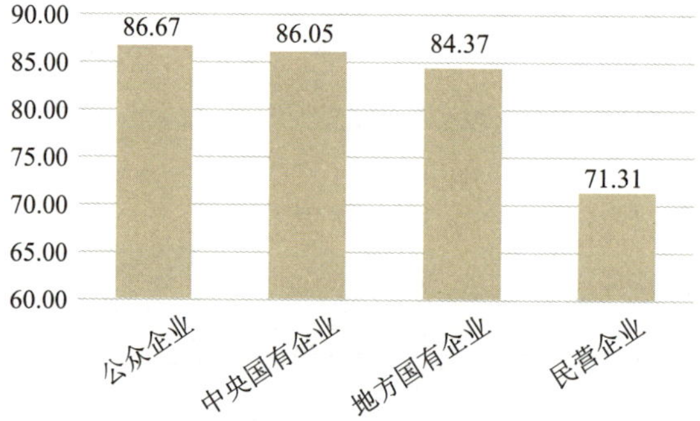

图 5　入围上市公司属性平均得分情况

（二）制度缺失，机构建设不完善

从上市公司申报材料中可以看出，由于《中华人民共和国公司法》《中华人民共和国证券法》等法律的要求，公司均会在公司章程中对监事会及监事的权利、义务、职责、激励约束机制等作出规定，但通常较为简单。大部分公司在监事会对董监高的履职评价制度、对财务、内部控制等的监督制度方面存在缺失，导致评分中扣分较多。133 家参评的上市公司中约有 94 家设有独立的监事会办公室或配备专职工作人员，但仍有不少公司未设置专门的监事会工作机构。此外，约四成的上市公司尚未建立重大事项向监事会报告制度。

监事会制度的完备程度呈现出较显著的行业特征和企业属性特征。相较于制造业、交通运输类等传统行业而言，金融行业上市公司的监事会制度建设较为完善，为监事会有效履职提供了保障。随着法律制度不断完善和监管要求不断提高，上市公司对监事会建设的重视程度有显著提高，但是制度建设不健全的情况仍较为普遍。制度建设不完善可能导致监事会重点职责落实的目的、方法、途径、应用等不够精细和规范，无法完全发挥监事会的作用。这些保障机制的缺失，很大程度上也是制约监事会作用充分发挥的关键因素。

（三）履职监督不到位，制衡作用难发挥

从评分结果来看，入围的上市公司监事会履职内容中的履职监督部分失分现象较为普遍。约 33 家公司的监事会未做到对董事会、高级管理人员及其成员开展履职监督，并建立履职监督档案，定期沟通与反馈；30 家公司的监事会未开展对董事会、高级管理人员及其成员的年度履职评价工作；28 家公司的监事会缺乏将评价结果向股东大会或监管部门报告的工作机制；三项履职监督内容均缺失的公司有 15 家。其余的公司虽然履行了相关的监督职责，但经常出现流于形式或工作不到位的现象。比如有的公司虽然对董事会和高级管理人员及其成员的年度履职工作出具评价报告，但是报告内容较为空洞，简单描述工作内容或复述企业人事部门的考核结果，缺乏从监事会角度的专业评价。

入围的上市公司监事会较重视对公司的内控监督，相关部分得分情况良好。九成以上的公司在内控机制的建立与实施、监督内控制度落实情况、审议内控报告并发表意见、监督关联交易、指导内控合规工作情况等方面做了一定工作并取得成效。

（四）资源利用不充分，履职方式单一

监事会主要通过监事会及专门委员会会议、检查、调研三种方式开展工作，公司应当为监事会合理履职提供相应的保障与资源。绝大多数公司能够通过召开监事会或专门委员会会议、列席其他会议、发表独立意见等会议或书面形式履行基本职责，但通过召开会议或书面报告的履职方式存

在一定缺陷，无法深入了解公司运营情况，缺乏实践性。通过开展定期或不定期检查、调研工作能够获得公司运行情况的一手材料，对于监事会有效履职十分重要。有 20 余家上市公司的监事会未开展定期检查或不定期检查，40 余家公司的监事会未开展调研工作。这一结果说明，部分公司监事会未充分利用公司提供的资源与权限开展工作，缺乏通过实践方式对公司董事会、高管履职情况、财务管理、风险控制管理等方面内容的了解，履职形式单一。

（五）履职创新有限，特色尚不明显

133 家上市公司的申报材料中对本公司监事会的履职创新和特色内容进行介绍与总结，部分企业在履行监事会基本职责外开展了创新性、探索性工作，特色鲜明，但不少公司的介绍内容围绕着监事会的基本职责与工作内容展开，主要描述公司监事会的日常工作，在对公司重大事项、财务运营、内部控制、风险管理等的监督方面缺乏创新的工作方法与内容，缺乏适时性、针对性、有效性更强的监督手段。

三、创新亮点

经过探索与实践，各上市公司根据自身的行业属性、业务特征以及管理架构摸索出了行之有效的监事会工作机制与体制，形成了颇具特色的工作亮点，值得学习与借鉴。

（一）聚焦政治引领，坚持党的领导

坚持党的全面领导是企业行稳致远的根本保证，是我国现代公司治理体系的本质特征。尤其是国有企业，更应当始终将加强党的领导与公司治理融合摆在突出位置。从入围公司提交的报告中可以看出，许多公司完成了“党建入章”，持续发挥党委把方向、管大局、促落实的领导作用，推动形成“党委全面领导、董事会战略决策、监事会依法监督、管理层执行落实”的公司治理架构。在工作机制上，建立了重要事项向党委汇报机制，三会议案由党委会前置审议，同时在公司治理框架下保持监事会监督工作独立性。在工作内容上，开展专项监督，及时督促董事会和高管层对标党

中央决策部署补足短板；年度履职评价中反映董事会、高管层及其成员贯彻落实党中央决策部署情况。

（二）完善机构建设，夯实队伍基础

监事会自身专业化能力和水平是监督功能有效发挥的关键，许多上市公司监事会将提升自身履职专业化能力摆在突出位置。一方面，优化监事会人员构成，充分发挥外部监事和职工代表监事的作用，同时保证监事专业背景和工作经历的多元化；建立监事会定期集体学习机制，及时了解最新的监管政策和国家方针政策，提升监事的专业能力。另一方面，强化工作机构能力建设，强化制度规范，有的公司主动编制《监事会会务工作事项清单》《监事会工作操作手册》《监事履职手册》等文件，细致梳理监事权责与履职要点，为履职提供方法指导。

（三）完善监督机制，形成监督合力

监事会作为公司治理层面的监督主体，法定职责明确，治理针对性强，但受限于机构、人力、信息等资源的限制，需要加强“内、外、上、下”的协同以达到最好的监督效果。许多入围的上市公司经过多年探索形成了一套协调沟通机制，例如，对内而言，通过与纪检、合规风控、稽核等内部监督主体的合作与沟通，整合内部监督力量，提出监督建议；对外而言，建立与审计等中介机构的长效沟通机制，全面了解公司整体经营管理情况以及可能存在的风险点；对上而言，建立健全与董事会和高管层的沟通机制；对下而言，加强母子公司监事会的业务协同，建立子公司监事长派出机制，通过召开集团监事会联系工作会议，加强对子公司监事会的工作指导。通过整合内部监督力量，上下联动，形成合力，不但使监事会的工作有的放矢、有力可借，而且扩张了监事会的监督范围，强化了监督效果，促使监督、问责、整改、复查形成了完整的闭环，监督的体系化和机制化优势更加明显。

（四）运用技术手段，提升监督效能

随着大数据时代的到来，数字技术深刻影响着公司生产、财务、运营等方面，这些给监事会工作带来了新的困难与挑战，对监事会的工作提出了更高的要求。应对新形势，部分金融和科技类上市公司通过创新智慧监督方式，提升工作效率与监督效能。将公司最新的技术成果与监事会监督实践相结合，运用人工智能的方式实现立体式、全方位智慧监督。例如，通过建设升级内控智能化平台，实现监督工作的前瞻预判，对经营机构与管理部门的数据赋能、模型赋能和系统赋能，打通数据关卡有助于及时获取经营动态和管理信息，有效保障了监事会的知情权。

四、总结与展望

本次活动是中国上市公司协会第二次开展的全市场范围内的监事会评选活动，各上市公司积极踊跃参加、认真填报信息，体现了公司对监事会工作的重视。与上一届的评分结果相比，可以看出在这 5 年中，上市公司监事会在机构管理、制度建设、履职内容等方面取得了进步，各公司的监事会运行更加规范、监督效力有所提升，从公司治理层面助力提升上市公司发展质量。从评分结果和填报内容来看，上市公司监事会制度建设与工作的开展还存在一些问题与不足。

（一）公司治理水平有待提高

监事会是公司治理架构中的关键环节，从申报材料中可以大致了解公司治理水平。总体上来看，经过国家长期自上而下的监督管理，上市公司的整体治理水平和管理能力有了很大的提高。体现在治理结构更加规范、运作更加高效、职责更加明晰、履职更加到位，但与国际先进企业和先进管理模式相比，还有很大的进步空间。由于监事会通常不直接参与公司经营管理和业务开展，所以在部分公司的治理框架下面临着不被重视的问题。从此次评分结果来看，仍有 8 家公司的综合得分在 60 分以下，这些公司可能存在监事会制度缺位、履职内容不全面等问题，需要加强重视，持续提高工作水平。

（二）刚性制度约束尚需强化

目前，国家对各类企业监事会的整体制度约束尚显不足，依靠行业监管规则的补充，造成不同行业监事会履职要求差异较大，履职水平也是大相径庭。此前，对外公开征求意见的《公司法（修订草案）》中，允许设立了审计委员会且其成员过半数为非执行董事的公司不设监事会或监事，以及国有控股公司取消监事会制度的消息为监事会履职带来了更多的不确定性。上市公司认为，现行上市公司的治理结构经过多年实践，已经形成了较为完备的“三会”治理结构，监事会虽然未能完全实现其设置的初衷，但在上市公司治理中发挥了重要作用。另外，监事会原有职能中有监督董事会履职的职能，如果不设监事会，董事会履职则失去了监事会的监督机制。为此，不少上市公司提出继续保留公司监事会制度，进一步强化公司治理监督机制中监事会的核心地位；同时，在法律层面补充监事会的有关规定，赋予监事会实质性的监督权力，明确监事会对公司内控、合规与风险管理的监督权，鼓励引入外部监事。

（三）履职方式有待进一步创新

随着监管层面和企业自身对监督工作的重视程度不断加强，未来应鼓励不同行业、不同类型、不同管理模式的企业在公司治理和监事会履职方面进行适合自身发展需要和治理要求的探索和创新，推动监事会履职向更加深入、更具实效、更易执行的方面发展。

上市公司表示，希望通过本次活动能够促使国家和监管层面更加重视上市企业监事会的工作现状和未来，并加强对企业治理的制度约束，鼓励管理创新，鼓励责权制衡，鼓励规范有效监督，从而提高上市公司整体管理水平，推动资本市场健康发展。

第一部分
最佳实践案例

1.1　保利发展
内外联动落实监事会综合监督
筑牢公司高质量发展根基

保利发展控股集团股份有限公司（以下简称“保利发展”或“公司”）成立于1992年，经过30年的发展，已形成以房地产开发为主，涵盖物业管理、商业运营等在内的美好生活综合服务及产业金融服务的不动产生态平台，综合实力连续多年稳居行业前五，央企第一，位居《福布斯》世界排名第190位，《财富》中国500强第46位。

30年来，公司牢牢把握中国城镇化进程带来的行业机遇，在提升发展加速度的同时，始终秉承稳健经营理念，强化法人治理体系建设，将加强企业党建与健全中国特色现代企业制度相融合，将遵守上市公司监管要求与国资控股管理规定相串联，形成了多业务条线协同配合的综合监督体系，兼顾发展速度与质量。

其中，监事会作为公司重要的监督机构，在综合监督体系中发挥着牵头与统筹作用。公司监事会成员业务及管理经验丰富，监督视角多元，依托公司提供的便利履职环境，通过联动、协同多业务条线及多监督主体，基于行业特点与公司经营实际，开展日常及专项监督活动，做到上达核心决策层，下至经营一线，推进风险防范和内控建设的不断健全，助力公司有效应对周期波动，长期保持行业领先地位。

一、严格落实党组织的领导核心地位

保利发展在推动企业改革发展的过程中，严格落实党的领导核心地位，始终坚持“房子盖到哪里，党的组织和党的工作就覆盖到哪里”。2017年作为首批央企控股上市公司完成“党建进章程”工作，2020 年进一步把党建工作新要求纳入公司章程，确保党组织在公司治理中的领导地位。围绕“加强党的领导与完善公司治理的有机统一”的目标，保利发展严格落实“双向进入、交叉任职”领导体制。一方面，坚持党委书记、董事长“一肩挑”，党员总经理担任党委副书记并进入董事会、专职党委副书记进入董事会且不在经理层任职，既是国有资产的“守护人”，也是国有企业的“当家人”；另一方面，于 2021 年落实纪委书记、监事会主席“一肩挑”，统筹构建内部综合监督和监事会监督相结合的大监督体系。在此基础上，公司全面梳理党委会和股东大会、董事会、监事会、经营层的权责边界，制定了党委研究讨论重大事项清单和“三重一大”事项清单，明确了党的建设、发展战略、基础制度、投融资决策、人事管理等事项决策程序，确保党委前置研究科学规范、公司治理程序合法合规。

二、联动纪检、内审力量全面构建综合监督体系

近年来房地产行业监管环境趋严，流动性承压，多家房企出现流动性风险，区域市场销售分化和波动加剧，对企业经营决策的制定与落实提出更高的要求。监事会与公司综合监督小组合作，整合监督力量，夯实内控监督。

一方面，监事会提高政治站位，强化顶层设计，促进公司不断完善监督体系与规范制度。聚焦业务经营的关键领域，指导经营层制订《八条禁令、三十个不准》和《经营责任守则》等制度，建立起高、中、低不同风险等级的制度“红线”，在营造良好政治生态、规范企业经营管理上发挥了重要的作用。

另一方面，监事会下沉业务一线，指导纪检、内审等业务条线开展管理巡检、专项检查等工作。通过对地产及相关产业子公司的现场调研、报告查阅、专业线考核等方式，掌握公司项目运作、合规管理动态，了解公司重大决策的落实情况；结合行业特点，对两金压减等问题进行全面排查，针对发现的风险督促整改落实。同时，深入公司日常监督工作，加强制度

优化与廉洁教育力度，指导完善纪检、内审等工作机制，制定下发《综合监督工作实施方案》；参与各级领导班子的监督谈话，组织开展警示教育工作会议、廉洁教育培训等。

此外，监事会积极落实国企改革三年行动方案、防范化解重大风险专项整治行动等专项工作，全面对照外部监管要求进行自查自纠，客观充分展示企业经营成果，主动与股东单位及监管机构开展汇报沟通，推动经营层积极应对风险挑战，争取更多改革发展政策支持企业长远发展。

三、探索加强多监督主体的协同配合

监事会与独立董事均肩负着重要的监督职权，通过加强协同配合，放大各自在专业背景、履职方式等方面的优势。除了参与董事会审议讨论外，监事、独立董事还一同参与公司年度/半年度工作会议、开展区域市场和产业发展调研研讨，保持密切互动交流。监事会联动纪检、内审完善综合监督工作机制，协助独立董事深入掌握公司重大决策执行进展，把握稳健发展方向，并持续强化关联交易、对外担保等合规管控；而独立董事结合自身在企业战略、财务管理、法律合规等领域的专业经验，直接参与董事会决策，会同监事会确立监督重点，助力提升公司治理，双方相互助力，不断深化改革发展。

同时，监事会指导公司风险管理中心，加强风控架构与机制的建设，助力公司持续完善主动防控体系。公司的风险管理，逐步从事后处置向事前预防转变，形成事前预警、事中监测、事后处置的纵向工作链条，完善风险评估、内控评价、内部审计的横向监督机制，确保风险的可防可控和快速响应处置；指导公司整合风险管理资源，厘清各监督业务条线职责界面，明确内部分工，搭建融合工作机制；听取合规风险排查情况汇报，指导相关中心深入剖析检视存量风险及潜在风险产生原因，对排查中发现的问题进行整合梳理，指导完善各项流程制度，固定经营业务合规标准化动作，助推公司合规水平提升。

四、持续加强监事会履职能力与职权支持

公司监事会成员具备丰富的业务与管理经验，任职背景与监督视角多元，在保障专业化履职的同时，充分兼顾国资管理体系、上市公司监管体系、骨干员工等主体的标准与诉求。

公司监事会主席孔峻峰先生兼任公司纪委书记，具备多年地产开发、财务、行政等专业线管理经验，可协同调动纪检监察等工作资源，促进公司综合监督力量丰满成熟；监事龚健先生兼任保利集团战略投资中心副总监，熟悉国资管理精神和要求，引导公司将国资控股管理和上市公司监管有机融合。职工监事郭猛超先生历任公司投资、企业管理、地产金融等多业务线职务，一线工作经验丰富，可充分代表基层员工提出对公司经营管理的建议。

公司为监事履职提供便利条件。除列席董事会、股东大会外，公司经营层邀请监事参加总经理办公会、经营形势分析会等各类重要经营会议，并通过经营月报、企业微信平台等途径，定期向监事汇报行业与公司经营动态，听取监事会意见建议。公司董事会办公室、纪检监察办公室、党委巡查办公室等相关部门均配有专职人员，对监事会提供履职支持。

公司将继续秉承稳健发展理念，健全以监事会为重要组成的综合监督体系，进一步提升公司治理水平。同时，公司监事会也将持续提升履职能力，强化内外联动机制，充分发挥监督职能，不断创新实践，保障公司和股东的合法权益，助力公司高质量发展。

1.2　中国联通
持续推动多元化监事会高质量建设
促进公司高效能治理和高质量发展

作为唯一一家整体混改单位，中国联通坚决贯彻落实习近平总书记关于坚持“两个一以贯之”、建设中国特色现代企业制度的重要论述，持续推动多元化监事会高质量建设，创新监督方式方法，持续提升履职效果，在联通混改的“深水区”“无人区”积极探索中国特色现代企业制度“新治理”模式过程中，充分发挥监督作用，治理能力持续提升，促进了公司治理与中国国情更加契合、与市场经济更加融合的新格局，推动了公司高质量发展。2017 年混改以来，公司主营业务收入增长接近 30%、归母净利润增长超过 5 倍，企业基本面改善程度行业领先。过去一年，中国联通主要控股子公司获《机构投资者》连续七年评为“亚洲最受尊崇电信企业”第一名；获《金融亚洲》评为“亚洲最佳电信公司”第一名、“中国最佳管理上市公司”第一名；获《亚洲货币》评选为“中国最杰出公司—电信行业”。

一、坚决贯彻两个“一以贯之”，科学组建混合所有制多元化监事会，并顺利完成混改后首次换届选举，持续完善制度建设，推动监事会有效运作

（一）持续完善公司治理体系，建立多元化监事会

公司自 2002 年在 A 股上市以来，监事会一直持续规范运作。2017 年公司实施混合所有制改革，全面落实“完善治理、强化激励、突出主业、提高效率”十六字方针，深化实施混合所有制改革，积极探索建立权责法定、权责透明、协调运转、有效制衡的公司治理机制。2018 年 2 月，公司

股东大会审议通过了关于监事会提前换届选举的议案，组建了公司第六届监事会，也是混改后的首届监事会。

2021 年 3 月，公司股东大会审议通过关于监事会换届选举议案，完成混改后的首次监事会换届选举工作。延续前一届监事会人员构成，第七届监事会由 3 名监事组成，分别为 1 名控股股东代表监事，1 名外部监事（混改股东代表），1 名职工代表监事。外部监事在保障公司科学决策的同时兼具独立性，对董事会和管理层形成专业又独立的制衡；职工监事积极发挥职工民主监督作用，维护公司和职工的合法权益。监事会成员的组成包括管理、财务、投资等方面的专家，知识结构合理，具备充分履行监督职责的业务能力。

自公司成立至今，第七届监事会共召开监事会会议 7 次，决策重要事项 38 项。所有会议决策程序规范。监事还出席了全部年度股东大会和临时股东大会、列席了全部董事会会议和战略研讨会，切实维护公司利益和全体股东权益。

（二）强化制度建设，切实保障监事会的监督职权

公司持续完善治理制度，进一步厘清监事会与党组织、董事会、经理层等各治理主体的权责边界、理顺治理链条、提高决策效率，为各治理主体规范运作、高效运行、有效制衡、科学决策奠定制度基础。《公司章程》方面设立专门章节规定监事会的成立、组成、职权及与监事会相关的其他重要事项，对公司监事会及监事的权利、义务、职责、激励约束机制等内容作出明确的规定；《监事会议事规则》方面，明确了监事会组成、任职资格、职权和责任、通知、召集、审议及表决等方面的内容。同时，公司还建立了一系列财务管理制度、审计管理制度、内控管理制度、信息披露管理制度等。在日常履职监督中，公司建立董事监事履职全周期管理机制，任前全面排查影响决策独立性的情形，签订董监高声明及承诺书；任后定期汇总关联关系及勤勉尽责履职情况，点对点提示股票交易规则，提升董监高合规意识。制度体系的建设和不断优化为监事会履职奠定了坚实基础。

二、创新治理机制，强化沟通，坚持落实“两会一层”战略研讨会机制，监督关口前移，助力公司治理优化、科学决策和有效风险防控

围绕发挥多元化董事会、监事会治理优势，公司坚持多渠道强化监事会与董事会、经理层沟通，探索创新机制方法，激发多元化董事会、监事会为公司战略、业务发展赋能，有效防控风险。充分发挥董事会战略引领作用，并将监事会监督关口前移至战略制定阶段，坚持落实全体董事、监事及经理层共同参加的“两会一层”战略研讨会机制。2021 年 11 月，公司以战略规划纲要为主题召开战略研讨会。战略投资者董事围绕产业革新、技术演进发表意见，独立董事立足行业协同、监管政策表达建议，监事围绕发挥各方资源优势深化合作、加强风险防控等方面，共同为中国联通战略迭代升级建言献策。

战略研讨会后，董事长第一时间亲自部署充分吸纳外部董事、监事意见建议，制定新战略规划纲要，厘定了公司新时期“数字信息基础设施运营服务国家队、网络强国数字中国智慧社会建设主力军、数字技术融合创新排头兵”的新定位，升级战略为“强基固本、守正创新、融合开放”，为开启高质量发展新征程谋篇布局。在新定位新战略下，中国联通全面发力数字经济主航道，将“大联接、大计算、大数据、大应用、大安全”作为主责主业，实现发展动力、路径和方式的全方位转型升级。

公司还高度重视发挥监事在战略解码与落地执行中的监督作用，强调“与战略制定同等重要的是战略落地”。公司持续强化战略管理，确立战略研究、战略制定、战略执行、战略评估闭环流程，构建战略规划牵引的预算、计划和绩效考核衔接机制，通过战略管理体系化、规范化和制度化，全面提升战略执行力。董事监事每年定期听取经理层汇报，确保企业重大经营活动符合战略规划和主责主业。

三、强化高质量履职支撑，保护监事合法权益，创新数字化方法手段，提高监督履职效果，保障监督工作做深做实

（一）加强支撑力量，完善支撑机制

公司高度重视监事履职支撑保障，配备专职支撑团队，董事会办公室合署支撑董事会、监事会，并与集团办公室、党组办公室“三办合一”，强化资源协同和信息畅通，充分保障党组、董事会、监事会、经理层等各治理主体协调运转。制订专项履职支撑保障工作方案，建立条目化、标准式的长效工作机制。

（二）充分保障监事合法权益，购买履职责任保险

董事会严格按照《公司章程》和监事会工作的有关制度，保持与监事会沟通渠道的畅通，建立健全重大事项向监事会报告机制，充分保障监事会监督权、知情权等合法权益。监事会全部列席董事会会议，相关会议文件均于会前及时提供监事会成员，保证监事会充分了解会议决策事项，对决策程序进行监督。

公司承担监事履职所需合理费用，为监事购买履职责任保险，促进监事积极履行职责和决策科学化，推动公司持续健康发展。

（三）发挥技术优势，支撑监事高效便利履职

公司积极利用自身技术优势，结合多种数字化方法手段，充分保障监事高效高质参与公司治理和监督。

一是以线上线下结合的方式，组织召开股东大会、董事会会议、监事会会议、战略研讨会、董事监事调研等，为监事参加各类会议、深入了解公司经营和风险管理情况提供便利条件，不断提高监事会工作效率。

二是建立联通独有文库 App，实现远程无纸化即时办公。通过在便携式电子设备安装文库应用软件，公司于会前上传文件供董事监事提前审阅，并按照会议主体、届次分门别类展现历史会议资料，在确保信息安全的同时提高董事监事审阅材料的效率及便携性。

（四）丰富调研形式，推动新战略落地

为充分保证监事会监督职能的发挥，监事会积极深入一线开展调研。外部监事先后参加了华为创新基地、内蒙古分公司“划小改革”、浙江分公司数字化转型、5G 新通信创新产品、山西大同创新业务发展等多次现场调研和书面调研。内部监事则通过积极参加公司生产经营分析及各专业线会议的方式进行内部调研。

通过调研，一方面增进了监事对行业发展和公司战略的理解，提升科学履职能力，另一方面通过实地走访以及与一线人员深度沟通交流，加深对企业经营状况、风险管控情况的熟悉和了解，为监事会日常监督中深入剖析问题和揭示风险做好了保障。

（五）构建内外协同的大监督体系，有效利用内外部审计成果

公司积极发挥监事、外部董事、董事会专门委员会、内控部门、外部中介机构（如律师、外部审计师等）的作用，强化各级风险管控主体责任落实，有效识别研判并积极防范债务、金融、投资、法律等各方面风险，尤其是强化重大投融资事项决策和执行的过程管控，构建公司内外相互融合、协同高效的大监督控制体系，守住上市监管和国资监管两条合规防线。

公司高度重视协同监事监督与审计监督。监事履职期间，一方面，积极听取外部审计师关于公司情况的报告；另一方面，充分借鉴大数据内部审计成果（即运用自身“大数据”分析能力，远程精准定位风险事项，采取点对点直飞本地网完成短平快的核查），有效提升监督的精准度和时效性。

（六）高度重视监事意见建议，提供全面信息支撑

监事提出的疑问，第一时间组织相关部门专题研究、及时反馈，回应监事会关切。建立“日 + 月 + 季度 + 年”报告制度，为监事提供监管法规、市场资讯、行业动态、公司发展等全面信息支撑。

四、监事会尽职履职，全方位做好履职监督、财务监督、内控监督、风险管理监督、信息披露监督等各项监督

（一）公司依法运作和董事、高级管理人员履职情况

公司监事会通过组织召开会议、参加股东大会、列席董事会会议、审阅各项议案等形式，对公司股东会、董事会运作情况、公司经营与财务情况进行了持续监督，并对公司依法治企情况和董事、高级管理人员依法履职情况进行持续有效的监管。

（二）混合所有制改革相关情况

监事会通过审议混合所有制改革相关议案，对限制性股票激励计划首次授予股票解锁期业绩条件达成、股票解锁及对部分限制性股票回购，第二期限制性股票激励计划等相关事项，以及募集资金安排等事项程序进行监督检查，认为公司混合所有制改革相关工作合法合规，不存在侵害公司股东利益情况，有利于公司长远发展。

（三）检查公司财务情况

公司财务管理规范，内部控制措施不断完善。通过对公司定期报告、财务、会计及内部控制工作的监督检查，监事会认为：公司的定期财务报告信息真实地反映了公司当期的财务状况和经营成果。

（四）关联交易情况

公司按照国家法律法规、政策性文件和《公司章程》有关规定，严格执行关联交易的审议和披露程序。监事会审议了公司《日常关联交易》以及《关于联通集团财务有限公司签订〈金融服务协议〉暨关联交易的议案》《关于联通集团财务有限公司关联交易风险处置预案的议案》等，认为相关事项的审议及表决程序符合法律法规和《公司章程》相关规定。在满足经营发展需要的同时，符合公司和全体股东利益。

（五）对公司内部控制评价报告的审阅情况

2022 年 3 月，监事会通过审阅 2021 年度《公司内部控制评价报告》，同意董事会关于本公司财务报告内部控制有效性的评价。监事会认为该报

告符合《企业内部控制规范》等法律法规的要求，全面、真实、准确反映了公司内部控制实际情况，同时认为公司在2021年12月31日（评价报告基准日），所有重大方面保持了有效的财务报告内部控制，未发现非财务报告的内部控制重大缺陷。

（六）现金分红政策执行情况

公司高度重视股东回报，坚持以稳定的利润分派方案为股东创造价值，严格按照《公司章程》规定及股东大会决议要求，将年内获得的联通红筹公司派发的现金股利在扣除本公司自身的日常现金开支、税费及按《中华人民共和国公司法》应当提取的法定盈余公积金后全部分配给公司股东。监事会对公司董事会执行现金分红政策情况进行监督，认为：公司严格执行现金分红政策，决策程序合法规范，有关现金分红的信息披露真实、准确、完整。

（七）信息披露职责履行和内幕信息知情人登记管理制度实施情况

监事会对下列情况进行有效监督：（1）公司履行信息披露职责；（2）制定重大事件的报告、传递与审核披露程序情况；（3）内幕信息知情人登记管理工作。

监事会认为，公司确保了信息披露内容真实准确完整，披露及时，合规有效；并制定严格的保密及内幕知情人登记相关管理制度，并根据制度要求执行内幕信息知情人登记，公司有关信息披露及内幕信息知情人的管理制度健全完善，有效防范了内幕交易。

1.3 福田汽车
监事会履职创“福田特色”

一、福田汽车简介

（一）公司是中国商用车龙头企业，产品涵盖卡车全系列＋客车全系列

福田汽车是北京市国资委下属的国有控股上市企业，是中国商用车领导者企业，经过26年的发展，已成为中国汽车行业自主品牌和自主创新的中坚力量。福田汽车形成了集整车制造、核心零部件、汽车金融、车联网、福田电商为一体的汽车生态体系。整车业务覆盖卡车全系列（微卡、轻卡、中卡、重卡、皮卡）、客车全系列（轻客、大中客）、新能源汽车等。其中，新能源/清洁能源产品（包括氢能源、纯电动、混合动力、增程式、天然气）已经覆盖卡车、客车等领域；也是世界上最大、最早实现氢能源客车产业化和商业化的企业。

2021年，福田汽车成为中国首个产销量突破1000万辆的“双自主”商用车企，连续17年商用车行业第一。海外出口共68万辆，连续11年位居中国商用车出口第一。福田汽车现有资产506亿元，员工2万多人。

（二）公司的特殊成立模式成就有效制衡的治理架构

1996年，通过资本运营有效整合社会分散资源，100家法人跨地区资源重组和资产优化组合，共同发起成立了福田汽车，从而实现了存量调整和增量投入相结合、企业生产经营与金融资本运作相结合、投资主体多元化。“百家法人造福田”传为一时佳话。

1998年，得益于成立模式的特殊，福田汽车实现整体上市。反映在公

司治理上，控股股东、独立董事、战略中小股东、经理层（职业经理人）四种力量有效制衡，监事会独立监督，不存在控股股东（目前大股东合计持股比例约40%）集权、控权现象，也不存在内部人控制、侵权现象，各方股东的合法权益得到有效平衡和保障。

二、监事会治理特色

（一）制衡性，战略中小股东监督力量强大

福田汽车监事会不仅配置绝对代表职工利益的职工代表监事（3名，1名任监事会主席），同时还包含了大股东代表（1名）和中小股东代表（5名），9名监事共同组成了功能齐全、相互制衡的监事会团队，如表1所示。福田汽车监事会，从来没有“一股独大”“一言堂”的现象发生，决策民主、科学。

表1 福田汽车监事会名单

序号	姓名	职务	派出单位职务
1	邢洪金	监事会主席	福田党委常务副书记
2	陈宫博	监 事	战略中小股东（义和副总）
3	纪建奕	监 事	战略中小股东（青特总裁）
4	郝海龙	监 事	战略中小股东（莱动董事长）
5	张 新	监 事	战略中小股东（常柴总经理）
6	孙智华	监 事	大股东（北汽审计部长）
7	叶 芊	监 事	战略中小股东（首钢基金董事总经理）
8	杨巩社	职工代表监事	福田审计总监
9	吴海山	职工代表监事	福田党委副书记、工会主席

治理架构的合理性及代表利益方的相互制衡性，充分发挥监事会的监督检查职能，助力公司合规健康发展。

（二）战略中小股东监事席位，保障公司正常生产经营业务开展

福田汽车设置战略中小股东监事席位，股东大会审议需大股东回避表决的关联交易等事项时，由于战略中小股东派出监事了解公司经营情况与

发展战略，投同意票，保证了股东大会审议通过，为公司正常生产经营提供有效保障。

三、具有“福田特色”的监事会运作实践

2010年，福田汽车以完善的治理结构、制度创新、信息公开和内部风险控制等方面的优秀表现，脱颖而出，获得了上交所“2010年度十佳董事会奖”。该奖项充分肯定了福田汽车在法人治理方面的成就。

2016年，福田汽车以规范履职、优质高效、创新实践以及对公司治理的影响力，荣获中国上市公司协会联合沪深交易所颁发的“上市公司监事会卓有成效30强”奖项。

作为优秀董事会背后的重要推手——福田汽车监事会，在助推公司董事会和经理层更好地履职过程中，形成了颇具福田特色的监事会工作实践。

（一）独立召开监事会/沟通会

福田汽车监事会不是形式会、会套会。每一次实体监事会均由监事会办公室独立组织会务，监事及监事会秘书、董事会秘书出席，监事会独立审议并表决，形成独立的决议并公告。会议的全过程均不受董事会、经理层等的干扰。在关联交易、投融资、定期报告等重大事项上，福田汽车监事会主动提升业务水平，不仅仅停留在出具审核意见的层面上，还主动要求对议案进行审核监督，形成决议，以求最大程度地发挥独立监督检查的职能。此外，监事会还独立召开沟通会，通过座谈、互访等多种方式，增进监事间的关系，提高团队的凝聚力。

（二）一线事业部现场调研

公司监事会作为公司的监督机构，多次赴各事业部进行实地调研，着重强调以财务监督为核心，加大内部控制的监督力度，促进公司依法经营、积极防范各种经营风险，对重大技改、投资项目进行监督，同时对董事会/股东大会决议执行情况进行检查。例如，2008~2019年，监事会先后赴诸城厂区奥铃工厂、长沙厂区、广东南海厂区、山东厂区、昌平厂区、密云厂区、嘉兴厂区，检查了技改项目实施情况、财务管理与内部控制情况以

及新产品的投放情况等。

（三）双管齐下的内外兼修式学习机制

1. 及时学习掌握公司重大新业务。根据公司的实际运营情况，主动向公司提出进行重大新业务培训。公司经理人员会适时组织关于重大新产品、新业务以及公司产品研发、价值链运营、管理流程等知识的专题培训。这些培训对于监事会成员了解、学习新产品、新业务，拓展管理视野，更新经营理念起到重大的铺垫作用。一方面，有助于监事对于公司发展战略的决策；另一方面，有助于提升决策的效率和质量。

2. 积极参加监管部门及公司组织的各类培训。福田汽车的监事除每年按要求参加监管部门组织的各种培训外，还参加公司组织的年度培训。通过加强对公司主营业务和上市公司法规、规则的学习，及时了解年度内发布的法律法规以及公司重要业务开展情况，做到与监管政策同步、与公司生产经营同步，确保决策的科学、高效，有效促进公司依法运作，更好地发挥监督职能。近三年，福田汽车监事积极参加新《中华人民共和国证券法》、《刑法》修正案、董监高持股、内幕知情人等法规培训，培训形式包括现场培训、线上培训、发送培训资料等。

（四）“走出去”标杆企业调研

为实现对国内优秀上市公司监事会层面的学习、沟通，监事会拓展多元实践。福田监事会每年至少1次赴同行业上市公司交流、学习，以此丰富监事会对国内外汽车行业发展趋势及状况、福田汽车行业竞争地位及状况等的了解，掌握第一手素材以便更好地履行监事会职责。更重要的是，通过该“走出去”的开放式工作机制，可将对方的优秀经验“引进来”，不断提升自身治理业务水平。

2007～2019年，监事会先后赴长安汽车、江淮汽车、贵航股份、台湾福特六和汽车、常柴股份公司、一汽丰田、一汽大众、华为公司、比亚迪汽车、海马汽车、吉利汽车、长城汽车、上汽通用五菱、陕飞、江铃汽车、北汽通航、北汽瑞丽工厂、观致汽车、捷豹路虎汽车、大陆汽车及京东等企业调研考察和交流学习。

（五）季度/月度听取生产经营情况汇报

福田汽车公司形成了每季度/月度由经理层向监事汇报、沟通的固定机制。每季度，都会由监事会秘书配合董事会秘书，根据实际经营发展情况，组织公司研发、销售、财务、生产等相关部门编制材料，以实体会议或通讯发放材料、电话汇报等方式，就公司近期生产经营情况、重大投融资等进行汇报。另外，每月度编制董办简报（涵盖公司近期重要事项、证券市场动态、监管规定以及行业热点等），通过邮件发送给各位监事，便于其了解公司生产经营的真实、实时状况。

（六）监事会、党委、纪检、工会、审计——相互渗透，有机联结，齐力提升监督检查机制

作为国有控股但又依托于现代企业制度而设立运营的公司，福田汽车不仅拥有着健全的法人治理架构，还通过党、纪、工、监、审等各监督主体的融合贯通，形成了各司其职、有效制衡的监督检查机制。

为加强对董事会决议执行情况的监督和管理，保障公司重大投资决策按计划落地，监事会办公室特联合董事会办公室、纪委、监事会、纪检监察部、审计部等制定《福田汽车重大投资类董事会决议执行监督管理办法》。

以 2021 年度为例，监事会对 2016～2019 年的董事会决议执行存在问题的项目以及 2020 年度董事会决议项目进行了监督检查，形成《关于对 2016～2020 年董事会决议执行情况检查结果的报告》，并推进业务部门完成决议整改项目落地，实现闭环管理。

（七）独立评价，董事年度向监事会述职

根据上交所相关规定，董事每年需向监事会进行述职，2018 年制定《董事述职及评价管理办法》，经过 2018 年前三季度的试行，于 2019 年正式执行至今。监事会对董事的履职情况（如会议参加情况、表决情况、汇报会听取情况、对公司的建言献策情况等）、行为规范情况（如参加培训情况、行为合规情况等）、自我改进情况等进行监督。

以 2021 年为例，2021 年 11 月，监办下发 2021 年度董事述职工作计划；2022 年 3 月，董事编制完成述职报告；2022 年 5 月，监事会对述职董

事的履职情况进行评价，提出履职建议。同时，根据董事履职情况及其对公司治理现状提出的建议，监事会办公室转化了相应工作项目，进行相关治理方面的改进并推进落实。

（八）勤勉负重、绝不懈怠——监事会工作状态与作风

福田董事会是高强度高节奏的管理机构，监事会作为其背后有力推手，担负着高效监督的重任。在日常工作中，福田汽车监事会已渐渐形成了勤勉负重、绝不懈怠的工作作风。

1. 勤勉尽责，积极参会。近10年来，仅2013年与2017年分别有1名监事因公务原因未能现场参会以外，其他监事均全部出席监事会。

2. 兢兢业业，发表独立意见、审核议案，督促信息披露事项执行情况。

3. 独立撰写上年度工作报告和下年度工作要点。

（九）特色的监事会办公室运作

福田汽车监事会运作特色，都是由监事会日常办事机构——监事会办公室及监事会秘书，开展具体工作。

1. 监事会办公室、监事会秘书设置。北京证监局下发的《关于提高辖区上市公司质量的指导意见》（京证公司发〔2008〕33号）要求有条件的公司应设立专门的监事会办公室和监事会秘书。

根据公司实际情况，设立监事会办公室，并聘任监事会秘书负责监事会办公室。监事会秘书就任以来，积极、主动出/列席股东大会、董事会，出席监事会，监督检查会议程序的合法性和审议流程的合规性，并听取股东和董事、监事的意见和建议；多次组织监事会事业部调研及同行业公司交流、学习，同时，以更加规范的标准和严谨的工作态度来要求监事会办公室的日常工作，以“监办无小事”为指导方针，从一点一滴提升监事会的监督检查水平。

2. 监办“管理+服务”工作模式。监事会办公室一方面根据证监会及交易所的要求，对监事会成员进行管理，主动引导，提高工作效率；另一方面，对监事会成员履职做好服务和支持工作。

（1）“不唯上、只唯实”，奖罚分明的激励机制，督促监事履职。为保

证监事会的决策质量，充分调动监事的勤勉尽责能力，制定《监事会议事规则》《监事行为规范》，规范监事会的运作流程及监事履职要求。监办督促监事履职并辅以有效的考核制度，促使监事最大程度发挥自身的作用。

（2）日常为监事送关怀、密切沟通联络。

- 会务饮食：关注监事的民族习俗、身体疾病、海鲜过敏等事宜，提前安排；
- 生日/节假日问候：问候短信、蛋糕、鲜花送到家；
- 日常维护：汇报沟通会；与秘书保持顺畅沟通；
- 履职提醒：参会提醒、培训提醒、买卖股票窗口期提醒等；
- 会务/调研/培训/沟通会组织、月度/季度汇报会组织以及重大事项提前沟通等。

如何进一步发挥福田汽车监事会监督履职能力，是摆在我们面前的永恒课题。福田汽车监事会及监事会办公室团队将积极探索丰富经验，不断提高自身的履职能力，推动监事会运作更加专业、规范、高效，切实提升公司治理水平。

1.4　浦东建设
探索特色监督模式　护航公司战略转型

一、监事会概况

上海浦东建设股份有限公司（以下简称“浦东建设”或“公司”）成立于1998年。2004年在上海证券交易所上市，主要从事基础设施项目建设与综合管理，致力于为城市提供绿色的、富有生命力的基础设施投资建设运营服务。公司控股股东为上海浦东发展（集团）有限公司，实际控制人为上海市浦东新区国有资产监督管理委员会，是一家国有控股上市公司。

目前，浦东建设监事会由5位监事组成，其中3位股东监事（包括监事会主席）、2位职工监事。股东监事均具有高级经济师或注册会计师职称，分别具有较丰富的公司管理经验，深谙财务管理和风控、审计工作精髓；职工监事分别来自公司纪检监察和资产经营岗位，具有较丰富的纪检监察、法务和审计工作经验。科学、合理的成员配置，为监事会全面了解公司经营状况、独立履职奠定了良好基础。

二、创新实践的做法

浦东建设伴随浦东开发开放的历程而一路成长，参与并见证了浦东举世瞩目的发展成就。近年来，公司推创新、强主业、建流程、修制度，明确了成为“科技型全产业链基础设施投资建设运营商”的发展目标，构建了以施工建设为核心，涵盖设计施工、园区开发运营、市场投资的业务链主体、以高品质发展的科技和金融为支撑的“一体两翼”的新的经营架构。“十四五”开局之年，浦东建设在设计施工、养护市政、新材料、保理和产业基金等多个领域持续发力，构建了新的发展格局。在公司转型发展过程中，监事会积极探索有效的监督方式和方法，在事前监督、内控建设、信披审核、制度建设等方面，发挥监督职能，护航公司战略转型。

（一）探索建立长效机制

根据公司实际，监事会除按照《中华人民共和国公司法》等法律法规的要求履职外，还积极探索多项工作机制。

一是重大决策事前参与机制。监事会成员除列席董事会会议、股东大会外，还通过列席党委会、总经理办公会、周工作例会、专题会议、调阅有关资料、听取工作汇报等形式，保障监事会对公司重大事项的知情权；同时，通过参会议事，对存在有重大风险嫌疑的事项开展专题研究，深入议题，立足事前监督，抓早抓小，防患于未然。

二是与董事会、经营层沟通协调机制。监事会定期与董事会、经营层就公司经营决策的事项进行交流，使相关决策和经营事项更加科学、严谨，在源头、执行过程中防范和化解风险。年度及半年度董事会、监事会召开之前，组织专题会，听取财务、审计等部门的专题汇报；每年至少与董事长、总经理进行一次专题交流，了解重点工作推进等履职情况，对公司有关经营活动提出意见和建议。

三是专题调研与专项检查机制。监事会每年除完成上级单位及国资委规定的专题调研和专项检查外，还自拟 1 或 2 项专项检查或调研课题，以风险为导向，结合公司战略转型过程中的风险点或日常监管问题频发的经营领域，拟定自选课题，采用实地考察重点项目、查阅相关资料等多种形式和手段，发挥监督管理职能。此外，调研公司各一线部门及子公司情况贯穿全年，积极掌握公司经营管理情况，动态化、全方位地实现监督目的。

四是事前、事中、事后全过程监督机制。规范事前重大事项报备、事中不定期检查、事后执行情况反馈及闭环检查的全过程管理、监控、检查。对发现的问题建立台账，列明整改目标和时间节点，联合审计部门，每半年跟踪问题整改进度，对已完成整改的问题进行效果点评，并实施抽查，对于整改效果较好的问题进行销号，扣实监督闭环。

（二）整合形成监督合力

公司监事会注重利用好内外部的各种资源，做好资源整合，形成监督合力。

一方面，开展部门联动，突出监督效能。监事会与公司财务、审计、内控、法律合规、纪检监察和职工民主监督等部门，定期或不定期召开联席会议，建立信息共享、检查协同、系统对接的“监督”格局和“小机构、大监督、大服务”的工作机制，减少交叉重复工作，提高监督的前瞻性、针对性和有效性。

另一方面，借助外部专业资源助力监事会有效履职。监事会每年聘请专业的中介机构，开展专项调研。2021 年，公司监事会聘请第三方咨询机构，对公司治理和上市公司监管、合规管理、投资管理、招投标和分包管理、子公司管理等方面内部控制的设计和运行情况进行检查、评价，最终形成《测评报告》和《管理建议书》，共发现内部控制缺陷 27 个，其中设计缺陷 12 个、运行缺陷 12 个、设计缺陷与运行缺陷并行 3 个，均已列入公司内控整改计划，确保监督成果落地见效。

（三）注重公司信披质量

上市公司信息披露工作是投资者了解公司经营信息的重要窗口。公司监事会高度重视信息披露工作，认真履行信息披露监督职责。定期报告是上市公司信息披露的重要方式，公司监事会充分履行自身职责，对定期报告进行认真审议和审核。自公司第七届监事会开始履职（2018 年 9 月）以来至 2022 年 10 月底，监事会共审议年报、半年报、季报共 16 次，确保公司经营信息及时、准确、真实、完整地传递给全体投资者。2021 年和 2022 年，公司连续两年获评上交所信息披露工作评价最高级别 A 级，这是对公司上市公司信息披露工作的最高评价。

（四）修订完善工作制度

公司监事会积极探索和完善组织制度体系建设，不断健全和规范监事会工作的规章制度。《公司章程》规定了监事会及监事的权利、义务、职责，《监事会议事规则》进一步明确了公司监事会的职权和议事程序等。在此基础上，本届监事会根据《中华人民共和国公司法》等法律法规和上海证券交易所、中国上市公司协会相关指引以及《公司章程》和公司监督工作的实际需要，制定了《监事会工作办法（暂行）》，明确了公司监事会的组织架构、职责与权利、监督范围与内容、履职要求等，进一步规范监事会的履职行为，为监事会充分履职提供了保障和依据，促进公司法人治理结构更加完善。

三、问题及对策、建议

一是制度还不够落实。目前，《公司章程》《监事会议事规则》对监事会的法定职责规定的还比较原则，具体的、可操作性的程序还不够明确，应随着最新的监管要求及时修订。

二是培训系统性仍显不足。近年来公司监事会成员积极参加了包括中国上市公司协会董监事培训在内的多项培训活动，但培训的针对性和系统性略显不足，仍需要各级监管部门和上市公司协会更多地指导和帮助。

下一阶段，特别是在当前要进一步提高上市公司质量的总体要求下，浦东建设监事会将继续立足公司实际，创新工作方法，发挥监督职能。

一是对标先进。以优秀上市公司为标杆，牢固树立“加强履职监督，服务经营发展”的理念，注重工作的传承与创新，注重同业间的交流与借鉴，注重履职效能的发挥，促进监事会在发挥监督约束功能的同时，多为公司的转型发展提供有价值的服务。

二是做实调研。突出调研效果，体现监督价值。以风险和巡查审计发现的问题为导向，延伸监督范围，建立信息反馈机制，促进监督成果运用，促进监督、整改、复查形成闭环。

三是完善制度。在现有《公司章程》的基本框架下，紧跟最新监管要求，修订《监事会议事规则》，同时，总结近年来的成熟做法并规范化，查遗补漏，进一步完善监事会履职工作细则等制度。

四是加强培训。监事会是中国特色现代企业制度的重要组成部分。监事会能否有效发挥作用，离不开对自身监管职能的深刻认识，离不开对所属行业、公司的深刻了解，离不开自身能力素质的不断提升，要继续加强学习和自身建设，利用各类平台，参与和开展多方面、系统性的学习培训和继续教育。

1.5 西南证券
优化监督工作体系 发挥积极推动作用

一、监事会概况

西南证券股份有限公司成立于1999年，在原重庆有价证券公司、原重庆国际信托投资有限公司证券部、原重庆市证券公司和原重庆证券登记有限责任公司的基础上，联合其他股东共同发起成立西南证券有限责任公司。2009年，西南证券有限责任公司通过重庆长江水运股份有限公司重大资产重组及吸收合并在上海证券交易所上市，更名为西南证券股份有限公司，成为中国第九家上市券商和重庆第一家上市金融机构。

西南证券监事会坚持以习近平新时代中国特色社会主义思想为指导，在重庆市国资委领导下，在公司董事会、经理层的支持配合下，聚焦高质量发展，依法依规开展监督履职工作，持续推进提升公司规范运营水平，努力维护公司股东、员工和其他利益相关者的合法权益。监事会有监事共3人，其中股东监事1人，职工监事1人，外部监事1人。监事会下设办公室，目前配备3名专职工作人员，负责监事会日常工作的开展。

二、监事会履职情况

本届监事会任期内根据监管单位相关精神要求，结合公司实际，有序开展集中监督检查、专项检查，持续关注公司发展中出现的相关情况并及时专报，同时，坚持日常会议监督，注重集约化发挥公司内控合规力量作用，与公司年度审计中介机构保持沟通，切实监督履职，并不断探索优化监督工作体系，致力发挥监督工作在公司规范发展中的积极推动作用。

（一）聚焦监督重点，开展年度集中监督检查

集中监督检查工作使监事会较全面地梳理和掌握公司在当期的治理运行规范性情况、业务发展及风险控制情况等。截至目前，本届监事会任期内组织开展了2020年度、2021年度集中监督检查，重点关注了投行全面落实《证券公司投资银行类业务内部控制指引》、子公司落实《证券公司另类投资子公司管理规范》、公司合规管理有效性评估情况、公司全面风险管理、公司业务授权管理、公司当期总部大楼建设、公司经营绩效考核薪酬分配管理等情况。同时在检查中根据监事会日常监督工作及各专项监督检查情况，评价公司经营管理活动的合规性，梳理公司对监事会所揭示问题的整改进展及完成情况；评价公司年度财务状况及会计信息质量、经营管理和风险控制情况、董事会和经理层总体履职效果等。通过检查，监事会综合研判公司发展中存在的相关情况，不回避硬点难点，在检查中揭示公司在上述检查重点中存在共7个大类12项问题，并从完善制度建设、加强人员培训、强化督导等方面，相应提出完善、整改的意见建议共16项。就公司非公开发行股票融资、换届选举、深化业务条线改革、压实新证券法颁行下的法律责任、推进公司“十四五”规划，强化公司治理建设，推动改革发展，提高内控能力和风险防控水平，加强资管风险资产管理，研究西证国际证券发展思路等方面分别对公司董事会、经理层提出共15项工作建议。

（二）结合监管热点，针对性开展专项检查

监事会为有效履行对公司经营管理、财务管理、内控管理、风险管理等职责，开展了对监管关注的热点、焦点问题，以及公司开展的重点业务进行专项监督检查，先后开展了对子公司自有资金投资管理、公司集中采购管理、风险管理信息系统及相关数据治理、大额资金内部控制制度建立及执行情况等方面的专项检查。检查通过对业务数据、档案收集和分析，听取相关人员的汇报和说明，实地走访等方式开展。检查发现公司在上述方面存在集中采购制度体系和统筹管理不完善、专家库建设不到位、子公司自有资金投资相关制度更新不及时、风险管理存在不足、公司风险管理

信息系统建设尚需进一步加强等15项问题，并针对性提出了27条整改建议。通过开展专项检查，监事会全面了解公司相关领域的经营管理现状，对检查发现的问题向董事会和经营层提出整改意见和建议，并督促整改落实，切实推进公司高质量发展。

（三）以问题为导向，加强风险监督

随着证券行业改革发展的深入，公司在当前复杂的经济形势下面临的风险加大，监事会坚持以问题为导向，不断加强对重点领域的风险监督。一是重点关注公司治理、战略管理、资本管理、风险管理、内部控制情况，执行股东大会、董事会、监事会决议和落实监管意见情况。如公司董事会在2022年度董事会中审议通过《关于公司2022年度风险容忍度及重大风险限额指标的议案》，监事会对此予以重点关注，针对相关指标设置提出管理建议，并监督议案执行落实。二是结合监事会及内外部审计检查发现的主要问题，持续重点关注重要业务领域的风险化解处置进展情况。如2021年年末，在中资美元地产债违约风险事件持续发酵背景下，房地产债投资信用风险快速上升，监事会关注到公司自营业务投资的部分房地产债存在一定的信用违约风险可能性，及时开展调研了解相关情况并形成专项报告，并在后续持续关注公司对房地产债券投资风险的防范化解处置情况，督促公司加强债券投资业务信用风险管理，促进公司自营投资业务风险可测可控可承受。

（四）持续加强财务监督

监事会针对公司重要财务决策、重要财务收支活动和财务风险控制情况进行重点监督，关注财务合规性、真实性和财务资源配置效益情况。主动与管理层及审计进行沟通，提出相关经营管理建议。一是认真审核定期报告，通过定期会议审议财务年度报告、半年度报告、季度报告，关注公司重大经营情况。二是重视与外部审计师的沟通。监事会定期听取审计师的审计情况报告，探索建立监事会、内部审计与外审机构的定期沟通机制。首先，在年报审计进场入驻前组织监事会、内审部门与外审机构开展座谈，听取年报审计初步思路，将监事会重点关注的2～3个事项交由年报审计机构协助延伸检查，并在后续向监事会提交检查报告和管理建议书，及时了

解重要业务领域风险情况；其次，在年报审计工作结束前，组织审计师向监事会报告年报审计总体情况、后续值得关注的重点事项及其他管理建议等内容，便于监事会及时掌握公司经营管理情况。三是持续关注公司重大财务事项的处理情况及年度经营财务状况。本届任期内，监事会针对公司经营绩效政策、境外子公司西证国际经营发展等问题，与管理层保持密切沟通，提出管理建议，督促管理层修订完善绩效管理相关制度，解决以往经营绩效分配中存在的突出问题，提升管理水平；同时推动管理层研究境外子公司西证国际发展问题，厘清下一步发展思路，控制相关风险。

（五）有序开展监事会日常监督

一是根据国资和上市公司监管要求，有序开展监事会日常监督，规范组织召开监事会会议。通过相关议案审议及报告听取，结合日常对公司经营情况的关注和了解，较全面地掌握公司合规内控运行情况和重大事项决策情况，切实发挥好过程监督职能。二是通过参加公司股东大会、董事会以及党委会、总裁办公会等重要会议，查阅相关会议材料，及时了解掌握期内公司经营发展各阶段的具体情况，不断增强监督工作的针对性和有效性。三是注重与管理层日常沟通，加强子公司监事工作指导。坚持在合法依规原则下，通过持续有效的沟通，充分发挥正向合力，协同推进公司稳健发展。

（六）集约化监督联动，推动监督信息共享

一是公司监事会在工作中注重统筹公司合规、内控、审计以及财务等专业力量，形成集约化监督合力，针对性覆盖问题，提升监督质效。协同监督工作机制在实际运行中不断完善，通过联合会商基础上的统一协调、组织，以及具体监督检查工作的协同实施，既避免重复投入，又提升工作质量，较好地展现了集约化监督联动效果。同时，公司监事会积极推动监督成果信息共享，及时向驻公司纪检监察组通报监督检查情况，横向推进监督成果充分发挥作用。二是指导内部审计工作，利用内部审计力量作为抓手，延伸监事会监督的深度广度。指导内部审计不断完善公司内部审计的制度体系，为充分发挥内部审计的作用提供坚实的制度保障；推动审计部探索大数据分析等新技术在内部审计工作中的应用，目前，审计部已在反洗钱、自营业务审计等具体工作中运用了大数据审计分析相关技术，取得了积极的效果；发挥内部审计的监督职能，以专项审计为抓手，以点带面，揭示共性问题、普遍性问题，及时为公司的合规管理排雷、填坑，更好地发挥审计的监督职能。三是公司监事会持续推动延伸监督工作触角，扩大监督工作深度、广度，通过子公司监事年度工作会、适时指导交流等形式，开展子公司监事述职，指导部署子公司监督重点工作，支持子公司监事在实践工作中，不断提升监督工作的全面性、时效性，丰富监督方式和手段，有效推升各子公司条线的规范运营质量。

（七）跟进问题整改，发挥监督实效

监事会持续关注问题整改，力推解决落实，不断夯实从发现、建议再到整改落实的监督工作闭环。就年内历次检查所发现问题，提出相应改进建议并及时通报公司董事会、经理层，要求就问题整改形成方案、就整改完成情况向监事会反馈，坚持从问题出发，持续关注、督促相关整改过程，并与责任部门保持沟通交流，及时了解完成情况，切实推进整改进程。同时，结合公司监事会和内部审计工作实际，进一步建立完善了监事会监督检查发现问题和重点关注事项整改落实督办机制，通过落实责任部门整改计划、设置整改台账、定期跟踪整改进度，督促监事会监督检查发现问题和重点关注事项整改落实，进一步推动检查成果运用。

1.6 物产中大
持续探索　行稳致远

物产中大集团股份有限公司作为浙江省属特大型国有控股上市公司和连续12年入围世界500强（2022年排名第120位）的中国智慧供应链集成服务引领企业，自2015年起持续推进监事会工作体系建设，在组织机构、制度体系、工作机制、全程监督、成果运用等方面积极探索实践并取得明显成效。2021年，集团公开出版《公司监事会治理100问——物产中大集团股份有限公司监事会工作实践》一书，全面总结了一条具有物产中大特色的监事会工作道路。

一、组织机构

物产中大集团监事会组织体系具有全覆盖、专业化和差异化的特点。集团监事会共有5名成员，其中包括由浙江省委组织部推荐的监事会主席和分别由控股股东、员工持股会、职代会推荐的4名监事。集团总部专门设立监事会办公室，配备专职人员，在集团监事会的领导下负责监事会各项日常工作。

在下属企业监事会层面，根据成员公司行业特点、规模大小以及风险管控等情况，采取委派监事长和兼职监事相结合的管理模式，其中监事长任职条件严格按照集团中层领导人员规定要求执行，兼职监事一律由集团委派人员兼任。目前已对16家设有监事会的成员公司配备了15名专职监事长和1名兼职监事长，不设监事会的4家成员公司和1家外部股东推荐监事长的成员公司监事由集团各委派1名兼职监事，并对2家参股公司委派了监事长，从而实现监事会监督工作的全覆盖，创新了成员公司差异化的监事会监管模式。成员公司也设立监事会办公室，有的与综合监督部、审计部合署办公，并配备专职兼职人员，强化工作协同，在集团监事会的指导下负责成员公司各级监事会的各项日常工作。

二、制度体系

经过多年的实践积累，集团公司监事会根据《上市公司治理准则》《上市公司监事会工作指引》及国资监管要求，构建了一套符合实际、行之有效的制度体系，并分为工作制度和管理制度两个方面，为公司监事会监督工作能力提升和防范化解经营风险发挥了重要作用。

（一）工作制度

主要包括《物产中大集团监事会议事规则》《物产中大集团成员公司监事长工作会议管理办法》《物产中大集团监事会监督检查报告编报办法》《物产中大集团监事工作协同运行管理办法》《物产中大集团监事会监督检查成果运用办法》等，充分保障监事会的建议与质询权、检查与调查权、知情权等法定权利，使监事会监督全面深入、评价客观公正、成效持续深远，确保监事会监督工作顺畅运行。

（二）管理制度

主要包括《物产中大集团成员公司监事会组织机构建设完善方案》《物产中大集团成员公司监事长管理办法》《物产中大集团成员公司监事长绩效考核办法》《物产中大集团成员公司监事长履职清单》等，有效构建、提升监事会治理体系，为成员公司监事会工作开展提供方向与指导，激励成员公司监事长履职尽责，促进成员公司科学决策和规范经营。

三、工作机制

（一）建立“三会议两报告”工作机制

一是组织召开监事会工作会议。定期召开各成员公司监事长月度例会、监事会年度会议和专题会议，同时各成员公司监事会组织召开季度部门监督联席会议。二是不断完善“两报告”工作机制。对企业重大事项及时进行报告作为监事会的首要履职责任，集团监事会按期向省国资委上报年度、月度监管报告，不定期报送专项检查报告。

（二）交流学习机制

通过召开监事长例会，及时交流学习国资监管、上市公司监管等文件，研讨监事会工作任务与监管重点，分享监事会监管成果。加强对标学习，先后与省内外多家企业监事会工作及企业大监督经验等方面进行交流座谈学习。通过“线上+线下”形式不断加强政策法规、专业知识和业务管理的学习，参加国资委举办的监事业务有关培训，邀请专家讲解监管政策法规，提升履职尽职尽责能力。应邀在2021年全省国资国企综合监督业务培训班上作“监事会监督工作实务”的分享，实现公司治理实践经验价值输出。

（三）绩效考核机制

按照集团监事长考核办法，对成员公司监事长的年度履职情况进行考核，考核内容涵盖监督检查、“三会议两报告”落实、监督会议决策过程、组织队伍建设、工作调研、监督协同、其他事项等7个方面履职事项共26条履职内容，客观公正评价成员公司监事长的工作绩效，促进监事会工作深化和作用发挥。

四、全程监督

集团监事会工作持续聚焦重大风险、关键环节、重点领域，开展全过程监督、专项检查和调查研究，推动企业不断提升经营管理水平。

（一）日常监督

集团各级监事会聚焦主业主责，认真履行监督职责。围绕集团各项任务目标和打赢新冠肺炎疫情防控阻击战部署要求，加大对“三重一大”决策与执行、重大投资并购和重大资金使用、重大资产损失风险、重大历史遗留问题处置、数字化转型、新冠肺炎疫情防控、混改等重要事项的全过程监督，督促重大决策依法合规、程序到位，推动公司稳健发展。

（二）专项检查

专项监督检查是监事会发挥监督职能的重要手段，也是集团监事会最常用的监督方式。集团各级监事会按照上市公司监管与国资监管要求，结合集团经营实际，组织开展专项检查，提示各类问题，包括金融投资管控专项检查、资金安全专项检查、国企重大损失存量问题专项治理、内控专项检查、基金投资情况专项检查、经营风险管控专项检查、流动性风险排查专项检查等。通过专项检查把当前最突出、最关键的事项查深查透，补齐公司高质量发展的短板，促进公司夯实稳健增长的基础。集团监事会办公室组织的金融投资管控专项检查得到省国资委主任董贵波的肯定并做出了督办的批示，检查成果有利于督促成员公司严格执行金融投资预算额度与授权权限，加强业务预警与逾期风险处置。

（三）专项调研

集团各级监事会围绕国企改革三年行动方案实施、省属国企领域突出问题专项治理、集团“十四五”规划进展以及提质增效稳增长等国资重点监管任务，扎实开展专题调研，提高调研频次和质量，提交专题调研报告。部分公司监事会通过业务调研延伸监督视角，揭示新拓展业务、新设立公司、亏损业务单位、重点难点业务存在的风险和监管薄弱环节。部分公司监事会对公司数字化转型情况进行调研，提出了统筹协调各流程体系、促进智能数据管控向智能决策与风险管控转型、实现智能数据管控落地使用等建议。

五、成果运用

（一）强化问题整改

集团各级监事会积极推进监督发现问题整改落实，形成了独具特色的“监督—整改—检查—评价”的闭环机制。集团监事长例会定期督促成员公司监事会落实整改督促检查责任，充分利用约谈、整改督查、整改“回头看”、建立整改销号台账等方式，着力提升整改时效性，推动完善整改长效机制。

（二）督促风险化解

落实集团防范化解重大风险有关要求，集团监事会组织成员公司监事会梳理存量风险事项，督促化解存量风险，推动解决历史遗留问题。成员公司监事会积极落实集团监事会办公室要求，定期组织召开监督联席会议、风险管理例会等会议，通过督查案件担保物抵押情况、督促业务人员配合经侦调查、督促排查财产线索、督促处置抵押资产等方式全力推进重大涉诉案件集中攻坚行动，加速化解存量风险。

（三）督促内控完善

根据持续推进精细化管理、内控体系建设和现代化治理能力建设，苦练内功，严防风险的要求，集团监事会及时督促审计风控部门加强内控体系建设，不断健全内控体制机制，使内控体系建设成为风险管理的防火墙。在浙江大学等学术和权威机构联合发布的浙江上市公司内控指数排行榜中，集团连续五年入围全省十强，近 3 年均保持全省第三，并连续多年进入全国上市公司内控百强榜单。

多年来，物产中大集团的监事会工作为企业的规范经营、改革创新和稳健发展提供了有力支撑。但随着外部环境的不断变化、集团创新改革不断深化和数字化转型不断升级，未来监事会工作也将持续面临压力和挑战，并需在组织方式、工作方式、监督手段、成效发挥等方面持续探索深化，为企业行稳致远保驾护航。

1.7　四川长虹
开拓创新　勤勉履职

四川长虹电器股份有限公司自 1994 年 3 月在上海证券交易所挂牌上市以来，从期初的彩电生产企业，发展成为集消费电子、核心器件研发与制造为一体的全球化综合型科技企业。公司秉承“产业报国、开放创新”的价值传统，坚持以用户为中心、以市场为导向，强化技术创新，夯实内部管理，持续为消费者与企业级用户提供卓越的产品与服务。公司下属有长虹美菱、长虹华意、长虹佳华三家上市公司，长虹民生、中科美菱两家新三板挂牌公司。

未来公司将顺应产业发展趋势，持续深化智能战略，深入开展 5G、AI、大数据、云计算、信息安全等新一代电子信息技术的研究开发和推广应用，坚持以硬件为基础、数据为核心、系统解决方案为重点，围绕智慧家庭、工业互联网、特定应用领域系统解决方案等业务方向，加大力度整合资源，持续强化核心能力，不断完善体制机制，加速推进公司物联网转型。公司将沿着智能化、网络化、协同化方向，构建强大的物联网产业体系，不断提升企业综合竞争能力，逐步将四川长虹建设成为全球值得尊重的企业。

随着国企改革三年行动方案工作的落实，四川长虹在公司党委的领导下不断深化改革，建立了与公司发展相匹配的市场化管理架构，健全公司全方位管理体系，促进公司高质量发展。

公司监事会如何能开拓创新，在改革中找准定位，不断探索监督新途径和监事会履职新形式，是维护好股东、员工、公司利益和为公司高质量发展保驾护航的核心关键。

一、与时俱进，发挥监事会在高质量发展中的作用

在世界政治、经济、技术、市场环境及多双边关系大变局的今天，加之新冠疫情等因素给企业带来的前所未有的挑战。党中央高屋建瓴提出高质量发展战略，为企业指明了方向。随着公司改革不断深入，公司组织架构、管理体系、产业结构也随之不断更新调整，如何能跟上公司的发展并在发展中发挥监事会的作用，而不是机械地行使监事权利，是给监事会提出的新课题。

（一）健全制度，明确责权，使监督管理有章可循

公司不断完善各项管理制度，一方面适应公司新发展新状态，同时注重结果导向，提升管理效率。公司监事会在认真研究国家相关法律法规、监管机构规则以及《中上协上市公司监事会工作手册》等要求后，对公司《监事会议事规则》作了最新一版的修订。

修订后的《监事会议事规则》除了保留原有的监事会架构、组成、职责、监事资格、会议组织等条款外，增加了党的领导入章、监管机构最新规定的相关职责要求以及对控股子公司的指导等相关内容。进一步明确了监事会权责界限，为监事会更好的开展工作提供制度依据。

（二）建立五位一体协同监督机制，合力高效行使监督职权

公司建立了以监事会、公司纪检监察部、审计部、合规风控部、财务部五位一体协同监督机制，监事会主动与相关部门交流沟通，了解情况，提出建议，逐步推动信息、人员互通共享，协同高效行使监督职权。

监事会办公室不定期编辑《监事观察》，通报公司内外监管动态及相关工作进展情况，为全体监事、控股子公司监事以及高管和相关部门提供及时信息，供履职参考。

（三）打造学习型监事会，提升履职能力

监事会积极倡导全体监事以及控股子公司监事加强学习和培训，充分利用中上协及其它网络培训资源，抓紧一切空余时间学习财务及监事工作相关专业知识，提升自身履职能力。2021 年，上市公司监事会五名成员共

参加培训 20 人次，网络学习总课时达 290 课时。

二、抓重点，找难点，让监督产生价值

随着现代企业制度不断完善，公司党委、管理层对监事会工作理解重视度越来越高，监事对公司治理参与度越来越大，监事会本着工作在前、预防在前、提醒在前的原则，与董事会、管理层密切沟通配合，着重发现重点领域、重点项目上的问题和难点，使监督工作发挥其独有的价值。

（一）确定重点领域，开展公司年度检查工作

监事会根据当年公司发展现状经全体监事讨论确定年度检查主题及重点领域，如 2020 年结合公司“十三五”规划实施，监事会确定年度检查重点为公司战略及“十三五”规划实施情况；2021 年结合国际国内政治经济行业变化给公司带来的新挑战，确定年度检查重点为公司合规风控情况等。根据确定重点领域及公司当年运作情况，监事会列出检查提纲，在监事讨论通过后书面通知相关部门准备书面检查材料，监事认真审阅书面材料后，提出问题或需补充说明的议题。监事会在此基础上组织召开年度质询会议，邀请公司高管及相关部门参加并进行沟通质询，围绕当年确定重点领域和主题对公司当年整体运作情况、财务情况以及内控、投资、关联交易、合规/风险管控等各方面进行年度检查，在此基础上完成年度监事会报告并作为主要文件在年度股东大会上向股东报告。

（二）发挥子公司监事作用，指导子公司监事开展履职工作

目前，公司控股子公司均已完成监事制度建设，规范运作。监事会办公室建立了子公司监事微信群，定期、不定期向子公司监事通报各类监管信息、公司监事会动态以及培训资料等，组织子公司监事积极参加培训，提升监事素质水平。

公司采取子公司监事推荐制度，根据子公司业务特点推荐合适人选由子公司根据子公司章程任命，推荐流程引入党委前置审核，并探讨在公司建立专职独立监事机制，使控股子公司监督更具高效可行。

（三）积极开展调研，了解公司发展现状，研究新问题

针对重点部门、重点项目，监事会不定期开展调研活动，由全体或部分监事参与，详细了解项目进展情况及难点，就项目的管理、风控、合规等议题进行深入交流探讨。

随着法制化建设不断完善，资本市场和企业监督机制逐步健全，中小股东在市场中的参与度不断增强，因此对上市公司运作要求也日趋严谨。监事会既不能越俎代庖、“眉毛胡子一把抓”，也不能一味依赖外力作“甩手掌柜”，前者恐徒增工作流程、成本，束缚企业发展，后者则恐不能尽到企业“看门人”的作用。监事会工作需要跟紧内外环境变化，从企业自身发展角度出发，积极研究企业难点、热点，在变化中找准自身定位，发挥协同效应，促进公司稳定发展。

三、勤勉尽责，作好国企担当

四川长虹作为国企上市公司，在市场化管理的基础上，更要体现国企担当，为新时代中国特色社会主义市场经济发展提供自身样本，特别是面对新冠肺炎疫情带来的新问题、新机遇、新挑战，更需提升公司风险防控能力，推动公司高质量发展。

（一）筑牢风险底线，展现国企担当

习近平总书记指出，国有企业是中国特色社会主义的重要物质基础和政治基础，是我们党执政兴国的重要支柱和依靠力量。党领导下的国有企业必将在实现第二个百年奋斗目标征程中为加快实现共同富裕发挥作用。

长虹历来注重社会责任工作，在历次重大事件中发挥了作为国企应有的担当。例如在“抗疫”中，在通过各项措施做好自身安全保障基础上最早最快达产保供的同时，为多省市方仓及隔离点提供防疫物资保障服务；对口支持平武、色达县乡村振兴；从产品、生产制造、营销各环节践行节能减排、低碳环保理念等。2021 年，公司在环保、公益事业、员工保护、股东权益保护等诸多承担社会责任方面做了一些工作，取得了一定成绩。公司将持续以人为本，继续在追求经济效益、保护股东利益的同时，进一

步激活公司人才队伍，积极保护债权人和员工的合法权益，大力推动技术创新和市场服务创新助推行业健康发展，促进公司本身与全社会的协调、和谐发展。

长虹监事会由党群、工会、技术部门等相关负责人组成，监事通过自身努力结合各自岗位工作，在完善制度及风险防控的基础上，本着遵纪守规、透明公开的原则，积极助力长虹社会责任工作。

（二）关注中小股东，维护中小股东合法权益

监事会对中小股东提出的问题给予高度关注。在日常工作中，监事及时关注中小股东通过各类渠道提出的各类问题，督促董事会及相关部门及时回应。在年度检查质询会议召开前，监事收集了解中小股东对公司发展、财务及经营管理情况提出的各类问题，并在质询会上请相关部门给予回应及答复，切实维护中小股东的合法权益。

（三）为监事勤勉尽责、高效履职提供坚实保障

为保障监事履职，公司在健全各项制度同时，为监事及董事、高管购买了履职保险，支持监事及董事、高管敢作敢为敢担当，为保护监事、董事及高管发挥作用。

1.8 伊利股份
持续精进履职能力　全面落实监督职责

一、公司及监事会概况

内蒙古伊利实业集团股份有限公司（以下简称“伊利股份”或“公司”）成立于1993年，总部位于内蒙古自治区呼和浩特市。伊利股份位居全球乳业五强，连续多年蝉联亚洲乳业第一，是中国规模最大、产品品类最全的乳制品企业。最优的产品品质、领先的综合服务能力和全面的可持续发展能力，让伊利一直深受全球顶级盛会、赛事以及各级政府和社会各界的信赖与认可。2021年，伊利股份实现营业总收入1105.95亿元，成为亚洲首个跨千亿元乳企。

监事会作为公司治理的关键一环，肩负着对公司经营管理全面监督的重任，无论是检查公司财务信息、监督公司董事、高级管理人员行为履职，还是监督公司内部控制、风险管理、信息披露，公司监事会均以独立、专业、认真、勤勉的岗位操守履行义务、行使职权。截至目前，伊利股份监事会已历时十届，第十届监事会于2020年5月20日换届选举，由5名监事组成，其中外部监事2人，职工代表监事3人，监事会各成员凭借资深的从业经历、深厚的专业功底、丰富的管理经验以及勤勉尽责的工作作风，更好地确保监事会有效发挥监督职能。任期内，公司监事会能够依据《中华人民共和国公司法》《中华人民共和国证券法》《上市公司治理准则》《上海证券交易所股票上市规则》《上海证券交易所上市公司自律监管指引第1号——规范运作》等法律法规及《公司章程》《公司监事会议事规则》等制度有效发挥监督作用，极大地维护公司及全体股东的利益。

二、公司监事会运作实践

（一）聚焦监管重点，充分行使监督职权

任期内，公司监事会通过列席股东大会、董事会、召开监事会等形式对公司重大事项进行监督，确保决策程序合法有效，公司治理规范运作。

1. 在公司财务监督方面，公司监事会通过列席董事会会议，召开监事会会议，审阅公司季度报告、半年度报告与年度报告，同时，对定期报告所披露的信息真实、准确、完整性出具书面确认意见。公司监事也通过听取报告的方式监督公司财务预决算、利润分配、担保事项、发行公司债券、非公开发行 A 股股票等重要财务决策。

2. 在内部控制和规范运行监督方面，公司内部控制组织架构由决策层、管理层、执行层和监督层构成，同时设置专门机构，负责统筹、规划和落实公司内部控制相关决议事项，并开展具体内部控制管理和内部控制有效性评价相关工作，每年，监事会通过召开会议的方式，审议《公司内部控制评价报告》《公司内部控制审计报告》，促进内控水平的提升。

3. 在董事、高级管理人员行为监督方面，公司监事会成员列席公司股东大会、董事会，对董事、高级管理人员履职情况进行有效监督，通过听取报告的形式对董事、高级管理人员的履职情况进行监督评价，有效地发挥监事会履职监督作用。

4. 在信息披露工作监督方面，公司监事会成员列席股东大会、董事会等相关会议，监督需要披露的相关事项是否及时发布公告、监督公司是否按照信息披露管理制度及内幕信息知情人制度执行重大事件报告、传递、审核披露程序，进一步维护信息披露的公平原则，保护广大投资者的合法权益。

（二）以制度保障监督职能，逐步提高规范运作水平

公司建立了完善的监事会制度，在《公司章程》《公司监事会议事规则》中，对监事会相关工作制度做了明确规定，为保障监事会的独立性和有效运作提供了基础。除此之外，公司也非常重视内部控制制度建设，通

过对公司财务、业务等制度流程的梳理，进一步健全和完善了各项制度。任期内，公司相继制定了《公司独立董事制度》《公司关联交易管理制度》《公司内部控制管理制度》《公司银行间债券市场债务融资工具信息披露事务管理制度》《公司对外捐赠管理制度》《公司对外提供财务资助管理制度》，修订了《公司内幕信息知情人登记制度》《公司信息披露事务管理制度》《公司独立董事制度》《公司衍生品业务管理制度》《公司对外担保管理制度》《公司募集资金管理制度》《公司关联交易管理制度》，为有效开展监督检查工作提供了监督依据和制度保障，进一步推动公司规范运作。

（三）深入业务一线调研监督，构建立体监督体系

乳制品经营横跨国民经济一、二、三产业，产业链长且经营环节复杂，只有更全面了解行业及公司的经营现状，监事会才能更贴近行业属性从而匹配专业性履职。公司监事定期深入公司经营一线进行调研，提升监事会专业履职能力，为其对公司重大经营决策做出专业、独立、客观的评价提供支持。

任期内，公司监事对创新中心实验室、中试车间及奶粉工厂等进行了实地考察，通过对公司创新研发技术、知识产权、质量管理和精密仪器设备等相关事项的考察参观，更具体地了解了公司的研发体系；对公司奶粉工厂的生产情况、质量管理、物流运输及全程追溯体系进行了调研，更全面地了解了公司现代化工厂的质量管理控制体系的执行情况。公司积极采取各种方式保证监事能够立体化了解公司生产经营、内控执行情况，有效强化监事会在企业运营过程中的监督管理职能。

（四）强化岗位能力建设，持续精进履职能力

随着我国金融市场改革持续稳步推进，监管政策迭代速度明显加快，公司监事会紧跟政策法规的变化情况，积极参与合规业务培训，持续提升业务水平。

公司充分利用线上平台组织相关培训，各位监事不仅能够及时学习到各级监管机构组织的相关监管新规，同时，也能借助中国上市公司协会为上市公司提供的知识平台定期补充监事会专业知识。截至目前，公司第十届监事成员均能较好地参加中国上市公司协会“培训学苑”中监事会知识

课程及其他线上培训课程，综合素质和履职能力不断提升，有利于改进监事会工作方式，认识和把握监督规律，探索有效监督方法，促进监事会监督机制的完善。

伊利股份监事会将持续加强理论学习与实际相结合，切实履行股东大会赋予的职责，依照《中华人民共和国公司法》《公司章程》等有关规定，充分发挥监事会职能，完善监事会工作机制和工作制度，创新监督方式，进一步提高监事会监督的针对性、有效性及科学性，从而有效促进公司治理水平不断提升。

1.9 重庆燃气
坚持“四个一致”原则 紧扣“三化管理”目标
创新“三位一体”监督模式 凸显监督检查工作成效

加强监督检查，提高风险防控能力，是企业适应转型升级过程中环境变化的要求，也是其健康发展的内在需要，只有不断提升监督检查项目质效，通过以监督促管理，以管理增效益，才能更好地服务于生产经营和发展大局，促进内控提升和风险管控，助推企业规范高效运营，推动企业持续健康发展。

重庆燃气集团股份有限公司（以下简称“重庆燃气”或“公司”）监事会始终坚持以问题及风险为导向，在上级股东单位的关心和指导下，在公司董事会和高管层的密切支持与配合下，坚持“四个一致”原则，即“坚持以问题为导向的理念和实施方式一致；有效转化监督成果和经营目标一致；促进规范管理与高质量发展的步调一致；落实措施和跟踪督办的要求一致”，有效开展年度各类监督检查，努力做到统筹兼顾，精准发力，通过不断细化检查重点，不断优化检查步伐，不断完善报告体系，精心打磨监督项目关键控制环节，全面提升监督检查质量。

公司监事会紧扣“三化管理”，即“监督管理体系标准化、监督管理工作精细化、监督成果融合一体化”目标任务，持续探索并积极践行一条高质量监督助推高质量发展的健康之路，结合实际情况，创新了一套“三位一体”的监督模式，即“用好三项清单，抓好三个阶段，做好三维度沟通，形成标准化报告体系”。经过多年实践和不断完善，采用这套监督模式，能够有效确保监督工作质量，凸显监督工作成效。

一、用好“三项清单”，强化精准监督

针对监督检查项目建立“三项清单”，即“监督任务清单，流程检查清单，问题风险清单”。

一是“监督任务清单”，是在监督检查工作方案形成后，对监督检查内容的细化。《监督检查工作方案》提交监事会审议通过后，监事会办公室负责人将组织联合检查组成员，召开并主持专题工作会议，讨论确定监督检查具体内容、标准依据以及人员分工等。会后形成的“监督任务清单”可清晰呈现每一项具体检查内容，对应的文件或规章制度依据，判定的标准，以及检查负责人。

二是“流程检查清单”，是在检查组对检查对象开展全面自查阶段形成的，记录由全面检查到重点抽查的过程。由两部分组成：第一部分是开展全面自查时，需要所属每个单位填写的自制表格，根据每个项目的实际情况进行设计，并下发通知要求检查对象填报；第二部分是根据收集的自查资料，经过汇总分析，依据重要性原则，分类筛选样本，确定现场检查的单位和重点。通过运用“流程检查清单”，实现从全面自查到重点现场检查的精准定位。

三是“问题风险清单”，是在检查组完成现场检查后，对检查发现问题和风险的全面梳理。检查组所有成员在检查过程中会详细记录检查情况，在现场检查结束后，每个成员都会梳理各自检查情况书面反馈监事会办公室。对检查所有情况进行全面梳理后，形成“问题风险清单”，对问题和风险进行多维度的重分类，逐一分析问题、风险的性质、形成原因以及解决的途径和方式。通过“问题风险清单”，为报告精准揭示问题，深入剖析原因，针对性提出整改建议打下良好基础。

通过“三项清单”的运用，我们实现了检查内容的精细化，检查对象和重点的精准化，有效提升揭示问题的精准度。

二、抓好三个阶段，强化监督质量

高度重视监督项目的质量管理，严格按照监事会监督检查指引要求，开展各项监督检查工作，注重从监督检查流程入手，抓好检查准备、现场检查和报告撰写三个阶段，全面提升监督质量。

一是检查准备阶段，注重抓好两个关键环节。第一是建立“1＋N”联合检查组。“1”即监事会主席亲自挂帅担任检查组组长，职工监事（监事会办公室主任）担任副组长；“N”即根据检查项目具体情况确定检查组成员构成。针对具体项目特点，组织总部相关职能部门、专业业务骨干、委派子公司监事、中介团队等组成联合检查组实施现场检查。第二是做好前期调查。只有经过充分的前期调查工作，全面熟悉相关制度规范，清晰了解业务链条的关键控制点，掌握足够充足的经营情况和业务数据资料，才能制定出更加合理的检查方案，更好确保检查工作的质量和效率。

二是现场检查阶段，注重检查质量和效率。为了保证现场检查的质量和效率，主要通过两个抓手来实现。第一是通过组织行前工作会议，统一检查要求和标准，做到参检人员责任清晰明确。会议由监事会主席或监事会办公室负责人主持召开，安排布置现场检查工作，明确检查重点、标准及人员分工，同时对参检人员进行现场检查注意事项和取证记录撰写要求的培训。第二是通过建立实时调整机制，确保整个现场检查工作顺利高效。无论准备工作做得多充分，现场检查过程中都可能出现新情况，对于出现的情况如果涉及或影响到预先设定的检查方案，及时启动实时调整机制，根据现场情况对后面检查单位或者是检查具体细节作出调整，确保检查切合实际。

三是报告撰写阶段，注重报告精准度和深度。报告是监督检查成果的直接体现，报告的质量关系到整个监督检查工作的生命，监事会高度重视报告质量的管控，包括“三项清单”的建立，准备阶段和现场检查阶段所有的工作举措都是为了更好地保障报告的质量。在撰写报告阶段，通过建立报告“三级会审机制”，更好确保报告质量。

三、做好三维度沟通，强化监督效果

有效的沟通是监督工作的灵魂。监事会做好监督检查的目的是为更好地推动企业高质量的发展，监督的成果能得到认可和有效的运用，才能更好发挥其作用，从而助推企业实现发展目标。因此，有效的沟通在整个监督工作过程中显得尤为重要。

公司监事会高度重视在三个维度做好有效沟通：一是与监督检查对象做好有效沟通，让监督对象正确认识到检查的目的，认可检查事实；二是与管理层做好有效沟通，让责任领导认可问题和风险的定性以及建议的可行性；三是与问题整改责任部门做好有效沟通，让整改责任部门和单位认可建议和措施的可操作性和整改的重要性。

做好三个维度的沟通，监督成果得到“三认可”，有效推动整改的落实落地；持续提升风险管控能力，实现风险的有效化解和问题的彻底整改。

四、标准化报告体系，强化监督运用

标准化报告体系是重庆燃气监事会在建立报告“三级会审机制”的基础上，不断完善报告标准和流程后形成的一套报告体系，能够有效提升监督成果的运用效能。

（一）建立三级会审是确保报告质量的核心机制

监事会高度重视监督检查报告质量，建立了报告“三级会审机制”，即在监督检查报告初稿形成后，需经过三道关口，才能形成正式报告。一是组织汇总分析会，监事会办公室召集检查组成员就检查过程中发现的问题逐一讨论，分析形成原因，核实问题表述的完整性和定性的准确性；二是召开报告专题讨论会，监事办主任亲自牵头组织相关人员，分版块讨论研究报告，核实报告结构和内容的完整性，重点对问题的定性、原因分析的准确性、建议的针对性及可行性进行讨论、复核、把关，形成内容完整、结构清晰、逻辑严密、表达准确的报告审议稿；三是提交监事会审议定稿，监事会主席亲自召集并主持监事会审议报告，与会监事充分讨论，提出建设性意见，最终形成正式《检查报告》并按要求提交股东单位，同时有关决议在上海证券交易所网站披露。

（二）推进报告标准化是提升成果运用的重要举措

推进成果报告机制标准化，建立报告质量标准和报告流程标准。报告质量标准主要是规范监事会各类报告的模板和重点内容，明确撰写要求和审核标准。报告流程标准主要是规范监事会各类报告文书流转的路径和痕迹化管理要求。

公司监事会注重监督项目、跟踪台账与检查效果的三关联，注重分析监督检查发现问题成因、研判风险，注重各类监督成果的报告质量；在“报告三级会审”的基础上逐步形成标准化报告机制，通过纵向上报股东单位、横向函告公司董事会、高管层，有针对性地以不同方式和载体揭示风险、披露问题。

重庆燃气监事会始终秉承精益求精的工匠精神，认真梳理监督检查关键管控环节，用心打磨监督检查工作的每个细节，悉心构建“点、线、面”的立体质量控制体系，精心成就每个监督项目，努力践行高质量监督助推高质量发展的道路。

1.10　江苏银行
持续创新履职模式　不断提升监督质效
以高质量监督助推高质量发展

江苏银行监事会坚持“合法合规、合情合理、监督建设”的履职理念，根据法律法规和监管要求并结合工作实际，积极履行监督职责，努力实现“控风险、保安全、促发展”的目标。主要开展了以下五个方面的工作。

一、强基固本，持续完善制度体系

一是建立健全制度体系。围绕高效运作、规范履职的目标，监事会制定了从监事会议事规则、专门委员会工作规则、监事会工作细则、专项检查与巡视工作规范、监事会对董事、监事和高级管理人员履职评价办法等不同层次的制度11项，有效建立和规范了各项工作机制。江苏银行监事会在《江苏银行监事会议事规则》中进一步明确了监事会职责范围、成员组成，规定了监事会会议类型、提案、议事、表决、记录等工作规范；在《江苏银行监事会工作细则》中进一步明确了监事会履行监督职责、召开会议、履职评价等具体工作流程；在《江苏银行专项检查与巡视工作规范》中对监事会检查公司财务、经营决策、风险管理、内部控制、董事和高管履职情况，以及重大突发事件和重大风险事项进行监督检查，对本行战略决策的贯彻落实情况、各级机构的经营管理与风险状况进行巡视这两大监督手段制定了规范操作流程；针对不同类型董事和高管人员履职特点，在《江苏银行监事会对董事履职评价办法》中有针对性地设计了各类评价指标，确保评价的公正合理。

二是及时对制度进行后评价。江苏银行监事会每年结合最新监管要求和同业做法，对现行的规章制度进行一次梳理和后评价。监事会累计完成对各项制度修订10余次。2013年，根据银监会《商业银行公司治理指引》和《商业银行监事会工作指引》要求，江苏银行监事会对公司章程和监事会议事规则进行了修订，扩充了监事会职责。2017年，为了进一步贯彻落实监管要求，改进履职评价工作的质量，江苏银行监事会组织力量对《江苏银行监事会对董事履职评价办法》《江苏银行监事会对高级管理人员履职评价办法》和《江苏银行监事履职评价办法》进行了修订，将定性评价改进为定量评价，对所有评价指标进行量化评分，有效增强了评价的科学性和可操作性。2021年，根据最新颁布的《银行保险机构公司治理准则》和《银行保险机构董事监事履职评价办法》等监管新规，江苏银行监事会对《江苏银行董事履职评价办法》《江苏银行监事履职评价办法》再次进行了修订，进一步完善评价指标，增加评价维度，优化评价流程，强化评价结果应用。

三是制订制度建设规划。关注研究监管要求，调研同业监事会制度体系，围绕体制机制的健全完善，研究拟定制度建设规划，纳入监事会总体工作规划中执行。

二、多措并举，不断丰富监督手段

一是深入开展调研检查。调研是监事会有效的监督方式，江苏银行监事会每年将监管机构关注和银行面临的主要风险点作为调研重点，通过调研传导监管要求和总行决策部署，守牢风险底线，确保稳健经营。将调研与检查相结合。根据监督重点，要求有关业务部门参加，共同发现问题和隐患，督促整改。例如，近两年，江苏银行监事会对北京分行、杭州分行、上海分行、深圳分行等省外分行及江苏丹阳苏银村镇银行进行现场调研检查时，视情况抽调总行董事会办公室、风险管理部、内审部、投行资管部、零售业务部等部门，对分行业务经营及风险管控情况进行全面检查。将对总行部门调研与对分支机构调研相结合。定期开展对总行主要业务管理部门的约谈、访谈、审阅书面报告，检查了解江苏银行在财务管理、全面风险管理、内控案防、信息披露、监管政策落实等方面的工作开展情况，多维度掌握履职信息。加大对分支机构的调研力度，江苏银行监事会自成立以来，对17家分行和4家子公司完成了调研全覆盖，每项调研均形成书面报告，视情向董事会和高管层通报。其中《监事会对省内分行竞争力研究报告》《监事会对IT外部业务专项检查报告》《监事会对丹阳苏银村镇银行调研检查报告》《监事会对南京分行调研报告》《监事会对南京分行基层内控检查报告》等多篇调研报告得到了董事会和高管层的重视，据此改进完善了江苏银行绩效考核、并表管理、外包风险管控等工作机制。

二是有效整合内外部监督力量。围绕定期报告审计，监事会定期约谈会计师事务所及内审部，检查听取财务报告编制、审计及复核情况，重点关注审计过程中发现的问题，探讨对经营结果和所者权益影响重大的会计核算事项，核实财务信息的真实性，提出工作要求和监督意见。在此基础上，全体会议对本行定期报告进行审议，并对报告的真实性、准确性和完整性发表书面审核意见，增强了财务监督成效。加强对内审工作指导，定期听取内审工作报告和内审项目计划，根据监管要求和外部形势变化，提出修改意见，并指定重点项目由监事会直接参与。检查员工行为排查情况、指导内控评价工作、审议内控评价报告，委托内审部开展离任董事审计、联动开展IT外包业务风险专项审计、授信审批有效性专项审计等项目，牵头内审部等部门开展基层内控管理专项审计检查，针对检查中发现的问题，研究提出改进建议，有力助推全行内控管理水平提升。

三是充分发挥专门委员会职能。专委会是监事会的主要组成部分，江苏银行监事会注重专委会成员的选强配齐，让专业的人做专业的事，把专委会的职能用实、用好、用足。配备的两位专委会主任均为业界资深的专家，委员的选择上综合考虑了履职时间、专业背景、实践经验等各方面因素。监督委员会按照职责主动履职，对关联交易管理、财务管理、信贷资产转让、不良资产管理、内部控制等情况定期进行检查，提出监督意见并督促业务部门落实。对分行和子公司开展调研，督促加强和改进风险管理和内部控制。提名委员会根据职责规范开展履职评价，对全行薪酬管理情况进行监督，并充分发挥委员的专业特长，加强对监管政策的研究分析。近年来，提名委员会多次约谈总行小企业金融部、金融同业部和投行与资产管理总部，专项检查全行小微业务、同业业务、投行资管业务开展及风险防范情况，督促业务部门进一步落实监管要求，做好流动性风险和交叉业务风险防控。结合《关于规范金融机构资产管理业务的指导意见（征求意见稿）》的发布，牵头总行相关业务部门，调研检查省内外分行资管、理财及消费金融业务，研究分析资管新规对江苏银行业务可能带来的影响，提出针对性的建议。两位专委会主任于年初召开专题会议，研究全年工作安排，将全年工作逐月确定，定期来行现场办公，研究评估计划执行情况，确定下一阶段履职重点，确保专委会“每月有活动，每周有进展”，专委会工作不断做强做实。

三、合拍共鸣，有效加强治理主体间沟通协同

一是监事集体列席董事会会议。江苏银行监事会自成立以来，一直坚持全体监事列席董事会现场会议，监事在董事会会议上，运用自身专长，对重要提案积极发表建设性的意见和建议，促进科学决策。以通信方式召开的董事会会议材料，也同步发给监事审阅监督，监事会办公室做好监督意见的收集整理和反馈。

二是监事长代表监事会列席高管层会议。江苏银行监事长代表监事会参加每周总行召开的行务会、行长办公会、资产负债会议及有关业务专题会议，就重大事项与高管层交换意见，传递监事会声音，并将重要会议精神和要求在监事会会议上传达，促进相互间的协同配合。

三是邀请董事会和高管层成员列席监事会会议。根据监事会内容安排，视情邀请部分董事和高级管理人员列席监事会，对所涉及事项答疑解惑，共同探讨，将监事会意见和建议及时传递，增强沟通联系，提升议事效能。

四是将监事会重要事项提交党委会前置审议。对监事会重要决策事项进行梳理，将涉及考核评价和人事推荐的重要事项列入“三重一大”决策事项范围。以制度形式明确将监事会对董事、监事和高级管理人员年度履

职评价报告、提名推荐监事候选人等事项，由总行党委会审议通过后再提交监事会全体会议审议。

五是定期向股东大会报告。在每年年度股东大会上，由监事长代表监事会向股东大会报告上一年度工作开展情况及下一年度工作重点，监事会对董事、监事和高级管理人员履职评价情况等，倾听股东对监事会监督工作的意见、要求与建议，不断改进监督质效。

六是着力加强与子公司的战略协同。对子公司监事会工作给予常态化指导，审查监事会制度并提出修改建议，审核把关监事会议案，对监督检查活动的具体开展提出建议，组织召开集团监事会工作培训暨座谈会，对监事会工作人员提供专业培训。

四、以人为本，努力打造高素质监事队伍

一是规范实施监事选聘。江苏银行在选聘监事过程中，坚持按照监管要求严把准入关，广泛遴选候选人。在提名监事人选时，坚持“能力”优先，而非“名气”优先。我们认为，外部监事身兼维护中小股东和利益相关方利益、为决策或监督提供专业意见、对经营管理进行有效监督等多重职责，在公司治理中具有特殊地位。股东监事作为股东单位派出代表，承担着银行与股东单位之间的沟通桥梁作用。因此，我们一直为建立一支综合素质高、专业能力强、履职意愿足、实践经验丰富、结构多元、优势互补的监事队伍而持续努力。

二是严格开展履职评价。江苏银行监事会高度重视对监事的考核评价，在年度结束后，全体监事向监事会书面述职，并对自己上一年度履职情况进行自评价，评价指标全部量化评分，逐条对照。监事根据掌握的资料信息，对其他监事进行相互评价。在此基础上，监事会提名委员会对监事提出初评结果，提交全体会议审议。监事会将评价结果向股东大会和监管部门报告。加强日常履职监测，完善监事履职档案，对监事履职情况进行跟踪，及时向有关监事发出提示，确保合规履职。

三是持续提升履职能力。高度重视监事学习研究，精心策划监事会

"汇智创新"研究工程，围绕全行经营管理及数字化转型等重点领域，研究确定课题15个，完成调研报告5万多字并呈送董事会和高管层参阅，为全行高质量发展建言献策。积极组织监事参加内外部学习培训，增强专业素质，参加的培训内容涉及公司治理、财务管理、风险内控管理、信息披露、银行新业务等。组织监事赴同业监事会开展业务交流，学习借鉴同业先进工作经验。接待兄弟银行监事会来访，共同探讨新形势下如何进一步完善监督履职模式。与股东单位交流研讨，拓宽履职视野，促进合作共赢。

五、抓细抓实，持续改进会议效能

一是在会前准备上下功夫。合理安排选题。慎重对待每次监事会及专门委员会会议议题选取，从监管要求、同业做法、制度规定、职责履行等维度出发，由监事会办公室研究提出初步方案，向全体监事征求意见后，报监事长批准。及时报送信息。由监事会办公室经常通过电话、邮件、文件送阅等方式，向监事报告江苏银行经营管理情况，收集整理监事对宏观经济金融形势和重大问题看法，对行内工作的意见建议等。加强互动交流。建立董监高微信群和监事会工作微信群，每天早晨持续以《每日资讯》形式发送江苏银行要闻、政策速递、行业动态、市场行情等资讯，便于董监高非现场工作讨论交流。通过保障监事对工作信息的及时、全面获取，为监事在会议上发表有质量的监督意见奠定基础。

二是在会议召开上下功夫。明确提案责任，每次会议的议案均经过相关会议充分研究论证后再提交监事会审议，保证议案质量。会议材料及参阅背景资料均提前发给监事，留出充分的会前审阅时间。临会前重点与股东和外部监事进行沟通、排解疑问，必要时安排座谈、调研，确保监事获得履职所需各类信息，增强决策的科学性和有效性。会议现场提案人不照本宣科、只点明需要关注的重点，把主要时间留给会议讨论。监事长主持会议时，注意营造"敢说、能说、愿说、说好"的良好会议氛围，充分做好沟通协调，调动各位监事积极性，鼓励大家积极发表意见、畅所欲言。

三是在会后落实上下功夫。抓好监督意见的督办反馈。对每次会议上的监事发言，由监事会办公室负责记录并督办落实，通过监事会意见书、建议书、会议纪要、内部签报等载体，将监事会的监督意见及时发送董事会、高管层及相关部门，并要求限时反馈落实情况。依规及时披露会议情况。作为上市银行，我们严格按照银保监会、证监会和证券交易所规定，每次会议结束后均及时披露决议公告，并按照要求将会议材料报送监管部门备案。

公司治理永远在路上。下一步，江苏银行监事会将坚持以习近平新时代中国特色社会主义思想为指导，认真贯彻落实党的二十大及中央经济工作会议精神，围绕建设“四化”服务领先银行监事会的目标，进一步创新思路，突出重点，勤勉履职，以高质量监督推动高质量发展，切实做到“有所为、有所不为”，实现从“形似”到“神似”再到“神至”，最终达到“形神兼备”的提升，共同提升江苏银行公司治理水平。

1.11 东方证券
笃行不怠完善监督制衡机制
踔厉奋发推进公司高质量发展

一、东方证券监事会简介

东方证券是一家经中国证券监督管理委员会批准设立的综合类证券公司，于2015年、2016年分别完成A股及H股上市，成为行业内第五家A+H股上市券商。一直以来，东方证券监事会始终坚持以完善公司治理结构和提高上市公司质量为己任，依法合规开展各项监督工作，秉持“到位不越位”的工作原则，全力保障监事会的“知情权”“监督权”和“建议权”，切实履行法定监督职责，逐渐构建起以“财务监督、合规风控监督、履职监督”为中心，以“日常监督、巡视调研、专项监督检查”为抓手的基本监督工作体系，有效形成“在监督中促进发展，在发展中加强监督”的良性工作循环，持续建立健全权责对等、运转协调、归位尽责、有效制衡的公司治理决策执行监督机制（见图1），在完善公司法人治理、防范金融风险、维护国有资产保值增值方面取得了显著成效。

近年来，公司监事会积极创新监督方式方法，不断完善监督制衡机制，获得了社会各界的肯定和好评。

（1）2022年，公司监事会荣获中国上市公司协会组织开展的“上市公司监事会最佳实践案例”奖项，这是继2016年荣获“上市公司监事会最佳实践20强”奖项之后再次蝉联该荣誉，并受邀担任中上协监事会专业委员会成员。

（2）2021年，监事会《以中国特色现代企业法人治理监督机制推进上

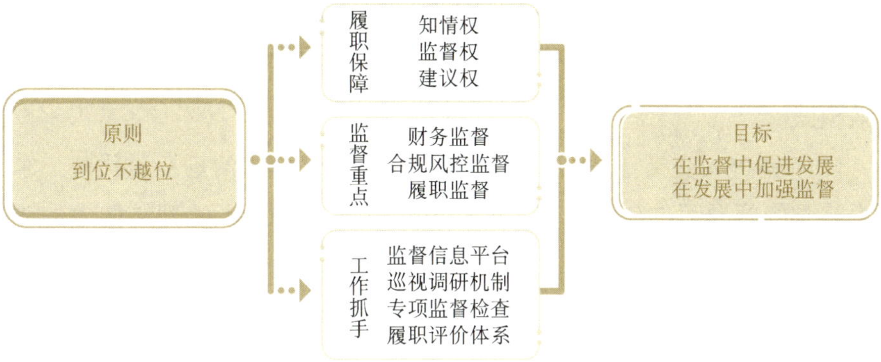

图 1　东方证券监事会监督机制框架

市公司高质量发展的管理实践》课题荣获“上海市企业管理现代化创新成果”二等奖。同年，《党的领导与公司治理监督机制实践研究》荣获中共上海市委组织部等联合举办的建党百年上海党建答卷征文三等奖，并刊发于《上海国资》。

（3）监事会长期致力于 ESG 研究与实践，2021 年牵头开展的《ESG 推进上市证券公司高质量发展研究》课题，荣获中国证券业协会优秀重点课题，并刊发于《中国证券》。2022 年，监事会牵头申报的《证券公司践行 ESG 投资助力绿色金融发展研究》课题，再次获得中国证券业协会重点课题立项，并在推进研究中。

（4）2020 年，为响应中上协宣传贯彻落实《国务院进一步提高上市公司质量意见》征稿，公司监事会根据工作实践撰文“立足完善监督制衡机制，切实提升公司治理水平”，刊发于《中国证券报》“上市公司提质增效进行时”系列专题。

二、东方证券监事会监督制衡机制创新实践

（一）落实两个“一以贯之”，完善中国特色现代企业法人治理监督机制

二十大报告指出，“推进国有企业、金融企业在完善公司治理中加强党的领导”。坚持党的领导，是中国特色社会主义最本质的特征，也是党百

年奋斗的重要历史经验。作为国有控股金融企业，东方证券监事会坚决贯彻落实国企两个“一以贯之”，持续探索党的领导和公司治理深度融合的有效模式。

1. 双向进入交叉任职，发挥党的领导和现代公司治理双重优势。东方证券将党的领导写进公司章程，明确党组织在公司法人治理结构中的法定地位。根据“双向进入、交叉任职”要求，公司党组织领导班子成员通过法定程序进入董事会、监事会及经营层。在监事会层面，公司监事会主席或副主席兼任公司党委副书记、纪委书记，一方面保证监事会各项工作开展能够找准方向、顾全大局，切实落实党委要求；另一方面通过交叉任职体制，监事会主席或副主席能够参加公司党委会会议，对公司重大事项的决策及董事、高管人员的履职情况进行全过程监督，充分发挥党的领导与现代公司治理双重优势。

2. “三会”议案前置审议，筑牢公司高质量发展的“根”与“魂”。东方证券牢记金融国企初心使命，严格落实“三重一大”决策制度，不断完善党委发挥领导核心作用的决策程序，制定了《进一步贯彻落实“三重一大”事项集体决策规定的实施办法》，将党委会研究讨论作为相关事项提交董事会、监事会、股东大会审议的前置程序。在监事会层面，确保监事会议案上会审议前可以先提交党委会研究讨论，从运行机制上保障党组织思想在监督工作中得到充分体现。2020 年，东方证券党的领导与公司监督机制相融合案例《以有效监督促进高质量发展》，入选上海市委组织部、国资委“中国特色现代国有企业制度”创新实践案例汇编。

（二）探索创新重点领域监督模式，力促发挥监事会独立监督实效

二十大报告指出，“强化金融稳定保障体系，依法将各类金融活动全部纳入监管，守住不发生系统性风险底线”。维护金融稳定、防范系统性风险是国有金融企业的职责使命。东方证券监事会以实质性监督为原则，持续探索创新财务监督有效模式，严守合规风控稳固防线，动态优化董监高履职评价体系，更好发挥监事会独立监督作用。

1. 统筹构建以“定期报告审核”为核心的多维长效监督机制，切实提升财务监督效率。财务运行安全高效是公司稳健经营的核心。近年来，监

事会有效创新财务监督方式方法，建立了“以定期报告审核为核心、日常监督与专项检查相结合”的多维长效监督机制（见图2），围绕定期报告的编制、审核、披露程序，切实提升财务监督实效。

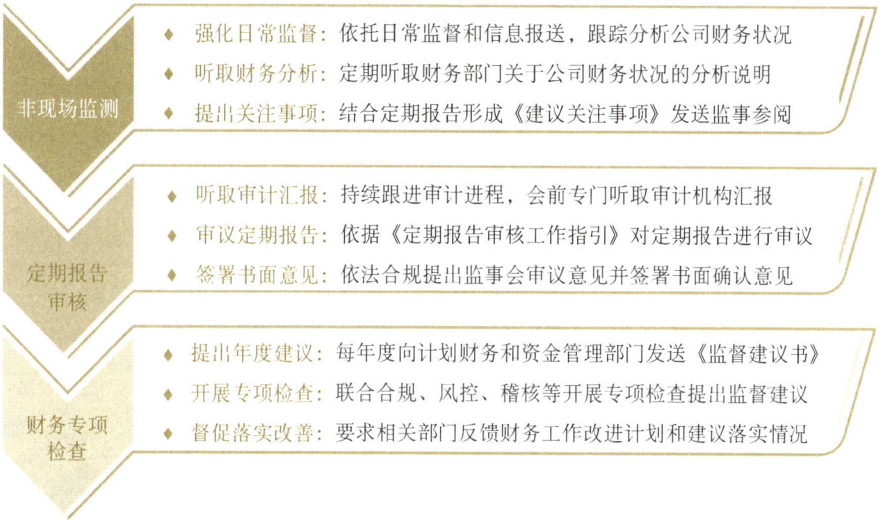

图2 监事会建立以“定期报告审核”为核心的财务监督体系

一是强调统筹规划，围绕定期报告开展非现场监测。依托日常监督和信息报送，强化与计划财务管理部门的沟通，关注影响公司盈利能力和资产质量的主要因素，结合市场概况及行业动态，分析公司定期报告所反映的经营状况及发展趋势，形成《定期报告建议关注事项》发送监事参阅。二是深入过程管理，优化定期报告审核流程。建立与会计师事务所长效沟通机制，跟进年度审计工作，主动了解审计范围和重点，于监事会会议前独立听取中介机构汇报审计情况。制定《监事会定期报告审核工作指引》，细化“真实、准确、完整”要求下对财务会计信息及非财务重大事项的审核要点，通过审核问询与反馈机制，对重要问题形成书面专题报告报送监事会。通过从财务角度透析业务状况，从风险角度把控报表审核，依法合规对证券发行文件和定期报告提出书面审核意见并签署书面确认意见。三是以定期报告审核为基础，开展财务专项检查。依据定期报告审核情况和监事会会议要求，每年度向计划财务管理部门和资金管理部门发送《监督建议书》并督促落实。根据监管要求及公司实际，选取定期报告重大财务关注事项，独立或联合委托内外部审计力量开展检查，形成专题检查报告并提出监督建议。2019～2021 年先后开展境外投资后评估整改检查、减值计提、资产负债配置等专项财务检查或巡视调研工作，促进公司不断提升财务管理水平和会计信息质量，推进财务管理机制建立健全和有效运作。

2. 强化打造“问题导向”巡视调研监督闭环，严守证券公司内控、合规与风控稳固防线。随着资本市场进一步全面深化改革，“零容忍”“严监管”对证券公司合规风控提出了更高要求。东方证券监事会日常重点关注内控、合规与风控体系的建设和执行情况，每年度向合规、风险管理部门发送监督建议书并督促落实，尤其聚焦证券行业典型风险，以问题为导向，有针对性地对公司重点业务部门、分支机构、控股公司等开展巡视调研（见图 3）。

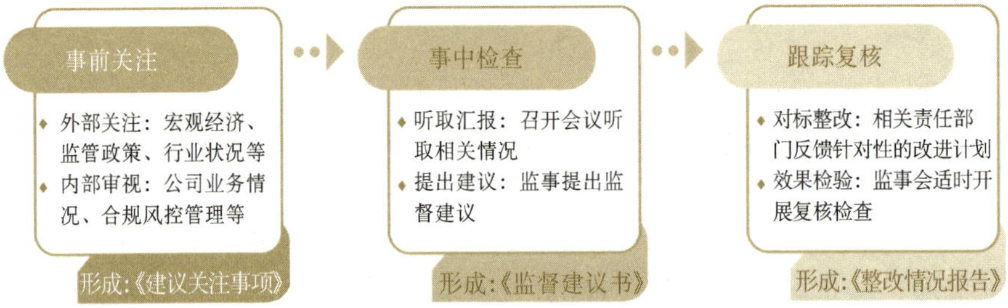

图 3　监事会“问题导向”巡视调研监督闭环工作体系

一是事前关注明确调研导向。通过日常监督并结合行业发展外部环境变化，每月对公司月度合规与风险管理报告进行分析，发现调研问题点及风险苗头，进而根据稽核审计、合规风控等内部检查情况，形成《巡视调研建议关注事项》，提前明确调研导向。二是事中检查注重分析问题并提出建议。协同公司合规、风控、稽核等多方力量，通过现场检查和听取汇报，深层次分析问题并沟通解决对策，进而综合现场检查情况提出监督建议，向董事会、经营层发送《监督建议书》并督促整改落实。三是事后跟踪复核打造监督闭环。通过对被调研单位进行回访并反馈书面报告，关注巡视调研监督意见的整改落实情况，并将调研结果及整改情况作为对相关高管人员绩效评价的重要依据，逐步形成“发现问题—调查问题—提出建议—督促整改—激励问责”的完整工作闭环。近年来，监事会通过巡视调研先后对公司境外投资后评估整改检查、股票质押式回购业务、母子公司垂直管控、投行业务、重资产业务、金融衍生品业务等进行了巡视调研，确保公司重资产业务风险可控，督促公司持续建立健全内部控制和风险管控机制，助力公司经营平稳有序发展。

3. 动态优化董事、监事和高管人员的履职评价体系，科学有效促进依法勤勉履职。确保公司董事、监事和高级管理人员职责明确、勤勉履职是提高上市公司质量的关键。《中华人民共和国公司法》规定监事会的职权之一，即是对董事、高级管理人员执行公司职务的行为进行监督。为扎实推进监事会履职监督评价工作，东方证券监事会率先在上海市属券商中建立监事会对董监高的履职评价体系，并持续进行动态优化完善（见图4）。

图4　监事会对董事、监事和高管人员的履职评价体系

一是构建履职评价全流程体系。通过“建立董监高履职档案—形成年度履职评价结果—将评价结果通报个人及董监事单位”的系统化流程，将履职监督工作常态化、持续化，促进监事认真履行忠实和勤勉义务，做到责、权、利、效相统一。二是动态完善履职评价指标。对董监高的履职评价重点关注履职过程中的职业操守、履职能力、勤勉程度、工作实绩、廉洁从业等指标，同时根据最新法律法规及监管政策，持续动态调整和优化评价指标，以期全面反映董监高勤勉履职情况，以量化指标压实履职责任。三是谨慎提出监督意见形成履职评价议案。每年向监事发送董监高评价档案等履职评价材料，填写《董监高履职评价表》并谨慎提出监督意见，汇总反馈后形成《董监高履职评价报告》提交监事会审议。四是强化履职评价监督结果运用。经监事会审议通过后，每年向董监高本人及董监事单位、公司董事会发送《履职评价结果通知函》，同时向股东大会报告，并将评价结果适时纳入领导干部个人任期考察。通过构建监事会全流程的履职评价体系，有效强化了董监高对自身职责的重视，在履职评价过程中及时与董监高沟通反馈意见，实时监测实施效果，独立审慎地督促了董监高勤勉履职，为公司治理有效运行提供了履职保障。

（三）优化完善监督工作机制，有效夯实证券公司高质量发展基础

1. 有序构建系统化信息报送机制，多管齐下保障监事会知情权。知情权是监事履行监督职责的基础，《上市公司治理准则》等均明确规定上市公司应当采取措施保障监事知情权，为监事履行职责提供必要条件。东方证券监事会始终重视并不断探索保障知情权的有效方式。一是制定《公司向监事会报送经营管理信息工作办法》。明确公司相关职能部门向监事会报送信息材料清单，形成信息报送长效机制，保证监事会全面、及时了解公司经营管理情况。二是科技赋能推进构建监事会信息平台。目前，公司已建立了风险驾驶舱系统，实现了跨业务、跨子公司对各类专业风险信息进行统一分析和汇总展示，帮助公司及时掌握整体风险概况。监事会以此为基础进一步研究搭建监事会信息平台，通过抓取公司经营管理信息，及时获取相关数据并进行归纳分析，实现非现场监督检查的电子化、自动化，增强监督工作的时效性、科学性。三是多渠道拓宽监事信息来源。除公司定期信息报送外，每季度向监事发送《监事会工作简讯》，主题涵盖行业

发展趋势分析、新法新规传导、最新行业监管处罚情况等，每月向监事发送《上市券商信息披露情况简报》，及时关注同行业监事会工作动态和创新监督情况，多渠道拓展监督思路。四是强化与董事会、经营层的信息沟通。不定期向公司董监事发送《监事会工作简报》，通报监事会履职评价、巡视调研、董监高培训等工作动态及创新思考等，持续扩大监事会监督影响力。此外，通过邮件、微信群方式及时向监事发送公司公告、监管信息等，多途径提升沟通效率，切实保障监事会知情权。

2. 与时俱进完善监督制度体系，建章立制确保监事会监督权。一直以来，东方证券监事会严格依据法律法规履行监督职责，在监督实践中不断总结工作经验，形成了制定科学、结构合理的监事会制度体系，并根据外部法律法规变动及工作创新实践，与时俱进进行修订完善。一是建章立制持续完善监督制度体系。以《公司监事会工作条例》为核心，分步骤制定监督制度实施细则，有序制定了《公司向监事会报送经营管理信息工作办法》《定期报告审核工作指引》《子公司监事工作指引》等监督细则，确保监事会开展工作规范严谨、有章可循。二是编制《东方证券监事会履职手册》。结合外部监管要求和公司监事会工作实践经验，采用“履职依据 + 履职表格”的方式，明确监事（会）履职内容、标准及监督事项具体操作规程，为监事履职提供全流程指引。三是做好监事会金融法治监测。跟踪总结最新法律法规及监管政策对监事会工作的影响，形成《监事会金融法治监测》发送监事参阅，并及时修订现有监督制度。通过持续完善监督制度体系，确保监事会依法合规行使监督权，进一步夯实监事会监督规范基础。

3. 强化协同整合内外监督资源，汇聚合力落实监事会建议权。公司内部监督主体的工作具有系统性和动态相关性，彼此支持和协同能够发挥最优监督效果。东方证券监事会积极开拓思路，汇聚内外部监督合力，有效落实监事会建议权。一是通过构建内部主体监督会商机制提出监督建议。监事会与公司纪委协同制定了《公司监督工作会议制度》，定期召开由纪检、合规风控、稽核等内部监督主体参加的联席会议，对具体问题提出意见建议，跟踪议决事项务求监督实效，协助公司及时预防、发现和处置风险。二是通过与内部监督主体共同开展巡视调研和专项检查提出监督建议。注重加强与公司内部监督主体沟通协作，联动搭建综合监督平台。近年来已协同对公司境外投资后评估整改检查、股票质押式回购业务、母子公司垂直管控、投行业务、重资产业务、金融衍生品业务等开展巡视调研，充分敬畏风险并压实主体责任，及时向董事会、经理层提出客观、严谨的监督建议。三是利用审计等中介机构力量提出监督建议。建立与审计等中介机构长效沟通机制，采取监事会会议前独立听取审计意见模式，全面了解公司经营管理情况及可能存在的风险点。同时，独立聘请会计师事务所开展境外投资后评估工作及信息披露专项检查工作，为公司境外资产管理提供合理建议，积极推进监事会履行信息披露监督职责。通过整合内外监督资源，多途径落实监事会建议权，进一步提升了监事会监督有效性，强化了公司治理规范性。

（四）持续加强监事会自身建设，切实推进证券公司提质增效

1. 优化结构引入独立监事，依托多元化监事结构提高监督有效性。资本市场深化改革以及新《中华人民共和国证券法》的颁布对监事履职提出了更高要求，东方证券监事会多举措强化自身建设，充分发挥监事会监督作用。一是发挥独立监事专业性与独立性作用。科学研究制定监事会组成结构方案，创新性引进具有会计、审计及公司治理从业经验的专家担任独立监事，优化监事会组成结构，增强监事履职的独立性及专业性。二是发挥股东监事在公司治理中的专业经验和桥梁作用。股东监事均具备财务、合规风控、公司治理等领域丰富经验，能够及时对公司董事会、经营层决策提出监督建议，并以股东监事为桥梁进一步挖掘与股东单位的产融结合机遇，多途径推进公司高质量发展。三是发挥职工监事维护员工切身利益作用。职工监事结合岗位需求履行好监督职责，积极探索开展民主管理有效形式，定期参加职工代表大会并向职代会述职，对公司劳动关系重大问题和职工切身利益重要事项进行监督，定期监督检查职工劳动保护、社会保险、福利等制度的执行情况，全面保障职工民主决策和民主监督权利。通过多元化的监事会结构，有效发挥各自岗位优势，集思广益履行监督职责。

2. 有效推进母子公司监事（会）工作指导，纵向联动提升集团公司治

理规范性。子公司监事（会）作为子公司治理的监督机构，也是优化集团化管理体系的有效载体和抓手。为充分发挥监事在子公司治理中的积极作用，东方证券监事会有效推进对子公司监事（会）的工作指导。一是强化监事会分级监督、协调联动机制。制定了《子公司监事工作指引》，明确了子公司监事的职责、权利和义务以及向母公司监事会报送的信息资料等，为子公司监事有效履职提供指导。二是推动定期召开母子公司监事（会）联席会议。依据公司《子公司监事例会暂行办法》，推动落实母、子公司监事联席会议制度，听取子公司监事履职情况，开展联合专项监督检查，提升母子公司监事（会）协同联动监督效能。三是督促指导子公司建立监事履职保障体系。以履职保障确保子公司监事知情权、建议权、调查权等职权，推进子公司监事积极履行忠实勤勉义务和信息报送义务。通过强化母子公司监事（会）工作指导，逐步形成上下联动的监事会工作框架体系，提高了集团公司治理规范性。

3. 前瞻把握探索前沿 ESG 课题，勇毅前行担当券商职责使命。全面贯彻新发展理念，持续提升 ESG 管理与绩效，是上市证券公司高质量发展的有效方式。东方证券监事会及时把握时代发展趋势，积极探索并推进证券公司践行 ESG 的有效路径。一是支持公司可持续发展委员会工作。根据公司 ESG 管理方针策略，推进 ESG 工作计划落地执行，致力于为利益相关方创造更多经济、社会和环境价值。同时，组织开展东方证券董监高人员 ESG 培训讲座，明晰 ESG 推进企业可持续发展的内在逻辑，为自上而下树立 ESG 可持续发展理念提供有效指导。二是开展 ESG 研究工作。2021 ~ 2022 年，监事会连续两年牵头开展了《ESG 推进上市证券公司高质量发展研究》和《证券公司践行 ESG 投资助力绿色金融发展研究》两项中国证券业协会重点课题研究工作，通过十多次面向政府部门、研究机构、海外评级机构的实地走访和研讨交流，深入研究了证券公司高质量发展与 ESG 的关系，提出了证券公司践行 ESG 投资的可行性路径，积极为证券业完善绿色金融体系、更好服务实体经济建言献策。三是推进 ESG 各项建议举措有序落实。在 ESG 相关课题研究成果基础上，监事会结合公司实际，分步骤、有计划地稳妥推进相关建议落地执行，以实际行动助力公司服务实体经济量质双升。监事会牵头开展的ESG研究及推进落实的ESG实践，对证券行业全面贯彻新发展理念、持续提升上市公司综合价值、助力国家实现双碳战略目标具有重要参考价值。

4. 增进交流形成“共建、共治、共享”合力，同业借鉴推进监督模式创新。自国务院印发《关于进一步提高上市公司质量的意见》以来，上市公司高质量发展的挑战与机遇并存。东方证券监事会有效发挥公司治理监督机构的主动性、积极性，与时俱进把握监管政策要求，凝聚智慧更好发挥监事会作用。一是跟进监管强化监事履职培训。根据新的市场形势和监管要求，积极参加中上协、中证协等组织的上市公司董监高履职及风险防范、香港ESG策略等相关履职培训，不断加强新政策、新业务、新形势的学习，持续提高对监督事项的分析和判断能力。二是同业借鉴完善监督工作方法。近年来，监事会强化学习交流与同业借鉴，先后与上海市委办公厅、宁波市国资委、国泰君安证券、广发证券等十余家政府部门和金融机构保持沟通，分享经典案例，沟通履职经验，推进监事知责于心、担责于身、履责于行。三是自律自强形成监事会共建合力。得益于中国上市公司协会监委会为大家搭建的“共建、共治、共享”的工作交流平台，东方证券监事会作为第一届至第三届监事会专业委员会成员单位，积极响应协会号召参加历年监委会会议及各项活动，与会员单位一起深入研讨完善监督机制，共同推进上市公司高质量可持续发展。

时代所驱，任重道远。党的二十大开启了中国全面建设社会主义现代化国家的新征程，擘画了向第二个百年奋斗目标进军的新篇章。东方证券作为国有A+H上市证券公司，在资本市场深化改革与社会主义市场经济发展进程中肩负着时代赋予的重任。虽然道阻且长，但行而不辍，未来可期。作为公司治理监督主体的监事会，未来将进一步以习近平新时代中国特色社会主义思想为指导，全面贯彻国家新发展理念，有效落实国务院《关于进一步提高上市公司质量的意见》，积极主动应对新环境、新挑战，凝心聚力不断创新监督方式方法，奋楫笃行持续促进国有资产保值增值，致力于在“30·60目标”低碳转型时期更好服务实体经济，以上市证券公司的高质量发展助力资本市场高质量发展，为社会经济发展作出积极贡献！

1.12　南京银行
持续优化监督运行机制
力求监督与发展深度融合

南京银行股份有限公司（以下简称“南京银行”或“公司”）成立于1996年，是一家由国有法人股份、中资法人股份、外资股份及众多自然人股份共同组成的混合所有制商业银行。历经两次更名，先后于2001年、2005年引入境外战略投资者国际金融公司和法国巴黎银行，2007年在上交所挂牌交易，是国内首家在上交所主板上市的城市商业银行。目前，公司在英国《银行家》杂志公布的全球1000大银行排名中位列第101位，全球银行品牌500强排名中位列第98位，中国银行业100强排名中位列第21位。

根据《公司章程》及《上市公司监事会工作指引》相关规定，公司监事会由9名监事组成，包括股东监事、职工监事和外部监事，外部监事、职工监事的比例均不低于1/3。监事会下设监督委员会和提名委员会，分别由两名外部监事担任主任委员，委员会成员人数均不少于3名；监事会下设办公室，负责监事会日常事务。监事会忠实履行有关法律法规和公司章程赋予的职权，聚焦履职重点，有序开展监督工作，着力提升监督实效，努力为促进公司治理完善和持续健康发展作出贡献，积极维护广大股东和存款人的合法权益。

一、厚植监督文化，完善制度体系，着力夯实履职基础

随着金融改革深入推进，公司坚持厚植监督文化，着力构建以党内监督为统领，上下联动、横向协作、同向发力的监督体系。监事会作为公司

治理结构中的专门监督机构，始终牢记监督使命，持续深化监督理念，共制定了12项制度办法，包含监事会工作制度、议事规则，董监高履职评价办法，监事选任制度，高管层向监事会的信息报告制度、专门委员会工作细则等，并密切关注权力机关、监管机构等出台的最新法律法规和政策指引，结合工作实际以及监管检查提出的各项要求，不断查漏补缺，健全和规范各项规章制度，进一步促进监事会工作科学化、制度化、规范化，为监事会充分履职提供保障和依据。

二、聚焦履职重点，依法规范运作，全面履行监督职责

（一）有序组织和参加各项会议，依规做好常规监督

公司监事会遵循促进公司发展和维护股东权益两大基本准则，积极有序召开监事会及其专门委员会会议，审议和通报公司财务报告、利润分配方案、风险管理报告、内控合规报告及重大事项等；不定期召开专题工作会议和临时会议，深入了解全行各方面经营及管理情况。监事会成员出席股东大会、列席董事会及其专门委员会会议，全程参与各项财务活动、经营管理等重大决策事项的审议过程并进行监督，针对审议、讨论事项独立发表个人意见及建议，充分履行监事会监督管理的法定基本职责。

（二）组织开展履职监督与评价，促进勤勉尽责履职

每年4月底前，公司监事会召开相关工作会议，组织监事对公司董事和高管人员上一年度履职情况进行考评，同时组织监事述职并开展自评和互评工作，完成对监事会成员的履职评价工作，评价结果在董事会和监事会上予以反馈，并在年度股东大会上进行汇报。

根据《南京银行股份有限公司董事及高级管理人员离任审计办法》的有关规定，监事会组织对离任董事和高管人员的审计工作，通过委托总行审计部或第三方审计机构组织开展审计工作并出具报告。根据任职需要，还对部分高管人员进行任期审计和任期履职评价，充分发挥监事会对董事及高管人员的履职监督作用。

（三）定期开展战略执行评估工作，助力公司持续健康发展

根据《公司章程》和《银行保险机构公司治理准则》的有关要求，监事会参与公司新五年发展战略总体规划的制定和审议过程，对新五年发展战略总体规划的科学性、合理性和有效性进行深入地探讨与分析，提出有关意见和建议。结合全行年度战略规划的实施情况，监事会每年结合当前内外部环境和政策变化情况对战略规划年度执行情况进行科学合理的评估，并对下阶段实施提出相关建议，促进和保障公司战略规划目标的实现。

（四）围绕工作重点，认真履行监督管理职责

财务监督方面，监督委员会充分发挥作用，多次召开会议对定期报告、经营状况和重大财务活动等进行审议，就报告中涉及的公司经营财务状况分析、会计报表编制等诸多议题与会计师事务所进行详细沟通与交流，对可能影响公司财务报告真实性、准确性、完整性等重要事项进行探讨，给出意见和建议；风险管理监督方面，通过召开监事会相关会议、列席董事会及其风险管理委员会会议，听取定期限额执行情况报告、风险监测报告、各类风险专项审计报告等，密切关注重点监管指标达标情况和重点领域风险防范情况，提出风险管理意见或建议；内部控制监督方面，认真贯彻落实监管机构的工作要求，强化内部控制重点领域监督，审议年度内部控制评价报告和关联交易专项报告等议案，听取案件防控、审计发现与整改、反洗钱、内控合规、监管意见书等有关工作汇报，积极建言献策，督促强化合规经营管理，推动不断加强内部控制体系建设。

三、创新监督方式，注重工作实效，充分发挥监督效能

（一）优化整合内外资源，有效形成监督合力

公司监事会注重优化整合内部监督检查资源，协同内部审计、风险管理、法律合规、纪检监察等部门，建立高效的信息沟通渠道，保障监事会的知情权，更好地实现优势互补、功能互补、职责互补的监督格局，发挥监督体系合力，为监事会开展监督检查工作提供支持。内部审计机构作为日常监督部门，通过常态化审计检查，能够更加广泛地获得信息、发现问

题和线索，监事会进一步加强与内部审计的合作与交流，定期收集内部审计报告，全面了解全行业务及管理中发现的问题与整改情况，并根据年度审计工作计划，参与和指导重要审计项目的检查工作，深入挖掘全行经营管理中存在的案件隐患、违法违规问题等，根据检查结果提出整改意见和建议，促进优化流程管理机制，提升内控管理质效。

为确保全行重大投资项目的有效性、合规性，公司监事会积极开展对重大投资项目的专项审计工作，通过授权监督委员会采用邀请招标方式聘请外部审计机构，对全行重大投资项目实施情况开展专项审计，发现并提出问题，并形成专项审计报告。如开展了对科教创新园建设工程、无锡分行新大楼装饰工程以及“鑫云 +”互联网金融平台建设的合规性专项审计，通过审计发现项目实施及管理中存在的问题与不足，提出了建立健全采购管理机制、强化招投标制度执行有效性、完善项目实施管理流程、加强项目账务处理与监督检查、防范法律风险和经济损失等意见和建议，督促有关机构积极整改落实并进行跟踪反馈，有效履行监督职责，促进规范重大投资项目管理，建立健全科学的投资项目决策、执行及监督程序。

（二）深入开展专题调研，提出监督管理建议

公司监事会每年将围绕当前经济金融发展的重点和热点课题，结合监管部门重点关注的业务和管理课题、全行发展战略规划执行情况和年度工作重点组织开展专项调研工作，调研对象包括业务及管理有关部门、分支行以及各家投资机构等。通过召开专题调研会议听取情况汇报，结合问卷调查与实地调研方式，综合分析存在的问题与不足，并将根据调研情况向董事会和管理层出具调研报告，提供解决问题或化解风险的思路和办法，促进提升经营管理水平与公司治理合力，如开展资产质量、公司授信客户、绩效薪酬考核、全行投资机构等有关调研活动，近几年侧重对全行内控风险以及重点业务发展做专题调研。

一是开展关于分行对辖内支行操作风险管理情况的调研，选取若干分支行进行实地调研，剖析分行对辖内支行操作风险管理中存在的问题，并从建立健全分支行操作风险管理文化体系、加强业务流程内控制度建设、进一步规范业务操作流程、加大检查监督管控力度、加强对要害岗位人员

履职考核等方面对防范和化解基层营业网点操作风险提供对策性建议和思路。

二是开展全行反洗钱工作情况的调研，召开专题会议听取总行相关部门关于全行反洗钱管理工作总体情况报告和第三方咨询公司关于全行反洗钱管理咨询评估项目的阶段性汇报，从如何健全体系、建立协同高效的工作机制、持续推进反洗钱智能化建设等方面提供建议与对策。

三是开展关于全行投贷联动业务的专题调研，听取总行相关部门关于全行投贷联动业务发展情况的总体汇报，并通过调查问卷与实地调研的方式，对若干家分行以及一家科创园区进行具体调研，研究分析目前全行投贷联动业务发展过程中存在的困难与不足，对于如何统筹基金公司、基金子公司、理财子公司等牌照机构，与公司业务、私行业务等部门联动，建立全行资源协作与补偿机制，形成“商行＋投行”双轮驱动模式，进一步提升综合效益出实招、谋良策，寓服务于监督之中，助力公司持续高质量发展。

（三）注重巡视调研指导，促进集团管理提升

为推进全行集团化管理工作，进一步加强对并表投资机构的监督管理，推动并表投资机构公司治理各项工作规范有效开展，公司监事会每年选取1至2家投资机构，组织监事进行调研指导，听取业务发展情况、当前经营管理与公司治理情况介绍，并就当前经营发展面临的主要问题与公司开展经营管理合作的设想进行深入交流，加强监督管理与服务支持，促进并表投资机构健康稳健发展。

为进一步了解分支行的经营发展情况，更好地推进差异化管理工作，监事会每年组织监事赴相关分支机构进行实地调研，听取当地经济运行、市场环境、监管政策、经营发展等情况汇报，并就发展定位、监管政策、人才发展、科技赋能、业务拓展等方面进行沟通交流，提出意见和建议，切实履行监督管理职能。

四、重视自身建设，深化培训交流，持续提升监督能力

为使全体监事能够及时了解和掌握最新的经济动态和监管要求，扩大

相关专业知识的广度和深度，公司监事会利用多种方式组织监事参加学习培训。一是定期组织开展行内业务及管理、监管政策等培训，邀请相关部门详细介绍各自条线（单位）的组织架构、工作职责、业务发展、产品体系、监管政策及重点工作等情况，有助于监事系统性地学习和掌握全行经营管理状况与最新监管要求；二是积极参加上市公司协会组织开展的监事培训、主题沙龙、专题讲解以及相关网络培训活动，全面了解并掌握最新法规政策和文件要求，系统性学习监事会运作规范、上市公司监管案例等，增强监事规范履职意识，进一步提升履职专业能力；三是不定期组织开展职业化培训，通过专家实务操作讲解和实践案例分析，进一步开拓视野，激发思路，更新知识结构，促进履职能力不断适应新形势、新常态下的新要求，不断提升履职水平。

为学习同业在公司治理等方面的先进做法及经验，公司监事会持续加强与同业的经验交流，组织开展同业调研交流活动，并积极参与上市公司协会组织开展的座谈交流会等活动，对提高上市公司质量的理解、思考以及经验分享等提供稿件，包括在新华网联合中国上市公司协会推出“提高上市公司质量在行动”中发表《南京银行：切实提高银行监事会监督效能》以及在“提高上市公司质量座谈会”上交流分享《切实发挥监督效能，助力开创公司高质量发展新局面》，共同学习探讨监事会履职实践的先进做法与更好发挥监事会作用的举措，进一步拓展监事会工作思路、丰富并改进监督手段，促进提升监事会履职监督能力与公司治理水平。

1.13　红塔证券
持续完善工作机制　切实履行监督职责

一、公司监事会概况

红塔证券股份有限公司（以下简称“红塔证券”或“公司”）是在对云南省三家信托投资公司证券业务重组的基础上，由红塔集团等13家国内知名企业共同发起，并经中国证监会批准设立的综合类证券公司。公司于2019年7月成功登陆上海证券交易所主板市场，成为A股第36家上市券商。公司控股股东为云南合和（集团）股份有限公司，实际控制人是中国烟草总公司。

根据《公司章程》，公司监事会由5名监事组成，其中2名为职工代表监事。2021年6月17日，公司进行换届选举，依据相关法律法规及《公司章程》的规定，召开2021年第二次临时股东大会审议通过《关于选举公司第七届监事会非职工代表监事的议案》。同日，公司召开第七届监事会第一次会议选举公司第七届监事会主席。截至2022年10月31日，3名股权监事分别为李石山先生、刘昕女士和余燕波女士，2名职工代表监事刘功武先生和江涛先生。李石山先生具有深厚的财务背景和经营管理工作经验，刘昕女士具有丰富的多元化投资经验，余燕波女士具有丰富的监事履职经验，刘功武先生和江涛先生是自公司成立以来一直伴随公司成长的、具有丰富证券市场经验的行业专家。任职以来，公司监事会成员忠实勤勉地履行职责，对公司经营管理事项提出意见建议，关注合规风控，积极建言献策，为维护公司和广大投资者利益，为公司高质量发展持续发挥着不可替代的重要作用。

二、公司监事会主要职责

根据《公司章程》的规定，公司监事会主要行使下列职权：对董事会编制的证券发行文件和定期报告进行审核并提出书面审核意见，监事应当签署书面确认意见；检查公司财务；对董事、高级管理人员执行公司职务的行为进行监督，对违反法律、行政法规、公司章程或者股东大会决议的董事、高级管理人员提出罢免的建议；承担全面风险管理的监督责任，负责监督检查董事会和经理层在风险管理方面的履职尽责情况并督促整改；承担合规管理的监督责任，负责监督董事、高级管理人员履行合规管理职责的情况，以及公司章程规定或股东大会授予的其他职权。

三、公司监事会履职实践

公司监事会自成立以来，依据《中华人民共和国公司法》《中华人民共和国证券法》《公司章程》及《公司监事会议事规则》等有关规定，依法行使监事会职权，创新工作方法，拓展工作思路，认真履行监督检查职责，充分发挥监事会在公司治理中的作用，促进了公司规范运作，为公司发展积极保驾护航。

（一）加强监事会监督体系建设，持续完善工作机制

公司监事会持续关注经济形势、证券行业、公司经营管理等在新冠肺炎疫情及国外地缘政治影响下的发展情况，不断完善提升监事会制度体系建设质量，以机制建设为抓手，坚持日常监督检查与重点事项监督检查有机结合，各项工作逐步实现常规化、制度化、体系化。

1. 建立日常信息报送机制，强化日常监督职责。为了方便监事会了解公司日常经营管理情况，公司建立了定期、不定期向监事会报送《工作简报》制度。定期简报频率每月一期，汇报上月日常经营情况、重大事项、监管机构检查情况、稽核审计发现问题及整改情况等公司相关信息。不定期简报及时报告公司突发的重大事项。监事会通过审阅工作简报，密切关

注公司发展情况以及行业变化和监管动态。截至 2022 年 10 月 31 日，本届监事会共审阅工作简报 20 期。

2. 建立与内控部门联动机制，提升监督的协同性和针对性。公司监事会不断总结经验，探索工作实践，持续加强与资金财务、纪检监察、风险管理、合规法律和稽核审计等部门监督工作联动，提升监督的协同性和针对性，拓宽参与公司检查工作的覆盖面，提高监督效率，切实履行监督检查职能。日常工作中，各内控职能部门定期报送本部门所涉相关信息至公司董事会监事会办公室（以下简称“董办”），由董办汇总编辑以工作简报的方式向监事会报告。如遇特殊重大事项，各职能部门将汇总相关材料至董办，由董办及时报送监事会。

通过联动机制的建立，公司监事会可及时关注公司经营战略、合规风控制度等执行情况，针对发现的问题督促公司及时整改，保障公司可持续发展。

3. 完善制度建设，提升监事会工作的规范化水平。近年来，证券市场的法规体系建设步伐不断加快，相应地公司制度建设须持续更新完善。本届监事会成立以来，不断完善内部工作机制和制度建设，进一步提升监事会工作的制度化和规范化水平，规范强化相关监督评价工作的合规性、针对性和有效性。目前，公司已根据相关法规要求，经第七届监事会第七会议审议通过，完成《监事会议事规则》的修订工作。

4. 定期检查公司财务情况，严格监督年报审计工作。公司监事会通过认真审阅季度报告、半年度报告、年度报告，以及听取财务总监、财务部负责人不定期汇报等方式，检查公司财务情况。年报审计工作是上市公司的重要工作，关乎广大投资者的切身利益，也是公司监事会监督的重点工作之一。公司监事会全体成员，每年年初都会通过参加董事会审计委员会组织召开的无管理层参加的与外部审计机构的审计沟通会，与年审会计师进行充分沟通，全面了解年度审计工作安排、审计重要时间节点、审计关注重点等事项，对公司年度审计工作提出意见建议，对年审全过程进行严格监督。2022 年 3 月，公司监事会共参加两次审计沟通会。

5. 负责发起董高离任审计工作，履行对其监督职责。公司监事会依据

《公司稽核审计制度》，负责发起对董事长、监事会主席和高级管理人员等离任人员的任期内经济责任履职情况的离任审计，并按监管要求向监管机构报送报告，积极履行对董事、高级管理人员的监督职责。

6. 注重基层调研，扩大监督视野和范围。公司监事会自成立以来，始终注重调查研究，关注公司基层情况，注重一线员工反映的问题，不断扩大监督视野和范围。近年来，监事会先后组织了赴贵州贵阳、四川成都和云南曲靖、昭通等地对公司证券营业部、期货营业部及控股子公司开展的调研活动，听取被调研机构业务开展情况、经营目标完成情况的汇报，了解其经营管理中遇到的难点问题，与被调研机构就经营发展策略等进行了充分交流和讨论，并提出了具体指导意见和建议。同时，公司监事与被调研机构基层员工进行了充分交流讨论，对调研中发现的问题以调研报告等形式向公司管理层进行反映并关注落实情况。

（二）认真组织召开、列席有关会议，切实履行监事会监督职责

1. 依法召开定期会议，监督公司经营管理重大事项。截至 2022 年 10 月 31 日，本届监事会共独立召开 9 次会议，其中现场会议 5 次，通讯会议 4 次，共审议议案 43 项，审阅事项 4 项。审议事项既包括年度报告、经营工作报告、财务决算报告、利润分配方案等公司重大经营决策事项，也包括稽核审计工作报告、内部控制评价报告、合规报告、合规管理有效性评估报告、风险管理报告、风险控制指标情况报告、高级管理人员履职情况等内部控制事项。监事会通过认真审阅相关议案，并听取有关部门和人员汇报，充分了解公司经营管理情况，对关注的问题和可能面临的风险提出明确意见和建议，促进管理层进一步提升经营管理水平。

2. 参加股东大会、董事会及总裁办公会会议，履行法定监督职能。公司历届监事会均重视参加公司各类重要会议，通过参会及时了解、跟进公司内部控制和重大决策，保持与董事会、经理层密切的交流沟通渠道畅通。本届监事会监事均列席公司召开的每一次股东大会、董事会。公司历届监事会主席均保持着例行参加总裁办公会议的传统，除因公务出差等特殊情况外，都会亲自出席。

通过参加会议，公司监事会对重大事项决策过程的合法合规性进行了

实时监督，并对董事会、股东大会的召集召开程序及董事、高管的履职等进行了监督。同时，也及时了解了公司经营管理情况及经理层对董事会决策的贯彻落实情况，促进监事会监督职责的有效履行。

（三）监督利润分配等重要事项，发表明确独立意见

监事会对公司利润分配、财务情况、关联交易预计、为公司董监高投保责任保险、信息披露等重要事项进行了监督，并发表明确的独立意见。监事会认为，公司前述事项严格遵守了有关法律、行政法规、部门规章、规范性文件和《公司章程》等内部制度相关规定，符合公司实际情况，符合股东的整体利益和长期利益，有利于公司长远发展，不存在损害公司中小投资者利益的情形。

对于合规和风控管理，监事会进行了重点监督。监事会认真审阅风险管理报告、合规报告、合规管理有效性评估报告、内部控制评价报告，检查公司内部控制制度的建设和运行情况，并听取首席风险官、合规总监的工作报告，对重点关注事项提出意见建议。监事会认为公司建立了较为完善的风险管理、合规管理和内部控制体系，各项内部管理制度能得到有效执行，未发现违法违规行为。

公司监事会成立以来，对监事会工作的重要意义的认识不断提高，逐渐积累了一些工作经验和有效方法，未来将继续忠实勤勉地履行职责，进一步完善监督机制，做好建言献策和风险提示，在促进公司高质量发展中积极发挥建设性作用，维护公司和股东利益。

四、监事会工作建议

（一）建议中上协定期组织交流学习活动

近年来，国际政治经济形式风云变幻，国内资本市场发展日新月异，法律法规体系持续更新，上市公司监事会必须不断加强学习，跟上形势，才能更好地开展监督工作。而如何学习开展监事会工作所需的法律法规、机制建设、操作实务等系统知识，囿于各种因素，上市公司自身往往心有余而力不足。

建议中上协每年定期组织线上或线下的培训班，邀请行业专家或优秀上市公司的代表，介绍监事会工作的发展趋势和优秀实践；或者组织集中的调研活动，走进监事会工作开展得较好的上市公司，观摩学习，共同座谈。

（二）建议进一步完善监事会工作实操层面指引

中上协发布了《上市公司监事会工作指引》，对监事会制度进行了系统梳理，并总结推荐了部分上市公司监事会的有益实践，在健全监事会制度体系方面迈出了重要步伐。但在操作层面，监事会如何分行业、系统性地监督公司各管理层级、各业务线、各分子公司、各职能部门等还缺乏一定的标准和细则，需要进一步的延伸和细化。

因此，建议相关监管部门和自律组织研究出台相关配套制度和可操作性的工作指引，推动上市公司健全完善监事会制度体系，增强上市公司监事会工作的权威性和规范性。

1.14　农业银行
坚持党的领导与公司治理有机融合
充分发挥监事会监督作用

农业银行新一届监事会自2018年11月成立后，坚持加强党的领导与完善公司治理相统一，切实把党的意志主张体现在监事会自身建设和监督工作的全过程中；始终将制度与机制建设摆在重要位置，注重创新监督方式方法，持续夯实监事会工作基础；紧密围绕履职监督、财务监督、内控监督与风险监督等职责开展监督工作，重视与董事会和高管层的联系互动，加强与内设部门的沟通交流，致力于形成监督合力，取得了较好的监督效果，发挥了切实的监督作用，促进了公司治理的协调有效运转。

一、以“在党委领导下独立开展工作”为立足点，将党的领导与监事会履职有机融合

农业银行监事会认真贯彻习近平总书记关于国有企业两个“一以贯之”的重要论述精神，2019年起，监事会进一步明确了“在党委领导下独立开展工作”的定位和原则，确保党的领导贯穿于监事会监督工作的始终。一是建立了重要事项向党委汇报机制，坚决维护党组织的领导地位。监事会年度工作要点和工作报告提交行党委审定；监事会年度履职评价情况、评价结果向行党委作出汇报，提出的履职建议经行党委审定后，董事会和高级管理层予以分解落实。二是在公司治理框架下保持监事会监督工作独立性。按照公司章程赋予的职责严格行使监督权，对董事会、高管层及其成员的履职情况作出评价，对财务运行效率及效果、风险管理和内部控制有效性开展监督，并发表独立意见，在公司治理中发挥监督制衡作用，

维护各利益相关者的合法权益。三是注重发挥监事的专业优势。为落实年度重点监督事项，根据监事所在专门委员会职责分工和自身专长，确定每一项重点任务的牵头监事，由其负责开展专项监督与调研，充分发挥监事的履职积极性和主动性。

二、以监督董事会、高管层及其成员贯彻落实党中央决策部署情况为着力点，提升监督的政治站位

农行监事会牢牢把准监督工作的政治方向，自2019年起，确定了将董事会、高管层及其成员贯彻落实党中央决策部署情况纳入监督范畴、作为监督重点的工作思路。一是开展专项监督，及时督促董事会和高管层对标党中央决策部署补足短板。监事会每年对农行金融服务“三农”情况作出监督评价，针对脱贫攻坚、服务“六稳”“六保”、支持乡村振兴战略，开展重点监督，推动农业银行积极践行政治责任，全力做好服务“三农”、服务实体经济工作，助力打赢脱贫攻坚战及新冠肺炎疫情防控总体战、阻击战。监事会聚焦农行支持国家战略和服务国家“十四五”规划情况，从战略制定与实施、三农金融、普惠金融、绿色金融、科技创新等多个层面和角度开展专项监督，督促和支持董事会、高管层坚持并突出国有银行金融工作的政治性、人民性。二是在年度履职评价中反映董事会、高管层及其成员贯彻落实党中央决策部署情况。履职评价更加关注董事会、高管层以及执行董事和高管人员在服务实体经济、深化金融改革、防控金融风险等重要领域的履职情况及成效，并以此为评价主线和标准，督促其加强履职，从监事会角度推动农业银行实现经济性、政治性、社会性的统一。三是深入推进中央巡视反馈问题整改，坚持把推进巡视整改作为践行“两个维护”的具体体现和重要政治任务，在加强自身整改的同时，切实将中央巡视反馈的经营管理问题与监事会监督重点有机结合，全面构建和完善监督工作长效机制。

三、以履职监督与评价为抓手，持续打造覆盖全面、内容完整的监督体系

一是按照监管要求全面落实监督职责。围绕《商业银行监事会工作指引》确定的履职监督、财务监督、内控监督与风险管理监督四大职责内容，农行监事会聚焦监管关注的重点、瞄准农行经营管理的重要领域和关键环节，坚持以目标为导向开展履职监督、以结果为导向开展财务监督、以问题为导向开展内控与风险管理监督，将财务、内控与风险管理监督形成的成果作为履职评价的重要依据和检验董事会、高管层及其成员履职成效的重要标准，不断拓展监督工作的前瞻性、针对性和有效性。二是建立健全履职评价体系。在评价制度上，根据监管要求并结合自身实际，2021 年研究制定了全新的《中国农业银行股份有限公司董事、监事和高管人员履职评价办法》，为更加规范科学地开展履职评价，巩固完善了制度基础。在评价对象上，每年对董事会、监事会和高管层集体及其成员开展履职评价，评定个人履职等级，形成评价报告；自 2019 年起，开始探索区分不同董事监事特点，实施差异化履职评价，如针对执行董事、股权董事和独立董事差异化的履职特征，设计各有侧重的评价标准，引导各类型董事监事充分发挥各自职能作用。在评价程序与方法上，综合运用履职问卷、座谈访谈、自评互评等，2021 年起还创新开展了监事对董事和高管人员的履职测评，进一步发挥监事作为评价主体的作用，形成了较为成熟定型的评价机制。在评价结果应用上，除按监管规定履行报告、通报和报送职责外，还将履职评价结果及相关意见建议向党委作出汇报，并在年报中予以披露。

四、以增强监督实效、发挥监督作用为落脚点，不断完善监督机制，创新监督手段

监事会创新运用《监事会建议》和履职访谈等监督工具，丰富监督模式。一方面，发挥《监事会建议》聚焦问题点的作用，构建监督闭环。

2019 年农行监事会制定了《监事会监督工作细则》，创建《监事会建议》的载体，经监事会审议讨论后发送董事会和高管层，增强了监事会所提意见的规范性和权威性。三年来，针对内控机制建设、互联网服务“三农”“一号工程”、省会城市行改革、国家区域发展战略、子公司经营管理等情况，监事会形成多份《监事会建议》，得到董事长、行长的高度重视，高管层组织专题研究并列入督办事项。其中，2020 年监事会聚焦董事会和高管层落实国家区域发展战略情况，开展了一系列调研和座谈，形成了《关于完善农行服务国家区域发展战略工作的建议》和多份调研报告，提出了完善组织架构、提升协同层级和统筹力度等建议。从成效看，监事会提出的建议不但有力促进了服务国家区域发展战略委员会在高管层的设立，而且直接推动了金融科技创新中心在雄安的落地，总行还对相关组织机构、配套机制和服务政策进行了完善，出台了一系列政策文件，提高了服务国家区域发展战略的能力。同时，监事会注重加强后续监督，建立监督闭环。2022 年再次对我行服务国家区域发展战略的情况作出跟踪评价，形成报告发送高管层。在此基础上，高管层组织相关部门对落实各期《监事会建议》的情况进行了全面梳理和后评价，推动监事会与高管层之间良性互动再迈新台阶。另一方面，通过履职访谈了解公司治理各层面情况，客观反映意见建议。监事会连续三年于年底开展多层面履职访谈，听取非执行董事、总行相关部门以及部分一级分行负责人对农行公司治理、改革发展和经营管理中重大问题的意见建议。收集整理的各方意见建议，不仅成为年度履职评价的重要参考，而且向行党委汇报后纳入下年全行重点工作予以综合考虑。

五、以打造顺畅协作的治理主体关系为目标，不断加强各层面沟通交流，形成监督合力

一是建立健全与董事会和高管层的沟通机制，前置监督关口。董事会、高管层积极支持和配合监事会的履职评价工作，在监事会的提议下，农行从 2020 年起建立了董监高年度座谈机制，并定期举办董事监事联合培训

班，同时监事在列席经营情况通报会的基础上增加列席行办会，形成了互动良好、沟通顺畅的公司治理环境。二是加强与内部监督部门的联系，促进形成监督合力。进一步巩固和完善总行财会、内控、风险、信贷、审计等部门向监事会的信息报送机制，制定《中国农业银行重要信息即时报告监事会工作指引》，切实保障监事知情权；同时与派驻纪检监察组建立沟通渠道，及时将监事会监督成果发送派驻组，邀请其列席监事会会议，进一步提升监督效率，发挥监督合力。

1.15 中国平安
中国平安监事会履职创新特色

中国平安保险（集团）股份有限公司（以下简称“中国平安”或“公司”）于1988年诞生于深圳蛇口，是中国第一家股份制的保险公司。经过逾三十年的探索与实践，在各级政府及监管部门、广大客户和社会各界的支持下，成长为我国三大综合金融集团之一。

中国平安于上海和香港两地上市，一贯重视公司治理并致力于建设国际领先的公司治理架构。作为中国金融保险业第一家引入外资的企业，中国平安依托本土优势、践行国际化公司治理，依据相关监管法律法规的要求及公司自身特点，参考国际最佳典范，致力打造了国内领先、高效规范的公司治理架构，形成了透明且多元化的股权结构、培养了具有国际化视野的监事会运作机制。

监事会积极面对在运作过程中曾经遇到的一些问题，如与独立董事部分职能与角色定位的重叠、监督的深度和广度不足等。针对上述情况，监事会积极探索，并在实施过程中不断总结、完善，形成了一套行之有效并兼具中国平安自身特色的实践。

一、增加外部监事占比以加强监督独立性

中国平安监事会自1994年成立以来，积极借鉴国际先进的公司治理理念，在规范自身行为、充分履行监督职能等方面进行了有益的、成功的探索。中国平安从制度上确立了公司监事会成员由外部专家代表（即外部监事）、员工代表组成。外部监事这一制度体系设计从监事会的组织架构出发，其优势在于外部监事与公司及其高级管理层不存在利害关系，对董事、

高管可以独立地行使监督权，可以更好地站在中小股东的立场上开展监督工作，从而有效增强了监事会的客观性和独立性，更好地维护了股东利益。随着监管制度和指引的不断更新完善，公司现在对外部监事的遴选严格参照独立董事的独立性标准进行，聘请的人员均为经济、法律、财务方面的专家，并完全独立于公司和股东，可以充分地发挥自身的专业性，促进监事会独立、客观、科学、高效的运作。2022 年 4 月，在监事会总人数 5 人不变的情况下，监事会拟增加了 1 名外部监事席位，相应减少 1 名股东监事席位（银保监会核准过程中），提升外部监事在监事会成员中的占比，进一步提升监事会的独立性、专业性、多样性，为监事会的有效监督提供了重要支持。

二、明晰监事会职能以提升治理效率

根据境内外法律法规对公司财务审计、风险控制、法律合规、内控建设等方面的不同要求，公司同时设立了独立董事和监事会，由他们代表股东尤其是中小股东对公司的发展经营、财务状况、管理层履职等情况进行监督。但是，在独立董事与监事会的监督职能定位上，早期曾出现过较大的交叉与重叠，造成双方监督职责不清、重复工作，不利于监督效果和运作效率的提升。对此，为了顺应公司治理的国际发展趋势，在借鉴国际优秀法人治理公司的做法以及听取麦肯锡等国际著名咨询公司建议的基础上，董事会和监事会于 2006 年 3 月召开了联席会议，积极探讨了如何构建更为有效的、促进公司治理水平提升的公司治理架构。

根据上述会议决议，针对监事会和独立董事在职能定位上存在的交叉和重叠问题，经联席会议一致讨论决定，建立了一个以独立董事和董事会专业委员会为主，监事会复核的内部监督机制。此机制顺应公司治理的国际发展趋势，夯实了监事会维护中小股东权益及员工利益的职责基础，该机制十年来一直运行良好，提升了董事会和监事会的运作效率，促进了公司治理结构及治理水平的不断提升。

三、监事会深入基层实地考察监督

为了能够更好地了解公司的实际运营情况，充分发挥监事会的监督作用，监事会通过研究、创新，于1996年通过监事会决议的方式建立了监事实地考察工作制度，该制度经过不断完善，延续至今已有26年之久。即每年监事会会对公司下属专业公司的一个至两个分支机构进行实地调研，通过实地考察和与基层员工进行访谈的方式，深入了解公司各项政策的执行情况及基层员工对公司的意见及建议，并将发现的问题和建议整理形成监事会考察报告提交公司管理层，同时督促公司对有关问题及时进行改进和解决。近几年，为更充分地发挥党组织把方向、管大局、保落实的领导核心和政治核心作用，将党的领导更深更好融入公司治理，促进党建工作与生产经营的深度融合，监事会亦邀请集团党委成员也加入考察组，对各单位员工提出的问题深入检视和整改落实，特别是对问题多发、屡查屡犯、举报集中或存在严重风险事件的单位，在考察地点选择及考察过程中予以重点关注巡视。监事会亦邀请公司独立董事参加监事会考察，加强和独立董事对公司治理的沟通交流，有效增强了他们在监督职责方面的协同与效率。不仅如此，监事会还结合公司当年的重大业务活动，通过拜访考察机构当地重点客户了解客户对公司的意见建议；通过与优秀企业或同业交流等方式加强对公司治理和各项业务的了解。

截至目前，中国平安监事会已累计考察了全国20多个省、市、地区的公司基层机构，为公司和管理层合计收集了数百条有建设性的意见建议，推动了公司各项政策的有效落实，进而促进公司战略落地和各项业务的快速发展。

四、监事会持续专业发展

中国平安及监事会均非常重视全体监事持续专业发展。公司监事会办公室编制了《监事履职服务手册》并每年定期更新内容，其中包含了监事履职应当知晓的境内外法律法规、公司情况、业务及市场转变等信息，并在每位监事首次获委任时及内容定期更新后发送给各位监事，以确保他们及时掌握公司业务及经营情况和充分了解其在相关监管规定下的责任及义务。

监事还通过阅读公司每月定期发送的《董监事通讯》、内部报刊和分析师报告等，及时获取公司内部的主要经营管理状况信息及外部相关信息。公司监事亦积极通过电子邮件或电话等多种形式与公司保持顺畅的日常联系，随时提出有关问题及要求提供相关资料。

此外，全体监事也非常注重自身专业性的提升，均通过出席若干主题的外部培训或座谈会、参与内部培训或阅读主题材料等方式，积极参与持续专业培训，确保自身始终具备全面、更新的知识及技能，为监事会专业、科学地履职作出贡献。

作为国内外众多上市公司中的一员，良好的公司治理和经营管理水平是公司稳健可持续发展的基石，也是公司持续完善和追求的目标。中国平安监事会的运作还有很多需要改进和完善之处。监事会定会始终以维护和保障股东、公司及员工利益不受侵害为己任，加强自身学习，忠实、勤勉地履行监督职责，不断探索并打造出兼具自身优势及国际标准的监事会运作模式。

1.16 中国人保
打造立体监督协同体系 提升监事会运作质效

中国人民保险集团股份有限公司（以下简称“中国人保”或“公司”）成立于1949年10月，与新中国同生共长，作为共和国保险业长子，是新中国保险事业的开拓者和奠基人。

历经70多年发展，中国人保已经成为综合性保险金融集团，旗下人保财险、人保寿险、人保资产、人保健康、人保养老、人保投控、人保资本、人保再保、人保香港、人保金服、人保科技等多家专业子公司，业务范围涵盖财产险、人身险、再保险、资产管理、不动产投资和另类投资、金融科技等领域，2021年位列《财富》世界500强第90位。

中国人保2012年在香港联交所上市，2018年回归A股，在上海证券交易所上市。上市以来，公司持续健全公司治理结构，完善公司治理运作。经过十年的学习、探索、创新、实践，目前公司第四届监事会结构合理、制度健全、运作规范，形成了一套有人保特色的监事会运作体系，特别是针对集团母子公司两级法人治理结构、五级管理架构①的特点，打造了一套立体的监事会业务协同体系，是公司监事会持续创新、不断进步的集中体现。

一、纵向深入，不断完善母子公司监事会业务协同

中国人保为母子公司两级法人治理，母公司为股权管理主体，子公司

---

① 中国人保与旗下子公司分别为独立法人机构，子公司均建立较为完善公司治理结构，其中人保财险为香港联交所上市公司。中国人保自上而下有集团公司、子公司总部、省分公司、地市分公司、支公司（营销服务部）5个管理层级。

为业务主体。作为 A + H 两地整体上市公司，中国人保股票表现反映了整个集团情况，因此集团的公司治理应该是深入各层级。公司监事会始终坚持公司治理集团化，在尊重子公司的公司治理独立性的基础上，积极探索母子公司监事会业务协同。

（一）制定制度统一母子公司监事会履职理念

公司监事会经过研究探索，制定了《关于中国人民保险集团监事会规范运作和工作协同的指导意见》，统一集团母子公司监事会履职理念。一是明确监事会作为监督机构，工作的根本目标与公司治理的整体目标一致。监事会履职目标与股东大会、董事会、管理层的最终目标一致，都是为了更好地促进公司发展，维护公司和股东、员工利益，实现国有资产保值增值。二是明确集团公司监事会和子公司监事会之间的关系为业务指导和协同监督的关系，具体包括工作指导、业务协同、信息共享等三个方面。三是明确母子公司监事会规范履职要求。从组织、制度、机制、方法等方面规范和加强母子公司监事会运作，不断完善公司治理。

（二）向子公司派出监事长强化子公司治理

建立子公司监事长派出机制，是中国人保加强集团党委领导，推进两级法人治理上下贯通、有效衔接的一项重要措施。派出监事长履职，既是集团党委决策、意见传导至子公司贯彻落实的重要途径，也是促进子公司不断完善公司治理、规范监事会运作的有效方法。同时，集团通过建章立制明确派出监事长履职内容、履职方式和履职保障，不断强化子公司监事会履职尽责。

（三）建立分类联系指导机制加强对子公司监事会工作指导

定期召开中国人保集团监事会工作联席/协调会议，总结监督工作成果，交流履职工作经验，沟通监督重点和难点，讨论共性问题，形成改进措施和解决方案，搭建起系统监事会信息共享、监事履职交流的平台。建立分类联系指导机制，将相关子公司按照特点分为三类，责成集团监事会办公室加强与子公司监事会工作机构之间工作联系，在监事会规范运作和工作协同等方面及时答疑解惑、提供指导。集团公司通过议案审理，对子公司监事会的会议监督进行指导，集团监事会办公室参与有关议案会审，对议案内容和程序规范性提出意见建议，促进子公司监事会规范运作。

（四）不断完善母子公司监事会协同方式

公司监事会从业务协同、信息共享两个方面不断探索母子公司监事会工作协同方式。

在业务协同方面，集团监事会不定期与子公司监事会一起开展联合调研。集团监事会围绕公司发展战略、年度工作安排开展的专题性调研，邀请相关子公司监事会参加。近年来先后联合开展了“公司高质量发展转型”“投资服务保险主业”等专题调研。

在信息共享方面，集团监事会在履职监督工作中，通过子公司监事会了解子公司有关工作情况，子公司监事会及时将本公司监事会工作情况送集团监事会阅知。集团监事会不定期与子公司监事会分享工作成果、交流经验、共享培训资源，促进母子公司监事和监事会办公室工作人员专业能力共同提升。

二、横向联合，不断推进监督力量资源共享

从监事会职责要求看，不论是上市规则还是行业监管规定都对监事会履职提出多种要求，特别是近年来保险行业监管部门对监事会履职的规定日益细化，范围不断拓展，除了原来的履职监督、财务与内控监督、战略监督、风险管理监督、合规管理监督、关联交易监督、内部审计监督等职责以外，监事会在企业社会责任、声誉风险、消费者保护等各个方面都要履行相应的监督职责。为全面履行好各项监督职责，中国人保监事会持续探索优化监督方式，积极与其他内部监督力量共享监督成果，促进监督合力的发挥。

（一）建立监督职能部门定期沟通机制

除日常工作交流合作外，公司建立了监事会与风险、内控、法律合规、内部审计、巡视等监督职能部门的定期沟通机制，通过每季度召开监事会专题会议方式，交流近期重点监督工作、发现的主要问题和重要风险点、下一步工作中重点关注事项和相关举措，强化监督协同，促进发挥监督

合力。

（二）加强与风险管理部门的合作

公司监事会坚持风险导向开展监督工作，关注重大风险事项，日常工作持续关注财务、业务指标反映出的风险情况。长期以来，公司监事会非常注重与风险管理部门的合作。一方面，公司监事会借助风险管理部门建立的风险监测系统进行持续的风险分析、风险事项追踪，对公司风险管理部提供的月度风险监测信息进行认真研究；另一方面，公司监事会对风险管理工作进行监督，促进集团全面风险管理制度建立、健全、落实、完善。

（三）借助内部审计工作成果

公司监事会从公司治理层面开展监督，主要关注重大事项、重大风险，相对较为宏观。根据银保监会要求，公司监事会对内审工作进行指导，并借助公司内审工作成果，进一步细化监事会工作的颗粒度。公司内部审计有关报告日常持续送阅监事会，监事会每半年听取内审工作情况的报告以及内审发现问题和整改情况的报告。经监事会安排，监事会办公室派员参与有关内部审计项目。

（四）加强与法律合规部门的合作

公司监事会非常关注公司合规工作情况和关联交易情况，公司相关职能部门定期将相关情况向监事会报告。公司监事会通过专题调研，发现有关于公司某些合规方面的问题，屡查屡犯、长期得不到解决，在深入研究分析基础上，撰写相关调研报告，发送管理层，得到管理层高度重视，批示给合规部门研究改进。

三、内外结合，不断提升监事会监督专业性

公司监事会一方面加强自身建设，另一方面积极主动借助外部力量，促进监事会履职更加专业、规范。

（一）加强监事会自身专业性规范性建设

一是持续强化监事会组织建设。注重监事结构多样化，公司监事会成立以来始终有 1 名以上女性监事，职工监事比例不低于 1/3；2014 年引入

了1名外部监事（法律专业背景），2021年监事会换届引入1名中国香港地区外部监事（财务专业背景），下一步计划将外部监事名额增加至2人，新增1名法律背景监事。监事会下设两个专门委员会，分别是监事会履职尽职监督委员会和财务与内控监督委员会（以下简称“专委会”）。监事会议案均事先经过专委会讨论，并明确监事会专委会对口专业支持部门，以提升专委会会议效果，促进专委会辅助监督作用充分发挥。

二是强化制度规范。结合公司实际，制定《中国人民保险集团规范公司治理行动方案》《中国人民保险集团加强监事会履职工作的意见》，从加强集团党委对监事会工作的领导、明确监督定位和职责要求、完善监督机制、加强专委会履职、加强监事会自身建设等方面，提出加强监事会履职工作的具体措施，进一步规范和促进监事会在公司治理中职责的发挥；强化监事会履职保障，明确监事可以列席总裁办公会和管理层相关会议，进一步保障监事知情权。

三是强化履职支持。一方面，将监事职能责任、法律法规监管规定、公司工作实践等各类应知应会进行编撰，做到内有《监事会制度文件汇编》，外有《监事会工作政策法规汇编》，操作实务有《监事履职手册》，全方位有制可查，有据可依。另一方面，积极组织监事参加内外部各类培训，还结合监管制度变化和公司自身情况多次组织关于监事会职责权利和责任、监管新规等方面的专业培训，持续提升监事履职能力。

四是强化考核问责。先后制定《董事监事履职评价实施办法》《董事、监事和高级管理人员问责办法》，形成履职监督闭环，促进监事更加勤勉履职。

（二）加强与外部审计师沟通

公司监事会特别重视与外部审计师沟通。一是建立了与外部审计师定期沟通机制，定期召开专题会议就财务报告审计或审阅情况、内部控制审计情况与外部审计师进行沟通；二是不定期就监事会重点关注的事项与外部审计师进行专题沟通，充分利用外部审计师工作成果，提升监事会工作效能。

与外部专业机构进行沟通，不仅集团监事会非常重视，很多子公司监事会也特别重视，除与外部审计师进行沟通之外，还与精算师、资产评估师等持续沟通。外部机构的工作成果和专业意见成为集团和子公司监事会履职的重要参考。

中国人保监事会通过十余年的探索实践，建立起纵横交错、内外结合的立体监督协同体系，有效提升了公司监事会监督质效，也得到行业监管机构的认可。

下一步，中国人保监事会将进一步探索完善母子公司监事会业务协同的方式方法，持续强化与其他监督部门和外部专业机构的沟通合作，持续加强自身建设，不断提升监事会履职效率和效果。

1.17 交通银行
聚焦“四个优化” 助推公司治理能力提升

近几年来，交通银行监事会坚持以习近平新时代中国特色社会主义思想为指导，认真贯彻落实党的十九大、十九届历次全会精神，努力把握新发展阶段，力争完整、准确、全面贯彻新发展理念，积极服务构建新发展格局，紧密围绕党中央决策部署、金融工作“三大任务”和全集团中心工作，坚持依法合规、精准聚焦和协同高效基本原则，创新运用多种监督方式，探索建立具有本行特色的监事会工作机制，以“四个优化”助推交通银行公司治理体系能力稳步提升。

一、持续优化顶层设计，基本运作日趋规范

（一）完善自身成员构成，突出结构优化

一是监事类别结构。结合法律法规、监管规定和自身实际需要，及时增补外部监事和职工监事，确保监事会成员中外部监事和职工监事比例均不低于1/3。二是监事会成员结构。在依法合规开展各类监事选任工作基础上，努力保证监事会成员结构多样化，注重充分发挥行外股东监事和外部监事在企业、学界等任职的多元化背景，有效拓宽监事会监督视野，切实提高对外部市场、政策环境的敏锐链接。三是下设专门委员会成员结构。进一步细化、明确各专门委员会职责定位，并结合各类监事特点，调整专门委员会组成结构，注重充分发挥各委员研究背景专业化和履职经历多元化特色，为监事会履职提供有力支撑。

（二）健全监督制度体系，突出规范引领

一是及时修订各项基本制度。适时对本行《章程》监事会相关内容、

《监事会议事规则》[①] 及下属专门委员会工作规则进行查漏补缺、针对性完善，确保基础性制度准确有效；全面梳理监事会议事范围，以“议事清单”形式明确监事会所议事项，进一步明确职责边界、提升监督规范性。二是适时出台履职监督与评价制度。结合监事会主要职权，制定《交通银行股份有限公司董事监事履职评价办法（试行）》《交通银行股份有限公司董事会、高级管理层及其成员履职监督与评价工作实施办法（2020 年版）》，探索形成针对董监高不同类型特点的差异化监督与评价制度体系。三是创新形成本行特色监督制度体系。在系统梳理监事会职权基础上，结合监事会监督定位，创新形成涵盖战略、财务、风险、内控与合规、信息披露与履职在内的“监事会六大重大领域监督办法”，完善监事会在重点关注领域、操作实施等层面的制度遵循，为进一步精准、高效履职打下坚实基础。

（三）构建监督推进机制，突出有序有效

一是明确监督主线。将监事会关注主线置于党中央各项重大决策和战略部署总框架之下，置于全行战略谋划及“十三五”“十四五”时期发展纲要之内，突出对全行发展战略、重大财务决策、风险管理和内控合规等领域监督，做到重点聚焦、有的放矢。二是确定年度工作要点。在监督主线机制下，于每年年初科学制定年度工作计划和实施方案，明确领域、对象、推进时间和落地方式，为全年工作奠定基础。三是强化计划分解和执行落地。将年度工作要点按月分解逐项落实，充分利用会议监督、现场监督调研、非现场动态监督等多种手段开展工作，同时将推进情况定期梳理汇总、按年总结，确保有序落地。四是打造监督闭环。优化不同监督成果信息反馈流程，确保信息准确及时反馈至董事会和高级管理层；跟进监督对象优化整改情况，推动重点问题有效落实。

---

① 《章程》及《监事会议事规则》2022 年修订版待后续银保监会核准。

二、持续优化监督工具，形成点面结合“矩阵式”推进体系

（一）高效运用会议监督，充分发挥监事会议事平台主作用

在监事会例会上，审议定期报告、并表管理报告、内控评价报告、财务决算报告、利润分配方案等法定重大事项，审阅全行战略制定与实施、全面风险管理、合规与反洗钱和关联交易管理情况报告等，并邀请高管层、相关部门负责人和外部审计师等列席会议，对重要关注事项会上及时、直接沟通，提升会议质效。同时，出席股东大会、列席董事会和高级管理层相关重要会议，及时跟进全行重大决策部署执行情况，为监事会履职提供鲜活信息支撑。

（二）深入推进监督调研，自下而上挖潜监督深度

针对党和国家重大战略推进要求及全行战略发展重点领域（如长三角区域一体化高质量发展、数字化转型战略等），分别赴长三角区域7家省直分行及总行相关重点部门，深入业务一线，邀请分支行主要负责人、总分行业务骨干就监事会关注的关键核心问题参加面谈，就当前全行发展问题背后的深层次原因进行充分剖析，自下而上挖掘体制机制层面短板，形成重点监督调研报告并视情况反馈董事会和高管层。

（三）定期开展专项监督，重要问题动态跟进

密切跟进内外部宏观形势变化、央行重要货币政策推进、全行财务指标变化、个别重要行业和地区风险、合规内控事件发生等重要信号，将系统性、苗头性问题随时纳入监督视野，予以动态持续跟踪、评价和监督，有效提升监督工作的全面性、系统性、及时性。其中，针对部分重要领域和重大问题，以专项监督形式深入分析，并提出监督建议。

（四）扎实开展履职监督与评价，并持续完善相关机制和流程

一是将各项监督作为年度履职评价的重要基础。根据全年在战略、财务、风险、内控与合规监督项目中关注的重要事项从公司治理层面进行归纳和提炼，结合董事、高级管理人员职责，在个人履职评价中予以反馈，并在后续评价中持续关注，确保履职监督成果落地。二是持续完善履职评

价机制和流程。灵活采用视频、现场座谈、单独沟通等多种方式，对评价范围内董事、高级管理人员开展履职访谈，重点关注其忠实勤勉依法合规履职情况，落实中央重大决策部署、推动重点领域工作情况，积极提升履职水平、推动公司治理有效运作情况等方面，由董事、高级管理人员进行个人述职，监事会当面沟通反馈履职评价初步意见，并在此基础上形成董事会和高级管理层及其成员的履职评价报告。

三、持续优化自身建设，促进监督能力有效提升

（一）开展多样化专业培训

一是巩固常规培训。积极参加两地监管机构、上市公司协会、香港特许秘书公会等组织开展的培训，内容涵盖最新监管制度解读、上市公司规范运作、信息披露、履职实践及案例分析等，及时掌握监管要求及同业动向。二是开展联合培训。根据工作需要，与董事会联合举办专题培训，邀请政策制定部门和专家答疑解惑，针对性提升制度执行过程中的精准性。三是重视银行业务培训。充分利用交银集团 e 校园内培训资源，选取商业银行重要业务、全行改革发展前沿领域等课件，供各位监事线上自主选学，切实提升履职能力。

（二）加强监督信息机制建设

一是建立内部信息报送机制。在《交通银行股份有限公司董事监事履职评价办法》制度框架下，搭建履职评价信息报送机制，要求数管部、财管部、风险部、合规部、审计局、董办、发研部等部门定期报送涵盖全行战略、财务、风险、内控合规、审计监督、资产保全、数据管理、消费者权益保护等相关领域工作开展与推进情况，畅通信息获取渠道。二是充分运用行内外平台主动获取信息。实时跟进内网、新“531”系统、高管驾驶舱、Wind 等信息平台的信息，及时获取重要信息及业务数据。三是完善信息传递机制。每月制定并向监事发送《讯息参考》，及时向监事传递宏观经济、监管政策、金融市场、银行同业动态，反映全行经营管理最新举措和成效；综合日常监督成果，及时形成经营分析材料，提交监事会参阅。

（三）多措并举助推职工监事积极履职

一是从制度层面提出差异化要求。鉴于职工监事区别于一般监事的特点，在制定董事监事履职评价制度时，明确要求职工监事发挥自身对经营管理较为熟悉的优势，从本公司的长远利益出发，就涉及职工切身利益的规章制度或者重大事项，听取职工的意见建议，并在监事会上真实、准确、全面地反映。二是充分运用“饺子”平台。全行在内网推出“饺子”平台作为员工发声的渠道，供员工反映各类意见建议，职工监事及时关注“饺子”平台反映的问题，并积极建言献策。三是双重身份参与监督调研。在监事会年度重要监督调研项目中，职工监事充分利用深入基层经营机构契机，深入了解基层在保障员工权益方面的工作举措和成效；结合“为群众办实事”要求，致力解决基层员工最困难最忧虑最急迫的实际问题，并利用监事会渠道及时向高级管理层或总行相关部门反馈，推动基层期盼得到及时有效回应。

四、持续优化协同机制，推动内外资源有效共享

（一）主动融入全行协同监督体系

在习近平总书记“以党内监督为主体，促进其他监督融会贯通”总要求下，积极发挥监事会作为公司治理层面重要监督力量定位，主动参加相关监督工作联席会议，与驻行纪检监察组、党内巡视、风险、内部审计、法律合规等各成员单位一起，及时交流监督规划、互通监督信息，及时掌握发现的新问题，探索开展监督项目合作，推动形成监督合力。

（二）充分发挥外审专业资源力量

于监事会例会前，召开监事与外部审计师沟通见面会，就该季度内全行经营管理、尤其是重要领域的重点问题进行深入沟通，为提升监事会会议质效提供靠前式支撑。同时，在日常监督活动中，随时就监事会关注事项向外部审计师进行咨询和交流，将外审专业优势利用到最大化。

（三）加强与同业、子公司监事会交流

充分利用各种机会和平台，积极“走出去”“请进来”，与金融同业等

监事会开展充分探讨，就如何做实监事会功能、完善监事会工作机制、强化发现问题的运用与处理等重要领域进行沟通，有效借鉴同业最佳实践；积极与集团内子公司监事会进行工作交流，就完善公司治理体系、提升监事会履职能力等方面充分探讨，强化经验分享，促进共同提高。

（四）探索开展相关工作研究

在深入学习领会习近平新时代中国特色社会主义思想的精神实质和丰富内涵基础上，以近年各项监事会监督实践为依托，探索开展监事会工作研究，形成了《以习近平新思想为指导，做实监事会监督工作》《公司治理视角下的协同监督机制研究》《推进商业银行高质量监督，为全行发展保驾护航》《进一步做实监事会监督切实提升公司治理现代化水平》等研究课题，为提升现代商业银行公司治理水平、推动深化改革和转型发展进行了有益探索。

下一步，交通银行监事会将继续以习近平新时代中国特色社会主义思想为指导，充分借鉴优秀实践案例，持续推进“四个优化”，深入开展改革创新，不断提升工作质效，努力实现高质量监督。

1.18 兴业证券
把握监督职责定位　忠诚践行　使命担当

作为一家国有金融企业，兴业证券自成立以来一直秉承稳健经营的发展理念，高度重视企业内控风险管理与廉洁规范执业的文化理念建设。公司监事会坚持以集团“十四五”规划纲要为蓝图，深入贯彻习近平总书记重要讲话精神，忠诚拥护“两个确立”、坚决做到“两个维护”，砥砺深耕，履践致远，立足新发展阶段，不断筑牢制度堡垒，强抓重点风险防控，统筹集团监督资源，落实调研检查，创新科技监督，提质增效促发展，构筑廉洁自律、规范健康的公司治理良好生态，为公司决战决胜“十四五”、加快推进一流证券金融集团建设提供了强有力的监督保障机制。

一、监事会运作规范，监事履职勤勉尽责

公司本届监事会由5名成员组成，其中股权监事3名，职工监事2名。监事会设监事会主席1名，现任监事会主席兼任公司党委副书记、纪委书记、工会主席等职务，股权监事均为经营管理方面的专业人士，具有丰富的企业管理经验，职工监事长期从事企业财务、法律、审计等领域工作，具有较高的专业水平，形成了相对独立、专业、科学、高效的新一届监事会组织架构。公司监事会下设监事会办公室作为日常事务服务机构，并配备3名专职工作人员。

公司监事会严格按照《公司章程》《监事会议事规则》所规定的程序召开监事会会议，历次会议的召开情况均及时予以披露。全体监事严格遵守法律法规及监事会相关规定，忠实勤勉履行《公司章程》赋予的监督职责，积极出席监事会会议（会议出席率达100%），认真审议各项议案内

容，审慎行使表决权，对公司财务管理、定期报告、内控评价、募集资金、关联交易、对外担保等重要事项发表监督意见，形成会议决议。会后，监事会持续跟踪、关注决议中重大事项的落实和执行情况，确保会议决策的有效性。

根据《上市公司治理准则》规定，公司监事会遵循廉洁守纪、勤勉尽责的原则，以自评与互评的方式对全体监事开展年度履职评价，并以书面方式通报评价结果。其中，监事会主席按照相关规定纳入公司人事考核并领取薪酬，职工监事按照所在的专职岗位进行绩效考核并领取薪酬，其余股权监事均不在公司领取薪酬。

二、以完善的制度为依据，为高质量监督赋能

公司监事会把制度建设摆在突出位置，以构建系统完备、科学规范、运行有效的监督工作制度体系为目标，结合公司治理实际，广泛借鉴其他金融机构监事会监督实践经验，制定并不断优化制度流程，建立务实有效的刚性制度约束机制，为实现高质量监督提供完善的制度依据。

除公司章程关于监事会与监事的权利、义务、职责、激励约束机制等规定之外，公司监事会已制定9项各类监督检查制度，包括了《监事会议事规则》《监事会监督检查管理办法》《监事会经营信息通报与情况反馈暂行规定》《监事会审核定期报告管理办法》《监事行为规范》《高级管理人员离任审计管理办法》《监事会对董事履职评价暂行办法》《监事会对信息披露监督检查管理办法》，以及规范监事会提案管理流程的《监事会提案管理办法》等，全面覆盖日常监督检查的各项工作流程。公司监事会将持续更新、完善制度建设，确保制度符合外规变化与证券行业发展的要求，为监事会监督履职提供切实有效的制度保障。

三、建立监督评价体系，敦促董事和高管廉洁勤勉履责

公司监事会持续关注股东大会决议、董事会战略决策的执行与落实成

效，公司监事积极出席股东大会，列席董事会及其专门委员会会议，认真审阅相关会议资料，监督董事、高管人员履职行为，分析评估会议议案并提出合理的意见或建议。在股东大会、董事会闭会期间，监事会主席参加公司党委会和其他工作专题会议，对相关会议的议题、程序和决策过程的合法合规性，对会议重大决策的制定以及董事、高管人员廉洁守纪、合规执业行为进行监督。

根据公司《监事会对董事履职评价暂行办法》，监事会在日常监督基础上，整理形成董事、高管年度履职档案，组织全体董事开展年度履职自我评价。监事会参考董事年度履职档案、董事自评结果、独立董事履职报告、董事会及专门委员会年度工作报告、公司年度工作报告、公司风险评估报告、董事及高管个人述职报告，以及公司年度费用预算执行情况等材料，从履行忠实、勤勉义务的两个维度上对公司董事进行客观评价并形成年度履职评价结果，以书面方式进行通报。

在监事会监督下，公司董事会薪酬与考核委员会依据公司《负责人绩效考评暂行办法》《首席类管理人员管理暂行办法》的相关规定，结合公司经营管理层执行完成董事会决议的情况、公司经营管理情况、高管年度述职述廉情况，以及通过访谈、调研、日常监督等方式获取的信息，从工作业绩、能力素质、合规执业三个维度对公司高级管理人员进行考评，形成董事会对高管的年度履职评价结果，并提交公司董事会审议。

公司监事会根据对董事、高管人员的年度履职评价情况，形成《监事会对董事及高级管理人员的履职评价报告》并发表监督意见，切实敦促董事、高管廉洁守纪、勤勉履职。

四、切实履行监督检查职责，促进公司稳健经营、健康持续发展

（一）加强对财务管理监督，促进资金科学合理运作

监事会持续关注公司财务管理状况，组织对公司财务月度报表、风控指标报表进行审核，形成《监事会关于公司月度财务报表初步审核意见》；

对公司年度报告、半年度报告、季度报告等定期报告进行审核，签署并发表关于公司定期报告的监督确认意见；结合公司业务开展的窗口期，不定期审核公司债券发行、再融资发行证券等各类专项报告；审阅公司《负责人费用预算执行情况及预算编制说明的报告》等财务报告，及时了解公司财务运作和预算编制的执行情况。

监事会通过召开监事会会议，监事列席董事会、董事会专门委员会及公司工作会议等方式，听取公司经营层关于公司年度财务决算、利润分配预案、证券投资规模、对外投资与担保，以及募集资金管理与资本运作情况等重要财务工作报告，认真审议相关议案材料，监督并确保公司及控股子公司财务管理适应监管规定和要求，实现以科学、规范的资金运作合理扩充公司资本实力，提增资金运作效益，提升行业地位和业务竞争力。

（二）强化审计监督指导，提升内控管理水平

1. 加强日常审计监督，保障内控运作机制。公司监事会每季度审阅公司审计工作简报，及时关注审计工作动态，结合公司《内部审计工作情况暨下一年审计计划》《董事会审计委员会年度工作报告》等内控管理报告，关注了解公司内控管理风险点以及上一年度经营管理层对于董事会提出的内控问题和建议的整改执行情况。

公司监事列席董事会及审计委员会会议，听取经营管理层关于公司内部审计年度工作情况暨下一年审计计划的汇报，听取外部审计机构审计师对于公司年度报告及内部控制情况的审计报告，听取董事会及审计委员会成员对于公司内控管理情况与外部审计发现问题的反馈意见和建议，并召开监事会会议审议公司《年度内部控制评价报告》议案，发表对公司内控评价情况的书面意见。

2. 以外部审计为抓手，充实监事会监督力量。公司每年度聘请外部审计机构，协助公司开展财务、信息技术、内部控制以及资产管理、投行业务有效性等各类专项审计与内控评价工作。公司职工监事同时作为公司审计部门负责人全程参与外部审计机构的工作对接，与外部审计师保持充分的意见交流与沟通；公司监事会主席同时作为公司党委委员，通过党委会及专题工作会的方式全程参与对外审机构发现的重要审计问题和意见的分

析、研讨，对审计工作重要申报材料进行审批指导，及时就重点关注事项向监事会反馈汇报。从而确保外部审计机构与公司监事会信息沟通渠道的顺畅有效，为监事会工作提供了强有力的外部监督抓手。

3. 融合金融科技手段，提升智能监督质效。为了便于对公司股东、董监高等关联方信息进行管理，进一步加强对公司关联交易常态化、精细化监督，公司创新监督管理思路，融合金融科技手段，总结各类关联交易业务特征，以监管外规制度为执行标准，自研设计系统开发的需求方案，建立了公司关联交易管理系统。通过关联交易管理系统与公司协同工作平台的联动对接，将业务送审中的交易对手方与关联方名单自动匹配，并科学设置流程节点，实现对关联交易“自动识别，强制申报”的目的。依靠系统的实时监督、智能识别、自动申报、快速审批，高效实现对集团关联交易监督的全面覆盖，有效防范关联交易违规风险。

在系统监测基础上，监事会着重对公司关联交易后续申报管理的监督，召开监事会会议认真审议公司《年度重大关联交易专项审计报告》《日常关联交易预计情况的说明》议案以及关联交易清单的合规性，听取经营管理层对公司年度关联交易管理的工作报告，关注经营层对董事会决议和意见的执行情况，监督公司定期更新关联方信息，建立健全关联方信息库，确保关联方及关联交易匹配的及时性和准确性。

（三）以监督为主导，加快合规与风险管理体系建设

公司监事会对公司合规管理及反洗钱工作实行常态化监督。通过审阅公司合规管理月度报告和反洗钱工作月度报告，及时掌握外部监管动态以及公司合规与反洗钱管理工作情况；审阅《公司年度反洗钱专项审计报告》《分公司反洗钱现场检查整改报告》《关于落实反洗钱执法检查的年度整改情况报告》等专项报告，密切关注公司经营层对中国人民银行反洗钱执法检查意见的整改落实情况；通过监事会会议审议公司《合规管理年度工作报告》《反洗钱年度工作报告》，听取公司合规管理与反洗钱年度工作情况的报告并发表监督意见，为公司做好合规管理、搭建良好的合规体系提供指导性意见。

监事会定期审核公司月度风险状况报告、公司月度财务风控指标报表

等报告，参阅上市公司董监高违规案例等材料，及时了解证券行业风险监管重心，掌握公司风险管理偏好及工作动态，监督公司经营层对董事会风险管理战略及传导机制的执行情况。监事通过出席监事会、列席董事会及风险控制委员会会议等方式，认真审议公司《年度风险偏好声明、风险容忍度指标与重大风险限额的议案》《年度风险评估报告》等议案，听取经营层对公司年度风控管理工作的报告，听取董事会及风险控制委员会对于公司风险管理工作的意见和建议，监督董事与经营管理层切实履行风控管理职责。在公司董事会科学指导、监事会有效监督、经营层不懈努力下，公司严格执行中性偏稳健的风险偏好，以净资本和流动性为核心的各项风险控制指标持续符合监管标准。近年来，公司业务总量风险持续降低，股票质押回购业务及保证金融资业务规模压缩及处置回收成效显著，债券持仓风险明显改善，场内外衍生品业务平稳开展，自营业务整体风险平稳，新增风险显著降低，公司风险防御能力持续提高，促进创新业务资格取得和创新能力形成，进一步加速推进一流证券金融集团建设目标落地。

（四）整合监督资源，构建联动监督机制

为进一步适应新时代监督工作新要求，公司监事会不断探索创新监督管理模式，统筹协调，推动监事会监督与党委纪委监督、合规监督、审计监督、调研检查监督、基层群众监督的有效衔接，发挥多元化监督体系的优势，提高监督检查成效，实现精准化监督，高质效监督。

1. 规范公司信息披露与内幕信息管理。公司监事会依据法律法规、中国证监会及上海证券交易所的信息披露监管规定，组织成立联合监督检查组对公司内幕信息知情人管理和信息披露执行情况进行年度专项检查。通过检查反馈，不断夯实公司信息披露制度基础建设，优化信息披露内部审批管理流程，完善内幕交易防控及内幕信息知情人登记管理机制，规范报送行为，提高报送质量，并重视加强对公司“关键少数”董监高的信息披露、内幕信息管理意识的培养，定期组织培训，及时传达监管规定要求，通过多维度、多举措不断提升信息披露管理的透明度和规范性，确保公司信息披露与内幕信息管理工作合规、高效开展。公司信息披露管理工作富有成效，已连续四年荣获上海证券交易所上市公司年度信息披露工作“A”

类评价。

2. 客观、公正开展高管人员离任审计。为了从客观、公正角度如实做好对公司高级管理人员的离任审计评价，监事会整合公司纪检、合规、审计、人力资源以及监事会办公室等内部监督资源，形成监督合力，依据公司《章程》及《高级管理人员离任审计管理办法》的相关规定，组成联合审计工作组对离任高管开展离任审计。结合离任人员在公司担任高管期间的履职成效、廉洁执业情况，予以综合、客观地评价，并形成《公司高级管理人员离任审计报告》及时报告监管部门。

3. 开展联合调研检查，形成联合监督管理机制。为加强监督检查的工作实效，监事会协同公司党委、纪委，联合独立董事、纪检、党办、合规、审计等公司监督抓手，深入基层开展了“压实责任以查促改”全面从严治党暨廉洁从业建设调研检查。一是促进董监事充分履职，通过访谈倾听基层群众的声音，深入了解业务条线管理和基层工作情况，有针对性地加强分支机构工作指导，实实在在地解决业务难题；二是结合调研反馈意见形成调研检查报告，推动公司董事会、经营层持续研究完善经营决策机制、规范内部审批执行流程，并将从严治党、廉洁从业与公司治理监督机制相融合，不断完善监督治理体系；三是推动管党治司责任层级传导、工作层级落实，将监督下沉，打通监督“最后一公里”，切实督促分支机构及时补齐短板、强化弱项，加强分支机构风险防范能力，实现集团一体化的垂直监督管理机制。

五、创新特色增值服务，促进提升履职监督水平

（一）以特色增值服务，为履职便利提供保障

公司研究实力稳居行业第一梯队，得到资本市场各方机构的认同。公司每年度定期举办大型策略会，邀请行业一流分析师、研究员、行业专家，围绕国内宏观经济、国际市场与 A 股市场投资策略等热点主题发表演讲，展开圆桌讨论。公司主动积极邀请董事、监事、股东代表等公司治理参与方参会，为董监事提供优质的信息交流、资源共享的增值服务平台，获得

董监事的高度评价。

借助公司在行业领先的研究服务优势，以及公司“兴证研究”微信小程序平台的便捷性，为公司董事、监事提供公司研究发布的年度策略报告、行业研究报告等深度研究参阅材料，有利于董监事对行业特性以及业务相关性的认识，进一步为董监事履职工作参考提供服务支持。

（二）强化董监高履职保障机制

根据《上市公司治理准则》以及公司《独立董事工作制度》的相关规定，公司顺应监管导向，为董事、监事、高管人员购买了年度履职责任保险，充分保障公司董监高管理人员在忠实勤勉、依法合规履职基础上，因疏忽等不当而引致的相关赔偿。有效解决了公司董事、监事、高管人员履职的后顾之忧，提升了董事、监事和高管履职创新的积极性。

（三）加强专题学习培训，提升履职监督水平

公司定期收集、编撰《证券行业违规案例汇编》《上市公司董监高违规案例》，并购买各类工作书籍，寄送公司监事参阅学习；向公司监事转达监管部门关于加强短线交易监管工作、关于进一步做好上市公司内幕信息知情人登记管理工作等监管通知规定，转发中国上市公司协会《上市公司监事会工作手册》，帮助公司监事及时了解行业监管新规，借鉴案例处罚事实认清监管底线，牢牢守住从业红线，同时提升对违法违规行为的监督认定水平。

公司监事持续加强专业培训教育，传导廉洁从业思想，积极参与监管部门及行业协会举办的各类专题培训。全年通过线上、线下方式参加证监局及行业协会举办的各类专题培训，累计近十场次；围绕最新监管要求、市场关注重点，开展关于公司治理、企业文化、短线交易监督、廉洁从业建设等内部培训学习，不断筑牢规范从业、廉洁自律意识，强化履职水平，规避失误风险。

六、公司监事会工作实践

国有企业监事会作为公司治理顶层设计的内控监督机构，是履行出资

人监督的重要手段，也是进一步完善公司法人治理结构的重要组成部分。习近平总书记在党的十九大报告中强调，“要完善各类国有资产管理体制，改革国有资本授权经营体制”“促进国有资产保值增值，推动国有资本做强做优做大，有效防止国有资产流失”，这为新时代国有企业监事会建设指明了方向，提供了遵循，注入了强大的信心和力量。

作为新时代的国有企业，公司监事会将深入贯彻党的二十大精神，继续以习近平新时代中国特色社会主义思想为指导，严格落实中央和行业监管的各项制度规定和指引要求，坚持加强党的领导与完善法人治理相统一，立足我国资本市场新时代发展阶段，积极响应我国资本市场的各项重大改革，加强新形势下监事会履职创新的探索与思考，不断促进提升监督效能。

一是提高认识，明确职责定位，不断完善监事会自身建设。监事会履职需要把握好与公司董事会、经营层之间的平衡点，明确既是监督约束的制衡关系，更是指导、促进公司稳健经营发展和股东权益的重要保障。既要贯彻董事会制定的战略发展方向，也要支持经营层全力推进业务经营发展，更要牢牢守住履职底线，必要时踩住“刹车”的最后防线。当然“打铁还需自身硬”，只有不断加强监事会自身建设，完善监督机制，提高履职专业水平，才能更准确有效地为公司发展把好关、守好门。

二是加强监督检查联动性，发挥监事履职专业性优势。要正确认识监事会与董事会（独立董事）的监督侧重点，明确董事会监督侧重于公司长远发展的战略决策层面，以及对董事会、经营层履职行为的科学合理性和效益性的监督；监事会则侧重于对董事会和经营层履职行为的合法合规性监督，避免公司重大决策和经营管理中出现重大违法违规行为，保障公司、股东合法权益。两者的监督是相互独立，相辅相成，缺一不可的。在此共识基础上，公司监事会加强联合监督履职，最大范围联合监督资源，包括独立董事、党委纪委、审计、合规等，形成联合监督机制，积极发挥公司监事在财务、法律、审计等方面的专业优势，指导开展联合监督、调研、检查工作，从不同专业角度、工作经验以及人员配置等方面弥补监事会单方监督的不足，全面提升监督治理质效。

三是建立科学、公允的考核评价机制，提升监事履职的积极性。公司监事会每年度组织全体监事以自评与互评相结合的方式，从道德标准、履职能力、专业特长、资源协调、工作协同等维度进行年度履职评价。公司监事会主席同时兼任公司党委副书记、纪委书记、工会主席等职务，对公司上级党工委组织、公司股东大会负责，为体现其岗位监督的独立性、积极性、有效性，监事会主席独立于其他经营层高管，由公司党委、监事会以及上级主管部门组织考评，确保评价标准的客观公允。科学合理的考评机制有效激发监事勤勉履职的主动性，充分发挥各自专长，从内部资源整合、专项检查指导、调研成果转化、创新监督价值等方面全力推动监事会工作向纵深发展。

四是强化队伍建设，提升业务素质。资本市场改革充满了各种机遇和挑战，而要把握机遇应对挑战，需要不断提高监事会队伍的业务素质和整体水平，承担起法律法规和公司章程赋予的职责，不断改进监管方式和手段，打造与时俱进的高素质队伍，建立一个工作高效、分工明确、章法有序、管理顺畅的监事会，并坚持以问题和风险为导向，监督规范公司“三重一大”决策行为，提高事前监督与事中监督效能，注重问题追踪和整改意见落实，形成监督工作闭环，实现对公司治理和经营管理的全流程监督，以专业、高效的监督服务，构建平衡和谐的公司治理生态，保障公司经营决策合法合规，推动公司实现高质量健康持续发展。

1.19 中国建筑
规范有序履职 创新推动监督 助力公司高质量发展

中国建筑于2009年在上交所上市，是我国专业化发展最久、市场化经营最早、一体化程度最高、全球规模最大的投资建设集团之一，在房屋建筑工程、基础设施建设与投资、房地产开发与投资、勘察设计等领域居行业领先地位。公司位居《财富》世界500强2022年榜单第9位，17次获得国务院国资委年度考核“A”级评价，持续保持行业内全球最高信用评级。中国建筑是世界最大的工程承包商，业务范围涉及城市建设的全部领域与项目建设的每个环节，经营业绩遍布国内及海外一百多个国家和地区，全国绝大多数的300米以上超高层，众多技术含量高、结构形式复杂的建筑均由中国建筑承建；是我国最具实力的投资商之一，主要投资方向为房地产开发、融投资建造、城镇综合建设等领域。公司强化内部资源整合与业务协同，打造规划设计、投资开发、基础设施建设、房屋建筑工程“四位一体”的商业模式，为城市建设提供全领域、全过程、全要素的一揽子服务。

中国建筑严格遵守上市公司监管要求，不断优化完善公司治理体系，公司监事会坚持依法独立履行职责，积极维护公司、股东、员工及其他利益相关者的合法权益，为公司高质量发展作出了积极贡献。

2021年5月，公司完成第三届监事会换届，由股东大会选举产生的3名股东代表监事与民主推选的2名职工代表监事共同组成公司第三届监事会。

近年来，在习近平新时代中国特色社会主义思想指导下，公司监事会持续加强公司治理及监事会自身建设，不断探索创新工作方式方法，实现了对公司、项目多层次、多维度监督，监督效果持续提升，规范运作和职能发挥日趋完善，满足上市公司监管要求的同时，切实发挥了监督工作对公司发展的促进作用，实现了加强党的领导与建立完善现代企业制度的有机融合，监事会所提建议在公司现代治理中起到积极有效作用。

一、完善监事会制度建设，落实监事会履职行权

监事会积极推动公司持续完善治理层面制度体系，形成权责分明、协调运转、有效制衡的治理机制；及时修订监事会议事规则，确保监事会运行规范、有章可循；公司章程、相关决策会议议事规则、内部控制等制度文件中均明确了监事会的权利和职责，为监事会充分履职提供了依据和保障。本届监事会组建至今，共召开监事会会议 12 次，审议议案 50 项，包括公司定期报告、融资担保、关联交易、内控合规、股权激励等，会前与公司管理层充分沟通，对公司定期报告、关联交易、会计政策变更等事项发表书面意见，及时、完整、准确对外披露相关信息，发布公告。

二、强化与公司董事会、高管层的协同配合、有效规范

本届监事会组建至今，参加股东大会会议 4 次，董事会会议 11 次，审计与风险委员会会议 7 次，列席公司年度、半年度工作会、季度运营分析会、总办会等重要会议，独立、全面履行对董事、高管层履职行为的监督，畅通信息沟通渠道，在重大决策、内控建设、风险防控等方面注重与董事会、高管层的沟通协同，确保合规，推动公司治理能力水平更上台阶。监事会针对重点领域、重要企业提出的针对性管理建议，有效促进了公司进一步提升内部控制水平，防范化解重大问题风险。

三、重点监督企业改革发展各项举措在公司及下属企业落实情况，积极推动公司高质量发展

围绕党中央、国务院决策部署和国资委工作要求，中建集团党组确定

了公司“一创五强”发展目标，即以创建具有全球竞争力的世界一流企业为牵引，致力成为价值创造力强、国际竞争力强、行业引领力强、品牌影响力强、文化软实力强的世界一流企业；制定了“166”战略举措，即进一步提高政治站位，致力实现高质量发展、致力创新驱动发展、致力服务国家战略、致力深化国企改革、致力加快转型升级、致力党的领导融入公司治理。监事会围绕公司重大战略举措组织开展实地调研、会议研讨，监督公司及下属企业践行公司“十四五”规划等重大战略、“166”战略举措、“六专”行动落地效果，结合监事专业特长深入基层，实地考察监督指导，促进公司战略落地，助力公司改革发展行稳致远。

四、根据监督重点深入开展子企业、项目现场检查调研工作

公司监事会高度重视现场检查调研工作。2020 年，监事会对中建港航局、中建二局华东公司、中建三局一公司深圳分公司开展检查调研。调研立足公司重点工作部署和重大风险防范，了解新冠肺炎疫情对生产经营的影响、重点关注“十三五”典型经验及“十四五”战略构想，剖析发展过程中存在的问题，为子企业扬长避短、探索创新提出建议；结合广东、中原区域联系会议，监事会深入了解区域内各子企业改革创新、市场开拓、履约生产、安全管控等工作实际，促进区域内各级企业间的相互交流和业务协同，为区域内子企业抓机遇、防风险建言献策；结合重点工程深入到合肥地铁 7 号线、徐州地铁项目开展调研，在青岛上合、地铁、奥体等项目调研重大基础设施项目市场开拓、现场履约及 PPP 运营，同时协助基层单位分析解决实际问题，切实推动相关单位提升基础管理水平，拓展运营思路。

2021 年，监事会先后赴中建丝路、中建西北院、中建一局发展公司所属北京国家科技传播中心项目、中建二局一公司所属国家会议中心二期项目开展现场专项调研。调研立足公司重点工作部署和风险防范要求，重点关注了子企业生产经营各项情况、以中建股份承接的 PPP 项目建设运营管理情况，深入项目现场，调研项目生产经营管理实际情况，深入市场推动

重大基建项目落地，深度参与、推进国家重点公关项目研发，了解子企业“十四五”战略构想，剖析发展过程中存在的问题，充分利用监事专长，为子企业探索创新等提出意见建议，得到被调研企业领导班子的高度认可。专项调研检查情况和建议均形成书面材料并通报公司管理层，相关建议被公司管理层采纳并形成具体措施。

五、与审计联动，开展重点领域、关键环节专项监督检查

2021 年，监事会围绕公司重点领域、关键环节，依托审计部组织开展多项监督检查。针对科技政策落实和科技成果转化开展专项调研，系统了解公司科技创新体系建设、科技课题管理、科技成果形成及转化、国家及地方科技惠企政策享受等方面成果举措，形成科技惠企政策库，助力科技创新持续支撑公司高质量发展；针对竣工三年以上未结算项目开展专项调研，了解公司竣工未结算项目管理组织体系、制度体系建设情况，分析未结算原因及项目合同管理、结算管理等重点环节管控效果，提出进一步加强项目管理的措施建议，促进公司低效无效资产清理；针对重大投资项目开展专项调研，持续关注公司投资领域风险，及时了解掌握重大投资项目前期规划、过程履约、资金收支、投后运营各环节管理控制情况，针对性提出管理建议措施，促进子企业提升投资业务风险防控水平。

六、持续关注公司内控体系的建设及运行效果，联动审计系统开展内部控制监督评价工作

监事会高度关注公司内控体系建设情况及运行效果，2021 年联动审计系统开展了内控监督评价工作，聚焦影响企业高质量发展的重点管控环节和核心业务流程，以风险为导向、合规为基准，评价内部控制效率效果。重点关注重大决策、市场营销、投资管控、对外担保、招标采购、资金管理等领域，进一步推动公司管理精细化、标准化、规范化。

监事会重点关注了公司信息化建设情况，督促公司积极借助信息化手

段，通过标准化和信息化的“两化融合”，提高工作效率，实施“底线管理”，提升产品质量，降低运营成本，利用信息技术提升管控效能。

七、持续完善监事会履职保障机制，充分发挥监事会作用

公司积极推动建立和完善监事会保障机制，充分支持监事会行权履职。一是公司每年设立独立的监事会工作经费预算，列入公司年度费用预算，充分保证监事履职、调研检查等发生的各项开支；二是近年来公司坚持为监事购买职业责任保险，保障监事权益；三是公司审计部作为监事会办事机构，积极做好监事会办公服务保障工作，促进审计监督与监事会监督有效协同，形成合力；四是监事会积极组织监事参加国资委、上交所、中上协等上级机构举办的各类培训，培训内容包括相关法律法规讲解、监事的权利义务和责任、公司治理等，进一步提升监事履职能力水平；五是公司为每位监事配置了办公用笔记本电脑，安装专有视频通信软件，开通了公司办公平台账号、公司邮箱，方便监事在外期间能够视频参加公司重要会议，并及时查阅公司制度及相关重要文件。

八、开展监督体系建设对标交流，创新工作思路

监事会先后赴中国移动、中国石油、中国铁建、华为等公司开展对标交流，针对公司治理体系、内控体系建设、数字化转型、监督体系建设等方面展开深入探讨，取长补短，学习优秀企业先进的管理思路和经验，为进一步探索监事会工作创新开拓了视野、提供了思路。

中国建筑监事会将以习近平新时代中国特色社会主义思想为指导，严格按照国家相关规定，规范监督，勤勉尽责，创新监督方式方法，进一步提升监事履职能力水平，更好发挥监督职能，提高监督效率效果，为公司高质量发展贡献更大力量。

1.20　中国银河
新形势下探索创新实践举措
助力公司高质量发展

中国银河证券股份有限公司（以下简称“中国银河”或“公司”）于2007年1月经中国证监会批准，以中国银河金融控股有限责任公司作为主发起人，联合四家国内机构投资者共同发起设立，先后成功在香港联合交易所和上海证券交易所上市。公司具有独特的品牌优势，拥有覆盖广泛的营业网络和规模领先的客户群，致力于成为在亚洲资本市场上领先的投资银行和具有系统重要性的证券业金融机构。公司在中国证监会对证券公司的分类评价中，连续三年被评为A类AA级。

一、监事会运行概况

公司监事会根据《中华人民共和国公司法》《中华人民共和国证券法》、中国证监会、上海证券交易所、香港联合交易所有关规定的要求，按照法律法规和公司章程赋予的职责，以“促进公司依法合规经营、提升公司风险防范和管理水平”为宗旨，正确处理与其他治理主体的关系，坚持依法合规、科学有效地行使监督职责，维护了股东、公司以及职工的合法权益，促进公司规范运作、稳健运营和高质量发展。

根据公司章程，监事会由5名监事组成。经选举产生监事会主席1名，股权监事1名，外部监事1名，职工监事2名。监事会自2007年2月成立，至2022年6月历经四届监事会，共召开监事会会议82次，审议议案193项；出席全部股东大会59次，向股东大会提交议案23项；列席全部161次董事会现场会议。监事会自2014年起下设履职监督检查委员会、财务监督检查委员会，分别由 3 名监事组成，各设主任委员 1 名。两个委员会至今共召开会议 49 次，审议事项 82 项。监事会下设监事会办公室作为日常办事机构，目前有 3 名员工。公司于 2021 年 6 月完成第四届监事会的换届选举工作，2022 年 1 月选举产生现任监事会主席。

二、深刻认识形势的复杂性严峻性，切实增强服务国家大局的责任感使命感紧迫感

监事会深刻理解作为国有金融机构监督治理角色所肩负的职能使命，对照国家政策要求和经济发展需要，迅速把思想和行动统一到党中央决策部署上来，坚持把履职监督、财务监督、风险合规内控监督以及信息披露监督摆进职责中去，积极践行“一个履行，两个服务”，即坚持“有效履行依法独立监督职能，服务推动国家战略落实，服务公司高质量发展”的职责定位，全力落实好“疫情要防住、经济要稳住、发展要安全”的决策部署，始终坚持金融工作的政治性、人民性，将防范化解金融风险与服务实体经济、落实“三新一高”要求等紧密结合，以强烈的责任感、使命感和紧迫感，充分展现国有金融上市公司监事会的价值担当。

新一届监事会在新形势下充分发挥监督治理效能，坚持做到“学在深处、谋在新处、干在实处”。在制定本年度工作要点时，深刻领会在新时代、新形势下对监督工作提出的新要求，积极探索创新实践举措，注重丰富监督方式方法并形成长效机制，强化公司重要领域和关键环节的监督检查，不断提升监督工作的科学性、独立性和有效性。

（一）首次建立独立听取公司风险内控相关专题情况报告机制

监事会积极落实新形势下强化风险合规内控管理有效性的方法，坚持抓早抓小，严格落实监管政策要求，开展独立听取公司风险管理、内控评价整改等情况的专题汇报。监事会定期与公司合规总监、法律合规总部、风险管理总部、审计总部就公司相关情况进行交流，密切关注公司信用风险、重点业务风险穿透与合规管控、子公司风险垂直管理、洗钱风险管理以及重大风险的防范和化解成效，与公司相关部门一起发挥监督协同作用，

推动公司持之以恒地建立健全“看得清、够得着、管得住”的风险防控体系，牢牢守住不发生系统性风险的底线，切实增强公司发挥监督合力的整体效果。

（二）首次建立独立听取公司领导履职待遇及业务支出和资金使用情况的报告机制

监事会按照财政部印发的《国有金融企业负责人履职待遇和业务支出管理办法》《国有金融企业工资决定机制改革实施办法》对监事会监督职责的要求，独立听取财务资金总部就公司高管履职待遇和业务支出的预算、年度执行情况、工资分配方案的制定和执行情况、资金使用情况等报告。监事会认为必要时，可进行抽查和质询。

（三）首次建立独立与外审机构沟通机制

监事会财务监督检查委员会首次独立听取外聘会计师事务所关于公司年报审计情况的汇报，委员们与审计机构就公司年度审计整体工作及结论、业绩情况及分析、财务信息的真实性、审计关注重点等进行深入交流。

（四）首次建立监督建议落实情况的跟踪督导机制

监事会为进一步加强监督成果的运用，推动落实监督建议的整改工作，研究制定了监督建议落实情况的跟踪督导机制，对监事会出具的《监督工作建议》《专项检查报告》《高管人员经济责任审计报告》中提出的问题或建议向相关部门发送《监事会监督整改工作落实情况备忘》，规范整改报告格式，跟踪相关单位整改落实情况。

（五）探索董事、高级管理人员履职尽责监督的优化和链条的延伸

监事会为进一步优化对董事、高管人员的履职监督举措。一是在年末增加与董事的座谈交流，更加深入地了解董事的履职情况，并结合董事年度述职报告出具《股权董事年度履职评价意见》。二是增加对高管履职情况评价的维度、减少高管同期多会议重复汇报的频次，在审阅高管人员半年度履职报告的同时，组织听取财务、风险、审计、合规和案防等相关职能部门就公司经营指标完成情况、主要业务风险情况、重大合规事件、反洗钱和廉洁从业管理、内控评价整改、境外子公司主要风险、案件防控等进行汇报，并于年末听取高管人员的现场汇报。

（六）监督端口前移，对高级管理人员开展经济责任任中审计

按照《党政主要领导干部和国有企业领导人员经济责任审计规定》等要求，充分发挥经济责任审计在规范权力运行中的重要作用，监事会围绕高管履职实际找准审计切入点和着力点，组织会计师事务所、审计总部、监事会办公室共同完成了对9位高管人员的离任审计，审计报告突出问题导向、风险导向、目标导向和结果导向，强调决策落实、业绩完成、风险防范化解等情况，敢于和善于揭示问题，依法依规作出审计评价。

在此基础上，监事会配合经济责任审计“五年全覆盖”的常态化要求，开展了对2位高管人员的任中审计，进一步提升了监督的前瞻性和专业性。通过高管经济责任审计，监事会提请经营管理层关注经营管理中的薄弱环节和潜在风险点，并督促相关业务条线整改，有效发挥了监事会在公司治理体系中的建设性监督作用。

（七）拓展调研检查的深度和广度，为高质量决策奠定坚实基础

监事会秉持“以监督强经营、以监督促管理”的理念，坚持“基层调查研究、主动调查研究、深入调查研究”的鲜明导向，为充分体现监督工作与经营管理的契合度，突出调研效果，监事会强调在调研过程中做到有的放矢，重点检查决策落实、业绩完成、风险防范化解等情况。不仅纵向深入一线进行穿透式调研，还要横向加强与其他直管企业或央企监事会的交流学习，注重同业交流互访，借鉴吸收优秀实践工作经验，提高调研报告的参考价值，以实际成效展现监事会的监督作用。

（八）发挥监督合力，推动提升信息化监督水平

监事会不断应对公司治理出现的新情况、新问题、新趋势，高度关注公司经营管理过程中出现的系统性、普遍性、典型性的问题，充分发挥监事会办公室与审计总部合署办公的优势，进一步突出职能互补、整体联动效能，与审计总部共同持续优化内控信息共享平台建设，聚焦提升数字化、科技化监督水平，建设新一代数据集市，提升对监督信息的收集、监测和分析，促进优化公司监督整体效果和公司治理能力的全面提升。

（九）紧跟形势学深悟透，推进学习培训多样化、常态化

监事会明确重点任务和主攻方向，于每年年初制订培训计划，主动加

强理论学习和实践历练，增强监事履职责任意识和专业能力，近三年来积极参加中国证监会、上海证券交易所、中国证券业协会、中国上市公司协会、北京上市公司协会等举办的各类专题培训共计35人次140课时，全体监事按要求完成学习考核目标。

新一届监事会特邀请律师事务所专家作题为“在新形势下如何有效发挥监事会作用”的专题培训，组织公司系统母子公司监事、董事、相关职能部门负责人、股东单位董监事等参加了培训，围绕新形势下监管政策的变化、监事会的主要职权、规范运作的方式、信息披露的法律责任、监事的任职资格以及履职依据等方面结合案例作了详细介绍，督促监事及时了解掌握监管政策、行业动态、同业优势以及上级股东单位指导文件精神，持续提升监事会履职的专业素质，以更高的政治站位、更强的履职能力、更实的监督举措，切实肩负起新发展阶段的职责使命，充分发挥监事会的作用，为公司高质量发展贡献专业力量。

三、巩固常态化监督机制，扎实推进治理能力的现代化建设

监事会严格按照法律法规和监管要求，恪守独立、客观、公正的原则，本着对股东高度负责的态度，以勤勉尽责、精益求精的工作作风，在深化四大监督职能的同时，结合近年工作实际总结良好经验，形成常态化工作机制，扎实推进治理能力的现代化建设。

一是科学规划年度工作要点，稳步推进全年工作。根据法律法规赋予的监督职责，围绕公司战略和重点工作，监事会于每年年初研究制定《监事会年度工作要点》并就相关议题严格落实党委前置讨论程序，围绕监督职能关注公司战略的优化落地实施、公司治理各方及其成员履职情况、调研检查、财务信息分析、资金配置管理、重大关联交易执行、关键业务转型发展、“四重点”领域的监督力度、A+H信息披露等监督重点，落实监管政策要求，促进公司依法合规经营。

二是健全完善监督制度，成功搭建制度体系。监事会精准把握以推动高质量发展为主题的基本要求，遵循合法性、系统性、可操作性的原则推

进优化公司治理机制，研究制定了《监事会议事规则》《监事会履职监督检查委员会议事规则》《监事会财务监督检查委员会议事规则》《监事会监督办法》《监事会印章管理办法》《高级管理人员经济责任（离任）审计办法》6 项基本制度，进一步明确了治理机构之间的权责边界，提高公司治理效率，并根据工作实际落实制度的废改并立，对议事规则和监督办法先后进行了 6 次修订，为监事会开展工作提供规范指南和制度保障。

监事会按照法律法规及监管要求、内部规章制度、履职方式划分建立了监事会动态法律法规库，已形成 410 余条监督依据。至此，监事会成功搭建涵盖外规和内规的监督制度体系，为监事会作用的有效发挥和公司治理持续完善提供了重要的政策支持。

三是聚焦履职过程及决策执行，形成科学履职评价全周期闭环。监事会严肃履职评价的程序，力求真实、客观地评价董事、高管人员的履职情况，在肯定成绩的同时指出不足，提出具有可操作性的改进建议，实现激励与约束相统一，推动形成“任职准入—日常监督—履职汇报/约谈—任中/离任审计—履职评价”的全周期履职监督闭环。监事会每年出具对股权董事、公司领导班子及领导人员的履职评价，报上级股东单位；每年对董事会、经营管理层出具履职评价并向股东大会和监管部门报告，有效促进公司治理相关方更好地勤勉尽职，为落实公司战略规划、业务协同、持续健康发展提供了监督保障。

四是有效发挥职工监事民主监督职能，保障员工切身利益。职工监事按照《公司章程》《议事规则》的要求，充分发挥民主监督职能，定期向员工征求意见并向监事会反映。在职工监事高度重视、积极推动下，员工关心的“午餐补贴”“报销制度”“企业年金”等问题得到了详尽的回复，切实提升了员工的幸福感、获得感和安全感。职工监事立足群众需求，把党史学习教育与民主监督有机结合起来，将“我为群众办实事”落在了实处，切实维护了职工权益。

五是调研与专项检查相结合，形成监督意见的传导和落实机制。监事会定期召开工作例会部署阶段性重点工作，研讨公司经营管理过程中的监督重点，开展调研及专项检查，并就重点问题形成独立、客观的监督意见。

近三年监事会共向董事会、经营管理层、合规总监、董事会秘书及相关部门发出7封《监督工作建议》函，提出10条管理建议；对公司风险内控合规管理、资金管理及使用等进行4次专项检查并出具《监事会关于化解公司主要风险加强风险合规内控管理的建议》《监事会关于经营管理情况的检查报告》《监事会关于公司自营投资业务检查情况报告》《监事会关于资金管理和使用情况专项检查报告》，提出9项检查结论；累计对11家分支机构、4家子公司和1家二级子公司开展了调研检查，形成《监事会关于境内子公司管理的调研报告》《监事会关于厦门、陕西、河南分公司的调研报告》《监事会关于山东及湖南地区分支机构调研报告》《监事会关于分公司调研报告》《监事会关于子公司监事会（监事）工作情况调研报告》《监事会赴国泰君安调研情况报告》《监事会赴信达资产调研情况报告》等7份专项调研报告，提出24条管理建议；针对公司财务情况、主要风险及合规管理情况编发7期《监事参阅》，提出32项重点关注建议；开展监事会课题研究1项，探讨上市证券公司内部治理及监事会工作机制，形成《A+H股上市证券公司内部治理课题研究》论文成果。

四、把牢监督工作正确的政治方向，提升统筹安全与发展的监督质效

监事会站在新起点，面向新征程，把思想和行动统一到党的二十大精神上来。在公司党委“把方向、管大局、促落实”的坚强领导下，在董事会和经营管理层的支持配合下，监事会主席带领全体监事坚定不移地自觉遵守国家法律和监管部门的有关规定以及公司章程，坚决贯彻党委决策部署，聚焦构建新发展格局，以“维护金融发展和国有资产安全为核心，完善国有金融企业法人权责对应、相互制衡的治理机制为准则，推动公司积极发挥为实体经济提供更高质量、更有效率的金融服务优势为目标”，强化金融国企监事会的责任担当，促进公司以高效能体制机制提升服务国家重大战略的能力，实现公司改革创新发展与国家发展同频共振。

1.21 紫金矿业 “五位一体”合力联动 助力打造超一流国际矿业集团

紫金矿业集团股份有限公司（以下简称“紫金矿业”或“公司”）发源于福建闽西红土地，是一家国有相对控股的混合所有制大型国际矿业集团，世界500强企业，上海A股和香港H股整体上市公司。公司从1993年开发福建紫金山金矿起步，现发展成为中国最大的矿产铜、金、锌和银生产企业，位居2022年《福布斯》全球上市公司2000强第324位，及其中的全球黄金企业第1位、全球金属矿业企业第7位。

公司监事会牢记职责使命，坚持守正创新，围绕新时代发展战略和国际化发展需求，健全完善“大监督”格局，以高质量监督有效保障高质量发展，有力推动企业治理体系和治理能力现代化。通过保持监督体系的相对独立性，强调监督的有效性和监督责任，在公司高速发展背景下，监督工作为保障公司健康成长作出了重要贡献。

一、护航企业高质量发展，公司价值持续增长

作为改革开放的前沿阵地，福建深厚的改革土壤孕育了紫金矿业等一批敢闯敢试、敢为人先的领先企业。紫金矿业2000年即完成具有重大历史意义的股份制改造，先后于2003年、2008年在H股、A股实现整体上市，建立完善国有相对控股的混合所有制企业，实现公司所有权与经营权分离，为公司面向全国乃至全球发展奠定了坚实基础。2001年10月，时任福建省省长的习近平总书记深入紫金山视察，高度评价紫金矿业“体制活、效益好”。

紫金矿业形成了决策科学、执行有力、监督有效的高度协同的公司治理体系，为公司全球化发展注入强大动力。公司目前在国内 15 个省（区）和海外 13 个国家拥有重要的矿业项目，公司海外铜、金矿产资源储量、产量及利润贡献全面超越国内，是中国矿业企业“一带一路”成功的先行者。在新冠肺炎疫情持续冲击背景下，公司 2021 年实现营业收入 2251 亿元、利润总额 248 亿元、归母净利润 157 亿元，预计 2022 年上半年实现归母净利润 126 亿元、同比增长 91%。公司当年仅 1 万元开办费，实现裂变式增值，上杭县是公司最大股东（23.11%），从原国家级贫困县蜕变为福建省经济实力十强县。

二、创新“五位一体”监督机制，组织体系持续优化

公司坚持树立系统监督思维，优化监督的组织体系设置，创新监督方法，建立健全监事会、纪委、监察、审计、内控“五位一体”机制，推动监督体系不断契合公司党的领导体系，融入企业治理体系，凝聚形成整体监督合力，在贯通融合中增强监督治理效能。

（一）党的领导与法人治理有机融合

公司持续探索国有相对控股 A+H 股上市公司党建工作机制，党建工作写入公司章程，确立党委“把方向、管大局、促落实”的核心领导地位，突出公司党委对监督与反腐败工作的统一领导，推动党的领导制度优势切实转化为治理效能。坚持实行“交叉任职、双向进入”，董事长担任党委书记，监事会主席兼任党委副书记，监事会副主席兼任纪委书记。公司历来重视监督工作，早在 1995 年党委成立后的第一份文件就明确“应充分发挥各级监事会的作用”，明确监事会对监察审计工作的领导，通过“党政合体”的领导体制，结合修订完善党委工作规则、“三重一大”决策管理办法等，实现党的领导与企业法人治理有机融合，推进党的建设与企业生产经营管理同向发力。

（二）“五位一体”组织机构贯通融合

公司建立全面的监督体系，形成有力的监督平台，监事会、纪委、监

察、审计、内控分别发挥各自监督职能，全方面形成整体监督合力。通过统筹内部监督力量，公司监事会、纪委、监察、审计、内控“五位一体”，公司在监事会下设监察审计室，作为监事会的办事机构。同时，监察审计室也是董事会审计与内控委员会的日常工作部门，执行内部审计与内控管理，加强对监督体系的支持保障力度。不断完善“公司总部监督、权属企业监督、地区监督召集人”上下联动的监督管理层级网络体系，总部监督机构对权属企业监督机构实行垂直管理，并探索在业务集中地区设立“监督召集人”，便于统筹监督力量，破解单个权属企业监督团队人手少、专业结构不合理难题，打通监督“最后一公里”。各级监察审计机构作为所在公司的一级职能部门，同时又是该公司监事会和纪委的工作平台，履行公司内部监察、内部审计、内控评价和风险管理职能。

（三）监督工作机制协同融合

细化完善监督互联互融互通的各类制度机制，有效整合资源，推动各类监督同频共振、同向聚合。通过开展巡察、专项检查等形式，统筹调度监督人员，建立“配合默契、优势互补、相互支援”的协同机制，发挥“1 +1 >2”的效果；完善落实监督信息共享机制，监督系统不断完善“报告”制度，重要工作信息及时相互抄告，消除了信息壁垒；建立健全风险管理“三道防线”机制，在风险管理“业务、业务主管、监督”三道防线中，监事会的监督是对业务部门履职情况和业务主管部门履职情况的监督，是对监督的再监督，公司把业务监督、专业监督责任放在专责监督前面，充分发挥业务部门风险防控的第一主体责任作用。工作机制的融合统筹了监督力量，明确了监督责任放免了重复和错位，提高了监督的整体效率效果。

三、惩治并举精准施策，监督效能持续增强

公司把握惩处与治理、治标与治本、阶段性与连续性的关系，持续深化不敢腐、不能腐、不想腐一体推进，在监督融入治理上发准力见真章，打好监督的“组合拳”，以严肃监督促进企业运行管理全面规范。

（一）改进监督有形覆盖与有效覆盖

在监督聚焦上始终突出重点，围绕公司改革发展的重点任务，紧盯领导干部这个“关键少数”，特别是各级“一把手”，加强对企业权力集中、资金密集、资源富集、资产聚集等重点部门、重点岗位和重点决策环节的监督，落实各级监督机构负责人参与重要会议、企业经理离任审计、监督机构独立查询调阅权限等制度。在监督形式上不断完善改进，针对公司实际实行“哑铃式”监督模式，监督机构侧重“再监督”，重心放在事前事后监督，减少对流程已经明确的事务的实际介入，实现事务权与监督权适度区隔，监督机构从大量形式化的琐碎程序中脱身而出，提高监督的实际效能。在监督手段上紧跟时代脉搏，用好“智慧监督”“数字监督”等科技手段，组织开发“廉正举报平台”，开通“紫金矿业监督台”微信公众号，借助“合同管理系统、财务共享系统、SAP、PMS、SRM、EAM、WMS、CPS”等系统，保证监督机构人员对事务过程、关键信息的可视，加强大数据分析和利用，精准发现问题。在监督方法上善于借助外力，每年定期与安永会计师事务所沟通，听取其审阅或审计情况汇报，结合改进内审工作和关注重点问题；加强与纪委监委和相关职能部门的沟通联系，在监督业务培训、案件查办、资源信息等方面积极争取支持。

（二）深化执纪有案必查与有腐必惩

坚决严惩“蛀虫”，始终保持严的主基调，敢于刀刃向内，严厉查处损害公司发展的违纪违规行为。近年来，公司先后查处原陇南紫金总经理贺某、乌后紫金原总经理邹某严重违纪违法等典型案件；仅2021年，全集团（不含参股企业）受理举报件126件，核查各类管理问题和违规违纪案件226件，行政处分285人，其中强制解除劳动合同或劝退严重违纪员工11人，充分彰显公司对腐败问题“零容忍”的态度，持续强化“不敢腐”的震慑效果。注重医治“病树”，结合查处的典型腐败案召开专题会，公司高层重申廉洁从业重要性，在发生腐败问题的部门、权属企业开展教育整顿，针对暴露出的问题，督促从管理上坚决堵塞漏洞，精准实现以案促改，如贺某案后，陇南紫金公司认真反思检讨，完善有关机制约10项。悉心维护“森林”，坚持严管与厚爱相结合，对违纪问题不“一处了之”，创新开通“紫金廉洁账户”，收缴违纪违法所得400余万元，给违纪人员坦白问题、纠正错误、释放心理包袱、减轻处罚的机会，鼓励其主动承认和改正错误；对受处分人员加强帮教，使其“知耻而后勇”，提高了整体的“治愈”效果；同时，还邀请长期合作供应商和施工队召开廉洁合作恳谈会，并签订《诚信和廉洁合作承诺书》，培育廉洁从业土壤。

（三）用好抓手有的放矢与有章可循

公司建立监事会、监察部门下沉权属企业调研的常态化机制，近距离了解、掌握企业重要经营管理活动情况，关注潜在风险等，本届监事会向决策经营层提出合理化意见建议或风险提示32件次；常态化开展巡察工作，推进监督向基层延伸，每年组建巡察组对3～5家权属企业开展巡察，本届监事会已组织对9家权属企业进行巡察，通过揭示权属企业存在的突出问题，提出整改措施、时限要求和问责建议，并以巡察“回头看”等方式督促有效整改；同时，定期、不定期开展各类专项审计、专项检查，仅2021年就开展各类审计项目12项、各类专项检查16项，覆盖企业13家，发现整改问题296项。

集团公司监事会建章立制巩固监督成果，立足标本兼治，分析研判、梳理归纳发现的问题，积极主动参与业务制度的制定修订，把监督对象的制度建设和执行作为基本监督内容，对不完善、不科学和不合理之处提出意见建议，提高了制度约束的针对性和有效性，为规范管理提供重要保证。例如，通过在梳理巡察发现的600余项问题基础上编制《监察审计工作指南》，紧盯重点领域、重点环节常见问题建立工程、财务、原料验收、采购、销售、合同等全流程监督工作机制，以及对应的风险控制矩阵表等。

（四）适配国际有效融入与有志事成

集团公司监事会紧跟集团全球化发展步伐，在ESG管理体系建设中发挥着举足轻重的作用。适配国际化发展需求，结合运营所在国家或地区的法律、文化和商业惯例制定商业道德管理政策声明和举报管理政策声明，完善信访举报制度，明确了各种举报渠道，并建立被举报人反馈申诉机制、违规人员分层分级问责机制以及举报人员保护机制，营造诚实守信的合作氛围的同时，夯实“亲清”合作伙伴关系根基。适应全球化进程，公司监事会逐步完善员工行为准则和特定关系人管理指引，进一步规范内部管理、强化公司文化建设，杜绝设租寻租等利益侵蚀行为，加强合规管理意识。

近两年，公司在ESG管理方面荣获香港杰出上市企业“杰出ESG企业”“第十五届中国上市公司价值评选”A股上市公司社会责任奖、新浪财经“中国ESG优秀企业500强”、2021中国企业ESG“金责奖”等7项荣誉。

四、抓早抓小培根铸魂，廉洁防线持续筑牢

公司注重加强廉洁纪律教育，涵养廉洁从业的浓郁氛围，关注问题风险和苗头性、倾向性问题防控，切实增强员工思想自觉，推动清廉紫金积厚成势、化风成俗。

（一）纪法教育警钟长鸣

加强案例警示，通过组织观看廉洁教育宣传片，在内网“每月一案”专栏刊发政企干部违反廉洁纪律典型案例，特别是运用公司重大案件开展警示教育，以“身边事”教育提醒“身边人”，传导公司对违纪人员“功过不能相抵”的理念，让广大员工在思想上绷紧法纪红线。关注重点人群，分批组织重点岗位、敏感岗位干部职工前往法院旁听案件庭审、参观监狱警示教育基地等，发挥现身说法震撼作用；实行任职廉洁提醒制度，通过邮箱向新提任的处长及以上管理干部发送“廉心卡”，督促签订“廉洁从业承诺书”；廉洁从业教育纳入每年对新引进的“金榜生”和新入职员工培训的重要组成部分，帮助他们扣好职业生涯“第一粒扣子”。及时“拉耳扯袖”，灵活运用好执纪监督“第一种形态”，结合不同阶段的廉洁问题出台《谈话制度实施办法》，明确“廉洁谈话、提醒谈话、诫勉谈话”三种谈话形式的实施细则，对晋升及敏感岗位人员、有轻微苗头问题人员和履职不力人员做到必谈，把廉洁的“警戒线”拉在纪律红线之前，充分发挥防微杜渐的作用，2021年全公司共开展各类谈话379人次。

（二）廉洁文化深入人心

公司将打造廉洁企业文化作为紫金企业文化建设的重要组成部分，依

托教育教学、宣传报道、文艺熏陶等多种鲜活形式，融入企业文化、企业治理之中，每年结合安全月活动开展征集廉洁家书、廉洁作品活动，组织员工参加“扬正气、树新风”演讲比赛及开展“强党性、讲规矩、守纪律”网络知识竞赛。持续构建“紫金清风”廉洁文化品牌，发挥价值导向、行为约束、环境净化功能，通过廉洁企业文化的潜移默化影响，让员工增强抵制腐败的思想自觉，追求更加高尚、文明、廉洁的价值观念与生活方式。每年在中秋、国庆和春节等重大节日前，普发节日问候和廉洁短信；开展“家庭助廉”活动，举办外派家属中秋座谈会，签订助廉承诺书，倡导廉洁优良家风，把好家庭廉洁关。充分运用中华传统廉洁故事、先哲前贤的廉洁思想、红土地革命先烈廉洁精神等廉洁文化资源，加强廉洁文化教育，开展“清廉紫金在前行”系列活动，统筹引领廉洁文化建设，增强廉洁文化向心力。

（三）风险防控卓有成效

公司着力构建符合发展战略和成本效益原则的全业务覆盖动态风险管理体系，践行“风险管理人人有责”的理念，组建成立风险管理研究小组，规范风险管理的具体操作流程，形成了具有实操价值的《企业风险管理通用指引》和业务指引。坚持在实践中改进完善风险防控举措，通过对公司总部和权属企业的重点关键业务开展内控测试，并就发现的问题提出整改要求和落地措施，并对前期的内控测试问题进行总结规整，编制《权属企业重要业务流程内控测试要点》《权属企业内控自查缺陷整改工作的指导意见》和《权属企业内控评价能力建设方案》等指导性文件，积极推动业务部门和权属企业监督部门建立自我评价、自我改进的内控运行机制。完善内控检查工作机制，梳理编制《集团公司年度内部控制评价报告》，同时组织权属企业常态化开展内控自查工作，发现并堵塞管理漏洞，推动权属企业完善内部控制体系。2021 年，有 41 家企业提报各类业务内控测试报告共 275 篇，提出内控缺陷数 1609 项，已整改闭合 1577 项，闭合率约 98%。

五、千锤百炼磨砺精兵，监督能力持续提升

公司坚持把优秀人才选配到监督机构，面向国际化发展的需要，秉承

“引得进来、放得下去、走得出去”的理念，打造政治坚定、业务扎实、作风过硬、敢于担当、清正廉洁的监督干部队伍，不断提升监督专业化水平。

（一）“高门槛”准入

监事会切实把好各级监督机构人员“入口关”，设定严格的准入标准，从品行、职业道德、安全意识、沟通协调、公文写作能力、学历、专业、工作经验、年龄、技术职称或执业资格证书，甚至外语水平均作了详细要求。坚持“逢进必验”，健全监督机构选人用人的考核考察机制，着重考察其现实表现、综合素质和履职担当精神，从业务岗位选拔一批精兵强将纳入监督系统之中，2021 年，新派、调整 16 家权属企业监督负责人、62 家权属企业专兼职监事，安排 8 名监督人员系统内部轮岗。近年来，为了适应企业国际化发展监督需要，监督系统又陆续从外部引进一批高素质人才，仅 2022 年就引进 12 名 985 和 211 高校研究生、海外留学精英，以及 7 名曾就职于四大会计师事务所的人才，其中 80% 以上具有法律、审计或会计等资格证书（职称），其中 30% 能以英语作为工作语言，为履行国际化发展背景下的企业监督职责夯实基础。

（二）“高标准”锻炼

重视提高监督队伍综合素养和专业素养，进一步优化监督队伍知识结构，积极组织开展监事以及管理骨干参加内部和外部的各类培训；定期组织学习有关监事会相关政策法规和业务知识，不定期开展权属企业监督人员经验交流、跟班学习等，促进监督实战水平。注重总结推广监督经验做法，为监督人员配齐“工具箱”，如组织编写《监察审计工作实务指南》，形成风险清单、案例库和审计要点，推动公司监察审计工作标准化建设。同时，为“量身打造”适合紫金矿业发展模式的监督人才，对新引进人才首先下放权属企业基层锻炼学习，让他们尽快熟悉公司的运行模式，感悟和吸纳紫金文化，有意识地让他们在各类急难险重任务中进一步磨砺担当精神、锤炼过硬本领。监事会建立成长情况跟踪机制，根据每个人的成长情况，适时选拔合适人选派驻到各权属企业。

（三）“高规格”管理

公司领导班子对监督系统人员的管理“高看一眼”，坚持监督系统相对独立性，突出监督主责主业，不束缚于琐碎事务性工作。在人员任命上独立，监事会主席有权推荐或委派监事、权属企业监督负责人，其余监督人员由权属企业任免，向集团公司总部监察审计室备案；在监督职责上独立，业务系统监督和监督系统监督相分离、监督岗位与业务岗位职务分离，公司总部监察审计室对子公司监督部门业务实行统一管理和指导；在绩效考核上独立，健全与监督工作成效挂钩的激励约束机制，监事会独立制订完善监督系统绩效考核指标体系，对地区监督召集人、子公司专兼职监事和监督负责人具有考核权。同时，切实加强监督系统内部的纪律约束，严格落实监督人员工作准则，加强日常管理，坚决防止“灯下黑”；健全监督失职追责制度，加强对监督失职、渎职人员的责任追究。公司领导班子又对监督系统人员的成长“厚爱一层”，把监督岗位作为培养发现干部的重要平台，2020 年以来通过监事会、各监督单位的推荐，有 17 名监督系统干部得到提拔使用，有 6 名交流到重要岗位任职。

紫金矿业监事会采用多种监督方式相结合，构建了完善的监督体系，在公司治理中积极站位，但不缺位、不越位、不错位，促进股东大会、董事会、监事会、管理层、执行层各司其职、各尽其责，形成互相协调、有效制衡的良好局面。公司取得跨越发展的同时，也获得了“全国文明单位”“最受投资者尊重上市公司”“最具品牌价值上市公司”“中国百强上市公司”等荣誉。

“潮平两岸阔，风正一帆悬”，矿业是国民经济的支柱产业，中国是全球最大的基本金属和战略性金属市场，矿产及能源安全已上升为国家安全战略。紫金矿业正加速构建矿业行业全球竞争力，计划至 2030 年综合指标排名将进入全球前 3 ~ 5 位。具有鲜明紫金特色的监督体系将更好地发挥“护航员”作用，全面提升企业治理能力，为助力打造“绿色高技术超一流国际矿业集团”、为保障国家矿产资源供给安全贡献“紫金力量”！

1.22 建设银行
积极探索创新 提升监督效能

一、建行监事会基本情况

中国建设银行股份有限公司监事会现有9名监事，其中3名股东代表监事，3名职工代表监事，3名外部监事，成员组成多元化，既有熟悉公司治理和银行经营管理的专家，又有财务、金融科技等领域的专业人士。监事会下设履职尽职监督委员会、财务与内部控制监督委员会，均由外部监事担任主席。委员会对监事会负责，协助监事会履行职责。监事会下设办公室，负责协助监事会开展各项监督工作，服务保障监事会规范、高效运作。

建行监事会自2004年股改上市成立以来，便开始了公司治理监督角色的探索和实践，遵循法律法规、公司章程和监管要求，结合内外部形势变化和银行经营管理实际，逐步找到了监督“着力点”，工作开展逐渐从“合规性”监督向“有效性”监督转变，与公司治理各主体共同努力，回答和解决如何科学构建公司治理体系、推动各治理主体规范有效运作、不断提升银行治理能力的重大现实课题。

二、创新实践具体做法及成效

（一）坚持将党的领导融入监督工作各环节

建行监事会在履职过程中始终坚持将党的领导放在首位，持续探索党的领导与公司治理监督工作有机融合的方法路径，建立并逐步完善相应的工作机制。一是每年工作计划安排突出强化政治担当，并将年度计划和工作总结提交党委会审议。这是贯彻落实中央精神的具体举措，体现了行党委在公司治理中的把关定向作用。二是把银行贯彻落实中央决策部署的情况作为监督工作重点持续推动，为国有银行切实履行政治责任和社会责任提供保障。三是把党建工作纳入监督工作视野，提出强化子公司特别是基层党建力度，推动子公司层面公司治理与党建有机融合。

（二）深化形势认识，把握监督重点与方向

建行监事会认真贯彻党的十九大和十九届历次全会精神，进一步深化对经济社会形势和银行发展的认识，以系统观念谋划工作，将监督重点始终放在银行支持实体经济、防范金融风险、深化金融改革等方面。

1. 推动银行服务实体经济。支持服务实体经济是银行回归本源的必然要求和结果。近年来，建行监事会在这方面的监督主要聚焦在以下方面。一是对执行中央决策部署、服务国家战略的监督。包括监督银行对科技创新、绿色金融、普惠金融、乡村振兴战略、区域重大战略和区域协调发展等领域的支持是否到位，是否合规，是否做优；督促银行做好“六稳”工作、落实“六保”任务，深入把握金融逻辑与本质，落实新冠肺炎疫情防控和经济社会发展金融服务。二是对重点业务及管理的监督。包括资管业务、房地产金融、互联网贷款、非信贷业务等，防止银行资金“脱实向虚”，使银行服务更好地契合国家发展战略。三是对激励约束机制、考核政策等导向的监督。督促管理层优化经济资本分配、调整考核权重设置、合理界定尽职免责认定等，提高分支机构“敢贷愿贷”积极性，引导信贷资源向小微、民营企业和“三农”领域倾斜。四是注重整体推动。服务实体经济是系统工程，建行监事会重点关注制度机制完善、组织架构适配、考核激励优化、配套能力建设等顶层设计层面是否能够协同促进更好地落实各项中央决策部署，切实履行好监事会政治责任。

2. 推动银行防范化解金融风险。防范化解金融风险，牢牢守住不发生系统性风险底线，是国有大行的根本目标和关键任务之一。这几年建行监事会持续在强化风险监督的前瞻性、主动性和针对性上下功夫。一是加强形势分析和预判。始终保持高度警惕，研究新形势下风险演变的特征、趋

势和规律，提示全行要加强对房地产市场、地方政府隐性债务、“双碳”目标涉及重点转型行业、贷款资金流向的主动研判和管控，助力防范化解重大风险从治标向治本转变，推动银行实现高质量发展和高水平安全的动态平衡。二是重点关注系统性风险。近年来，多种风险交叉传递、外部风险输入的可能性明显上升。监事会高度关注系统性金融风险形成因素，尤其是市场关联度风险、金融创新套利风险、交易对手风险、流动性风险等四个对于系统性风险有直接驱动的方面，并及时作出监督提示，推动现代风险治理能力和治理体系的健全完善。三是强化对信用风险的监督。持续关注资产质量变化，强调重视信贷全流程管控，促进信贷结构调整优化。督促银行加强内部评级制度、投后管理制度等制度体系的建设，提升非信贷业务的风险管理能力，切实防范风险在表内表外交叉传染。聚焦存量风险化解和新增风险防范，推动不良暴露和处置有序衔接。四是重点关注海外机构风险管控和合规管理。密切关注国际政治经济形势变化和地缘政治冲突带来的影响，持续跟进海外机构风险管控、反洗钱和金融制裁合规管理，业务连续性管理，衍生品交易和大宗商品风险管理等领域，切实督促强化海外机构风控、合规制度体系建设，真正增强银行参与国际竞争的能力。

3. 推动银行建设科技、普惠、共享的新金融。近年来，建行自觉把银行治理融入社会治理，实施了住房租赁、普惠金融、金融科技“三大战略”，建设“劳动者港湾”，搭建智慧政务，设立“裕农通”服务点，推出“民工惠”业务、“金智惠民”工程，开展金融扶贫等，体现了共建共治共享的为民情怀，用新金融行动践行新发展理念。在这一过程中，建行监事会始终把握新金融科技性、普惠性、共享性的内在特征，重视新金融发展优势的培育和巩固，推动银行持续深化金融改革。一是定期听取战略实施情况汇报，开展普惠金融战略专项评估，提出探索行内外资源整合方式和可持续商业模式，推进新技术、新业务与传统业务的有机融合，努力把先发优势转换成制度优势、盈利优势和长久优势。二是扭住数字化建设，努力推动全行组织架构、业务流程的变革。对数据治理、智慧政务、线上线下一体化协同等进行深入研讨，提出监督意见。三是重点关注供应链金融、交易银行、科技创新、平台运营等业务领域，促进银行提升中小微企业的金融与非金融服务能力，努力构建共生共荣的银企关系。四是持续关注金融科技基础能力与共享运用的情况，定期听取金融科技、大数据应用等情况汇报，对银行智能风控体系建设、模型风险管理等开展专项监督。促进建行加强基础技术、数据价值创造、智能运营和风控体系、智慧生态等方面的能力建设，助力建立高效协同、支持创新的金融科技治理体系。

4. 推动银行增进治理效能。金融作为现代经济的核心，是现代国家治理体系的重要组成部分，国有大行在金融治理中又担当着重要角色。一直以来，建行监事会都非常重视从制度体制机制层面推动银行治理效能的提升。一是重点关注集团内部并表管理统筹能力、对复杂股权结构的管控能力、以及对各层级机构的穿透管理能力建设的提升情况，对全集团的并表管理、公司治理机制、母子协同发展、风险偏好传导、科技架构建设等方面开展具体监督。二是聚焦经营发展质效，以经营计划、绩效考核等重大财务决策监督为抓手，及时了解商业银行绩效评价办法、“双碳”目标实施等内外部因素对银行经营与发展的影响，关注集团绩效考核体系完善优化，提出进一步发挥考核内生作用，突出成本控制理念和风险管控要求，避免基层考核指标繁复倾向。三是加强对关联交易的监督，对境内外监管规定及我行关联交易治理架构进行了梳理，重点从制度规范及实际执行、系统建设及功能发挥、管理成效及改进方向等方面进行分析，提出提升管理精细化水平、有效发挥授权审批环节的关口控制作用、重视穿透管理的落实等建议，推动银行关联交易治理体系规范性和有效性的提升。四是重视消费者权益保护工作，定期听取相关汇报，提出要牢固树立“以人民为中心”发展理念，从观念、制度、技术等方面协同推进，逐步建立目标清晰、架构合理、保障充分、执行有效的消费者权益保护管理体系。

（三）完善体制机制，夯实运作基础

体制机制建设带有全局性、系统性和长期性，是监事会有效发挥作用的重要保障。这些年来，在法律法规、监管制度、公司章程层面，基本解决了监事会“监督什么”的问题，但对于“怎么监督”，具体操作上还有较大的探索空间。建行监事会着重围绕“怎么监督”认真研究，把经过实

践证明行之有效的经验和做法，及时以制度机制的形式固定下来，形成较强的规范，持续完善相关工作程序。一是进一步规范监事会监督信息的传递方式，将监事会各类会议情况、重点监督事项、专题调研情况、监督意见传导及落实等监督工作信息，通过正式工作信息载体予以分类规范，促进监督成果发挥建设性作用。二是加强与董事会的沟通交流，建立相关机制，围绕公司治理各方共同关心的事项，以及国内外金融发展问题，定期交换意见。三是融入业务和银行经营发展，建立与管理层沟通交流机制，通过专题会议或访谈座谈的形式，与管理层进行深入研究讨论，使监事会工作更具有针对性。四是建立健全重要监督信息的收集、梳理、分析与报告机制，保障监事知情权。五是持续完善监督意见落实传导机制，及时将会议形成的主要意见汇总梳理，具体可操作的意见作为落实类，原则性、方向性的意见作为传导类，推动管理层将监事会的意见真正落实到位，形成监督工作"闭环"。六是不断完善履职尽职监督与评价工作机制，努力提高履职监督与评价工作水平。

（四）拓展方式方法，创新履职实践

监事会在公司治理中能够真正发挥作用，需遵循的原则之一就是要有一套行之有效的监督方法。近年来，建行监事会在巩固和完善以往会议议事、列席会议、专题调研、沟通座谈等工作方法和手段基础上，研究提出进一步丰富履职形式的具体措施，包括开展战略评估、做好调查研究、优化会议议事、书面提示与建议、整合运用各种监督资源等。

1. 开展普惠金融战略规划评估工作，有效履行战略监督职责。通过调研和专题会议等形式，全面、深入了解战略实施情况，肯定银行普惠金融战略规划实施所取得的成绩，并指出在数字化经营水平、平台运维能力、业务拓展优化等方面存在的短板，就进一步增强发展能力、保持并扩大同业领先优势提出监督意见。并持续跟进评估结果落实情况，定期以会议形式研究讨论战略最新进展，强调要抓好顶层设计，推动普惠金融与绿色金融、科技金融等的深度融合，不断夯实业务和客户基础，增强普惠金融业务可持续发展能力。

2. 不断提升会议议事质效。监督议事是监事会履行职责的最重要途

径，近年来，建行监事会持续优化会议议事与运作机制，统筹监管要求和银行实际，通过精选议题、深入讨论、有效传导等方式，不断提升会议质效。一是在全面覆盖监管和公司章程要求的基础上，不断提高研究讨论类议题的比例，近年来研究讨论类议题均超过 50%，在履行好基本职责的基础上，议事内容更加丰富。二是聚焦涉及银行经营发展中的重要政策落实、重大战略执行、重点业务发展、关键风险内控领域等方面，议题安排的科学性、合理性不断提高，并通过集体讨论，形成具有针对性、可操作性的意见建议，推动银行稳健发展。三是会前注重与管理层、外部审计师进行沟通，多方听取意见，了解相关工作开展情况，深化对议题内容的研究。四是采取定期会议与专题会议相结合的方式，以专题会议形式了解银行当期重点经营管理事项进展，及时发表监事会意见建议，作出监督提示，强化对银行经营管理重要事项的过程监督，对监事会议事形成有益补充。五是克服新冠肺炎疫情影响，优化会议安排，进一步强化专门委员会履职支持作用，在提升议事效率与质量方面坚持主动作为。

3. 借助内外部监督力量，注重资源整合。监事会要做好新形势下监督工作，单凭一己之力是做不好的，必须借助内外部监督资源。近年来，建行监事会在工作实践中进一步明确工作思路，在提升自身能力的同时，探索借助内外部监督资源，充分依靠组织、依靠部门、依靠基层、依靠行内外监督力量，做好新形势下监事会监督工作。进一步完善与驻行纪检监察组的监督协作机制，邀请驻行纪检监察组列席监事会会议。定期与外部审计师沟通、座谈，定期听取内部审计发现及问题整改的汇报，加强对外部监管检查和内部审计发现问题的督促整改落实。进一步借助和调动内控、风险、财务等各方资源，提升银行整体监督效能。在这过程中，既紧紧依靠，加强协同，同时又厘清边界，避免重复监督、增加基层负担。

4. 进一步做好调查研究。建行监事会非常重视调查研究，近年来，围绕银行改革发展过程中的重要事项，深入开展前瞻性、系统性研究，从公司治理监督角度“画路标、标重点”，指出解决问题的方向，提出改进措施建议，切实发挥以监督促发展的作用。一是适应数字经济发展趋势，关注银行新发展优势培育、打造核心竞争力的情况，开展数据治理、平台运营、金融服务科创企业专题调研。提出数据治理需做好夯实数据基础、应用垂直一体化、开源技术、优化 IT 系统等四个方面的战略性工作；从未来发展角度，建议重点从整体的平台体系建设和管理改革方面发力，强化顶层设计、重构商业路径、提升组织效率，与用户共同创造价值，并防范好金融风险；从监督角度出发，考量科创企业价值甄别、产品与服务适配、风险逻辑改造、内部治理协同、对外产融结合等方面，推动形成具有建行特色的科创服务生态体系。二是精准聚焦制度体制机制的重要方面，对事关银行发展的基础性、全局性问题强化监督，开展子公司管理机制、基础管理和机制建设专题调研。就强化子公司管理体制机制，从战略定位、管理架构、业务协同、风险内控、信息系统、人事财务管理等方面提出意见；聚焦管理理念、基层赋能减负、跨部门统筹与协同、子公司指导与管理、数据基础等方面，推动解决基础性和机制性问题。三是着眼于提升风险防范化解能力，开展不良资产经营处置专题调研。从提升基础管理能力水平、健全不良资产经营处理机制、强化已核销资产精细化管理等方面提出工作建议，促进集团持续提升不良资产处置能力和价值创造能力。在调研过程中，监事会不断改进工作方法。加强对宏观经济、国家战略、监管政策的分析研究，加大对基层机构、客户、市场的调研力度，推动监督工作更加扎实有效进行。

5. 发出监督意见函。依据监管和章程规定，建行监事会就需要提请董事会、高管层注意的全局性、趋势性问题，采取书面方式进行提示和建议，切实履行监督职责。一是规范意见表达的载体及程序。设置“监督意见函”专门文种，以行发文形式发送董事会、高管层，强化监督意见表达和传导的严肃性、权威性。二是监督意见的形成更加科学、慎重。监事会成员大量开展与经营管理部门、基层一线员工的座谈、访谈，积极走访同业、客户，通过深入调查，反复研讨，最终形成监事会统一意见。三是注重监督意见的落实。指导监事会办事机构专项督办，积极跟进管理层对监事会监督意见的落实情况，与牵头落实部门沟通传递监事会关切，对具体监督意见进行解释说明，并及时将管理层落实情况报告监事会。监事会监督意见函所揭示的问题均得到高管层的高度重视，行领导主持召开专门会议研究整改落实措施，并最终形成推动相关经营管理上台阶的具体工作方案。

三、对进一步提升监督效能的思考

实践证明，监事会作为构建健康有效公司治理架构的一项重要制度安排，适合中国国情，符合国有控股商业银行公司治理的实际需要，在推动公司治理各方认真履行职责、依法合规运作、提高经营绩效、提升可持续发展能力等方面都发挥出积极的作用。监事会作为法定、常设的专门机构，在监督方面具有较多优势，如职责相对独立，监督具有系统性、连续性，对于跨部门、跨条线、跨层级的事项协调推动力度较大等，是内部其他监督主体不可替代的。监事会正确行使职权，发挥职能作用，工作做好做到位，能较好地达到公司治理制衡作用，并形成国有银行公司治理的独特优势。

当然，改进和完善监事会工作依然是一项长期任务。受制于外部法律制度，以及自身运作经验相对不足等因素影响，监事会需要在实践过程中着重加强以下几个方面工作，以更充分地发挥监督作用。

（一）紧密结合国家经济金融形势变化把握履职重点

公司治理没有永恒的固定模式，不断改进和完善是为更好地适应银行内外部环境和条件的变化。当前国家建设和实体经济高质量发展对金融企业的要求越来越高，这对监事会的监督工作也提出了新的要求。监事会工作应当依据新的形势，在继承的基础上创新发展。新时代下监事会要更加关注国家大的战略与政策调整，关注银行在探索新金融发展路径方面的举措和实践，在促进银行服务国家发展战略、落实国家政策方面要有更多"着墨"。同时，要注重从前瞻性、穿透性的角度加强对潜在风险的揭示，强化对银行转型发展、风险防范、重大决策等方面的过程监督，使监事会的监督更好地"嵌入"银行经营管理实际，能够在银行不断增强服务国家建设、防范金融风险、参与国际竞争的能力建设中更好地发挥实质性作用。

（二）健全完善监督机制提升工作权威性

客观地看，监事会行权基础仍相对薄弱，我国的法律法规和银行章程对监事会职权与履职仅作了原则性的规定，总体看操作性不够强。一方面，需要立法、监管机构及股东等各方对监事会工作给予更多关注，着眼于巩固和加强公司治理中监督主体的地位和作用，借鉴国际做法，吸收近年来各企业探索的成功经验，从法律、制度层面制定监督主体的履职保障、完善配套措施，进一步厘清其与公司治理其他主体的责任与权利边界，为监事会履职创造更好的制度基础。另一方面，监事会自身要不断健全完善相关工作机制，提升监督流程、方式的标准化程度，规范界定各类监督职权的触发条件、回应层面、落实时效等，对提升监事会监督的权威性、完善公司治理都具有积极的意义。

（三）创新监督工作方法手段提升有效性

监督工作要取得实效，必须解决靠什么监督的问题，即要有必要的监督手段和恰当的方法。目前监事会开展监督使用较多的工作方式包括议案审议、专题调研、座谈访谈、列席会议等，虽然也获得了董事会、高级管理层等的重视和认可，但形式和方法略显单一。今后，还要进一步健全监督评价体系，完善监督方法。对通过哪些工具、设计哪些评价内容，能够更恰当客观地评价董事会、高管层及不同类型的董事、高管个人履职尽职表现，如何运用评价结果等问题，仍有较大的探索空间。就监督工作中的重要事项和问题，有必要研究采取多种形式的监督工作措施，例如，组织开展现场检查，向相关方面进行约谈、质询等。进一步结合实际创新工作方法，提升工作质量，强化监督工作有效性。

（四）加强监督资源成果综合运用提高工作质效

在我国公司治理架构设计中，作为“一元制”与“二元制”两种不同模式下的监督制度，监事会与独立董事并存于内部监督体系是公司治理结构中的一大特色。高级管理层及其内部同样有着不同的监督主体及职责范围，如纪检监察、审计。多层面的监督制衡是加强银行经营管理、提升治理能力的客观要求，不同的监督主体在制度构成与制度功能上有所不同，不能相互取代，但内部不同监督主体之间的交流平台、合作机制和监督信息共享仍可加强，发挥协同作用。在这方面，监事会还可以发挥更积极的作用，通过建立健全与风险管理、内控合规、内外部审计等的工作协同机制、工作报告机制、信息交流与沟通机制，通过联合检查和调研、定期沟通座谈、专题汇报等方式，充分利用银行内外部各方的监督力量和监督成果，有效开展各项监督工作，切实履行好各项法定的监督职责。

总之，监事会工作是一项在探索中创新、在创新中发展的工作。下一步，应着眼于巩固和加强公司治理中监督主体的地位和作用，借鉴国际做法，吸收近年来各企业探索的成功经验，从法律、制度层面制定监督主体的履职保障、完善配套措施，进一步厘清其与公司治理其他主体的责任与权利边界，丰富切实可行的履职方法与手段，不断做实监督职能，坚定不移地走好中国特色的公司治理之路。

1.23　中国银行
提高政治站位　发挥好建设性监督作用

一、监事会概况

中国银行股份有限公司（以下简称“中国银行”）成立于1912年，是我国持续经营时间最久的银行。2006年，中国银行率先在香港联交所和上海证券交易所挂牌上市，成为国内首家“A+H”上市银行。中国银行是我国全球化、综合化程度最高的银行，在中国内地及境外62个国家和地区设有机构，拥有比较完善的全球服务网络，形成了以公司金融、个人金融和金融市场等商业银行业务为主体，涵盖投资银行、直接投资、证券、保险、基金、飞机租赁、资产管理、金融科技、金融租赁等多个领域的综合服务平台。2022年，中国银行位列《银行家》杂志全球1000家大银行排名第4位，《财富》杂志世界500强排名第42位。

根据《中国银行股份有限公司章程》，监事会是中国银行的监督机构，对股东大会负责。中国银行监事会现有7名监事，其中，股东监事1名（监事长），职工监事3名，外部监事3名。监事会成员中，既有熟悉银行经营管理的业界专家，也有国内知名高校的专业学者，人员构成、学历经验均符合监管要求。监事会下设履职尽职监督委员会和财务与内部控制监督委员会，负责根据监事会的授权，协助监事会履行职责。监事会还下设监事会办公室，现有3个团队，13名工作人员，负责监事会会议组织筹备、日常监督、监事履职保障等具体工作。

中国银行监事会坚持以习近平新时代中国特色社会主义思想为指导，对接中央重大决策部署、对接中央巡视整改要求、对接审计署审计意见、对接监管要求、对接法律法规和公司章程赋予的监督职责、对接中国银行“十四五”规划，认真履行监督职责，不断提高监督工作的前瞻性、及时性和专业性，为中国银行建立“权责法定、权责透明、协调运转、有效制衡”的公司治理机制，推动中国银行实现高质量发展发挥了重要的建设性监督作用。

二、监事会履职创新实践

（一）聚焦政治引领，坚持从党和国家大局统筹谋划监事会各项工作

中国银行监事会牢记中管金融企业的根本定位，深刻认识中国特色金融的政治性、人民性，对党负责、对国家负责、对人民负责、对股东负责、对员工负责，将做好监事会自身政治能力建设与履行监督职责同谋划、同部署、同落实。

1. 坚持将政治建设摆在首位，不断提高监事会监督的政治站位和政治能力。从讲政治的高度深刻认识监事会工作的重要性，坚持以习近平新时代中国特色社会主义思想为指导，认真贯彻落实党的十九大、十九届历次全会和党的二十大精神，坚决拥护“两个确立”，增强“四个意识”，坚定“四个自信”，做到“两个维护”，不断提高政治判断力、政治领悟力、政治执行力。持续组织监事学习习近平总书记关于金融工作重要论述、中央经济工作会议和全国金融工作会议精神，努力在学懂、弄通、做实上下功夫。2022 年，监事会把做好中央巡视整改工作作为重大政治任务，深入学习习近平总书记关于巡视整改指示精神和中央有关要求。本轮中央巡视反馈未指出中国银行监事会的个性问题，同时，监事会对照金融单位共性问题举一反三，将做好自身整改和加强对中国银行巡视整改监督作为两项重点任务，坚决做到从政治上看、从政治上改。

2. 坚持加强党的领导与完善公司治理有机统一，将党的领导融入监事会各项工作。监事会坚决贯彻落实习近平总书记两个“一以贯之”的重要指示和《关于中央企业在完善公司治理中加强党的领导的意见》，自觉接受行党委对监事会工作的集中统一领导。落实前置程序要求，明确需提交

行党委审议的监事会重大事项清单、建立制度性安排，2020 年以来提请行党委研究审议监事会年度工作总结、年度工作要点、监事会对董事会、管理层及其成员年度履职评价意见、监事提名、监事连任等 10 余项重大事项，将行党委决议通过法定、民主的程序转化为监事会的决策部署。

3. 坚持对接中央决策部署和中央巡视反馈意见，持续提高监督质效。监事会深刻领会在党和国家大局中的职责定位，围绕中央关于经济金融工作重大决策部署、金融工作三大任务，持续关注中国银行在支持实体经济、防范化解金融风险、深化金融改革方面的工作情况，并在监事会决议、监督评价意见、季度监督报告、专项监督报告、专题调研报告中作为首要监督内容予以关注和提示，发表监事会意见。2022 年，监事会对标对表中央巡视反馈意见，及时重检监事会工作要点，进一步将“中央关心、人民需要”的事项明确为监督重点，拓展监督方式，在各项监督工作中持续跟进整改进展，形成《监事会关于中央巡视反馈有关意见整改情况的监督报告》，从提高新政策的传导和执行成效、强化长效机制保证等方面提出意见建议，推动中国银行把整改成效转化为加强战略执行穿透、提高经营管理水平的具体实践。

（二）聚焦自身建设，夯实监事会制度和队伍基础

中国银行监事会以《中华人民共和国公司法》为统领，依据《商业银行法》《银行保险机构公司治理准则》《商业银行监事会工作指引》及相关监管规定，结合自身实际，持续完善监事会制度体系、充实监事会队伍力量，为监事会履职奠定坚实基础。

1. 对标监管要求，健全完善多层次的监事会制度体系。在《公司章程》中设立监事会专章，确立监事会在公司治理架构中的法定地位。制定《监事会议事规则》，指导监事会的具体运作，细化监督实施的方式和手段。对标最新监管要求，于 2021 年重检修订公司章程监事会部分、《监事会议事规则》，进一步厘清了监事会的职责边界。以此为基础，监事会还制定了一系列具体工作办法，包括《监事会履职尽职监督委员会工作细则》《监事会财务与内部控制委员会工作细则》《外部监事履职考核办法》《监事工作手册》等，将日常监督工作制度化、体系化、具体化。

2. 充分借助业界、学界力量，打造专业、多元化的监事会队伍。发挥监事在监事会监督中的主体作用，现有监事会成员在公司治理、银行经营管理、财务会计、风险内控、纪检监察、审计等方面具有突出的专业水平和丰富的职业经验，职工监事对总分行管理和运营有全面深入的了解，外部监事既有来自国有大行同业的资深专家，也有来自我国知名高校财会领域的专业学者。不断提升监事履职能力，持续组织监事参加上交所、上市公司协会等外部机构培训，定期在行内举办监事会专题培训班，内容涵盖宏观政治经济形势、金融监管动态、银行业经营管理等方面，确保监督紧跟形势变化和市场要求。

（三）聚集核心职责，务求实效做好日常监督工作

中国银行监事会密切关注全球政治经济形势、监管政策、国内外新冠肺炎疫情形势和金融市场环境变化，对接法律法规和公司章程赋予的监督职责，积极研判监督工作面临的新挑战新任务，不断提高会议审议决策质效，扎实开展战略监督、履职监督、财务监督、风险监督和内控监督各项工作。

1. 依法合规组织召开监事会和两个专门委员会，提升会议质效。一是梳理监事会常规议题，落实监管要求纳入20项重点监督事项。确定监事会每年需审议的30余项常规议题，在纳入定期报告、利润分配方案、内部控制评价报告、企业社会责任报告（环境、社会、治理）、董事会高级管理层履职评价意见、监事绩效考核等事项基础上，从严执行监管要求，纳入20项重点监督事项，包括战略执行、资本管理及资本计量高级管理、流动性风险管理、全面风险管理、市场风险管理、并表管理、压力测试管理、反洗钱管理、内部控制、案防工作、合规管理、新业务与新产品管理、数据治理、从业人员行为管理、薪酬制度和薪酬方案、信息披露、内部审计、消费者权益保护、声誉风险、预期信用损失法实施管理等。二是完善会议规划，优化会议组织。科学合理安排监事会会期和每次会议审议议题数量，保证监事会有充足的时间研究讨论。对标董事会运作，规范高级管理层及职能部门向监事会和两个专门委员会提交议题和汇报机制，督促行内提高对监事会会议的重视程度，提升议案材料质量。三是认真审议议案，高质

量出具监事会决议。2020 年以来，共组织召开监事会会议 24 次，各位监事亲自出席会议比率达 100%，研究审议各类议案 115 项，向董事会、高级管理层发送《监事会建议关注事项及监督评价意见》12 份，提出百余项前瞻性、专业性、建设性监督意见，得到董事会和高级管理层的高度重视、认真回应和积极采纳。

2. 加强战略监督，围绕集团“十四五”规划积极建言献策。一是主动参与并监督发展战略的研讨、制定和实施。通过参加党委会、董监高发展规划研讨会，列席董事会及战略发展委员会、执委会等会议，积极参与中国银行“十四五”规划和 2035 年远景目标的研讨、制定、分解、实施和评价全过程，围绕构建“一体两翼”战略发展格局，加大对“八大金融”等重点战略领域的监督关注力度。二是对战略执行情况出具评价意见。将战略执行情况作为监事会常规议题，每半年听取情况汇报，每年对战略执行情况出具评价意见。例如，在《监事会对中国银行 2021 年战略执行情况的评价意见》中，提出加大战略资源配置，完善战略执行评估，做好规划重检等建议，推动中国银行发展规划在有效承接国家“十四五”规划的基础上进一步走深走实。

3. 加强履职监督，督促提升履职成效。一是做实日常履职监督。通过列席董事会及其专业委员会、执委会、全行工作会、行领导定点联系机构调研督导会等会议，以及通过听取汇报、座谈访谈、研阅资料和专题调研等方式，了解并监督董事会和高级管理层及其成员在贯彻中央决策部署、落实监管要求、完善公司治理机制、执行股东大会和董事会决议等领域履职情况。按季完成《董事会、高级管理层履职情况分析报告》，跟进全行重点工作落实进展并提出相关建议。二是开展年度履职监督及评价。落实监管要求，制定《中国银行监事会对董事会、监事会、高级管理层及其成员履职评价办法》，从履行忠实义务、勤勉义务，以及履职专业性、独立性与道德水准、合规性五个维度制定履职评价工作方案，在收集分析履职尽职材料基础上，监事长带领各位监事与董事、高管开展一对一访谈、集中访谈和书面访谈，客观、公正形成对董事会、管理层及其成员的年度履职评价意见，报行党委会、监事会审批通过后，向股东大会、监管机构、董事高管人员相应报告和反馈。监事会履职监督和评价工作对董事会及高级管理层履职起到了积极和有效的监督促进作用，体现了公司治理机制的相互协调和有效制衡。

4. 加强财务监督，推动实现高质量发展。一是做实日常财务监督。通过列席董事会、执委会、经营形势分析会、财务审查委员会，跟踪并监督年度财务管理工作要点、年度业务计划与财务预算等重要财务活动、财务事项的决策及执行情况。定期梳理分析全行财务数据，加强对财务经营的前瞻性分析和研判，按季完成《战略与财务情况监督分析报告》，提出采取有效措施改善财务表现、强化费用管控、完善财务合规长效机制等建议。二是加强定期报告审议与监督。按季听取经营情况汇报，监督审核定期报告、年度财务决算、利润分配方案等材料的真实性、准确性和完整性，以及信息披露的及时性和公平性，全体监事对定期报告签署书面确认意见。根据法律法规和监管要求，对中国银行依法运作、财务报告编制、募集资金使用、收购和出售资产、关联交易等事项开展监督检查，并在年报中发表监督意见。三是开展财务管理有效性专项监督。全面梳理财务管理在机制建设以及财务预测、决策、监测等方面的基本情况，推动全行强化财务预算硬约束机制、深化管理会计应用、有效防范财务风险、提升财务经营效益。

5. 加强风险与内控监督，促进守牢风险底线。一是做实日常风险与内控监督。认真落实中央关于防范化解金融风险的政治责任要求，通过列席董事会及风险政策委员会、审计委员会、高级管理层风险内控相关会议，听取全面风险管理情况汇报，审议内部控制自我评价报告，全面了解风险内控状况，监测风险内控相关监管指标达标情况，按季完成《风险与内控监督分析报告》，针对苗头性、倾向性问题及时进行风险提示。二是紧盯风险内控的重点领域和关键环节。以中央巡视反馈意见和监管发现问题作为监督重点，加大对新形势下信用风险防控、房地产行业风险管控、市场风险和衍生品管理、案件防范、重大风险排查与应急管理机制建设、压力测试结果运用等方面的监督关注力度，持续跟进全面风险管理优化方案落地进展和效果。三是结合自身特色加强对跨境、跨业经营风险防控的监督提示。主动研判国际政治经济形势变化，及时出具风险提示函。在日常监督、专题调研以及对全面风险管理、并表管理、压力测试管理等事项的监督评价意见中，持续督促加强对境外机构、综合经营公司的一体化穿透式风险管理。

（四）聚焦重点领域，充分发挥调研监督建言作用

中国银行监事会在开展日常监督工作基础上注意与专题调研有机结合。2020 年以来，围绕落实中央决策部署、全行战略管理与实施、风险与内控管理等方面，共组织开展了 14 项调研，包括落实中央关于服务实体经济决策部署、战略管理情况、战略实施情况、金融服务乡村振兴战略、服务高水平对外开放和跨境风险管理、全球化发展、综合化经营、交易银行建设、信息科技管理、财务管理有效性、全面风险管理有效性、内部控制有效性、境内对公授信不良资产处置、外包风险管理等。监事会开展调研具有以下三个特点。

1. 监督站位高，问题导向强。调研遵循“对接中央决策部署、对接中央巡视整改要求、对接审计署审计意见、对接监管要求、对接中国银行‘十四五’规划”的总原则，并贯穿至确定调研选题、制定调研方案、组织调研实施、撰写调研报告全过程。

2. 广泛征求全行意见，借鉴行业优秀管理实践案例。监事长对调研方法论及调研工作进行统筹指导、部署和推进。监事带队与董事、高管、总行部门、境内外分支行、综合经营公司开展针对性现场访谈和书面调研，全面了解情况，听取基层意见，掌握第一手资料。调研过程中加强与同业、咨询公司、会计师事务所的沟通交流，借鉴国际国内先进管理经验。

3. 深刻分析问题成因，提出务实、建设性意见建议。调研报告在全面评估基础上，抓住主要矛盾，查清问题症结，注重从系统性、体制性、机制性层面为董事会、管理层提供意见建议。例如，《落实中央服务实体经济决策部署调研报告》提出对标国家要求健全自身规划体系、加强政策研判和把握等建议，督促国家决策部署在全行落实到位；《战略管理调研报告》提出完善战略管理治理架构、加强战略管理实施等建议，促进提升战略执行效能；《金融服务乡村振兴战略调研报告》提出提高重点帮扶县金融服

务覆盖水平、加大涉农和定点帮扶领域资源投入等建议，推动增强全行服务乡村振兴能力；《服务高水平对外开放和跨境风险管理调研报告》提出完善落实国家高水平对外开放的各项举措、提升应对重大跨境风险的应急处突能力等建议，促进全行为我国金融走出去更好发挥先行者、探路者作用；《综合化经营调研报告》提出进一步聚焦主责主业、强化风险防控等建议，推动综合化实现高质量发展；《全面风险管理有效性调研报告》提出优化全面风险管理体系、提升一体化风险管理能力等建议，推动风险管理更好服务集团发展；《内部控制有效性调研报告》提出压实内控三道防线职责、加强监督问责等建议，助力集团稳健经营。

（五）聚焦完善机制，进一步形成监督合力

中国银行监事会不断加强与各方的协同配合，整合利用内外部监督资源，有效拓宽监督视野，节省监督成本，提高监督效能。

1. 主动拜访监管机构、股东单位，落实相关指导意见。监事会及时传达学习银保监会监管通报和最新监管政策，拜访银保监会，了解监管机构对大型国有商业银行公司治理、监事会履职的最新要求，根据监管机构对中国银行的监督重点调整优化监督工作。定期向全体股东报告监事会工作情况，拜访控股股东中央汇金公司，落实股东单位对监事会履职的指导建议。

2. 加强与董事、高管联动，发挥公司治理体系合力。坚持监事会与董事会在宏观信息、管理信息、同业信息、风险提示等方面的信息共享，相互发送监事会决议和董事会情况通报。与董事联合开展调研、培训等活动，定期组织监事参加董事会、监事会和高级管理层联席座谈会，加强思想交流碰撞，合力推动重点工作，协同提升公司治理效能。

3. 强化对内部审计的工作指导，加强与行内部门的工作协同。监事会定期听取内部审计工作汇报，出具《监事会对内部审计履职情况的监督评价意见》，督促其提高审计工作效能，推动深化审计结果在授权管理方面的应用，加强审计问责，促进浓厚的氛围。在监事会的领导下，监事会办公室与总行相关部门建立了财务、风险、内控、审计、巡视、纪检监察等信息的交流和报送机制，为监事会及时掌握经营信息和数据提供保障。

4. 加强对外部审计的监督，督促提高审计质量。监事会及监事会财务与内部控制监督委员会按季听取外部审计关于审计或审阅工作情况汇报，对其审计独立性和有效性提出要求，督促其加大审计资源投入、提升管理建议质效。汇总分析外部审计发现问题并择取重点予以关注，专题听取外部审计就重要事项的汇报，推动外部审计管理建议在中国银行的有效转化。

5. 积极开展同业交流，共同探索提升监事会履职效能。监事会主动拜访银行同业，加强沟通交流，了解同业监事会在制度建设、组织运行、工作流程、资源配套等方面的情况，借鉴好经验、学习好做法。

（六）聚焦整改落实，以监督促改进、促提高

中国银行监事会持续强化监督跟踪问效，推动各类监督机构整改意见、监事会监督建议在全行及时传导、有效落实。

1. 系统推动中央巡视、国家审计、各类监管检查发现问题有效整改。监事会通过日常监督、召开专题会议、开展专题调研等多种方式，持续跟进中央巡视，国家审计、监管机构、内外部审计等指出问题和意见建议的整改进展，深入分析共性问题的根源，提出完善体制机制，健全长效整改机制等建议。

2. 推动监事会监督成果有效转化。建立并完善监事会决议的督办落实及反馈机制，监事会会后及时向董事会、管理层发送《监事会建议关注事项及监督评价意见》，将相关意见建议逐条分解到行内职能部门，按季监测督导，定期向监事会报告。例如，监事会梳理跟进 2021 年提出意见建议的落实进展，形成《监事会 2021 年建议关注事项及监督评价意见落实情况报告》，其中近 90% 的建议已完成整改，其余事项为需要长期推进事项，相关部门均已纳入日常重点工作。持续推进专题调研整改督办，每半年召开监事会会议，听取专题调研整改落实情况，促进监督成果落地落实。

下一步，中国银行监事会将在行党委的统一领导下，认真学习贯彻党的二十大精神，继续履行好监督工作的政治责任和政治使命，扎实做好战略、履职、财务、风险与内控监督工作，持续探索完善适合自身特色的监督模式，为中国银行建设全球一流现代银行集团贡献更大力量。

1.24 中信银行
做实监事会功能 赋能高质量发展

作为公司治理重要一环，监事会行使监督职能，能否切实发挥自身作用，直接关系公司治理建设的有效性。近年来，中央及监管机构高度重视构建中国特色现代金融企业治理机制，将推动商业银行公司治理改革、发挥监事会职能作用置于前所未有之高度，进一步表明加强治理体系建设、强化和落实监督责任的重要性和迫切性。为全面贯彻落实中央及监管各项要求，中信银行按照“做实监事会功能”的指导思想，在总行党委领导下，积极适应新形势变化，努力探索富有自身特色的监事会工作体系，通过夯实制度基础、压实法定责任、落实履职监督、充实监督手段、抓实能力建设，推动各项任务落地见效，在推动公司治理完善、促进银行稳健经营、防范化解金融风险、维护股东权益等方面发挥了积极作用。

一、顶层设计“体系化”，把党的全面领导落在实处

坚持党的全面领导是国有企业行稳致远的根本保证，是中国特色银行业公司治理的本质特征。作为国有金融企业，中信银行始终将加强党的领导与公司治理融合摆在突出位置，在股份制商业银行中率先完成“党建入章”，持续发挥党委把方向、管大局、促落实的领导作用，推动形成“党委全面领导、董事会战略决策、监事会依法监督、管理层执行落实”的公司治理架构。在此架构下，监事会将党的领导贯穿监督工作始终，逐步探索形成“1＋2＋N”制度规范体系，为监督工作的规范化运行提供了重要保障。

“1”即“一个意见”。2019 年，由党委会审议通过并印发《关于新形

势下进一步做好监事会工作的意见》，鲜明提出要把坚持党的全面领导贯穿监督工作全过程，并多方面研提工作举措，形成系统性工作谋划，确立监事会工作的发展方向。“2”即“2个重要抓手”。中信银行监事会以“自身履职”和“履职评价”为抓手，持续推进议事规则和履职评价制度完善，及时根据监管最新要求开展制度重检和修订，有效保障监督工作的正常开展。“N”即围绕监事会具体工作制定的若干办法或细则。一方面，结合具体实践，出台具有可操作性的配套工作制度，确保监事会职能落地见效，如制定发布《监事会议题管理办法》《监事会对董事和高级管理人员履职访谈办法》《监事会对董事、监事、高级管理人员履职评价细则》等，对工作流程和方法作出规范；另一方面，注重在内部控制等制度中进一步明确监事会的相关权责，如在《洗钱风险管理政策》中增加监事会洗钱风险监督职责，在《内部审计章程》中明确监事会对内部审计的管理和考评职责等。

在推进“1+2+N”制度规范体系建设过程中，注重全面体现党的领导融入公司治理的各项体制机制，严格履行党委会前置研究讨论程序，确保监事会制度规范有机融入全行治理体系。制度执行过程中，监事会坚持主动把自身重要工作纳入党委会研究范畴，进一步确保了党委充分发挥总揽监督全局的核心作用。

二、监督事项“清单化”，把履行法定监督职责落在实处

解决好“监督什么”是做实监事会功能的出发点。为进一步明确监督依据和监督事项，保证监督工作既能全面满足监管要求，又能有的放矢、重点突出，中信银行监事会制定发布了“监事会监督清单”，并确立定期更新机制。清单梳理和细化了监事会法定监督事项，进一步明确了监督“着力点”。日常工作中，监事会把监督清单事项有机融入“落实中央和监管要求、加强风险防控、关注市场关切”三大领域，逐项落实、压茬推进，保证监督效能与全行转型发展同频共振、协调一致。

一是聚焦落实中央和监管要求开展监督。监事会把贯彻落实中央决策

部署和监管要求作为监督工作的核心，定期学习相关政策和法律制度，持续性开展监测、分析、研究，及时提示问题并提出监督改进建议，有效促进相关领域工作进步。2020 年向董事会、高管层提出加大制造业信贷投放、提升小微金融服务水平等建议，有力督促全行加强实体经济的支持力度。在各方共同努力下，当年即实现在战略新兴产业、普惠及制造业等领域信贷投放的大幅增长。2021 年延续快速发展趋势，上述三个领域的贷款投放较上年年末分别增长 70.2%、21.8%、10.5%，均高于平均贷款增速。2021 年年初，为有效贯彻中央及监管“碳达峰、碳中和”战略部署，监事会提出加快绿色金融战略布局、优化信贷结构、完善绿色信贷管理的监督建议，相关领域业务发展得到有效推进。2021 年年末，中信银行绿色信贷余额突破 2000 亿元，较年初增长超 140%，全行信贷结构得到进一步优化。二是聚焦风险防控开展监督。为切实打好防范化解重大风险攻坚战，监事会持续加大风险内控领域的关注和监督力度，主动增加听取相关汇报的数量和频次，近三年监事会审议的风险内控议题数量占比近 40%，形成了全面风险管理、流动性风险管控、前十大授信集团客户情况、问题资产处置、反洗钱和案防工作等重要议题的常态化汇报机制。坚持问题导向，靶向提示重点风险问题，督促董事会、高管层主动履行防范化解风险主体责任，有效助力全面风险管控能力提升。截至 2021 年年末，中信银行不良贷款率降至 1.39%，拨备覆盖率 180.07%，均达 7 年以来最好水平。三是聚焦市场关切开展监督。围绕市值管理、消费者权益保护、股权管理等受到客户、媒体和投资者等外部主体普遍关心的热点，有针对性加强监督力度，持续助力全行践行社会责任、回应市场关切。特别是针对突如其来的新冠肺炎疫情，监事会第一时间听取全行疫情防控工作组织、受疫情影响情况专项汇报，并调研基层疫情影响及纾困措施落实工作，多渠道、多方式建言献策，推动董事会、高管层严格落实主体责任，为打赢新冠肺炎疫情防控阻击战提供监督保障。

三、履职监督“常态化”，把履职评价质效落在实处

督促公司治理各有关主体忠实、勤勉履职，是监事会工作的重要落脚

点。近年来，中信银行监事会紧抓履职监督这个“牛鼻子”，把健全履职评价工作机制作为一项系统性工作扎实推进，积极探索实践，逐步形成了以“日常监督—访谈—测评—审议—沟通反馈—改进”为主要内容的履职评价工作机制，实现履职评价“可追溯、可量化、可考核”，有效促进公司治理各主体提升履职质效。

一是以完善履职档案为抓手加强日常监督。为每位被评价对象建立系统化的履职档案并常态化开展日常履职信息收集，作为年度评价的基础和依据。将履职评价有机融入监事会日常监督，除召开监事会会议和调研外，通过列席董事会、高管层会议，了解全行主要经营情况、重大事项的审议和决策过程，多渠道、多方式收集公司治理各主体的履职情况。二是以科学性为原则完善履职评价标准。根据被评价人职责范围，科学设置评价指标，差异化设置评价内容，注重将内外部规定涉及董事、监事、高管人员履职的最新要求及时纳入评价范畴，评价内容日趋全面、评价维度日趋多样。如2020年增加新冠肺炎疫情防控、支持服务实体经济、消费者权益保护等方面评价内容，2021年新增对风险偏好政策的执行情况、对绿色信贷及乡村振兴等领域信贷投放情况的评价内容，有效促进各治理主体履职尽责、主动作为。力争拓宽评价全面性的同时，注重增加量化考核比重，设定针对高管人员的量化评分表，将重点工作质效合理赋予量化指标，持续提升履职评价的客观性。三是以履职访谈为渠道加强公司治理各主体沟通交流。建立监事会对董事、高管人员履职访谈制度，有效拓宽履职评价手段，进一步加强公司治理主体间的沟通交流。一方面，通过履职访谈，有助于监事会更加准确掌握相关治理主体履职情况，同时有利于促进董事、高管人员对监事会工作的了解，提高接受监督的自觉性。另一方面，通过履职访谈，监事会听取董事会、高管层对监督工作的意见建议，有助于持续改进自身工作质效。四是以提升各治理主体履职质效为核心加强评价结果应用。率先在同业中探索将监事会评价结果与高管人员综合绩效考核挂钩，与独立董事、外部监事取酬挂钩，拓展履职评价结果影响力，构建“评价差异化、取酬差异化”的履职评价体系，更好地激励相关主体履职尽责。

四、监督手段“多元化”，把持续贡献监督价值落在实处

履职模式和工作方法较为单一，一直以来是制约监事会职能发挥的一大因素。为有效拓展履职渠道、深化监督影响，近年来，中信银行监事会积极探索创新工作方式方法，拓宽履职渠道，以不断完善问题发现机制、监督提示机制为抓手，推动监督工作向“主动监督、持续监督、合力监督”转变。

一是着力提升会议质效。构建全流程、闭环式监督机制，形成环环相扣、层层推进的工作模式。年初发布监事会全年会议日历，对照监督清单合理规划会议安排，确保上会事项“应上尽上”。坚持“预审制”会议模式，在定期董事会会前一周召开监事会预审会议，对重要审议事项充分发表监督意见，充分行使监督职责。采用“监督工作函”形式，将监督意见分类汇总，分送董事会、高管层，并纳入全行督办系统，确保监督意见“件件有落实、件件有回音”。近年来，在更加精细化的服务保障体系下，在更加鲜明的“价值导向”引导下，监事会议事水平显著提升，监督效能不断释放。2019～2021 年监事会共召开会议 37 次，审议议案 80 项，听取汇报 139 项，形成督办事项 281 项，督办完成率为 100%。二是持续做深基层调研。探索形成了“行前分析＋集中座谈＋调研总结”三位一体调研模式。调研前深入开展分析研究，形成行前分析报告，明确调研重点与方向，以行前分析驱动现场调研质效提升。通过做实行前分析、做深现场调研，为高质量形成调研报告提供有效支撑，调研报告注重提出具有系统性、独立性的意见建议，突出决策参考属性。近三年监事会开展了战略规划执行、信贷授权管理、子公司经营、检查问题整改、普惠金融、困难分行脱困等主题调研，涵盖 30 余家分支机构及子公司，形成调研报告 10 余篇，为全行各项经营管理工作积极建言献策。三是积极拓展监督手段和载体。创新采用“监督问询”“监督提示”等形式，将监事会监督意见及时传达董事会和高管层，有效促进了监督效能提升。近年来中信银行监事会通过上述模式，就重点授信客户潜在风险、案件防控和员工行为管理、数字化转型

过程中的风控等问题，向董事会和高级管理层前瞻提示了一些趋势性、苗头性问题，并提出针对性、建设性意见建议，为相关领域问题的解决作出积极贡献。四是大力推动监督联动机制建设。加强与内审、合规、风险、纪检等部门的配合协作，探索建立监督信息共享机制，促进形成相互沟通、协同联动、强化合力的监督格局。促进发挥外部治理主体作用，组织召开监事会与外部审计机构专题座谈会，指导外审机构更好发挥专业职能，提升价值贡献。为子公司监事会提供分享优秀经验和做法的平台，不定期编发《监事会工作交流》，提升子公司监督能力和水平，进一步加强中信银行集团监事会工作的整体性、协调性和有效性，形成系统内监督合力。

五、自身建设“专业化”，把提升履职能力落在实处

监事会自身专业化能力和水平是监督功能有效发挥的关键。新形势下，中信银行监事会始终将提升自身履职专业化能力摆在突出位置，注重构建结构合理、专业性强的监事队伍，注重形成完备的履职支持体系，注重提升服务保障团队的综合素质，为监事会高效运作持续输出动能。

一是优化监事会人员构成。以“专业化”和“多元化”为原则，持续完善监事会结构。中信银行监事会成员包括股东代表监事、职工代表监事、外部监事，职工代表监事和外部监事占比均超过1/3。监事的专业背景和工作经历涵盖经济、金融、法律、财务、审计等领域，既有银行业专家、高校学者，也有总行职能部门和分行一线管理者；既富理论专业水平，又具管理实践经验，确保监督作用有效发挥。二是加强监事履职能力建设。建立定期集体学习机制，把有关政策涉及公司治理情况作为监事会会议“第一议题”，确保及时掌握国家大政方针和监管政策导向，及时作出工作部署。积极参加监管机构各期培训，组织开展内部专题培训，提升监事自身专业能力。三是健全履职支持体系。加强监事会履职“三库一队”建设，即构建履职支持“制度库、工具库、信息库”，打造专业化支持团队。编制《上市银行监事会法定职责摘要》作为履职“制度库”，全面梳理和归纳监事会在各个领域的履职规范和要求，为履职提供理论指导和法理支

撑；编制《监事履职手册》作为履职“工具库”，细致梳理监事权责与履职要点，为履职提供方法指导；不定期编发《参阅件》《工作参考》作为履职“信息库”，及时为行内监事提供外部监管动态、行内业务动态、政策研究解读等履职信息参考；加强监事会办事机构建设，以“做好服务枢纽，担当参谋助手”为理念，逐步锻炼出一支复合型专业化团队，在加强各方沟通、保障监事会与其他治理主体协调运作等方面发挥了重要作用。

如今，伴随百年变局加速演进，中国商业银行正经历着新一轮的转型变革，构建中国特色现代金融企业治理机制的任务仍然艰巨，监事会肩负的责任与使命也更加重大。在此背景下，中信银行监事会将持续以习近平新时代中国特色社会主义思想为指导，紧跟监管导向、努力开拓创新，切实将监督职责落全、将监督机制落明、将监督方式落新、将监督能力落强，进一步做实监事会功能，确保监督尽职“不缺位、不越位、不错位”，促进公司治理主体各司其职、有效履职，持续为中信银行高质量发展赋能助力，为银行业的转型发展贡献积极作用。

1.25　平安银行
整合资源　内外联动
构筑新时期监事会监督机制

近年来，平安银行不断强化金融工作的政治性、人民性，落实党中央、国务院重大决策部署，持续加大对制造业、小微企业、绿色金融、乡村振兴等领域的支持力度，助推经济高质量发展。依托综合金融和科技赋能优势，平安银行坚持“科技引领、零售突破、对公做精”发展策略不动摇，着力打造“数字银行、生态银行、平台银行”三张名片，升级零售、对公、资金同业业务经营策略。在深化转型的同时，平安银行的合规案防、风险防控、作风建设力度得以持续加强，业务结构、资产质量、发展基础、行风行貌也得到了进一步改善。

顺应深刻变化的内外部形势，平安银行监事会坚持与时俱进、守正创新，积极探索符合新时期内外部发展要求的监督体系和机制，通过开创性实施大内控合署办公，党、纪、监联合巡检等创新实践，构筑了将党的领导与公司治理有机融合，将风险监督、群众监督、民主监督全面结合，将发现问题、落实责任、督促整改一体化闭环管理的全面监督机制。经过不断的实践和完善，平安银行监事会的监督机制不断优化，监督效能不断提升，为推动全行转型升级和高质量持续发展作出积极贡献。现将相关创新实践总结如下。

一、机制上，通过整合大内控资源，有效延伸监督触角，不断拓展监事会监督的广度和深度，提升实质监督效果

平安银行监事会建立了大内控合署机制，对内整合稽核、合规、案防、

监察、纪委、监事会等监督资源，形成对全行财务、风险、内控等的事前、事中、事后的全维度监督。对外联动外审机构，借助其专业性和独立性，通过对重点领域的专项审计，推动经营层管理质效的提升。

一是对内整合监督资源。监事会以大内控资源作为抓手，加强对稽核监察和案防合规的工作指导，从内审策略和合规案防目标入手，延伸监督检查的触点和深度，突出对监管关注、战略转型、综合金融、科技应用、内控合规、违规舞弊等重点领域的内部审计和风险评估，并推动问题检视和根源治理，不断提升监督工作的系统性和前瞻性。

二是对外强化外审联动。监事会注重对外审资源的利用和价值发挥，建立了与外审的定期沟通机制，按季召开与内审、外审一起的三方沟通会议，及时获取审计发现和风险信息，每年选取监督热点和重点领域，联合外审开展专项检查。2020 年，监事会联合外审针对本行非信贷资产风险状况，开展了《非信贷资产分类专项审计》，针对性提出管理建议，推动全行非信贷资产风险管理的提升。2021 年，针对战略规划和综合金融风险隔离有效性，监事会联合外审开展了《平安银行风险隔离体系评估》和《平安银行战略制定和执行审慎性评估》两个专项评估项目，促进本行风险隔离体系和战略规划审慎性管理的完善和提升。

三是打造闭环监督体系。监事长、部分员工监事、以及监事会办公室成员全面参与并监督全行合规案防工作委员会、问责处罚工作委员会的管理运作，及时跟踪风险热图，强化风险预防；督促对风险资产和风险案件的履职排查，落实责任认定；形成涵盖“事前、事中、事后”以及“查、处、督”环节一体化的闭环监督体系，强化对风险预警、风险发现、风险处置、问责整改的全流程监督。

二、做法上，强化与党委、纪委联动，开展全覆盖巡检模式，将风险监督和作风建设、民主监督有机结合，推动全行合规经营、风险防控、纪律作风的全面提升

监事会自 2017 年始积极探索“党、纪、监的联动巡检模式，每年深入

80余家经营机构和总行管理部门了解经营和风险管控情况，紧扣全行经营发展重心和大内控工作重点，深挖机构顽疾问题并督办整改，将党建和公司治理有机融合，促进公司治理的完善和内控水平的提升。

一是巡检监督持续向纵深推进。监事会自实行全覆盖的巡检监督以来，不断完善条块结合、纵深推进的巡检监督机制。2020年，监事会对4个重点条线、81个经营单位与总行管理部门进行了巡检，发出巡检监督意见45份，并对2家重点单位实施了驻点巡视。2021年，监事会巡检监督工作与纪委“担当有为”作风建设深度融合，在覆盖4个重要条线、43家一级经营机构和38个总行管理部门的基础上，继续向纵深化延伸，累计巡检二级机构1043家，出具《巡检监督意见》937份，收集分析调查问卷近万份。巡检工作的纵深进一步拓展，流程进一步规范，动作进一步做实，效果进一步提升。

二是关注核心领域监督。每年，监事会专项听取风险条线、财务条线、零售条线、稽核监察条线四个重要条线的工作报告，检视和深度了解当前经营管理中存在的问题和风险，并对上一年监事会提出监督意见的落实整改情况进行评价和反馈，同时结合当年外部经营形势、风险状况、监管关注、以及银行转型现状等提出新一年的监督意见。2020年，监事会对四个条线共提出20个方面共60条监督意见；2021年，监事会又围绕转型质量、风险防控、合规管理、资产质量、投产效率、科技风险等向四个条线共提出了18个方面共52条监督意见，有效传递监督声音，并持续推动监督意见落实和监督实效的提升。

三是注重巡检发现问题的整改质效。近年来，全行巡检监督意见的落实整改质效持续提升。经评估，2020年的60条监督意见中38条得到较好落实并取得明显成效，占比63.3%；22条已取得良好阶段性成果，占比36.7%。2021年，各单位巡检监督意见取得“明显整改成效”的平均占比达72.2%，在上年提升29.6个百分点的基础上又提升了6.6个百分点。同时，各机构自查自纠、抓早抓小的主动性进一步增强，自查自处平均占比达到86%，全行合规意识和作风转变成效显著，大量的违规风险苗头在机构层面得到及早发现和有效化解。

四是开展巡检考评及结果运用。每年年末，监事会对所有被巡检单位开展巡检考评，以巡检监督意见整改落实情况、作风建设活动效果、自查自处情况为考评要点，并结合各单位案件与风险事件发生情况，形成巡检综合评价结果进行全行公示。结果会作为各单位班子年度考评的重要参考，有效提升监事会监督工作的权威性和监督意见落实质效。此外，监事会每年整理汇编《巡检监督意见》《班子民主评议》《测评问卷分析》等巡检工作成果，为管理层提供管理参考。

三、渠道上，监事会高度重视与董事会和管理层的沟通，不断畅顺信息获取渠道，做实程序监督和实质监督，推动公司治理有效性提升

一是加强与董事会、管理层的日常沟通和交流。监事长与董事长、行长建立了“三长联席制”，定期交换对经营管理、重大决策、人事任免等的信息和意见，强化高层意见交换和信息沟通，有效保障监事会监督的知情权。

二是全面参与“三会一层”的各类会议和活动。监事长及部分监事通过参加总行党委委员会议、执行委员会议，列席各类经营工作会议、条线工作检视会议、各类专业委员会会议等，及时掌握管理层经营动态和信息，加强对“三重一大”及日常经营管理的决策和执行监督。同时，监事长代表监事会每季度向董事会和管理层通报监事会监督动态并发出监督提示，帮助管理层和董事会关注风险、防控风险。本届任期内，监事长代表监事会在董事会上发出风险提示或监督意见30余条。

三是通过对董监高的履职评价，加强履职监督。监事会持续完善董监高履职评价机制和履职档案，每年围绕董监事参会、调研、发言、沟通等履职情况，高管绩效达成情况，以及董监高履行忠实、勤勉义务情况等，组织完成董监高的履职评价工作。评价过程中，监事会注重与各方的沟通协调，充分听取内外部评价意见，规范评价程序和标准，并通过履职评价向董事会、高管层及各监事提出工作改进建议，促进公司治理的有效制衡

和董监高的履职效能提升。

四、技术上，充分利用科技化手段，进一步提升监督效能，促进监督前移和价值输出

一是提升科技能力。推动“平安慧眼”和“智慧合规”等大内控智能化平台的建设升级，模型、数据进一步完善，监督工作的前瞻预判、穿透问诊、精准制导能力持续提升。

二是强化价值输出。依托大内控搭建的系统平台，实现了对经营机构与管理部门的数据赋能、模型赋能和系统赋能。监事会的监督进一步前移，效率进一步提升，价值输出更加多元。

三是优化信息质量。通过加强与前中后台业务及管理部门的数据打通、沟通交流，及时获取经营动态和管理信息，畅通渠道和机制，监事会信息收集质量和效率不断提升，知情权得到更有效保障。

未来，平安银行监事会将进一步整合监督资源，提升智能化、数字化监督水平；继续深化巡检监督，完善监督体系和运行机制；持续关注战略转型质效，履行好对风险管理、内部控制、财务管理及重点领域的监督职责，不断提升监督实效，有效防控风险并助力银行转型升级和持续健康发展。

1.26 申万宏源
聚焦主责主业 把准职能定位
为促进公司高质量发展保驾护航

申万宏源集团股份有限公司（以下简称“申万宏源”或“集团公司”）业务涵盖企业金融、个人金融、机构服务与交易、投资管理四个板块。作为一家中国领先的以证券业务为核心的投资控股集团，公司充分利用“投资控股集团+证券子公司”的双层架构优势，持续构建以资本市场为依托的投资与金融服务全产业链，同时也接受上市公司与证券公司的“双重监管”。公司始终坚持把社会责任融入自身发展理念和发展实践之中，依法合规经营，积极为股东、客户创造价值，帮助员工实现自我价值，努力践行为实体经济服务的崇高使命，积极打造“有信仰、敢担当”的国有一流投资控股集团。

申万宏源监事会按照“全面覆盖、真监实督、协同协作、专业提升”的方针，结合“投资控股集团+证券子公司”双层架构特色，严格落实A+H上市公司监管规定，依法依规履行监督职责，积极探索监事会监督工作的新思路、新途径、新举措，努力构建“一条主线+三项重点+四个体系+四种合力”的国有金融企业法人治理监督模式，不断提升自身专业化水平，为公司高质量发展保驾护航。

一、以“一条主线”为统领，明确监督任务

申万宏源监事会围绕“坚持和加强党的全面领导，服务公司长期发展战略，服务年度经营管理目标完成，促进国有资产保值增值”这一主线开展各项监督工作，主要包括以下四个方面：

（一）把坚持党的领导作为推动法人治理监督工作的根本保证

申万宏源自觉把法人治理监督工作纳入到党的工作大局中，不断促进党的领导和公司治理相统一，不断完善各司其职、各负其责、协调运转、有效制衡的公司治理机制。公司建立并实施了党委和董事会、监事会、经营层的“双向进入、交叉任职”领导体制，公司与全资控股的证券公司在同一党委的领导下推进监事会工作，把自觉接受党的领导贯彻到履职的全过程各方面。监事会全面落实“双向负责制”，自觉对同级党委负责、对上级股东（监事会）负责，加强对同级党委、上级单位的工作汇报和沟通，并在年度工作要点中体现对党委年度工作部署的全面贯彻落实。

（二）紧紧围绕服务公司长期发展战略开展监督

聚焦主责主业，督促公司把贯彻落实“三新一高”、服务国家战略转化为持续发展的动能，督促公司解决制约高质量发展的体制机制问题，推动公司提升服务国家战略的能力和自身的核心竞争力。

（三）紧紧围绕服务年度经营管理目标完成开展监督

围绕经营重点，加强对公司“投资＋投行”模式发展情况、深化业务布局转型、建设专业能力的关注，加强对公司全面风险管理体系和风险管理运行机制的关注，推动公司提升客户服务能力、市场应变能力、风险管理能力。

（四）紧紧围绕促进国有资产保值增值开展监督

把握监督本质，秉持“到位不越位”原则，把握中国特色社会主义现代金融企业制度的内涵，严格依法依规履行监督职责，确保监督工作始终聚焦促进国有资产保值增值。

二、以“过程监督”为原则，打造工作闭环

监事会按照监督主线的要求，在全年工作中打造“研究—部署—执行—总结”的工作闭环，发挥好持续监督、精准监督、有效监督的作用。

（一）研究年度工作要点

每年年初，监事会围绕监督主线，依据监管部门和股东要求，结合公

司党委年度工作部署、年度经营管理工作重点和治理现状，在广泛征求集团公司、证券公司及下属子公司监事会成员意见的基础上，制定监事会年度工作要点，明确年度监督任务目标，并印发公司董事、监事、经营层，各事业部、总部、分公司及子公司。

（二）定期召开监事会系统工作会议

每年组织召开申万宏源监事会系统工作会议，集团公司、证券公司及各子公司监事会系统相关人员参加会议，深入学习贯彻上级单位有关要求和重要精神，分析形势，围绕公司年度工作任务，对监事会年度工作进行系统部署，确保公司系统内监事会工作重点保持一致。

（三）总结年度工作成果

每年，对照监事会工作要点的安排，对监事会一年来的工作进行整理总结，关注监事会推动公司落实中央重大决策部署情况和监事会履行独立监督职责的成效。对于好的经验做法进行总结，在股东单位组织的监事会座谈会上进行交流研讨，在相互借鉴、取长补短的过程中持续提高监督能力。

三、以全面覆盖为导向，完善“四个体系”

（一）完善监督制度体系，做到依规监督

公司监事会坚持制度先行，依据《上市公司监事会工作指引》等，结合公司监事会运作实际，从深化监事会监督职责、突出监督重点和创新监督方式出发，将实践中行之有效的经验做法逐步制度化、规范化、体系化，制定出台了《监事会议事规则》《监事会财务监督检查委员会工作细则》《监事会履职监督检查委员会工作细则》《监事会对董事会、经营层及其成员履职评价办法》《监事会职工监事履职办法》《监事会工作信息征询管理办法》《监事会提案管理细则》等制度，基本形成了全面的监事会制度体系，为监事会规范运作及有效发挥监督作用提供了有效制度保障。

（二）完善监督组织体系，做到穿透监督

1. 实行监事双层任职。公司拥有“投资控股集团 + 证券子公司”的双

层架构，集团公司监事会主席、股权监事同时担任证券公司监事会主席、股权监事，从组织机制上保障了监事会监督职能的上下贯通，提升监督效果。

2. 推进子公司监事会组织建设。严格监事选任，公司监事会制定下发《关于子公司派出监事资质审核工作的若干意见》，配合组织部门开展子公司派出监事选聘和资质审核工作，配齐子公司派出监事。关注子公司法人治理规范性，组织对子公司监事会运行情况开展现场监督检查，并出具监督意见，督促子公司监事会建章立制，健全内部治理架构，实现高效规范运作。

3. 落实子公司派出监事管理和考核工作。一是明确制度依据。完善《子公司派出监事工作指引》等关于子公司派出监事工作指导、信息报送、考核评价等相关制度和方案，切实抓好子公司派出监事管理。二是加强派出监事管理。根据规章制度，要求子公司派出监事定期报送履职情况，包括定期报送工作履职情况表、工作总结，不定期报送专项调研报告及重大风险事件报告等。依据报送信息梳理形成评价依据，加强纵向监督管理。三是落实考核工作。每年根据公司考核评价工作的安排，通过出具评价意见、考核打分等方式，参与对子公司派出监事履职情况的年度考核评价工作。

（三）完善监督信息体系，做到有形监督

公司监事会通过建立信息报送机制、加强动态监测、完善信息共享平台等一系列举措，构建监督信息管理体系，为监事履职提供基础保障。

1. 建设监督信息平台。加强监事会工作信息化建设，建立以 OA 办公系统为基础的“监事会监督信息平台”，设置监事会工作动态、政策信息、监事会制度、财务经营情况、合规风控情况、履职监督情况、专项监督情况等工作模块，分类上传监事会工作简报及公司经营财务、合规风控、内部控制报告等文件，供监事及时查阅，切实保障监事知情权。

2. 强化动态监测。依据公司监事会工作信息征询管理办法，要求相关部门按季度、半年度、年度报送资料信息，集团公司及时获取投资决策和投后管理情况报告、风险情况报告；证券公司每季度编制季度经营、财务、

风控情况监测表、重大事项信息披露情况监督表、重大事项决策情况监督表和审计事项监督情况表，动态跟进公司经营管理各方面情况。

3. 明确重大风险事项报送机制。公司监事会专门下发《关于加强重大风险事件报告的通知》，要求相关部门及时报送重大、较大风险事项。同时，建立风险事件台账，跟踪风险事件的处置进展。

4. 拓宽监督信息渠道。监事会建立工作联系函机制，了解掌握每年度监事会关注的重点监督事项。申万宏源监事会先后围绕公司在服务国家科技自强战略、支持区域重大发展战略、服务绿色发展战略、服务国内国际双循环、发展普惠金融、落实“六稳”“六保”任务等方面的推进情况发送工作联系函，及时跟进重大决策部署进展、战略安排和资产配置情况。

（四）完善监督运行体系，做到有效监督

1. 提升监事会会议质量。一是落实党委研究讨论前置程序。监事会换届方案、年度工作要点、重要会议议案等重大事项提交党委会前置研究讨论，把党的领导更好地嵌入公司治理全过程各环节。二是建立专门委员会运作机制，发挥财务监督、履职监督两个专业委员会作用，对相关议题进行充分讨论决策，持续提升监事会议事效率和质量。三是建立监事会列席人员机制，通过会前精心准备、会中深入研讨、会后跟踪落实等多种途径提升监事会会议实效，为开展监督工作奠定扎实的基础。

2. 注重开展调查研究。监事会结合公司年度经营管理重点和监事会年度工作要点的安排，每年度安排专项调研。年初，监事会会议专题讨论年度调研计划，确定1~2个调研主题，强化调研工作的针对性、计划性。申万宏源监事会自成立以来，共组织过10余次调研，调研范围涵盖了公司经营层、总部、分支机构及子公司，调研主题涵盖了落实“六稳”“六保”工作部署、公司发展战略落实情况、重点业务开展情况、财务管理、合规与风险管理、分支机构经营管理、子公司运行情况等，调研形式包括现场检查、听取汇报、查阅业务资料、问卷调研等多种方式。监事会通过深入基层一线开展调研，对公司的经营管理工作获取第一手资料，针对性地形成相应监督报告，从监事会角度提出意见建议，从而延伸了监督触角，推进监督工作提质增效。

3. 加强监督成果反馈运用。监事会通过监督报告、监督意见建议等形式汇总监事会监督成果，并抓好反馈落地。一是揭示问题和不足。通过年度监事会工作报告、半年度监事会工作报告，对监督中发现的公司经营管理存在的不足和问题进行揭示，经监事会审议通过后报股东，提升法人治理监督有效性。二是反馈监事会会议形成的意见建议。监事会会议形成的主要监督意见和建议以监事会会议纪要、监事会监督意见建议的形式反馈公司董事会、经营层。三是加强治理沟通。监事会注重与经营层进行面对面的交流，通过座谈交流等方式，现场沟通监事会监督意见和工作建议，切实发挥监事会作用，并于会后形成相关监督调研报告，书面反馈董事会、经营层。

4. 优化常态化跟踪监督督办机制。监事会通过系统梳理、定期督办、工作联系函等多种方式推动监事会监督意见和工作建议的落实，切实提升监督实效性。此外，公司监事会针对日常监督等工作中发现的重点问题建立有关监督台账，加强闭环管理，推动问题整改。

四、以真监实督为核心，紧扣“三大重点”

财务监督、履职监督、合规风控及内控监督是监事会的三项基本监督职责。在认真履行财务监督、履职监督、合规风控及内控监督三项基本监督职责的基础上，作为国有控股上市公司，申万宏源监事会还将落实重大事项监督和信息披露工作监督贯穿于监事会工作的始终。

（一）深化财务监督，确保资产规范运营

1. 重点监督财务管理工作。监事会每季度审阅财务报告、经营分析报告等，对财务管理制度建设、会计政策变更、年度预算执行情况、关联资金占用等事项进行关注，并提出监督意见。一是关注公司财务管理制度建设和执行情况，对公司落实监管要求和会计准则情况进行监督，重点关注会计政策的制定和执行、财务估值方法的确定、计提减值情况的规范性等；强调对财务基础工作质量的监督，促进公司提升会计核算和财务信息质量。二是关注年度预算编制和执行情况，每年年初，监事会通过列席董事会会

议，对公司财务预算执行情况进行监督，并持续关注年度预算目标分解落实情况。三是关注公司增收节支的举措和成效，每月跟踪关注公司成本精细化管理实施、成本管控落实的情况。四是关注公司资金运用情况，通过审阅月度和季度资产配置检测及效益分析报告、参加相关工作会议等方式，了解公司资产配置工作开展情况，关注优化资产结构、降低融资成本、提升流动性管理收益等事项。

2. 对重大财务事项进行监督。对重大财务事项决策及授权情况进行监督，通过列席董事会会议，对公司年度决算报告、利润分配方案、发行公司债券等重大事项的决策过程进行监督。一是关注年报编制。监事会每年审阅公司定期报告，对报告编制和审核程序的合法合规性进行审核；加强与独立董事、外部审计机构的意见沟通，高度重视审计机构在财务报告审阅及商定程序中提示的问题，及时与管理层进行沟通，并持续跟进后续工作情况。二是关注公司财务状况。关注疫情形势对公司经营成果的影响，动态跟踪财务数据，全面了解公司财务报告编制、资金运用、资产减值等状况，确保资产规范运营。监督公司对外部审计机构的聘用程序。

3. 监督财务问题整改落实情况。持续跟踪上年度内外部审计中发现的财务问题，以及监事会调研发现问题的整改落实情况。在日常收集公司各类财会信息的基础上，结合公司内部审计及财会主管单位对各单位财会管理工作的检查结果，通过对相关信息的运用分析及分类汇总，形成对公司财务管理情况监督报告。

（二）严格履职监督，夯实公司管理基础

1. 监督董事会、经理层履职行为。通过列席董事会及其专门委员会、总办会/执委会、重大经营会议及开展调研、听取述职汇报等方式，对董事会和经营层重大事项决策情况、合规履行职责情况、授权执行情况、履行信息披露职责情况、组织落实服务国家战略情况等进行监督。

2. 发挥现场监督作用。监事会现场监督董事及高管出席会议、发表意见及投票表决情况，加大对公司经营层履职和经营决策行为的现场监督力度，明确列席关注要点。同时，对董事会现场会议决议事项出具书面监督意见，并持续关注监督意见建议的落实情况，进一步发挥现场监督作用。

3. 建立董事、高级管理人员履职档案并对其进行履职评价。监事会注重搜集董事、高管出席列席会议、提出意见建议、参与调研沟通等履职信息，将董事会、经营层及其成员改革创新、履行决策和管理职责情况作为监督重点，并建立履职监督档案。按照上级单位对派出董事、对直管企业领导班子和领导人员考核方案及相关工作要求，每年度开展履职评价工作，形成对董事会、经营层及其成员的履职评价意见。

4. 对高级管理人员履职待遇和业务支出进行监督。监事会对公司级负责人履职待遇和业务支出预算编制、动态监测及执行情况进行监督。每年度审阅《年度负责人履职待遇、业务支出预算的报告》，对高级管理人员履职待遇、业务支出预算方案的制定和执行情况进行监督；通过审阅书面材料并听取专项报告，定期了解履职待遇和业务支出情况，强化日常监督，充分发挥监事会监督约束作用。

（三）加强合规风控及内控监督，严守合规风控底线

监事会坚决贯彻落实中央经济工作会议相关要求，重点关注公司建立健全整体风险管理体系，完善重点业务风险应对机制，“精准拆弹”风险处置等工作的情况，对重大风险进行常态化监督，守住不发生系统性风险的底线。

1. 监督合规与风险管理体制机制建设情况。一是聚焦全面风险管理机制建设。重点关注公司建立健全包含识别、监控、量化、防范、化解等关键环节的风险管理体系，完善风险管理文化、流程、系统、工具建设等情况，及时提出意见建议，推动建立健全“看得清、够得着、管得住”的风险防控体系，筑牢风险防线。二是紧盯风险管理政策。持续关注公司风险管理政策体系是否准确反映公司风险偏好、风险状况以及市场和宏观经济变化，是否能在公司内部得到充分传导。三是监督落实集团化、穿透式风险管理要求情况。重点关注优化合规风险管理组织架构、执行一体化风险管控、推进内部信用评级体系建设、健全投资决策机制、完善项目管理机制、扎实推进合规与风险防控工作的情况。

2. 加强对重大风险和重点领域的监督。一是关注重点领域风险。动态关注系统性区域性风险、信用风险、市场风险、流动性风险等，关注重点

业务风险，特别是跨境、跨业、跨市场风险、房地产业务风险、信息技术风险等，推动公司进一步提升风险管理的针对性和精细化。二是开展风险项目专项调研。组织开展对风险项目的专项调研工作，通过审阅资料、座谈交流等方式了解公司风险项目管理工作的开展情况、风险处置进展以及风险计提减值的情况，并形成调研监督报告，推动公司不断提高风险预警、识别、防范和化解能力。三是出具监督意见建议。在监事会出具的监督意见建议中对董事会进行提示，建议公司进一步加强合规与风险管理体系建设，提高风险防范化解处置能力，实现高质量发展。

3. 加强对合规与风险管理情况的监督。监事会定期审阅合规报告、年度稽核审计计划、合规管理有效性评估报告、内控评价报告、风险控制指标情况报告等，每季度监测风险控制指标符合监管要求及公司规定的情况，持续关注重大风险或违约事件的整改落实情况，做好合规与风险管理日常监督工作。

4. 加强对内部控制管理情况的监督。一是监督内控评价执行情况。与审计部门、外部审计机构加强沟通交流，书面审阅《内部控制评价报告》等相关报告，加强对重点机构和重要业务领域内部控制情况监督。二是监督内部控制缺陷及其整改情况。关注公司内部控制的有效性，对公司内部控制建设工作进行及时督导，对内控缺陷和审计发现问题的整改进行持续监督。审阅公司内部控制评价工作方案，关注和评估内控评价缺陷认定标准、评价覆盖面、评价重点内容的规范性和科学性，并发表有关意见。三是关注关联交易情况。关注关联交易的内部管理、报告和披露是否合规，防范不当利益输送风险。

（四）强化重大事项监督，促进公司履行政治责任

1. 监督贯彻落实党中央重大决策部署情况。一是关注建立健全服务国家战略工作机制情况。监事会通过列席董事会及相关委员会会议，监督重大事项的决策过程和执行情况，关注公司服务国家战略的组织领导等情况，促进公司更好地履行政治责任，服务资本市场发展。二是关注服务国家战略的整体成效。监事会通过工作联系函、听取汇报等方式，动态跟踪服务国家战略重点工作的成效。关注公司服务实体经济，打通实体经济堵点难

点、落实“一带一路”，深化“六稳”“六保”，助力疫情防控和国家科技自立自强等情况，形成了《监事会关于公司落实服务国家战略的监督报告》，并反馈公司董事会、经营层。三是选取重点开展专项调研。对证券公司推进专精特新战略情况进行专项调研，全面了解公司完善顶层设计，各单位结合业务特性多渠道助力中小企业发展的情况，关注业务存在的短板，并提出监事会监督意见建议。

2. 加强对落实自身发展战略的监督。监事会抓住公司自身战略落地这个关键，持续跟踪新发展规划执行情况，推动公司把聚焦主业、做强主业、提升核心竞争力作为服务国家战略的首要任务。开展对战略目标分解落地情况的监督，重点关注业务结构及盈利模式优化，相关子战略的制定和衔接等情况。加强对战略执行情况的过程监督。通过列席董事会、执委会会议，听取专项汇报等方式，关注公司建立战略执行评估机制情况和战略执行的阶段性情况。强化对战略落地保障机制的监督。跟进公司体制机制改革情况，关注公司组织架构改革、考核激励机制优化、金融科技赋能等情况。关注发展战略的调整和实施效果。结合经济形势、监管政策和行业变革等因素，关注竞争格局深刻演化下公司调整发展战略，推进业务转型情况。

3. 监督重点业务、创新业务开展情况。监事会组织现场调研，听取关于证券公司金融衍生品业务发展情况、风险管理措施、配套机制完善等情况的汇报，对衍生品行业形势及发展规划等内容进行了研讨，并提供了监事会的监督意见和建议，为公司进一步提升发展优势，实现高质量发展夯实了基础。

（五）认真开展对信息披露工作监督，推动提升信息披露质量

1. 持续做好信息披露监督。监事既是信息披露义务人，也是信息披露工作监督者。监事会督促公司董事会、高级管理层及其相关人员，重视并按相关规定进行信息披露，确保披露信息的真实、准确、完整、及时、公平。

2. 开展信息披露专项检查。监事会组织公司相关职能部门组成联合检查组，采用自查与抽查相结合的方式，监督检查公司信息披露事务管理制

度建立健全情况，以及各相关部门、子公司和信息披露义务人在实际工作中严格执行外部监管规定和公司信息披露相关制度情况，并在监事会年度报告中披露了检查情况，推动公司进一步提升治理透明度和规范运作水平。

五、以协同协作为原则，发挥“四种合力”

加强法人治理监督与其他监督的有机贯通、相互协调，推动形成常态长效的监督合力。

（一）发挥内部监督合力

积极参与公司纪委牵头的“大监督格局”建设，参与“大监督”座谈会和联席会议，就不同条线的监督线索进行交流共享；定期报送大监督双月报，建立沟通机制，共享监督成果，推动监督条线有效协同，提升监督效率。主动沟通联动，强化与监督职能部门的工作联系。每年年初，监事会与计财、合规、风控、审计、资金等职能部门进行座谈，就监事会年度工作重点进行沟通交流，听取意见建议，形成监督共识。

（二）发挥集团化监督合力

结合公司双层架构特点，集团公司和证券公司监事会在监督体系和工作机制上加强协同，对重要工作推进情况和监督重点难点问题进行沟通，加强日常监督的协调配合。

（三）探索与独立董事形成监督合力

明确监事会监督重心，避免重复监督；探索与独立董事的工作协调和信息共享机制，增强公司法人治理监督的有效性。

（四）发挥民主监督合力

通过民主形式选举产生职工监事，代表职工发挥民主监督作用；职工监事对薪酬管理等涉及职工切身利益的重大事项决策过程进行监督；参与监事会专项调研，听取基层员工的相关建议，并通过调研报告反馈董事会、经营层。

1.27　长安汽车
守正创新　笃行致远　多措并举
为公司转型发展规范治理保驾护航

重庆长安汽车股份有限公司（以下简称“长安汽车”或“公司”）是中国汽车四大集团阵营企业，拥有160年历史底蕴、38年造车积累，全球有14个生产基地，33个整车、发动机及变速器工厂，在重庆、上海、北京、河北、合肥、意大利都灵、日本横滨、英国伯明翰、美国底特律和德国慕尼黑建立“六国十地”各有侧重的全球协同研发格局。在面临汽车行业“新四化”发展浪潮和长安汽车全面转型的新形势下，长安汽车监事会以习近平新时代中国特色社会主义思想为指导，把握新发展阶段，贯彻新发展理念，服务新发展格局，积极响应公司“第三次创业—创新创业计划”，以问题和风险为导向，积极创新风险防控工作方式，着力强化日常监督和重点监督，落实“四个深入”的工作方法，提升风险控制和监督质量的效果，忠实履职、勤勉尽责，助推公司抵御风险、转型发展，公司初步取得“新汽车 新生态”的转型发展成效。截至2022年二季度末，长安系中国品牌汽车累计销售2241万辆，长安深蓝SL03和阿维塔11成功上市，新能源汽车产销增长一倍，公司总市值达1718亿元，较2021年初市值1173亿元增长46%，涨幅排名四大国有汽车上市公司第一。

一、深入贯彻落实“两个一以贯之”，打造高效规范公司治理结构体系

中共中央办公厅出台《关于中央企业在完善公司治理中加强党的领导的意见》，旨在全面落实习近平总书记关于“两个一以贯之”的重要指示

要求，把加强党的领导和完善公司治理更好地统一起来，持续完善中国特色现代企业制度，加快实现公司治理体系和治理能力现代化。

一是推进党的领导与公司治理有机融合，切实发挥党委在公司治理中的领导作用。公司在完成“党建入章”工作的基础上，进一步完善构建党委会、股东大会、董事会、监事会、高级管理层的“四会一层”公司治理架构。2020 年 6 月，按照《公司章程》，公司换届改选成立了第八届董事会、监事会，实行董事长、党委书记“一肩挑”模式，董事会由独立董事、外部董事、内部董事组成，其中 8 名独立董事由会计、法律和汽车行业的专家担任，为公司运作和治理提供了真知灼见，保证了重大决策的专业性和科学性。董事会下设审计委员会、战略与投资委员会、薪酬与考核委员会，制定了相关工作制度和承接董事会具象化工作，为董事会决策提供支撑。监事会由 2 名职工监事和 3 名股东代表监事组成，忠诚履职、勤勉尽责，积极履行监督职责和创造价值。公司党委班子与行政班子实行“双向进入、交叉任职”，交叉率达到 75%，确保党委“把方向、管大局、保落实”作用在公司治理中得到全面体现。在党委决策事项中进一步强化党的政治建设、思想建设和组织建设，明确 43 条企业重大经营管理事项作为党委前置研究事项，有效保证了“四会一层”公司治理架构权责清楚、权责透明、协调运作、相互制衡，科学决策作用得到充分发挥。

二是完善公司治理体系，公司治理更加规范化、制度化。根据《中华人民共和国证券法》《中央企业公司章程指引（试行）》和兵器装备集团《关于子公司在完善公司治理中加强党的领导的实施意见》，按照国企改革三年行动部署及兵器装备集团要求，公司监事会积极协助公司系统梳理各治理主体职权边界 80 项，研究制订公司落实董事会职权实施方案，督促公司重新修订完善了《公司章程》和“四单一表”（《重大事项决策清单》《党委议事决策和前置研究事项清单》《董事会决策事项清单》《董事会授权决策事项清单》《各治理主体职权划分表》）及相关配套管理制度，党委“三重一大”事项更加明晰。董事会决策权和授权无缝衔接，提升规范运作水平，完善公司治理体系，使公司经营管理进一步规范化、科学化、制度化。

三是加强监事会职责履行，充分发挥“重监督、促整改、保落实”的作用。长安汽车监事会将依法履职与坚持发挥党委的政治核心作用统一起来，使公司治理与党内监督有机结合，围绕公司战略布局、聚焦公司发展重点，“在监督中促进发展，在发展中加强监督”，同时强化公司监事会由事后监督向事前监督、事中监督转变，着力发挥监事会对公司日常经营决策、业务执行的监督制衡作用，有效推动公司持续健康发展。

四是积极协助公司推动内控制度和风险管理，促进公司有效规范运作。2021 年，监事会参与公司《内控体系建设手册》的制订，构建了横向为内控管理维度、纵向为业务开展主线的基本模型架构，进一步完善了企业内控体系架构，为公司科学运营、风险防控和效率提升提供了理论纲领和实施指南。严明党的纪律，推进公司“依法治企，合规经营”，一体推进国企治理体系和公司治理能力现代化。

二、同步推进“两个监督”，助力长安汽车战略转型和经营目标达成

在世界汽车产业向“电动化、智能化、网联化、共享化”转型的大背景下，企业使命和发展目标必须紧密围绕市场发展趋势，长安汽车经历三次创业、三次革新，当前正站在“第三次创业—创新创业计划”的新起点，公司监事会围绕长安汽车战略转型和经营目标达成，强化日常监督和重点监督，提升监事会工作质量。

一是突出战略转型和执行中的风险，提升监督重点的针对性和精准性。公司监事会深入学习习近平总书记关于“一定要把民族汽车品牌搞上去”“一定要把关键核心技术掌握在自己手里”“打造自主可控、安全可靠的产业链、供应链”和“发展新能源汽车是迈向汽车强国的必由之路”的重要指示精神，深刻领会习近平总书记这四句话的深刻含义，并将长安汽车的战略转型和经营目标作为监事会重点关注事项。2022 年，结合长安汽车业务转型，监事会召开工作会议充分研究，制订《长安汽车监事会 2022 年重点工作计划》和《长安汽车监事会重点关注事项》，从顶层把握监督重点，

进一步关注公司“十四五”规划、新能源“香格里拉”计划和智能化“北斗天枢”计划等战略的执行和风险情况；强化公司战略引领，积极参加和推动公司每半年的战略执行评估，以习近平总书记对汽车产业的重要指示批示精神为指导，对照公司“十四五”规划目标，对标汽车产业发展的新形势，列出“软件定义汽车”“智慧营销模式”“智能制造”等十余个专题，进行战略执行评估，更好地服务企业产品结构调整和促进转型升级。

二是开展各种形式的日常监督，提升监督的合规性、程序性、实效性。以“三重一大”决策（重大事项决策、重要干部任免、重大项目投资决策、大额资金使用）和执行监督为切入点，列席公司党委会、董事会、总裁办公会等“三重一大”决策会议，以及定期召开的新冠肺炎疫情防控例会、周精益会、月度运营分析会、战略研讨会等会议，结合深入基层检查调研企业实际运行情况与效果，了解从决策到执行中的问题和风险。2021年以来，监事共列席企业“三重一大”事项决策会议以及其他会议209次，及时发现问题、纠正偏差，确保各项重大决策的合法合规，为公司风险防控筑牢防线。坚持以财务监督为核心，开展真实性、合规性和有效性监督，通过查阅财务报表、交流访谈，对公司月度、季度财务会计信息进行检查及分析研判，了解公司财务状况和经营成果，同时定期对企业月度预算指标完成情况进行检查，促进年度经营目标完成和经营质量提升。

三是充分共享应用公司数字化平台，提升监督效率和水平。利用公司ERP信息系统、OA协同办公系统、DDM大数据平台等，构建监事工作信息共享平台，实现公司财务活动、安全质量、战略运营、内部控制等各类风险防控的全覆盖、可监测、能计量、有分析和及时应对，促进监事会充分掌握公司战略执行和经济运营情况，进一步保障监事履职知情权，提升监事工作数据信息质量、传递效率和管理水平，确保了监事会的监督及时有效。

四是坚持“四个深入”工作方法，提升监事会工作质量和效果。2021年以来，公司监事会以问题和风险为导向，逐步形成深入车间、深入库房、深入账本、深入开展调查研究工作机制，完成对财务经营部、两江工厂、车联科技、长安新能源、长安福特、智能研究院等18个生产现场、市场一线、分子公司以及重点部门的生产经营、技术攻关、安全环保等方面情况的深入现场调研工作，撰写《高温铝水直供运输安全》《新形势下双积分对公司产品策划的影响》等三份有价值的深入调查研究报告，并提交业务执行部门，对公司把握社会责任与经济效益之间的关系、对各品牌的产品策划起到了较好的作用，监督的成果得到充分应用。开展23次公司财务状况、资产管理、安全环保、战略转型、内部控制等方面的监督检查，提示风险、评估成效，强化风险控制源头治理，提出规范运作及治理的意见建议，推动企业可持续健康发展。

三、坚持党管干部和党管人才的原则，建立董事会、高管人员的评价机制

董监高是公司治理的关键主体，监督公司董事会和经理层合法合规履职，维护公司和股东的合法权益是监事会的重要职责之一。公司监事会遵循党管干部和党管人才的原则，依法合规、客观公正、科学有效、实事求是，根据《中华人民共和国公司法》《上市公司治理准则》《上市公司监事会工作指引》等有关法律法规和《公司章程》，建立起对董事、高级管理人员履职评价沟通渠道，采用民主生活会的方式，形成一套科学评价的机制，促进董事会、经理层的规范和高效履职。近年来，公司董事、监事及高级管理人员合规履职、高效决策，未发生违规违纪事项，受到上级党组的高度评价，2020年和2021年领导班子绩效考评为A，考核得分超过100分。

一是建立日常工作评价了解渠道。依法参加股东大会、列席党委会、董事会、总裁办公会及公司其他有关会议，对董事会、经理层执行股东大会决议、履行公司职务等进行监督，并将监事会合规性、程序性、实效性的监督结果，以及深入基层检查调研企业实际运行情况与效果，作为对董事、高级管理人员履职评价的重要依据。

二是建立交心谈心的沟通交流渠道。每年不定期由监事会主席和党委委员、董事以及经理层进行深度沟通交流，多维度听取公司内外部对董事

会、经理层提出的观点和建议，在每年年底，开展一次与经营班子的交心谈心，结合工作实际谈思想、谈思路，谈企业风险防控，全方位听取意见建议，提升履职评价的客观性、准确性。

三是参加民主生活会。公司监事会主席积极参加公司领导班子民主生活会，实事求是开展批评与自我批评，用好“团结—批评—团结”的工具。一方面有助于党的领导与公司治理有机融合，使党建优势转化为治理效能，更好地发挥保障功能；另一方面有效促进公司治理的关键主体统一思想、增进团结、互相监督、共同提高，不断提升公司治理能力。

四是形成科学的履职评价机制。公司监事会按照贯彻落实“坚持两个一以贯之”要求，根据党委“把方向、管大局、保落实”、董事会“定战略、作决策、防风险”和经理层“谋经营、抓落实、强管理”的职责定位，应用现代人力资源管理工具，按照党管干部和党管人才的原则，将班子成员“对党忠诚、勇于创新、治企有方、兴企有为、清正廉洁”五个方面要求体现到履职评价的维度之中，构建半结构化的评价模块，并且将公司每年确定的年度经营目标，分解到各个班子成员，形成 KPI 关键绩效指标和 PBC 绩效考核承诺表，搭建起较为科学有效的“董事会和高管履职报告”评价模板，促进公司战略目标的全面实现和班子成员的有效履职。

四、认真负责履行职责，严格信息披露监督

长安汽车监事会严格按照证监会和深圳证券交易所的要求，积极履行信息披露监督职责，维护全体投资者合法权益。2021 年度，公司信息披露考核获深交所最高等级评价——A 级（优秀），已连续十年获深交所良好及以上评价。

一是不断优化完善制度体系，信息披露工作规范化、制度化、流程化。公司根据《中华人民共和国证券法》《上市公司信息披露管理办法》等规定，制定了《信息披露事务管理制度》《内幕信息知情人登记管理制度》等规章制度，明确了监事会在信息披露和内幕信息知情人管理中的职责，使信息披露和内幕知情人管理有章可循、顺利开展。

二是严格审议上市公司的定期报告和临时报告，切实履行报告事项。2021 年至今，公司监事会参加公司股东大会 7 次，列席董事会会议 34 次，召开监事会会议 12 次，对公司定期报告、财务会计报告、内部控制自我评价报告、股权激励、募集资金使用、关联交易等重大事项进行审议并出具书面核查意见，提升了报告的质量，做到了信息披露“零差错”。

三是根据《上市公司信息披露管理办法》《深圳证券交易所股票上市规则》等法律法规，每年不定期开展 2 次各类信息披露核查工作，持续提升公司信息披露水平，切实保障公司股东特别是中小股东的知情权。2021 年以来，公司共披露定期报告、产销快报、股权激励、关联交易、资金使用等信息 164 项。此外，公司还主动结合汽车行业政策和市场动态，深入分析行业发展趋势、经营模式、核心竞争力、经营性计划等，供投资者参考，做出价值判断和投资决策，提升了公司的透明度，保证了披露信息的真实、准确、完整、及时、公平，助力公司树立良好资本市场形象。

五、全力加强监事会自身建设，提升履职水平和能力

公司监事会加强体系建设，整合监督资源，拓展监督渠道，建立科学独立的监事会工作机制，促进公司治理结构不断完善，保障公司及股东的合法权益，保证监事会履职的专业化和对投资者保护的有效性。

一是根据《中华人民共和国公司法》《中华人民共和国证券法》和《公司章程》，结合公司监事会工作中发掘的 5 个痛点和难点，修订完善长安汽车监事会议事规则和工作规定，规范监事会运行。

二是推行监事会工作清单式管理，提升高质量、精细化工作治理效能。建立战略执行评估、揭示风险和问题整改挂账销账机制，持续强化企业问题整改和风险防范督导，及时化解风险隐患，强化了监事会工作的顶层设计。根据监事会年度重点工作计划制定当期的监事会工作要点清单、监事会监督检查工作清单以及监事会信息和资料清单等，全面提升监事会规范运作管理水平。

三是定期召开监事会工作周例会、季度工作会议，研究布置监事会工

作和审议相关事项，促进监事会日常工作有计划开展，2021 年以来，召开监事会工作周例会 66 次，季度工作会议 3 次，讨论布置工作 330 余项，提升了监事会工作的计划性、前瞻性和主动性。

四是有效发挥职工监事、二级单位监事会作用，进一步借力企业内外部审计、风险管理、法律监督、纪检监察等监督力量，参加由公司纪委牵头的“大监督”体系，推进监事会监督和其他监督贯通协同，实现内部信息共享，增强监督效果。

五是加强监事会团队建设，以学习交流、定期培训为抓手，加强学习中央关于国有企业改革三年行动方案的有关精神、《国务院关于进一步提高上市公司质量的意见》和上市公司监管政策，培育团队成员的忠信力、学习力、执行力，切实对照法律法规和相关政策具体要求开展监督工作；促进同业交流，加强监管沟通，理出思考问题清单，与 4 家企业对标、交流学习，借鉴学习好的经验和做法，在工作中不断拓宽视野和思路。

2022 年是长安汽车成立 160 周年，站在新的起点，公司监事会将全力以赴向着“打造世界一流汽车品牌”的战略目标砥砺前行，充分发挥法人治理的“基石”作用，努力探索有中国特色的最优公司治理经验，助力长安汽车高质量可持续发展。

1.28　广发证券
求实创新　凝聚合力

上市公司监事会作为公司治理结构中履行监督职能的重要部分，需切实提升履职能力和水平，促进公司治理水平不断提升、公司持续健康发展，切实维护公司、客户、股东和广大员工的合法权益。

广发证券监事会在董事会和经营管理层的支持和配合下，积极探索符合广发证券实际、具有广发证券特色的监事会监督体系，积极参加中国上市公司协会组织的监事会工作专题调研、课题研究、相关培训等活动，借鉴协会《上市公司监事会最佳实践案例》《上市公司监事会理论与实践》《上市公司监事会工作手册》等最新成果指导监事会工作实践，积极探索、创新监督方式方法，有效利用监督资源，提升履职效果。

一、广发证券监事会特色履职回顾

（一）建立相对独立、专业的监事会成员架构

目前，公司第十届监事会有5名监事，其中股东监事3名，职工监事2名。3名股东监事均为社会专业人士，大学教授，是财务会计、法律、科技等领域的著名学者，且具有多家上市公司服务经验；公司监事长为职工监事，并兼任党委副书记、纪委书记、工会主席等职务，另一名职工监事兼任公司工会副主席，形成了相对独立、专业、科学、高效的监事会成员架构。

（二）持续完善监事会制度体系建设

监事会严格遵照有关法律法规开展工作，不断总结工作实践并予以制度化、规范化，形成了以《广发证券公司章程》为纲，以《广发证券监事

会议事规则》为核心制度，并辅以监事会运作及职责履行相关制度为内容的监事会制度体系。目前，除《广发证券监事会议事规则》外，公司共制定发布了7项监事会内部制度，涵盖监事会会议、监事会定期报告审核、监事考核、监事会组织开展经营管理层人员离任审计、监事长履职等事项，主要制度有《董事、监事履职考核与薪酬管理办法》《监事长绩效考核与薪酬管理办法》《经营管理层人员离任审计管理办法》《监事长工作细则》《职工代表监事工作细则》《监事会定期报告审核工作指引》《监事会会议工作指引》等。

公司还编写了监事履职指引及常用法律法规备查手册，并每年进行核对、更新及补充，为监事勤勉尽责履职提供指引和参考。

同时，2022年，针对证监会、交易所密集发布、修订的监管法律法规，监事会组织开展对监管规则整合态势下监事会需履行职责的系统化梳理，在此基础上，现阶段正在整体对监事会制度体系有关内容进行论证及更新。

（三）落实监事长办公会议制度

会议由监事长召集和主持，原则上每季度召开一次，参会人员包括公司监事和公司领导班子相关成员以及相关职能部门负责人等；监事长办公会议的主要议题围绕监事会和监事长重点关注的事项，包括公司合规及风险管理工作情况、各内部监督检查部门工作成果、公司战略执行情况、有关监事履职考核等。监事长办公会议制度作为公司监事会监督制度的有效补充，通过集体讨论方式事先听取对有关监督事项的看法，通报有关监督意见，有效发挥了监事和监事会的监督职能。

（四）推动内部监督资源集约化运作

监事会深入推动公司稽核、合规、风险管理、纪检监察等内部监督机构监督资源的集约化运作，充分发挥内部监督机构合力，从公司治理高度进一步发挥监事会监督协调作用。

一是监事会指导监办定期组织编发《内部监督信息共享简报》等材料，及时跟踪监管要求、行业动态、公司重要事项及重要决策进展等。监办持续提升内部监督信息收集获取的全面性、时效性，每季度向合规、风控、稽核、财务、董办、战略、纪检监察等部门获取监督信息，提炼分析后形成内部监督信息共享简报，跟踪行业及同业发展情况、监管处罚动态、公司财务指标变动、全面风险管理、洗钱风险管理、廉洁从业等领域的重要事项及存在问题的整改落实情况等，提出监督意见及建议。该简报阅知公司领导，并报送前述有关部门，确保监督成果得到有效运用。

二是加强检查联动，协同合规、风控、稽核等部门力量，组织完成包括但不限于年度合规管理有效性评估、年度信息披露事务管理制度执行情况检查、年度内幕信息知情人登记管理制度执行情况检查、经营管理层人员离任审计等重要监督检查工作。

三是以监事长办公会议等为沟通平台，对重要合规风险事项提示整改，提升公司整体监督效率和效果。

（五）持续促进并支持职工监事履职

职工以及工会在公司中始终是一股重要且积极的力量，公司持续促进并支持职工监事履职。

公司制定了《职工代表监事工作细则》，职工监事经由职工代表大会选举产生，积极代表职工参与公司管理，对与职工切身利益相关的重大事项参与讨论发表意见。

第十届监事会 5 名监事中有 2 名职工代表监事。公司监事长为职工监事，并兼任党委副书记、纪委书记、工会主席等职务，其职务的便利性为职工监事切实履职提供了坚实保障。监事会联系业务实际，和工会紧密协作，充分发挥职工监事兼任公司工会职务等的身份优势，落实对口联系工作制度，深入开展基层调研走访，积极开展困难员工关怀。一方面引导职工积极围绕公司重要决策和安排开展各项工作；另一方面收集听取、研究分析职工意见建议及关切问题，与相关部门沟通研究，推动落实解决，保障职工合法权益。同时，职工监事通过参加公司董事长办公会议、总裁办公会议等，对涉及职工利益的重大事项发表意见，真实、准确、全面地将职工关注的问题反馈给公司经营班子，推动普遍性问题、重要问题的有效传达和解决，切实代表职工参与公司民主管理活动，积极维护职工权益。

为促进职工监事勤勉尽责履职，公司职工监事每年均须向职工代表大会述职，并接受民主评议。

（六）构建监事会监督检查系统 进一步提升监督效能

监事会持续探索科技赋能监督手段，努力实现监事会监督信息化。在公司跨部门研发的自建 DCAR 风险检查系统中，监事会主导构建了子系统“监事会监督检查系统”，目前已实现了对合规、风控等部门指定数据类别的直接抓取展示，为监事会开展有关监督丰富了监督路径，进一步提升了监事会监督效能。

（七）积极开展监事会理论研究

公司监事长积极参加中上协组织的监事会工作专题调研、课题研究、相关培训及同业交流，指导监事会持续深入开展理论研究。监事会组织编写的介绍公司监事会实践文章《学习贯彻〈意见〉要求　切实提升监事会履职水平》，获《证券日报》、新华网专栏刊发；同时，针对深交所上市公司治理专题征文活动，监事会亦组织编写了参评文章《公司法修订背景下独立董事、监事会、审计委员会的职能交叉重叠及解决思路》。

二、针对具体事项开展创新监督检查实践分享

（一）定期报告审核与监督方面

监事会制定了《监事会定期报告审核工作指引》，明确了审核要求、关注重点、审核问询与反馈流程标准、审核结论要求等，规范了监事会定期报告审核工作。

《工作指引》的编制以《中华人民共和国证券法》《上市公司信息披露管理办法》《深圳证券交易所股票上市规则》《证券公司年度报告内容与格式准则》《香港联合交易所有限公司证券上市规则》等有关法律法规、规范性文件为根据，并衔接了《公司章程》《监事会议事规则》等有关规定，主要包括总则、日常监督开展、审核总体要求、财务、会计信息披露须重点关注事项、非财务重大事项披露方面须重点关注事项、与定期报告相关的其他须重点关注事项、审核问询与反馈、审核结论等八大部分内容，其所指定期报告包括年度报告、半年度报告和季度报告。对非定期报告、证

券发行文件等审核，参照本指引执行。

指引要求：审核定期报告，应认真阅读定期报告全文，重点关注定期报告内容是否真实、准确、完整，是否存在重大编制错误或遗漏；针对年度报告、半年度报告以及季度报告的总体审核提出细分要求，并对财务、会计信息披露方面、非财务重大事项披露、与定期报告相关的其他需重点关注事项等审核过程中具体关注事项进行细化明确。

具体执行层面，在监督、审核过程中，如监事或监事会办公室需就重点关注事项进行进一步了解，可通过口头或书面方式开展问询，开展书面问询时填写《监事会文件审核问询表》，列明文件主要内容、重点关注事项等，发送文件内容编写部门，阅知董事会办公室、董事会秘书，呈报监事长、监事会秘书，并跟进问询事项反馈落实情况，确保有关关注事项及时得到解答。

（二）信息披露监督方面

监事会自 2020 年起进一步强化开展信息披露事务管理制度执行情况的日常及专项监督检查。

信息披露事务管理制度执行情况专项检查主要基于《深圳证券交易所上市公司自律监管指引第 5 号——信息披露事务管理》有关要求开展。根据《指引》要求，公司独立董事和监事会负责信息披露事务管理制度的监督，独立董事和监事会应当对公司信息披露事务管理制度的实施情况进行定期检查，发现重大缺陷应当及时提出处理建议并督促公司董事会进行改正。

监事会建立起了“以日常监督支撑专项监督，内部监督与外部监督相结合”的模式。一方面，组织监事会办公室日常对信息披露事务管理制度建设、公司信息披露文件（主要包括招股说明书、募集说明书、上市公告书、收购报告书、定期报告和临时报告等）披露等开展监督；组织协同董事会办公室定期对公司信息披露管理制度的实施情况开展自查；在前述工作基础上，通过比对确认最终形成专项检查报告并报监事长办公会议听取讨论。另一方面，每年在聘请外部专业机构在开展合规管理有效性评估时，同步开展年度信息披露管理事务制度执行情况检查并形成报告，该报告于年度监事会上呈监事审议，以外部视角助力公司信息披露管理制度执行情况优化提升。

（三）经营管理层人员离任审计方面

公司《经营管理层人员离任审计办法》规定了公司经营管理层人员不再担任公司经营管理层职务时，由监事会负责组织开展离任审计工作。监事会前期通过聘请外部专业机构及委托内部稽核部门等方式开展该项工作，在保证审计及向监管报送时效性同时，客观对离任人任期内履职情况进行了反映。2022 年，为进一步深化对经营管理层人员的履职监督，夯实离任审计工作实效，监事会要求离任审计报告中应当包含提升建议，以期在对离任人提出更高要求同时，为继任人提供持续提升的范式。该项要求已体现在最新修订（尚未正式发布）的《经营管理层人员离任审计办法》中。

下一步，广发证券监事会将持续探讨和研究多种形式的监督机制和方式，深入推进内部监督资源集约化运作，发挥监事会、独立董事、合规、风控、稽核、纪检监察等监督合力，强化监督信息共享、成果核查移交和整改机制，促进公司行稳致远。

1.29　五粮液
奋楫扬帆　勇立潮头　护航公司行稳致远

宜宾五粮液股份有限公司（以下简称“五粮液”或“公司”）监事会自 1998 年组建上市以来，紧跟新时代发展步伐，立足新发展阶段、贯彻新发展理念、构建新发展格局，始终坚持党的领导，聚焦改革发展大局，充分把握公司本级和子公司“两个主体”，抓牢体系建设、抓好人才建设、抓实方略创新，科学作为、实心干事，构建责权明晰、运转协调、有效制衡的监督机制，切实发挥监事会监督服务作用，全力护航公司加快建成治理现代化的世界一流企业。

一、抓牢体系建设，保障高效运转

一是坚定政治引领树标杆。宜宾市委市政府和公司党委高度重视五粮液监事会建设。2019 年，宜宾市国资委印发《市属国有企业加强监事会监督工作的暂行办法》，文件明确了企业党委会对监事会工作支持事项，董事会、经营层对监事会工作监督配合事项，以及相关部门工作联系机制等，着力将五粮液监事会打造成“国有企业监事会监督示范标杆”。公司党委书记高度重视监事会建设工作，亲自谋划工作计划、亲自研究重要事项、亲自处理重大问题。公司党委印发《监事会工作标杆打造方案》，将监事会所需工作经费纳入公司全面预算，并将监事会作为党委会、董事会等重要会议的固定列席单位，进一步保障监事会及监事的知情权和重大事项审议决议监督权。

二是实现组织机构全覆盖。按照公司章程，建立科学合理的监事会组织体系。公司本部监事会由 5 人构成，其中专职监事会主席 1 名，外部监事2名，职工代表监事2名。为服务监事会工作，公司成立监事会办公室，配设9名专职工作人员，全面落实监事会财务内控监督、外派监事考核和管理、子公司监督和指导“三大职能”。目前，15家子公司监事会实现外派监事全覆盖，11家子公司设立监事会，监事总人数达44人；同时，监事会团队涵盖经营管理、审计、财务、融资、酿酒工程等各方面专业人才，为充分履职尽责奠定坚实基础。

三是建立一体化监督体系。为规范监事会工作行为、履职保障、监督重点、人才培养和业务指导，优化完善公司本级和子公司监督制度，做到事事有章可循、有规可依，公司现已建立议事规则、财务监督、内控监督、经费管理、子公司监事会工作考评办法、子公司监事会报告、人才“选育用管”等12项制度，编制监事会、外派监事、职工监事权责清单3张，科学合理地制定了监事会工作流程。编印五粮液监事会工作手册，作为“履职指南”充分指导公司监事、子公司监事会、外派监事履职尽责，被宜宾市国资委纳入市属国企监事会工作典型案例进行广泛推广。

二、抓好人才建设，强化能力提升

围绕公司监事的选任、考核、奖惩、培训效果环节，建立了一套科学的选育用人才管理机制，着力打造一支专业化思维和行政化效能并重的监事队伍。

一是建立监事“储备库”。紧扣公司高质量发展，多角度、分层次储备监事人才，建立“公司外部监事人才库”。纳入人才库的人员，以中共党员为基本要求，涵盖财务、法律、金融、工商管理、经济、审计、销售、生产等不同专业，囊括集团职能部门主管及以上、子公司中干副职及以上职务的优秀年轻人才，总人数维持在100人左右，实行动态管理。

二是严把监事“用人关”。外派监事的选派工作主要根据所派驻单位业务及企业规模大小，从人才库中选派具备相应专业人员到子公司兼任，并定期开展任职培训，进行考核筛选；外派监事实行年度考核，考核结果与监事履职绩效挂钩，对履职不合格者提出罢免建议，对表现优异者进行优先提拔，不断对外派监事进行调整优化，实现外派监事有效履职。

三是搭建监事“充电站”。“对内”定期召开监事会工作总结交流会议，子公司监事会代表和外派监事代表交流工作经验，并抽调外派监事到审计、财务、纪检等部门开展多岗锻炼，通过以会代训、以干代训的方式，进一步理清工作思路、创新工作方法；“对外”联合宜宾市国资委，每年在电子科大、西南财大、西南政法大学等省内外高校开展监事工作集中定制课程培训，定期组织公司监事、子公司监事会主席、外派监事到央企国企民企经验交流，与省内兄弟单位到访交流，在互鉴互学中开拓视野和思路，全面增强监事综合能力素质，提升监事履职能力。

三、抓实方略创新，提高监督质效

在公司经营业绩稳定增长的态势下，着眼预期管理和风险应对，紧盯关键环节和热点问题，积极拓展监督载体和手段，创新方法和策略，提升监督质效，强化企业风险防控能力，赋能公司持续稳健高质量发展。

一是筑牢风险“防火墙”，做好全过程监督。强化财务监督，多途径防范财务风险。监事会定期审阅财务报告、收集子公司监事会和外派监事财务监督方面信息，分析梳理关键风险点，提出关注事项，以财务监督专报、监督建议函等方式报公司主要领导、下发外派监事和子公司监事会，全力筑牢安全底线。强化信披监督，多层次防范信披风险。监事会严格按照披露要求，聚焦公司重点领域和定期报告，加强分析行业形势、资本市场关注指标；召开监事会会议，审议公司信息披露重大事项；全过程参与内控评价、财务公司风险评估等工作。强化流程监督，多渠道防范决策风险。通过列席公司党委会、董事会、高管会，参与审议公司大额资金使用、投融资等重大事项；通过函件及时获取对外投资项目、重大项目工程费用结算等重大事项审议结果；及时提醒下属子公司在对外投资、重大项目建设等重大决策事项的合规性、流程的规范性、资料的完备性。强化形势研判，多方式提示经营风险。监事会实时关注国内外经济形势、监管动态，会同公司相关部门共同研判市场形势；通过编印每月监事会工作简报、政策动态，提示可能面临的风险和不稳定因素。

二是构建监督“一盘棋”，凝聚各部门合力。在公司机构改革工作中，监事会办事机构并入内审合署办公，两方面工作有机统一、互为补充，内审、监事、纪检、财务监督协同联动、信息共享、结果共用。一是定期召开协同监督联席会议，协同监督联席成员单位，共同发挥“眼睛”和“医生”作用，针对调研检查中发现的问题提出解决措施，并督促问题加快整改落实，有力解决了监督力量分散、重复监督、监督空白等问题；二是强化子公司监事会日常监督、专项监督、重点监督等履职情况的定期考核，并督促子公司对监督过程中发现的问题进行落实整改；三是逐步建立大监督格局，形成上下一体权威高效的“一盘棋”监督体系。

三是推行管理“清单化”，打造数字化平台。为有效解决监事会在履职中信息不对称、数据收集、政策动态、新的监管政策了解不及时等问题，创新打造五粮液监事会数字化业务服务平台，平台涵盖监事人员管理、监事季度工作、监事组织结构、子公司业务、业务数据中心、监事会法规库等六大模块，实现监事工作实时信息获取、实时数据分析、及时预警提醒等功能。同时，监事会通过研究制度、梳理流程，明确监事在参会列会、财务监督、专项监督等方面的清单任务，编制了监事会、外派监事、职工监事 3 张权责清单，形成“清单化”管理，并对未按要求履行职责的子公司监事会下达提醒函，督促其监事履职。目前，该项目已向国家版权局申请计算机软件著作权登记。

九层之台，起于累土。五粮液监事会将坚持以习近平新时代特色社会主义思想为指导，紧跟公司高质量发展步伐，围绕公司“生态、品质、文化、数字、阳光”五位一体发展目标，坚持“监督为本，服务为旨”的工作理念，聚焦公司改革发展，结合公司多业务、多区域、多机构的经营特点，落实监督职责，优化治理结构，持续发力推进监督履职，奋楫扬帆，勇立潮头，充分发挥监事会在公司法人治理结构中的独特作用，为公司擦亮“大国浓香、和美五粮、中国酒王”金字招牌作出更大贡献。

1.30　科大讯飞
“科学性、智慧化、精准化”三效合一
提升监督效能　护航企业发展

一、科学强阵地，专业化监督夯实运作基础

监事会成员的专业能力、信息获取量是监事会监督质量的重要基础和根本保障。

科大讯飞监事会在顶层设计上科学布局监事会成员结构，使监事会的知识结构多元化，充分发挥了专业人才资源在监事会监督与决策中的积极作用，从而使监事会的监督履职能够获得多元化的知识和信息获取方式，让监事会监督与决策由于多元的参与而更具科学性。

科大讯飞监事会中职工代表监事的候选人均来自公司生产经营的重点核心领域，成功当选的职工代表监事分别具有公司审计与监察部副总经理、首席信息官、战略运营发展部经理等专业背景，可立足自身岗位专业化开展日常监督：审计与监察部覆盖公司内审与内控资源；首席信息官为高科技企业的核心关键岗位，对数字化财务监督与数字化审计、AI（人工智能）内控监督能够发挥重要作用；战略运营发展部统筹公司经营发展与组织运营，覆盖了从战略到经营落地的全过程闭环体系。上述职工监事作为职工中择优选举出来的人才，处于企业生产经营的重要环节中，既具备较强的综合能力，又熟悉企业经营管理的专业领域工作，在保障职工参与管理和监督权利的前提下，有效整合了监事会的内部监督资源。而股东代表监事则均为高级会计师，并且具有内审部资深经理、财务总监、以及董事、监事（监事会主席）等专业背景。科大讯飞监事会成员知识领域覆盖了公

司重要监督要素，能够实现更有效率与效果的全覆盖监督体系，有效提升和强化了监事会的监督力量，让监事会监督与决策更具专业性、科学性、权威性。

此外，科大讯飞监事会还充分重视和利用公司内审部门、外部审计师、第三方专业机构的监督资源。监事会在日常监督工作中，听取内审部工作报告，通过公司内控体系间接对公司经营管理起到了较好的风险防范和监督作用；与外部审计力量始终保持有效沟通，并根据实际工作需要，采取聘请第三方专业机构提供协助等方式，行使监督的权利。公司监事会在日常监督工作中充分发挥保荐机构、中介机构的作用，强化“持续保荐督导不是监督，而是持续服务”的理念，信任和发挥中介机构的专业能力。通过多方式、全维度的监督工作，科大讯飞监事会与内审部门、外部审计师、第三方专业机构建立了协调协同的配合机制，形成了科学有效的监督合力。

二、好风凭借力，智慧化监督提升履职质效

科大讯飞监事会在履职实践中，积极发掘和利用企业的自身优势，创新智慧监督新方式，将科大讯飞最新的技术成果应用于监事会监督实践，赋能数字化财务、AI 内控，通过监督职能与企业优势的有机结合，运用人工智能实现立体式全方位智慧监督，增强了监督效果，为企业规范运作奠定智慧化基础。

科大讯飞作为智能语音与人工智能领域的代表企业，专业从事于智能语音、自然语言理解、机器学习推理及自主学习等核心技术研究与产业化，在语音识别、语音合成、机器翻译、图文识别、图像理解、阅读理解、机器推理等人工智能关键核心技术领域均拥有国际领先的成果。如何利用公司人工智能核心技术优势赋能监督履职，是科大讯飞监事会积极关注的一项创新性议题。

财务监督是监事会职能的重要场景之一。科大讯飞监事会积极参与到人工智能在数字化财务方面的应用中，与公司财务部、企信部积极探索，结合企业自身优势，创新智慧监督新方式。通过将科大讯飞国际领先的智

能语音、自然语言处理、图像识别等 AI 技术与财务内控相结合，依托票据 OCR 智能填单、NLP 设置审单模型，AIUI 语音问答，并搭建以流程、规则等引擎为主的平台层，以任务管理、影像管理等为主的运营层，来支撑报销、费控等核心业务应用层，满足企业财务管理刚需。数字化财务使公司财务审单差错率由每月 11.64% 下降到 3.8%，财务审核效率提升 52%，年节约成本约 1044 万元；同时，采用发票 OCR 查重、验真，提升了付款及税务合规性，统一进项税发票入口，有效保证了业务进项数据的完整性和规范化。

内控监督是监事会职能的另一重要场景。科大讯飞监事会与公司审计监察部、企信部基于科大讯飞国际领先的人工智能核心技术优势，积极探索用 AI 赋能内部控制。利用人工智能技术，集成来自企业内部不同系统的信息与数据，面向全量样本，通过风险模型和算法加持，实现大部分内部控制流程的自动化，使得内部控制更精准、更高效、更智能。目前，科大讯飞数字化审计全面覆盖员工自助报销，实现问题自动识别，形成了较为成熟的个人报销防控系统；AI 内控已覆盖销售（资信、价格、信用）、采购（价格、质量、账期）、费用（真实、合理、合规）及人员（关联、行为、履职）等内部风险控制领域，使监事会更深入地了解公司经营和内控管理情况。

此外，科大讯飞监事会与时俱进，探索增进决策能力的新方式与新方法，通过“讯飞听见视频会议系统”有效提高了监督效能。与传统的通信表决方式不同，讯飞视频听见会议实现了与现场会议无差别地“面对面”同步查阅会议 PPT 及会议材料、交流及发表意见，打破了空间对参会及沟通的束缚；同时，结合经过证监会备案的“易董电子签名”，有效地签署会议文件，提高了监督履职的效率。基于上述新媒介，监事会会议保证了 100% 的监事出席率，更好地适应了现代社会的要求，履职更加顺畅、高效、便捷，确保监事会及时、有效决策。

三、十年磨一剑，精准化监督护航企业发展

科大讯飞监事会十年如一日地通过持续学习提高履职能力，持续助力

制度完善、细化工作流程，提升监事会精准化监督的水平。本着恪尽职守、勤勉尽责的工作态度，科大讯飞监事会通过树立意识、系统学习、建立体系三部曲，充分发挥监督、检查、督促职能，推动公司更加透明、更加规范、更加阳光地发展。

（一）树立意识，凝聚监督之魂

科大讯飞监事会把规范意识的树立放在监督工作首位，明确强调诚信规范是发展前提。纵观资本市场的违规失信事件，控股股东违规占用上市公司资金、违规关联交易、对外担保、资金拆借、利用内幕信息违规操作等不诚信行为与违规事件屡禁不绝，其重要原因在于规范意识淡薄，对相关规范的认识不足，对违规行动可能造成的重大后果意识不够。科大讯飞监事会在树立规范意识工作中，首要的要求是在公司上下树立“红线”不可碰的观念，严格遵守规范要求。诚信规范已经成为科大讯飞的自觉追求。

（二）系统学习，提升监督之力

立根原在破岩中。系统学习是提高监事会履职能力的根本保障。随着资本市场的不断发展、政策法规和监管要求不断推陈出新，只有通过持续的学习，才能实现专业知识的迭代和储备，才能够在日常工作中恰当地分析问题、处理问题。科大讯飞监事会高度重视对监事人员的培训力度，持续强化学习，使监事人员深入了解监事会的法律职能及法律法规。系统学习的主要内容包括《中华人民共和国公司法》《中华人民共和国证券法》《上市规则》等相关法律法规，上市公司规范运作指引、其他指引及规定，专业机构推出的监事会专题等内容，还针对中国证监会、深圳证券交易所实时发布的规则修订等内容，及时进行学习，保证监督、督促工作及时、准确。

（三）建立体系，构筑监督之体

科大讯飞监事会认为，监管要求是基线要求，不可能涵盖所有方面。企业真正的自我规范，是要从企业实际、特点和发展出发，不断将规范工作深化，建立全方位的内控体系。科大讯飞建立了完善的关联交易、对外担保、对外投资、证券投资、信息披露等具体的内控制度，上市以来累计发布各项制度100余项，各类体系文件数百项，系统实施并不断深化内控管理等规范建设。公司监事会不断提高内部控制制度执行的有效性，充分运用专项检查、专题调研、列席会议、工作建议书等制度形式，聚焦财务活动、内部控制、风险管理等各个方面，做到事前、事中、事后监督，对公司健康发展发挥了重要作用并取得显著成效。

一直以来，科大讯飞始终坚持规范治理的自觉追求，秉承“监事会工作职能的有效发挥是促进企业规范运作和提升企业经营管理水平的重要手段”的理念，为监事会充分发挥监督职能提供了机制保障。科大讯飞监事会将工作群命名为“飞翔助理团”，作为公司治理的“重要基石”，监事会充分尊重董事会、高管层的决策，确保监督尽职不越位、不缺位、不错位，形成了监事会保监督与促发展的良性、有机循环，为科大讯飞的规范运作和可持续发展提供了坚实保障。

在公司监事会专业、敬业的监督引导下，科大讯飞坚持规范运作，公司蓬勃发展。科大讯飞是A股所有上市公司中，过去10年唯一连续10年营收年增长率均超过25%的上市公司；在技术进步上，科大讯飞近三年共夺得数十项国际人工智能核心技术赛事冠军，在人工智能发展史上，科大讯飞树立起一座座里程碑，标注中国人工智能行业发展的新刻度；在业务落地和布局上，公司在教育、医疗、消费者等重点赛道，源头技术驱动的战略布局成果与应用示范验证持续显现，持续构建起战略业务根据地；在生态构建上，讯飞开放平台聚集超过364万开发者团队，形成了以科大讯飞为核心的人工智能产业生态；科大讯飞的规范发展也得到了资本市场的认可和高度评价：公司信息披露工作连续14年被深交所评为考核优秀，根据统计，深圳主板上市公司（含历史上的中小板）连续14年获得信息披露考核为A的上市公司仅有9家，占比0.60%。深交所特别点名“科大讯飞等公司整体运作规范，信息披露工作质量较好，在市场上起到了良好的带头示范作用”；在由中国上市公司协会、上海证券交易所、深圳证券交易所、中国证券投资者保护基金公司、中国证券业协会、中国证券投资基金业协会、中证中小投资者服务中心有限责任公司共同主办的两次“最受投资者尊重的上市公司”评选中，科大讯飞均荣膺“最受投资者尊重的上市公司”；此外，公司还连续两次荣获“CCTV中国十佳上市公司”等荣誉。

第二部分
卓有成效案例

2.1 日照港
全面准确贯彻落实“两个一以贯之”
全方位提升监事会履职效能

上市以来，日照港监事会本着对全体股东负责的态度，认真履行《中华人民共和国公司法》《公司章程》赋予的职责，依法独立行使职权，维护公司和投资者利益。通过列席股东大会及董事会，对公司的生产经营活动、重大事项、财务状况以及董事、高级管理人员履行职责情况进行监督，促进公司规范运作和健康发展。近年来，公司监事会全面准确贯彻落实习近平总书记关于“两个一以贯之”的重要指示要求，多维发力，全面提升监事会监督效能。

一是崇高站位，加强党的领导。公司始终坚持把加强党的领导和完善公司治理统一起来，严格落实“三重一大”事项党委前置研究，厘清“党委会、股东大会、董事会、监事会、经理层”四会一层各治理主体权责边界，建立健全“一章程三清单五规则”，形成权责法定、权责透明、协调运转、有效制衡的公司治理机制；严格落实“双向进入、交叉任职”的领导体制，党委成员全部通过法定程序进入董事会、监事会和经理层，党的领导制度优势不断转化为公司治理效能。

二是多元结构，增强监事会独立性。公司积极推动监事会多元化建设，监事会由 7 名监事组成，其中职工监事 3 名，控股股东提名 2 名，战略投资者提名 2 名。来自股东单位的监事能够参与公司发展战略、生产经营，并对公司重大事项进行有效的监督和独立判断；职工监事来自组织人事、法务审计、纪检监察等部门，由职工代表大会推选，能够代表广大职工的利益参与公司内部运作。同时，积极发挥女性她力量，共有 3 名女性管理层分别进入监事会及经理层，从不同视角为公司决策注入更多活力，进一步提升监事会监督质效。

三是多措并举，提升监事履职能力。一方面，加强专业化建设，现有监事分别具备港口运营、多元化金融、审计、纪检监察、会计及财务管理、法律等专长，为促进公司可持续发展贡献多元智慧。另一方面，加强专业化培训，精准落实“规定动作”，及时参加国资监管机构、证券监管机构等部门举办的各类任职及后续培训，学习上市公司治理的理论和实践、信息披露管理办法等新规解读、年报披露中发现的问题、违法违规行为与董监高责任认定等；创新做实“自选动作”，邀请独立董事、律师、会计师等专家开展《上市公司治理及董监高行为规范》《上市公司董事、监事及高管人员合规培训》《未来港口发展趋势》等专项培训，不断提高监事履职能力。

四是发挥合力，有效整合内部监督资源。加强与公司内部监督力量的联动配合，充分发挥监事会与财务、法务、审计、内控、纪检监察等专业团队的合力，提高公司内部监督效能。强化财务管理职能，在生产、经营、投资、建设、管理、决策等各环节实施财务前置，充分发挥财务管理作用。推行重大事项合法合规性前置审查，促进公司重大经营决策依法合规。创新审计思路，全面做好经济责任审计和基建审计，不断提升审计效能。加快推进现代企业制度建设，建立健全内控工作机制。坚持关口前移，优化派驻监督，统筹纪检、巡察、派驻等各类监督，不断提高纪检监察监督效能。

五是信息共享，保障监事会知情权。建立健全内部信息传递机制，公司主要经营、财务、统计报表、重大经营活动等文件资料在报送董事会的同时同步报送监事会；公司董事会、经理层定期向监事会提供公司生产经营、战略发展等信息；职工监事列席公司月度工作例会、半年及年度工作总结大会，及时获知公司重大信息。建立微信工作群组、短信工作平台，定期编报《“证能量”工作简报》，及时分享国家重大政策法规、监管规定、资本市场动态、大盘走势和公司股价变动等信息，为监事履职提供参考；提供《董监高履职手册》，方便掌握最新法律法规、国家政策，促进董监高依法合规勤勉履职，推动公司治理水平持续提升。

六是智库保障，提升监事会监督质效。根据实际工作需要，充分发挥第三方专业机构“外脑”支撑作用，提升监事会监督效果。一是监事会不定期与审计机构就财务报告、内控等事项进行沟通，深度参与定期报告编制、审核，保证公司定期报告的真实、准确、完整。二是加强与外部法律顾问交流探讨，公司重大决策方案、重要合同协议、投资项目等事项，均由律师提供咨询论证、审核把关，增强决策的科学性、合法性，有效防控法律风险。三是聘请第三方内控评价机构，定期对公司内控制度执行情况进行评价，确保公司经营管理合法合规、资产安全、财务报告及相关信息真实完整，提高经营效率和效果，促进公司高质量发展。

行而不辍，未来可期。监事会有效履职是提升上市公司治理水平的难点和核心，未来，日照港将持续优化体制机制，持续提高监事会履职效能，推进公司治理体系和治理能力现代化，为促进港口高质量发展提供坚强保障。

2.2 招商银行
健全完善监督方式　不断提升监督效能

招商银行监事会成立以来，始终坚持“加强履职监督、服务经营发展”理念，认真履行监督职责，不断创新监督方式，持续提升监督效能，在公司治理中发挥了重要作用，为招行推进战略转型、实现高质量可持续发展作出了重要贡献。

招行第十一届监事会任期从 2019 年 6 月至 2022 年 6 月。期间召开监事会会议 32 次，审议议案 94 项，听取汇报 55 项；专门委员会会议 17 次，审议议案 18 项；列席董事会及其专门委员会会议 58 次。通过开会研究审议议题和听取汇报、列席董事会和高级管理层会议、访谈交流、调阅材料、专题调研等方式，监事会对战略实施、资本管理、全面风险管理、财务预算、利润分配、内部审计、内控合规、消费者权益保护以及董事和高级管理人员履职等重点事项开展监督。

一、科学谋划调研工作，充分发挥调研服务经营决策、助力稳健发展作用

一是调研形式高效灵活。监事会坚持以集体调研与监事长个人调研并举、总行部门调研与分支机构调研并重、常规调研和专题调研相结合的形式开展调研工作，第十一届监事会累计开展集体调研 8 次，覆盖 19 家机构。丰富的形式为拓宽调研广度、加大调研力度、提高调研深度提供了全面高效灵活的机制支持。二是前期筹划扎实有力。围绕全行战略转型、经营管理重点、风险管理、内控合规等方面，精心选定调研主题、认真选取调研对象、合理安排调研方案，做到心中有数；改变以往由调研对象准备

汇报材料的方式，协同总行相关部门，整理调研对象经营发展、风险管理、内控合规、审计整改等方面基本信息，高质量汇编调研参考材料，既协助监事全面、客观、真实地了解调研对象整体情况，又减轻了调研对象材料准备负担；在充分发挥监事会成员丰富的金融、法律、会计、管理等经验的同时，还有效调动行内各业务部门的专业能力，抽调相关部门负责人参加调研，现场提供专业指导。三是坚持问题导向。深挖调研对象在经营管理、风险防控、内控合规等方面存在的薄弱环节和问题短板，帮助调研对象从本质上、源头上发现问题，找出病灶；积极回应调研对象对于总行的诉求和建议，建立健全跟踪督办机制，挂图作业、对账销号。对于个性问题，提出针对性解决方案，对于普遍性、共性问题，举一反三、以点带面，推动全行从体制机制上加以解决。第十一届监事会就调研情况向董事会、高级管理层发送《监事会工作要情》8 份，落实诉求建议共计 51 个，形成“发现问题、分析问题、解决问题”的闭环。四是赋能经营发展。以调研为契机，监事会一行积极沟通联络地方政府机构、监管部门、同业机构及公司客户等政企资源，为调研对象营造良好外部环境，努力挖掘潜在商机，将服务一线经营发展落到实处。

二、创新监督思路，突出监督重点，以主动、前瞻、有效监督，深度服务经营发展

一是坚持战略引领，强化战略监督，稳固经营发展根本。定期对全行战略执行情况进行全面评估，综合评价战略规划总体目标完成情况，深入分析重点战略举措及成效，客观指出战略实施过程中存在的不足，不断提升战略规划的科学性和有效性，强化战略执行力度。二是靠前揭示风险，守牢经营发展底线。推动审计部深入分析宏观环境和风险形势变化，督促管理层加强对房地产、地方融资平台、假央企等领域的风险管控；委托审计部对全行信用风险关注重点进行专项审计，查找原因、分析问题，保障业务稳健经营和良性发展。三是创新融合监督方式，提升内控管理水平，夯实经营发展基础。与总行纪检监察、审计、风险、法律合规、财会等部

门建立联动机制，开展联合作业，实现信息、调阅资料、发现问题的成果共享，形成监督合力，提高监督效率。2019～2021 年，发挥联动机制优势，在全行组织开展提升基础管理专项工作，对分行基础管理薄弱环节开展联合检查，帮助分行及时揭示问题。整治期内，分行自查和审计部验证发现问题整改率均达 95% 以上，并由此促进总行从制度、流程、系统层面进行根源性整改，全行基础管理水平得到显著提升。四是强调遵循 ESG 理念，前瞻开展 ESG 监督，提高经营发展质量。监事履职遵循高标准价值准则和行为规范，遵守社会、环境和治理标准，接受 ESG 相关专项培训；通过专题研究和听取汇报，监督本公司 ESG 履行情况，重点关注董事会、高级管理层在普惠金融、绿色金融、消费者权益保护、社会责任等方面的履职情况；专程赴永仁、武定定点帮扶县开展集体调研，深入了解定点帮扶工作开展情况，推动招行为乡村振兴事业贡献更多金融力量。

三、优化完善履职评价体系，推动公司治理各方勤勉履职

一是评价制度体系健全完善。根据公司治理监管要求，结合招行公司治理和监事会运作实践，创新构建董监高价值准则与行为规范指引和履职评价办法两级评价制度体系，一方面树立并引导董监高遵循高标准履职行为规范，建立评价标准，另一方面细化规范评价内容、工作方法和程序、结果应用。日臻完善的制度体系为评价工作提供了坚实基础。二是评价内容多维度、差异化。在履行忠实和勤勉义务基础上，进一步强调履职专业性、履职独立性与道德水准、履职合规性，从五个维度开展履职评价；依据不同类型董监事、参加不同专门委员会的董监事各自工作侧重点，进行有针对性的评价。例如，股东董监事处理股东利益和关联交易情况、独立董事发表独立意见情况、职工监事维护职工利益情况等。履职评价内容重点突出，兼顾差异，科学合理。三是评价方式丰富多样。日常通过列席会议、听取汇报、开展调研、阅研材料开展履职监督，及时沟通反馈意见建议；年末开展履职访谈、统计量化指标、开展问卷自评、编写评价报告，多元、全面、深入地反映董监高全年履职情况，做到评价有据可依。四是

评价程序规范有序。监事会提名委员会负责实施履职评价工作，不仅对董事会、监事会和高级管理层总体履职情况进行评价，还对每位董事、监事和高级管理人员出具单独的评价结果。同时聘请外部审计机构就履职评价报告出具独立评估意见，从第三方角度强化履职评价的科学性和有效性。履职评价报告经监事会提名委员会和监事会审议通过后，向股东大会和中国银保监会报告，保障股东知情权，接受监管机构监督。

四、强化职工监事桥梁纽带作用，切实维护职工群众切身利益

一是丰富完善职工监事联系职工群众制度，每年组织职工监事向职工代表大会述职，公开接受职工群众监督评价。定期召开职工群众座谈会，通过蛋壳平台（招行内部论坛）、招银 E 报（招行内部宣传网站）、满意度调查问卷、清风指数调查问卷等渠道收集整理职工关注度较高的问题，协助职工监事全面了解职工所急所需所盼。二是管理层在谋划涉及职工切身利益的规章制度或重大事项时，职工监事以党委委员或工会常务副主席的身份，深度参与决策过程，充分反映和表达职工诉求，切实维护职工权益。三是职工监事立足自身岗位和知识背景，分别担任监事会提名委员会和监督委员会委员，充分发挥信息与专业优势，不断提升监事会监督效能。

五、立足金融科技领先优势，增强监事会监督效能

一是创建并迭代优化公司治理平台系统。涵盖文件浏览、会议管理、履职支持、履职档案等功能，用数字化、移动化、智能化的方式提升监事履职体验。监事可通过公司治理平台审阅各类会议文件及参阅材料，在线参加监事会会议并签署表决书、纪要、独立意见，浏览履职手册，参加各类线上培训课程。平台将自动统计分析监事参会及发表意见情况，形成个人履职档案。二是推动审计条线强化数字化审计能力建设。打通审计监测预警作业与业务系统实时共享数据的通道，助力业务部门及时获取风险及异常信息，将风险防范于萌芽之中。上线并推广案例库系统，用身边事教

育身边人，让员工更加直观、深刻地认识到银行业风险案件类型及其危害，做到心有所畏、行有所戒。

六、深化专业能力建设，提升监事履职质量

一是编制《监事履职手册》。围绕价值准则与行为规范、职责要求、履职评价维度、履职方式等内容，化繁为简，提炼干货，协助新任监事全面了解各项权利义务和履职要点。手册还包括公司基本情况、重大战略和核心业务介绍，以增进监事对公司的了解，更好履行监督职责。二是强化培训赋能。第十一届监事会监事累计参加行内外培训 31 人次，就法律法规和监管政策、公司有关规章制度、董监高责任义务、风险管理、内控合规、反洗钱、ESG 等方面内容进行系统学习，进一步提升监事履职能力。三是深化同业交流。第十一届监事会共开展同业交流 7 次，学习借鉴公司治理和监事会监督优秀实践经验，促进监事会工作质效提升。四是保持与监管的良性互动，多次赴银保监会和地方银保监局沟通汇报工作，学习监管先进监督经验，充分领会监管要求，为公司稳健发展营造良好监管环境。

2.3　中国船舶
着力“三个聚焦”　做细做实监督

中国船舶工业股份有限公司（以下简称“中国船舶”或“公司”）于1998年5月在上海证券交易所挂牌上市，其前身为原“沪东重机股份有限公司”。中国船舶是中国船舶集团核心军民品主业上市公司，整合了中国船舶集团旗下大型造修船、动力及机电设备、海洋工程等业务，具有完整的船舶行业产业链。

一、监事会概况

中国船舶第八届监事会于2022年4月12日完成换届，本届监事会由7名监事组成，设监事会主席1名；其中4名为股东监事，由公司控股股东推荐；3名为职工监事，经公司下属子公司通过其职工代表会议分别选举产生。

长期以来，公司监事会紧紧围绕《中华人民共和国公司法》《中华人民共和国证券法》《上市公司治理准则》及《公司章程》等赋予的职责，本着“勤勉尽责”的精神，严格按照《公司监事会议事规则》等有关规定，对公司财务、生产经营管理、关联交易、董事及高管的履职情况等进行监督，防范运营风险，促进规范运作，不断提高公司治理水平。同时，公司为所有监事购买了责任保险以降低监事履职风险，促使其在职责范围内更充分地履职，更好地保护上市公司各方合法权益。

二、监事会创新实践特色

（一）聚焦提升监督能力，着力加强自身建设

1. 架构科学合理，保证履责能力。公司不断优化监事会成员构成，本届监事会的7名组成人员中，有5名监事为会计专业人士，均熟悉公司经营管理情况，在监督公司财务状况、审议定期报告中涉及的财务事项等方面可以充分发挥专业优势，提高监事会发现问题、提出建议的能力。同时，由3家全资子公司各选举出1名职工监事进入监事会，发挥职工的民主监督作用，为公司发展建言献策。值得一提的是，本届监事会1名职工监事由子公司中层管理人员调整为领导班子成员，内部地位和话语权进一步提升，其在发挥民主监督的基础上，更有力地参与到公司日常经营决策、对内沟通协调等工作中，取得了良好的效果。

2. 完善制度建设，保证履责有据。公司以《中华人民共和国公司法》《中华人民共和国证券法》《上市公司治理准则》为根本遵循，以《公司章程》《监事会议事规则》为基本依据，明确了公司监事会的各项职权和义务，重点是监督董事会履行股东大会决议，督促董事和公司高级管理人员遵守法律、行政法规和《公司章程》规定，对公司合规运作、财务状况以及内部管理等方面进行监督检查。同时，公司明确监事可以列席董事会及其各专业委员会会议、管理层的重要工作会议，使监事可以第一时间掌握公司重大战略部署、重要经营决策、重点工作任务，做到有的放矢。

3. 跟进监管要求，保证履责到位。近年来，中央对发挥国有企业监事会的作用愈加重视，连续发布了一系列政策文件明确国有企业监事会的工作内容和职责所在，监管机构也对国有企业监事会如何发挥作用提出了更高、更系统的要求。公司积极组织监事参加上海证券交易所、上海证监局等监管机构组织的各类业务培训，加强对最新上市公司法规、监管规则的学习，及时跟进最新监管要求，做到监督不缺位。同时，不定期组织监事参加公司发展战略、主营业务、市场行情、生产经营情况等业务培训和公司治理合规业务培训，确保监管政策与公司业务同步，做到监督不缺位，

更好地发挥监督职能。

（二）聚焦提升监督水平，着力完善监督路径

1. 落实贵在平时，做好日常监督。公司监事会严格按照《公司章程》和《监事会议事规则》等有关规定，每年度组织召开至少两次监事会会议，对公司定期报告、财务决算、对外担保、关联交易、募集资金使用等事项进行审议。近一年来共召开监事会会议 5 次，审议议案 20 项，监事会议出席率 100%。同时，通过参加公司股东大会、列席董事会会议和总经理办公会，审阅公司每月编发的《证券事务报告》《董事会工作月报》等，主动关注、及时掌握公司重大事项，并对公司财务活动、风险管理、内部控制以及公司董事、高级管理人员的履职情况开展持续监督，做稳监督的基本盘。

2. 坚持问题导向，开展专题调研。公司监事会在做好日常监督的基础上，坚持问题导向，积极开展专题调研，促进管理提升。前往子公司召开子公司负责人、一线职工参加的座谈会，详细了解子公司生产经营情况、面对的问题和挑战及应对措施，听取他们对完善公司治理、加强风险管控等方面的意见建议。同时，结合监管部门重点关注的热点、焦点问题，组织开展针对相关问题和业务领域的专项检查，通过调取业务档案数据、听取业务部门汇报和说明、随机走访相关人员等方式，全面了解问题情况，随后形成专题调研报告，提出相应的意见建议，进一步提升监督实效。

3. 整合监督资源，完善监督体系。公司监事会注重在工作中整合内外部的各种监督资源，协调内外部监督力量发挥在各自领域的监督作用，并将其整合形成合力，建立起多层次的协同监督体系。一是加强与内部审计、纪检监察、法律合规等公司内设监督力量的联系，有效利用其监督成果，提升监事会监督工作效率和效果。二是注重有效利用外部审计等资源，与外审机构建立定期沟通机制，就监事会重点关注的财务、内控及专项业务开展等方面听取外审机构情况汇报，共同研判风险。三是在需要客观专业监督意见时，监事会也会聘请中介机构开展专项检查，共同向董事会和管理层提出意见建议。

（三）聚焦提升监督效果，着力强化成果运用

1. 瞄准重点难点，做到真抓真干。近十几年来船舶行业长期在周期底

部运行，公司经营发展面临着一系列风险挑战和困难。监事会从监管机构重点关注和对公司改革发展具有全局性、决定性影响的重点难点问题入手，从公司生产经营实际出发，每年度制订工作计划，有侧重点地明确一个到两个突出问题，开展专项工作调研和监督检查，努力推动解决问题。如针对某子公司主业亏损严重问题，监事会开展了针对性调研，仔细分析研判后从帮助承接业务、推进成本工程、盘活资产三个方面向集团公司和子公司提出了意见建议。经过各方的共同努力，该子公司已成功实现主业扭亏脱困，对公司整体业绩贡献也大为改观。

2. 强调反馈跟踪，做到件件落实。监督意见的传导与落实，是监督工作能否取得成效的关键。公司监事会在日常监督和专题调研过程中，向董事会、管理层和子公司等提出了很多监督意见和建议，并建立了反馈监督机制。督促公司相关部门针对意见和建议及时提出反馈意见，制订整改计划和工作措施，限期整改。同时加强监督意见跟踪督办，定期对整改情况开展检查，确保监督意见真正落地见效，做到“事事有回音，件件有着落”。

3. 强化考核评价，推动切实履职。公司建立了监事会履职考核评价体系，对监事会履职情况制定了考核评价指标，同时对监事会所提监督意见的跟踪落实情况开展后评估监督，以此检验监事会工作的质量和效果，从而提高监事会开展工作的主动性和有效性。此外，通过将监事会与内外部监督部门机构监督检查发现的问题进行比对等方式，倒逼监事会提高工作质量，促进监事勤勉尽责，不断提高履职能力。

2.4 中船科技
完善制度 强化机制 切实履行监督职责

一、监事会情况概况

中船科技股份有限公司（以下简称“中船科技”或“公司”）隶属中国船舶集团有限公司，前身系由江南造船（集团）有限责任公司通过社会募集方式于1997年5月发起设立的上市公司——江南重工股份有限公司，同年6月，公司在上海证券交易所挂牌上市，证券简称为“江南重工”。2016年年底，公司完成重大资产重组后，更名为中船科技股份有限公司，证券简称变更为“中船科技”。公司主营业务系以工程设计、勘察、咨询及监理、工程总承包等业务为主，其服务的行业包括船舶、军工、机械、建筑、市政、环保、水工等行业。

根据《中华人民共和国公司法》《中华人民共和国证券法》《公司章程》，中船科技设立了监事会，监事会由5名监事组成，其中，股东监事3名，职工监事2名，监事专业结构包括财务、企业管理等。监事会设主席1名。监事会主席有全体监事过半数选举产生。监事每届任期3年，任期届满，连选可以连任。

除《公司章程》外，中船科技还制定了《公司监事会议事规则》，对监事的任职资格、监事的权利和义务、监事会的设立、监事会主席的职权、监事会会议的召开等进行了详细的规定。完善的制度体系对促进上市公司治理、提高规范运作水平、保护市场投资者合法权益等方面具有积极的作用。

公司第八届监事会在任期内共召开会议22次，先后共审议议案60余项。公司第九届董事会于2021年6月换届选举产生，截至目前，共召开监事会会议6次。监事会作为公司治理结构中不可或缺的重要组成部分，在监督、促进董事会成员、高级管理人员规范履职，防范公司财务风险、运营风险等方面发挥了重要作用。

二、监事会履职创新实践与特色

公司监事认真学习了新《中华人民共和国证券法》中关于“增加了对投资者适当性管理，规定了先行赔付制度，完善了民事诉讼内容，投资者保护机构可以支持投资者集体诉讼，提起代表诉讼”等内容，认为监事会作为监督机构，应当加强对上市公司的规范运作、董事和高级管理人员依法履职等方面的有效监督。公司监事会结合宏观监管实际，围绕公司制定的发展目标和工作任务，切实履行法律和《公司章程》赋予的监督职责，维护股东、职工和企业利益，主要开展了以下创新实践工作：

（一）加强监管力度，完善工作机制

1. 公司监事会依照《中华人民共和国公司法》《公司章程》所赋予的职责，认真履行监督职责，检查公司经营和财务活动情况，列席公司董事会及股东大会，通过不断加强对公司及子公司相关人员的风险教育，加大财务检查和监督力度，进一步完善内控机制，强化公司整体风险控制意识。

2. 公司内设审计合规处作为监事会日常工作办事机构，将监事会日常工作与公司实际业务监督相结合，形成以审计合规处为管理部门，集中内控、审计、法务等多重专业资源有针对性的对重点关注事项进行监督管理。同时，公司审计合规处对关键、重要事项定期进行专项检查或专项审计，对公司具有重大影响的关键业务进行持续监督，既充分发挥审计、内控、法务人员的专业力量，又实现了监事会对该关键业务过程中的有效监督管控，形成统一的监督合力。

3. 每年年初监事会汇同公司董事会审计委员会组织、委派审计合规处、财务处、外部审计机构对公司依法进行财务状况和内控管理情况审查，有效开展内控专项检查与年度评价，提出专业意见，并对关键风险事项建

立持续督导机制，确保公司规范运作。

（二）重视建章立制，保障职权落地

公司结合监管机构最新修订的自律监管指引、《上市公司治理准则》《提高上市公司质量工作方案》《企业内部控制基本规范》等规章制度，相继启动《公司章程》《股东大会议事规则》《监事会议事规则》等一系列制度的修订工作，对监事会行使监督职责的方式、方法予以明确，使之制度化、规范化；同时，公司进一步完善了《中船科技股份有限公司内部控制监督管理办法》《中船科技股份有限公司内部控制管理办法》《中船科技股份有限公司内部控制评价管理办法》，将治理机制、组织架构、发展战略、人力资源、社会责任、全面预算、财务报告、资金活动、担保业务、工程项目、对外投资、内部监督等主要业务流程纳入年度评价范围，根据企业内部控制规范体系对重大缺陷、重要缺陷和一般缺陷的认定要求，结合公司规模、行业特征、风险偏好和风险承受度等因素，区分财务报告内部控制和非财务报告内部控制，对内控评价过程中认定的缺陷及时监督相关部门制定整改方案，并持续关注整改进展情况，形成闭环，以提高监事会的监督效率和监督水平。

（三）注重新规学习，提升履职能力

1. 公司监事会注重自身履职能力的提升，结合中国证监会、上海证券交易所等监管机构的监管政策变化，积极参加中国证监会、地方证监局、上海证券交易所、国资委组织的上市公司董监高培训及资本市场专业系列讲座。

2. 公司监事会成员在加强专业法规的学习基础上，增强同行业交流研讨，较好地提升了专业素养，积累履职经验，从而确保自身能力符合公司发展需求。

3. 公司证券事务处每月结合最新市场监管案例，制定公司月度报告，通过邮件、微信等形式及时派发给公司监事，月度报告内容涵盖最新监管法规、公司信息披露情况、股东变化情况分析、舆情信息、投资者接待情况、监管机构对违规上市公司处罚案例等，确保公司董监事及时了解公司的经营状况、行业情况及最新的监管要求。

（四）加强对董事、高管监督，维护投资者利益

公司监事会主动从维护投资者权益角度出发，重点关注和监督公司董事、高级管理人员的履职过程。公司监事会按照相关法律和《公司章程》对董事、高级管理人员责任义务的要求，于每年年末对其年度履职情况进行评价，并出具相关报告提交公司股东大会审议。公司监事会主席定期与公司董事、高级管理人员进行沟通，深入了解工作情况，并就有关问题深入交换意见，不断加强公司“两会一层”之间的交流。

（五）深入基层调研，提升基层监督有效性

1. 公司监事会不断完善工作方式，结合各项工作实际，深度下沉至公司主要子公司，结合自身专业，为其日常的经营决策出谋划策，取得了有效成果。公司监事会有3名监事（含1名职工监事）在公司主要全资子公司中船第九设计研究院工程有限公司兼任相关负责人，常规采取的监督方式主要是列席子公司相关会议（包括有总经理办公会、部门联席会议等），及时、有效、深入地掌握子公司重大事项，为公司监事会决策的科学性及履行基层监督职能的有效性提供支撑。

2. 公司监事会成员每年均会就公司生产经营、关联交易、内部控制及风险管理等进行不定期现场调研考察，对重要事项审慎研究、反复推敲，并向公司董事会、高级管理人员提出相关建议、意见等。通过有效形式监督权，促进公司实现健康可持续发展。

公司监事会作为公司“三会一层”规范化运作的重要组成部分，未来公司监事会将一如既往地发挥监督检查职能，进一步强化其在公司内部控制中的职能和作用，不断加强和完善以监事会为主体的内部监督约束机制和工作制度，切实保障公司资产经营和运行效益。

2.5　广晟有色
以内外融合的大监督体系
实施全方位有效监督

广晟有色金属股份有限公司（简称“广晟有色”或“公司”）是由2002年改制而成的广东广晟有色金属集团有限公司沿革而来，于2009年1月借壳海南兴业聚酯有限公司在上海证券交易所上市。公司是以稀土和钨为主业，开拓稀贵金属，集有色金属采选、冶炼、科研、贸易、仓储为一体的大型国有控股、跨省地区经营的上市公司，是全球重要的中重稀土产品生产企业和供应商，是国家六大稀土产业集团之一的广东省稀土产业集团的核心企业。公司是广东省内稀土资源的唯一合法开采企业，拥有全资、控股企业15家，员工总数近1400人。

近年来，广晟有色全面落实国企改革三年行动，着力完善企业法人治理结构，为公司高质量发展提供了坚强的体制机制保障。尤其是第八届监事会在落实监督职权方面出思路、想新招，以“一个机制，两个覆盖，三方力量，多项举措”的“大监督体系”为总架构，充分调动内外部监督力量，将证券监管与企业管理监督深度融合，有效实施全方位立体化的监督，充分发挥了监事会的监督职能，以监督赋能企业经营发展。具体做法如下。

一、组织架构

广晟有色第八届监事会于2020年10月顺利换届，根据《公司章程》规定，设置监事5名，其中监事会主席1名，股东代表监事2名，职工监事2名，构建了内部管控、外部监督的科学组织架构。公司监事会按照“独立运作，规范治理”的原则，参与公司重大事项的决策，对公司定期报告进行审核，对公司经营运作、董事和高级管理人员的履职情况进行了监督，促进了公司规范运作水平的提高，不断创新完善体制机制，充分发挥监事会在公司治理中的监督制衡作用。

二、主要做法

（一）一个体系

建立健全一套落实监事会职权的“监督、反馈、整改、提升”的闭环管理体系，通过抓早抓小，及时反馈，择期整改，整体提升系列动作，确保风险防控端口前移，实现立体式、系统化管理。

（二）两个覆盖

监事会监督以“所有主体全覆盖”“重点课题全覆盖”为原则，对总部各部门、所属企业所有业务线条进行全面监督，尤其对关联交易、对外担保、贸易风险、招投标事项、“三重一大”相关事项等重点领域进行监督，谨防发生资金占用、重大资产流失或违法违规等损害公司及股东利益的情况。

（三）三方力量

监事会充分将自身力量、内部力量、外部力量相结合，有效整合监督力量，实现监事会、内审机构、外审和合规机构各监督职能的协同联动，相互配合。一是监事会按照《股票上市规则》《公司章程》《公司监事会议事规则》等规章制度相关规定，勤勉履行和独立行使监事会的监督职权和职责，切实维护股东及公司的合法权益；二是统筹协调公司内部监督资源，通过构建纪委、监事会、审计、财务、风控以及业务部门的“六位一体”大监督体系，共同开展监督工作，形成抓早抓小、防微杜渐、上下联动、左右协同的立体式、全覆盖监督机制；三是充分发挥外部审计机构力量和合规机构力量，定期对公司进行风险评估和识别，加强风险反馈与整改，助力公司高质量发展。

（四）多项举措

1. 做好监事会办事机构有效分离，强化监事会管理组织保障。一般来说，上市公司的监事会日常办事机构存在与董事会办事机构重叠，导致监事会日常工作难以独立开展、反馈问题难以实际推进的实际情况。广晟有色在强化监事会管理组织保障上做文章，以审计工作部和证券法律部作为监事会开展日常工作的主要承办部门，把合规、审计、内控工作作为监事会履行职责的主要抓手。

在监事会相关职责方面，由证券法律部负责组织监事会会议及信息披露，构建公司全面风险管理体系及承担全面风险管理体系的日常工作，搭建公司合规管理体系和落实合规管理工作目标责任，同时协助监事会做好定期调研及向董事会、股东大会做好反馈报告工作。审计工作部负责组织监事会办公会，协助监事会成员对公司整体内控、合规工作做好调研、论证、评价、反馈工作，并敦促经理层对监事会发现问题进行整改落实及管理提升，同时，牵头负责公司内部审计工作及内部控制工作，通过内审及内控为抓手，全面落实监事会监督职能。两个日常办事机构在落实监事会职权方面既能相互独立又能相互协同，避免了监事会日常工作办事人员即当“运动员”又当“裁判员”的情况。

2. 建立六位一体的内部监督体系，确保企业行稳致远。全面整合公司监事会、纪委、审计、财务、风控以及业务部门的监督资源，强化信息共享、成果共用，督促各监督主体履职尽责，将监督责任、措施和要求融入业务流程、落实到工作岗位，有效提升经营管理水平。坚持以点带面、点面结合，消灭监督的“死角”和“盲区”，实现监督无禁区、全覆盖。

通过建立“六位一体”的大监督管理体系，充分调动内部监督管理体制，使监督职能不止停留在监事会层面，而是从上到下、层层压实各层级监督责任，督促各监督主体及时反馈信息和持续改进、优化监督方式和方法，提升监督的专业水平，保证监督结果的准确性、及时性和可靠性，确保上市公司规范治理能够有效落实，公司发展行稳致远。

3. 实施财务总监委派制度，将监事会管控范围延伸到基层。履行财务监督是监事会监督管理的重要职能，广晟有色全面落实财务总监委派制度，通过完善财务总监管理体系将监事会的管理职权落实到所属企业，将财务总监体系打造成为合规性管理、精细化管理、内控管理落地的抓手。同时，牵头对公司委派的财务总监进行管理及考核，确保上市公司财务系统规范运作，不发生重大信息披露风险。

监事会、审计工作部定期听取企业财务总监报告，提出审计整改意见与建议，并将审计整改作为提升公司治理效能的重要方面，注重从源头上堵塞漏洞，从根本上解决问题，形成发现问题、整改落实、完善制度的工作闭环。

4. 建立监事会反馈通报机制，行程监事会管理工作闭环体系。建立监事会反馈通报机制，定期组织监事会成员进行企业调研及专项检查，对发现问题以及整改情况将形成专项报告在公司总裁办公会上进行通报，且每半年向董事会上报告监事会工作成果，形成“监督、反馈、整改、提升”的闭环管理体系。

仅 2022 年上半年，监事会围绕企业重点工作，针对风险隐患开展了系列工作。4 月，协同公司纪委开展了关于对照财务公司巡察发现问题开展举一反三自查自纠的工作，并形成工作方案以及问题清单；6 月，由监事会督导公司计划财务部负责组织实施了关于所属企业 1 ~5 月惠及信息质量及资金管理交叉检查工作，并形成工作报告；6 月，公司为聚焦重点关注领域，由监事会牵头审计工作部负责实施开展“审计走进财务”“审计走进业务”等专项审计检查，发现问题并及时落实整改。

5. 强化内控制度建设，将制度优势转化为治理效能。以内控制度建设为重点，推动“外规内化”工作常态化。一是根据公司改革发展需要，及时修改公司章程。重视章程在公司治理中的统领作用，根据公司的发展阶段及实际情况修订公司章程，加大对经理层的授权，使投资项目实现高效决策、快速推进、落地生效。研究并制定所属企业章程指引，指导各企业结合自身行业特点和管理架构等完善章程，合理配置股东权利义务，明确议事规则和决策机制。二是敦促内控部门组织总部和所属企业对规章制度进行一次全面梳理，编制“立、改、废”计划，及时修订重要领域管理规范，堵塞管理漏洞，确保合规经营。2022 年对比 2019 年，新增制度 28 项，修订制度 25 项，废止 13 项。

6. 充分发挥外部机构监督力量，加强内外审计力量协同。注重充分发挥外部中介机构作用，增强监督的专业性。一是聘请合规咨询机构介入公司合规管理工作，将合规要求融入企业精细化管理各环节，实现合规管理与经营业务的深度融合，做到时时合规、事事合规，使公司的依法治理水平、合规经营水平和风险防范能力得到进一步提升。二是聘请外审机构组织开展经济责任审计、投资项目审计等专项审计工作，以专项审计为抓手，延伸开展片区专项联动审计，逐步实现审计无死角、全覆盖。三是针对非公开发行投资项目，聘请专业机构实行全过程审计，确保募集资金的管理与使用全过程符合监管机构及公司募集资金管理办法的相关规定，避免违规风险。通过内审与外部力量的相互融合，能够有效解决内部监督力量人手不够、覆盖面不广、客观性不足等问题，有效实现监事会各项监督职能。

通过系列措施，广晟有色监事会的独立性得到良好体现，各项监督职能得到有效落实。未来，广晟有色将继续总结好改革经验，不断创新实践，建设一个独立高效的监事会，进一步提升公司治理水平，保护好公司和股东的合法权益，推动公司持续、健康、稳定发展。

2.6 青岛啤酒
以专业化独立监督 为青啤法人治理结构完善做贡献

1993年，青啤公司分别在香港联合交易所发行H股、在上海证券交易所发行A股，并两地挂牌上市，是国内首家在海外上市的国有企业。上市后，公司致力于建设一个股权结构合理、权责明确、相互制衡的法人治理结构，严格遵守内地、香港两地证券监管法规和上市规则的要求，突出了董事会、监事会的建设和不断完善，并致力于规范运作、诚信经营，取得了显著的成效。

公司监事会独立运作，既独立又与公司治理结构实现一体化。公司外部监事占监事会成员多数以上，确保监事会对公司运营能起到独立监督作用。公司以“建设一个独立高效的监事会”为目标，开展了一系列特色实践活动。

一、科学独立的监事会架构，保证了监事会履职的专业化及对投资者保护的有效性

1999年公司结合监事会换届选举，增加了外部监事的比重，在国内上市公司中率先建立了外部监事占多数的监事会架构。本届监事会由7名监事组成，其中股东代表监事2名，独立监事2名，职工代表监事3名。外部监事4名，占多数以上，由股东大会选举，对股东负责。合理的监事结构保证了监事会决议的合法合规性及科学性，同时兼具独立性，对董事会和管理层形成专业又独立的制衡，助力完善公司法人治理结构。

1. 公司在国内上市公司中积极探索和实践，建立了科学独立的监事会

架构。为提高运作效率，公司于2022年6月修订《公司章程》将监事会组成人数由7人调整至5人。目前，公司监事会由5名监事组成，独立监事2名，由来自国内的财税、法律领域的专家组成。公司独立董事与独立监事形成“专家决策 + 专家监督”的科学模式，在保障公司科学决策，促进公司高质量发展的同时，更加有效的起到保护中小股东合法权益的作用。

2. 监事会主席由公司实际控制人青岛市国资委提名，监事会主席不在公司领取薪酬，保证了其能独立而有效地代表股东行使监督职权。除列席董事会外，监事会主席按规定还有权列席公司党委会、总裁办公会等所有重要的会议，对公司所有重大决策事项有清晰、完整的了解，有权提出意见和建议，对相关事项进行独立监督。

3. 公司原第二大股东复星国际入股后，派出了一名具有丰富的民营企业运作经验的监事进入公司监事会，带来了民营企业发展的经验和成效，为监事会决策提供辅助和支持，推动公司的治理结构不断完善。

4. 公司监事会的三位职工代表监事由公司职工代表大会选举产生，均属公司资深员工，拥有丰富的啤酒行业企业管理经验，在充分发挥职工民主监督作用，建言献策，维护公司、职工和股东的合法权益等方面发挥了积极作用。

二、严格的会议制度和良好的治理机制，助力公司形成了完善的监督体系

公司已建立了较为完善的监事会制度，包括《公司章程》《公司监事会议事规则》等。其中，《公司章程》设立专门章节规定监事会的成立、组成、职权及与监事会相关的其他重要事项等。公司通过完善的监事会制度建设、专业的工作服务保障了监事对公司重要事项的知情权，推动监事对监督事项的勤勉尽职；并通过为公司监事购买履职责任保险降低监事履职的风险，有利于监事更具主动性地开展相关工作。

1. 公司监事会通过每年召开定期会议，审议公司财务预算、季度、半年度和年度财务报告，听取公司经营状况和财务汇报等，有效实施财务监

督，并通过监事会决议的形式向公司管理层提出积极的改进建议和意见，推动公司经营和财务管理水平不断提升。

2. 重大投资项目上董事会审议之前，监事会专门召开会议，听取管理层汇报，对其可行性进行深入研究和论证，并将监事会意见和建议传递给公司董事会。

3. 公司监事会通过审议并听取公司内部控制及风险管理工作的情况汇报，审议内部控制自我评价报告等，了解公司内控缺陷及经营风险，并有针对性的实施监督，发挥了监事会在公司内部控制和财务风险控制中的监督作用，促进了公司依法合规经营，加强风险防范。

三、科技赋能，以现代数字技术提升监事会运作效率，打造数字化建设新生态

在新冠肺炎疫情防控期间，为有效减少人员聚集，在符合《中华人民共和国公司法》《公司章程》规定的前提下，公司积极采取现场会议、电话会议、视频会议和书面议案会议等多种形式组织召开监事会会议，高效及时，保证决策，保护了各位监事的健康安全。

公司积极创新，首次引入易董电子签名系统，以信息化方式提升监事会运作效率，提高公司治理规范化水平，成为在监事会决议中第一家发起电子签名的青岛辖区上市公司，解决了外地监事疫情期间不方便来现场开会，异地签署文件不方便、不及时的问题，高效、便捷化地完成签名。

四、畅通的沟通和信息传递渠道，充分保护了监事会的知情权

公司每月向每位监事分别提报公司上个月主要生产经营情况数据及简要分析，每周向各位监事发送董秘室编制的《证券市场动态》，内容涵盖最新监管法规、公司信息披露情况、股价走势、国内外证券机构对公司的研判、公司舆情信息、啤酒行业及行业主要公司情况、上市公司违规受监管机构处罚案例等。通过畅通的沟通和信息传递渠道，确保监事及时了解

公司的最新经营状况、行业情况及最新的监管要求。

监事会主席代表监事会列席总裁办公会、公司党委会等重要会议，并对相关议题提出意见和建议；监事会成员列席董事会现场会议，听取审议，并提出意见和建议。

五、不定期的现场调研，增强了监事会监督工作的有效性

监事会成员每年就公司生产经营情况、关联交易、内部控制及风险管理等进行不定期现场调研考察，深入一线，听取基层意见，了解第一手资料，为监事会决策的科学性及履行监督职能的有效性提供了帮助。同时，公司监事会形成调研报告，积极反馈公司董事会、管理层。

监事会根据公司业务发展情况，就专项问题有针对性的进行专题调研督察，并出具调研报告，就发现的问题向公司董事会和管理层反馈，积极建言献策，并督促董事会和管理层予以改进。公司董事会和管理层对监事会的意见高度重视，并积极组织落实改进。通过上述工作，监事会有效行使了监督权，促进公司实现高质量发展。

六、良好的治理机制及完善的监督体系，保证了监事会权威而又客观公正地发表独立意见

《公司章程》和《公司监事会议事规则》明确规定，监事会可以聘请会计师事务所、律师事务所等专业机构协助工作。监事会行使职权时聘请律师、注册会计师、执业审计师等专业人员所发生的合理费用，由公司承担。监事出席监事会会议发生的费用以及履行监事职责所必需的其他费用由公司支付。

公司预算中设有专项监事会费用，在年度财务预算中对监事会运作的专项费用予以保证，为监事会履职、充分发挥作用提供了有力支持。公司建立了 5 人的监事会工作服务机构，为监事会日常工作提供支持、服务。

鉴于公司良好的治理机制，监事会在运作中具有较强的独立性和权威

性，能有效利用资源，辅助决策，进而客观公正地发表独立意见。根据监管要求，本着对股东大会负责的精神，监事会在《公司年度监事会工作报告》中就依法运作、关联交易及内部控制等事项发表独立意见。在日常运作中，根据监管要求，对需要监事会发表独立意见的重大事项，客观公正地发表独立意见。

七、监督与服务并举，发挥企业与国资委沟通的桥梁作用

监督与服务并举是公司监事会坚持的工作方针，加强监督是做好工作的基础和出发点，强化服务、促进企业发展是做好工作的保障和落脚点。

一方面，监事会通过实施“事前、事中、事后”全过程、全方位的有效监督，掌握公司“三重一大”等事项的相关情况，并以监督信息、监督专报、整改报告以及财务分析、调研报告等方式告知有关部门、公司董事会和管理层，积极建言献策，督促公司董事会和管理层采取必要措施予以改进。

另一方面，作为公司与实际控制人——市国资委联系的一条重要纽带和桥梁，积极畅通公司与国资委信息交流的渠道，促进各项国资监管法规在公司得到正确的贯彻和有效的执行，及时反映和帮助公司解决经营中出现的困难和问题，努力为公司创造良好的发展环境。

2.7 中船防务
创新工作方法 发挥联动机制
保证监督日常化

一、监事会基本情况

中船海洋与防务装备股份有限公司于1993年分别在上海和香港上市，是国内第一批在香港上市公司。根据《中华人民共和国公司法》《公司章程》设立监事会，监事会由5名监事组成，其中：股东代表监事1名，外部监事2名，职工监事2名，监事专业结构包括法律、财务、管理等。监事会设监事会秘书1名，负责监事会日常事务，以协助监事履职。监事会每届任期3年，现任监事会为第十届监事会。

公司监事会成员严格按照《中华人民共和国公司法》《公司章程》《监事会议事规则》等有关法律、法规及规范性文件的要求，恪尽职守、勤勉尽责，依法独立行使职权，有力地保障了股东、公司及员工的合法权益。对公司生产经营、财务状况、董事、高级管理人员履行职责情况等重大事项进行了监督审查并客观、独立地发表意见，促进了公司规范运作。

二、监事会创新实践

（一）积极探索工作机制，建立日常工作机构，以内控、审计为监事会日常监督平台

公司监事会设日常工作机构，日常工作机构设在负责公司内部控制、内部审计、合规管理业务部门审计合规处，监事会秘书任审计合规处负责

人，将监事会日常工作与上市公司运营实际业务监督相结合，对于监事会重点关注事项，监事会以审计合规处为工作平台，集中内控、审计资源开展监督工作，对于关键、重要事项以专项检查或专项审计项目开展，有针对性地开展关键业务的持续监督检查，既充分发挥了审计、内控专业人员力量，又实现了监事会过程中的有效监督，有效整合审计、内控专业力量，发挥了监督合力。

（二）注重上市公司内部控制有效性监督检查，有效以工作平台为依托，开展内控专项检查与年度评价

利用监事会工作平台的工作职责特点，不定期对重要环节内控执行有效性进行专项监督检查，提出专业建议，促进管理持续完善；每年对制度执行有效性进行专业审计，促进制度执行。

年度内部控制评价，由专业内控人员与各业务部门内控专员组成工作小组共同开展，根据全面性、重要性、制衡性、成本效益性原则，对公司组织架构、发展战略、人力资源、财务管理、社会责任、反舞弊机制、资金管理、全面预算、质量管理、销售管理、物资采购管理、固定资产管理、生产管理、外包管理等关键业务环节进行穿行测试，扎实推进内控评价工作，查找业务运行过程中的风险点和存在缺陷，并对内控缺陷整改跟踪落实，形成闭环，实现过程中监督，同时促进了公司各项业务规范运行。

（三）注重上市公司监管政策学习，提升履职能力

监事会注重自身履职能力的提升，关注国家监管政策变化及上市公司监管新政策，积极参加证监局、上交所、联交所、国资委组织的上市公司董、监、高培训，以及公司组织的资本市场系列讲座，持续提升履职能力。

（四）积极开展监事会工作方法及经验交流，多角度开展监事会工作

为进一步提升监事会工作成效，采用“请进来，走出去”的方式进行监事会工作交流，对于行业内监事会工作开展有特色、成效好的单位，请进公司进行业务交流，传经送宝；同时也主动与不同行业、不同类型及民营企业进行监事会业务交流，丰富了监事会工作思路与方法。

（五）开展实地调研，形成专项调研报告

对子公司生产经营及管理情况进行实地调研，了解生产进度、面临困难，采取措施，提示风险，形成调研报告。

（六）以专业视角独立发表审核意见

监事会成员专业结构全面，审核公司财务报告编制、关联交易、担保、利润分配等重大事项，并独立发表审核意见，董事会积极采纳审核意见。

（七）参加公司重要会议，履行监督职责

监事会成员参加公司董事会、股东大会，公司总经理办公会等重要工作会议，履行监督职责。

（八）定期征询意见，关注日常运行重要信息

监事会定期向业务部门征询意见，了解公司日常运行中是否存在需由监事会协调解决或反馈的重要事项，贴近一线。

（九）关注上市公司目标完成及重点工作完成情况

对于年初制定的年度目标完成情况及重点工作完成情况进行跟进了解，对年度信息披露的全面性符合性进行跟踪。

2.8 东方电气 监事会以履职监督重大风险管控为抓手 筑牢企业风险防控体系助推高质量发展

东方电气股份有限公司（以下简称“东方电气”或“公司”）是中国东方电气集团有限公司控股的涉及国家安全和国民经济命脉的中央企业，系A+H股上市公司。东方电气以发电设备制造、大型成套设备出口和电站工程总承包为主营业务，具备一流的核电、火电、水电、气电、风电、太阳能、氢能等发电设备供应商、服务商和电站工程总承包能力，为全球最大的能源装备制造企业集团之一。

东方电气监事会多年来坚持以习近平新时代中国特色社会主义思想为指导，全面贯彻落实控股股东战略规划和年度工作部署及集团党组工作要求，立足自身特点，充分发挥“强监督、查风险、纠偏差”职责，履职尽责，以履职监督公司年度重大风险管控为抓手，筑牢企业风险防控体系，提升完善公司风险管控能力，助推东方电气实现高质量发展。

一、加强监事会建设，筑牢监事履职监督的组织基础

东方电气在建立现代企业制度中积极贯彻落实“两个一以贯之”，建立了完整的股东会、董事会、监事会，并落实发挥党组织在公司治理中的领导作用。在股份公司监事会建设中，设立了由3名监事组成的监事会，3名监事分别来自股份公司审计监督、法务风控部门和相关投资公司领导。同时探索配备了4名委派子企业的专职监事会主席或专职监事，对子企业监事会应建尽建，实现了股份公司主要子企业监事会主席和监事由股份公司提名委派，形成了股份公司本部与主要子企业统一的监事会监督管理体

系，延伸了监事履职监督的触角，增强了监事履职监督力量。为支撑监事会履职服务，股份本部和主要子企业均设立监事会办公室，并与审计监督部合署办公。在监事会制度建设方面，《公司章程》中明确监事会的职责与权利，股份公司本部和主要子企业均建立《监事会议事规则》，明确监事会审议清单和监督清单；针对委派子企业专职监事建立《专职监事管理规定》《专职监事工作实施细则》和《专职监事履职指引》等一系列制度，确保专职监事全面履职。东方电气在监事会建设中积极落实深化国企改革三年行动的重要任务，探索建立更加完备的监事会监督工作体系，为监事会发挥履职监督、查防风险提供了坚实的组织保障。

二、聚焦风险查防，监督开展重大风险辨识与管控

东方电气监事会始终牢记揭示风险和监督化解风险是监事会的主要职责和使命担当。特别是在2021年度发电设备同行哈尔滨电气、上海电气纷纷出现重大风险“爆雷”，导致巨额亏损的情况下，2022年以来，东方电气监事会更是聚焦企业重大风险查防，履职监督年度重大风险辨识、梳理和管控工作。一是监督开展年度重点风险辨识梳理。2022年年初，监事会监督开展股份公司全级次年度重点风险辨识梳理工作，股份公司监事会成员和子企业专职监事参加或列席风险管控专题会议，参与研究风险识别与梳理，并开展股份本部和子企业年度风险梳理相关调研工作，将梳理出的风险事项形成表格，该表包括风险因素描述、风险可能涉及的金额、管控具体措施、责任人和完成时间等内容。二是评定风险因素或事项的等级，确定年度重大风险。股份公司本部和各子企业根据风险发生概率、影响程度、损失金额等对风险事项评定等级，将风险事项分为重大风险、高风险和中等及以下风险等级，针对不同等级的风险采取不同的应对和管控措施，划为重大风险等级的事项纳入股份公司统一管控，形成股份公司《年度重大风险管控计划表》。三是监事会审议《年度重大风险管控计划表》。该计划表由专业部门形成提出后，监事会听取专业部门的汇报，并提出相关问题与建议，最终由董事会及董事会专业委员会和监事会进行审议后，纳入

年度管控具体实施。

三、日常履职监督，动态监督重大风险管控执行

在监事的日常履职监督中，对年度重大风险管控成为监事监督的关注点。2022 年以来，监事会要求每一季度公司风控部门要向董事会和监事会汇报企业年度重大风险管控进展情况，特别是监事会和子企业专职董事监事还要召开风险管控专题会，专题研究风险因素的变化情况，根据形势变化及时调整重大风险事件。在具体的工作中，重大风险有化解和下降为高风险的，也有新出现和由高风险提升为重大风险的。在监事会的履职监督下，企业对风险管控提高了认识，挂图作战，落实责任人、制定应对措施、明确时间节点，使重大风险得以有效管控，多数风险项目得以化解。

四、深入现场调研，提出重大风险管控调研报告

监事会在做好日常履职监督的同时，积极开展年度重大风险事件防控专项调研。针对股份公司部分企业发展中已暴露或显露端倪的突出风险，如氢能产业的发展问题、垫资项目风险、风电项目风险、风电电机发展方向、贸易项目风险和国际项目的盈利能力等问题进行深入调研，通过召开座谈会、听取情况介绍、实地调查、个别谈话等，研究分析问题根因，揭示风险本质，形成监事会《风险与问题调研报告》。监事会将调研报告的内容及时与相关企业交流提示，报送控股股东和抄送职能部门，并在年度监事会工作报告和股份公司年报中进行披露。监事会在报告中提出的意见建议，推动企业改进风险管控措施，提升风险管控效果，得到了控股股东的高度重视和赞同，推动了企业风险的及时防范和化解。

五、履职监督重大风险管控取得成效

监事会积极履职监督公司年度重大风险管控，收到良好成效：一是进

一步提升企业对风险管控的思想认识，完善了企业对风险管控体系的建立，形成了一套科学的行之有效的风险管控方法；二是监事会履职监督重大风险管控，抓住了企业健康持续发展的关键点，监事会工作的有效性得到了充分体现；三是在监事会履职监督下，年度重大风险管控形成常态化，日常动态管控得以加强，推动了重大风险的化解和降低，为企业发展筑牢根基；四是监事会履职监督重大风险管控，并向股东报告与披露，使投资者对公司风险控制有了更准确的了解，提升了投资者对公司运作和风险控制的认可，从而也提升了公司市场价值。

“十四五”以来，东方电气股份有限公司坚持以习近平新时代中国特色社会主义思想为指导，立足新发展阶段，完整、准确、全面贯彻新发展理念，服务构建新发展格局，深入对接构建以新能源为主体的新型电力系统需要，产业结构持续优化，不断推动能源装备关键核心技术突破，核心竞争力不断增强，积极克服疫情冲击、经济全球化遭遇逆流，以及大宗商品价格大幅上涨等各类风险和不利因素，坚决有力防范化解各类风险，坚持逆势求进、提速攻坚，企业生产经营主要经济指标逐年提升，2021 年主要经营指标大幅提升，2022 年上半年主要经营指标继续保持良好增长态势，企业高质量发展态势得到持续巩固和增强，在资本市场上公司市值稳步提升，获得了投资者认可与赞誉。

2.9 张江高科
创新监督方式 增强监督实效

为保障上市公司国有股权安全，不断提升监管效能，浦东新区国资委始终注重积极发挥监事会的监督作用，在探索监事会建设方面走在前列。以《中华人民共和国公司法》《中华人民共和国证券法》等相关法律法规为依据，浦东新区国资委向上市公司通过推荐方式派出监事会主席、专职监事，增强监事会的独立性、专业性和权威性。上海张江高科技园区开发股份有限公司（以下简称“张江高科”）系浦东新区国资委旗下重要上市公司之一，在浦东新区国资委的指导下，监事会按照《公司章程》努力做实做强监督职能，探索并实践“整合监督职能体系、撰写监督评价报告、开展专项检查调研、挂图作战促进整改”等六项监督方式，通过具体实践不断提升监督成效，较好地履行了监事会的监督职能。

一、整合监督职能体系，共享监督资源成果

公司监事会注重加强各类监督机构的协同合作，构建协同“大监督”体系，形成监督合力。监事会与公司纪检、内审、财务、风控等部门建立联席会议制度。通过与内部监督部门的联席会议商议监督重点及研判公司重大事项的风险隐患，推进相关检查中发现问题的整改，督促主管部门及职能部门推进问题整改的落实。监事会参与企业年报审计、内控测评等流程，向社会中介服务机构提出关注重点，并要求其提供阶段性成果和最终报告。监事会定期与风控、内审、纪检部门开展信息交流，充分利用企业内部监督资源，互通监督成果，以捋顺不同监督工作的相互关系，减少重复监督，提高监督质量和效率。

例如，公司监事会联合公司纪委、审计部门盯住企业的敏感领域制订计划，开展专项检查，协同监督。2021 年开展的创投项目投后管理课题调研，监事会联合公司纪委、审计部，共商共议、精准选择“创投项目投后管理”为课题进行深入调研。整个调研持续时间 6 个多月，通过查询资料档案、实地考察、多人次访谈、前往行业内优秀国有创投企业学习交流、专项讨论等方式最终完成了该项调研工作。调研成果得到企业领导的高度重视，对报告中提到的问题逐一专项讨论及部署，以落实调研成果，提升管理成效。

二、开展专项检查调研，防范重点领域风险

公司监事会在重点领域、关键环节采取工作调研与专项检查相结合等方式，深入了解公司经营和风险管理情况，不断提高监事会工作效率。确保监督与企业的功能定位、经营模式、业务范围等实际情况相结合，明确监督重点，抓住关键环节。

例如：2020 年，监事会通过开展亏损企业专项检查，摸清了集团企业亏损情况，一方面，分析了亏损原因及问题所在，督促企业尽快整改，引导企业扭亏增盈，不断促进企业提升管理水平；另一方面，响应区委区政府和国资委的号召，向企业进一步提出具体的横向整合、纵向压缩的建议。监事会下半年开展的资金管理情况专项检查，掌握企业资金管理现状，指出账户管理、闲置资金使用等方面存在的问题，并提出资金高效使用、风险防控等方面的建议和切实可行的操作路径。

2021 年，监事会开展工程建设项目专项检查，围绕公司重大建设项目、特色园区建设项目等，开展项目决策和实施过程中的合规性检查，规范工程建设项目管理。下半年监事会通过开展应收款项专项检查，发现存在的问题短板，促进企业积极清理应收款项，加快资金回笼，减少潜在损失。

三、借助中介机构，提升监督专业能力

公司监事会采用聘请第三方专业机构提供协助等方式，就监事会关注

的事项要求其进行测试或者了解，并向监事会报告。如在监事会开展的经营性资产管理流程专项检查和创投项目投后管理课题调研时，聘请专业中介机构完成部分现场的检查抽样工作，并根据现场工作的情况总结存在的问题。中介机构发挥专业作用是监事会监督能力的有益补充部分，有助于提升监事会监督的有效性和准确性。

与此同时，公司监事会加强对外部审计、中介机构选聘的监督，关注其独立性和公允性。向审计等外部服务机构提出审计和关注重点，对其工作质量作出评价。加强对年报审计指导，充分利用外聘中介服务，提高监督成效。

四、撰写监督评价报告，客观分析经营情况

根据浦东新区国资委的统一布置与要求，对公司年度整体运行情况、预算完成情况、效益情况、规范运作情况等方面进行定性、定量的全面分析。通过监督评价报告，客观评价公司在上一年度工作业绩，总结公司的经营亮点，重点指出公司经营管理中存在的主要问题、主要风险及内部控制管理的薄弱环节，针对性地提出整改建议和要求，并提出建设性意见。监督评价报告成为浦东新区国资委、上市公司管理层全面、客观、准确地了解公司的重要工具之一，也为上市公司未来的重点工作方向、重大风险规避等提供了参考和依据。

五、推进“挂图作战”，强化问题整改闭环

公司监事会对政府监督机构巡查、审计、检查，社会监督机构年度财务决算、内控测试报告以及监事会年度监督评价和专项检查发现的问题进行“挂图列表”，并加强督促公司落实问题整改。通过定期跟踪督促，认真实施“销号制度”，不断提高整改效率与效果。2018 年以来共计“挂图列表”问题 48 个，涉及房产租赁、应收款项、资产管理、工程项目管理等方面，累计完成整改 46 个，整改率达到 95.6%。同时，注重整改效果，一

方面督促公司采取有效措施即知即改，避免损失，促进国资保值增值；另一方面通过督促公司建立长效机制，构建完善内控体系，促进各项管理工作有章可循、合规开展。

六、利用信息化助力，提高监督效率

信息化平台是便捷、科学、有效的监管方式之一，张江高科监事会重点借助“资金监管、投资管理、存量资产、国企人力资源管理”等四大信息平台，科学设置预警指标和特殊性质业务，重点关注出现“红色预警”指标和业务，深入了解分析“预警”背后的风险，对于风险较低或者风险可控的异常数据和业务进行“冲红”处理；对风险较高或形成问题的异常数据和业务，督促企业加强整改规避风险。此外，监事会根据监督工作需要，通过公司协同办公、财务、投资、资产管理等信息系统，调取相关经营过程中的实时信息和历史信息，增强了监督的科学性，同时提高了监督效率。

张江高科监事会努力在做实做强监督职能上进行探索和实践，致力于更好地完善监事会监督职责，健全监事会监督机制，增强监事会监督的权威性、专业性和有效性。随着上市公司管理规则和国有资产监管体制的改革、发展与完善，上市公司不断面临着新形势、新规则的挑战，张江高科监事会将进一步努力推动监事会监督工作规范化、标准化、信息化、科学化，为张江高科的平稳健康发展保驾护航。

2.10 杭州银行
做深做实监事会工作 赋能全行高质量发展

良好的监督机制对于上市银行的发展极为重要。自 1996 年成立以来，杭州银行监事会不断强化体制机制建设，提升专业化能力，创新优化监督模式，探索运用“专项调研 + 专题监督”“日常监督 + 评价督促”等多元化监督手段，致力于以高质量监督助力全行高质量发展，在完善公司治理机制、促进稳健经营、防范化解金融风险等方面发挥了不可或缺的重要作用。

一、科学运用专项调研与专题监督两大监督手段

为充分运用监督资源、实现监督效能最大化，杭州银行监事会瞄准公司治理和战略发展中的重要领域，积极运用“专项调研 + 专题监督”两大监督手段，并坚持“选题求精求准、调研求深求实”两样调研法宝，集中力量开展重点项目，取得了较好的监督成效。

（一）选题求精求准

选准课题是监督实效有效发挥的前提。根据实践经验，杭州银行监事会在制订监督课题时牢牢盯准三个方向：一是严格落实党中央、国务院和金融监管部门的政策精神，聚焦上市银行社会责任履行，如积极开展业务连续性专题监督，督促落实疫情期间金融服务不断档、不打烊；开展消费者权益保护专题监督，督促管理层积极履行法定义务，公平对待消费者；响应服务下沉的政策导向，开展基层网点系列调研，深入辖属机构调查了解银行最基层机构的经营发展问题；开展金融服务民营经济专题监督，督促经营层落实小微金融服务下沉，推动普惠金融政策落地；组织开展杭州

县域机构专题调研，关注“三农”金融服务，促进金融赋能乡村振兴与共同富裕；关注督促财务预算安排中社会捐赠力度不减；关注绿色金融，职工监事积极关注网点“零碳”试点等。二是精准契合监事会监督要点，聚焦监管热点和风控重点领域，如近年来开展的资本管理、关联交易管理、信息安全管理、声誉风险管理、防范电信网络诈骗与跨境赌博、洗钱风险管理、流动性风险管理、市场风险管理、信贷风险管理等一系列专题监督项目，较好地应和了当下的监管热点和风控重点，对本行提升整体风控水平、防范化解金融风险起到了提示与警醒作用。三是积极把握发展大局，聚焦全行战略规划和转型升级的大方向，如近年来监事会围绕战略大局组织开展了战略规划执行、零售业务转型升级、小微业务转型升级、区域分行转型发展状况调查、杭州县域机构转型发展状况调查等诸多专题监督与专项调研课题，充分发挥了监事会保障合法合规经营和赋能高质量发展的双重价值，使监事会监督效能与全行转型升级同频共振、同向聚合。

（二）调研求深求实

做深做实调研项目是监督实效发挥的关键。本行监事会在制订专项课题后，力求将课题做深做实。一是加强事前研究，使监事会调研监督更有章法。在项目开启前即明确项目方案与调研方式，拟定调研大纲，制定项目调查表，设计分类调查问卷，对于一些专业性较强的如票据专项检查、机构考核办法实施情况调研项目则积极联合总行审计部、财务管理部等专业条线的资源与力量，形成监事会综合检查组、调研组，力求将监督调研项目做得更深入、更扎实，不做“虚晃一枪”或“浮于表面”的形式主义。二是加强基层调研，使监事会调研监督更接地气。监事会每年深入基层机构、业务部门开展走访交流，调查分析在全行转型升级、战略推进中基层的发展问题，尤其是基层管理中存在的共性问题，并结合宏观经济金融形势与外部监管政策研究，以高屋建瓴的大局观与监事会独特视角向董事会和高管层建言献策，赋能全行转型升级。三是加强落实反馈，使监事会调研监督落到实处。监事会十分重视监督成果的有效运用，积极运用监事会决议、调研报告、监督意见书、监督提示函等多种监督载体，确保监事会监督意见和关注要点及时传达至董事会和高管层，形成监督—改进—

反馈的良性循环。2020 年至今，本届监事会共实地走访、联系超过 30 个分支机构与总行部门，形成 26 项专项调研报告、专题监督意见书、提示函，董事会和高管层非常重视监事会的监督调研成果，认真研究落实并定期向监事会反馈意见落实情况。

二、规范运用日常监督和履职评价两大监督职能

在提升监事会重点项目深度与实效的同时，杭州银行监事会积极运用日常监督和履职评价两项职能，有效实现监事会监督的常态化，并将对董事、监事、高级管理人员的履职评价融入日常监督，促进董事会、高管层履职尽责。

（一）多措并举将监事会日常监督落到实处

一是加强对重要事项与信息的审核、监测与分析。按时按规审核公司定期报告、财务预决算方案、利润分配方案、风险内控报告、关联交易报告等重要事项，实时监督信息披露事项的真实性、准确性。积极列席董事会和经营管理层重要会议，听取年度、季度经营情况汇报，了解重要经营活动与重大决策安排，并重点关注董事会目标的实现情况和监管指标的控制情况。二是充分发挥监事会办公室的辅助监督职能。规范制订日常监督清单并建立日常监督档案，监事会办公室做好经营管理重要信息的收集、分析与入档，为监事会履职提供信息服务。三是以审计和监管检查为窗口多维度了解全行经营管理中存在的薄弱点，助力开展重点项目监督与调研。监事会每年度开展与经营管理层、外部审计师的审计三方会谈，听取审计情况和管理建议书汇报，审核定期财务报告的真实性、准确性。按月审阅内部审计报告，并及时关注监管检查意见、监管提示及窗口指导，借助审计发现和监管意见来发现全行经营管理中的薄弱点，有针对性地开展后续调研检查。

（二）依法合规将履职评价质效落到实处

实施履职评价是督促公司治理各有关主体忠实勤勉履职的重要抓手。经过多年的探索和实践，监事会履职评价体系已趋于完善，形成以“日常

监督—履职测评—审议报告—反馈改进”为主要流程与内容的履职评价工作机制。监事会以完善履职档案为抓手加强对董事、监事、高级管理人员的日常监督，多渠道、多方式掌握其履职情况。通过科学设置评价方式、多样化设置评价维度、差异化设置评价指标来提升履职测评的科学性和有效性。研究加强评价结果运用，书面反馈评价结果与意见，促进董事、监事、高级管理人员依法合规履职尽责。

三、从强化自身建设入手为监事会高效运作输出更强动能

监事会自身运作水平和专业能力是监督效能有效发挥的关键支撑。目前，我行监事会延续至第七届，已形成健全完善的组织架构、均衡多元的人员结构和规范完善的制度体系，为监事会有效运作、发挥监督实效、实现监督价值打下了坚实的基础。

（一）形成3+3+3成员结构

监事会结构以专业化、多元化为原则，9名监事中股东监事、职工监事、外部监事比例为3:3:3。监事长由专职人员担任，具有丰富的银行经营管理经验和较高的经济金融专业素养，其他监事其专业背景和工作经历涵盖经济、金融、法律、财务、投资管理等多个领域，能支持监事会开展全方位的履职与监督。3位外部监事能够独立、勤勉地履行监督职责，中肯地指出本行经营管理中的薄弱环节并提出具有建设性的意见与建议，为促进完善公司治理、提升经营管理水平发挥了积极作用。

（二）形成“1+2”制度体系

杭州银行监事会制度建设围绕“一个总纲+两个重点”持续进行完善，一个总纲是指《公司章程》，两个重点一是指规范自身履职的《监事会议事规则》《监事会提名委员会工作细则》《监事会监督委员会工作细则》，二是指规范履职评价的《董事履职评价办法》《监事履职评级办法》《高级管理人员履职评价办法》。“1+2”制度体系为监督工作的规范化运行提供了坚实的制度保障，确保监事会各项事务有章可循。

（三）形成专业化履职支持体系

监事会下设提名委员会和监督委员会专业协助监事会开展监督检查工作，2 个委员会的主任委员均由外部监事担任，各专业委员会会议围绕各自核心职能开会议事，对拟提交监事会审议的重要事项认真讨论与审核，有效提高了监事会的议事监督效能。杭州银行同时设立监事会办公室作为监事会的专门办事机构，配备专职人员和专业团队，全力协助落实监事会各项日常事务与监督工作，并定期组织专业脱产培训和同业交流，持续提升监事会整体能力。

经过多年的实践与探索，杭州银行已形成较为成熟的公司治理结构，监事会在立足自身监督定位的基础上，积极探索实现自身监督价值，在促进全行经济与社会双重效益提升方面发挥了积极、重要的作用。在英国《银行家》杂志 2022 年公布的全球银行 1000 强榜单中，杭州银行按一级资本排名第 130 位，排名逐年上升。凭借在金融服务方面的良好表现，陆续获得“最具竞争力中小银行”“最佳普惠金融成效奖”“浙江省融资畅通工程‘突出贡献奖’”“2021 年度支持浙江省经济社会发展优秀单位一等奖”“2021 年度在杭银行保险机构支持我市经济社会发展贡献评价第一等次”等荣誉。未来，杭州银行监事会将继续秉承“监督为发展服务”的工作理念，持续完善运行机制，提升创造监督价值！

2.11 中信建设 保知情、强监督、重支持多措并举 充分发挥监事会履职效能

一、监事会工作概况

中信建投证券股份有限公司监事会严格遵守《中华人民共和国公司法》《中华人民共和国证券法》《公司章程》等有关规定，参与公司重大决策的审核，定期检查公司财务、经营、业务运营和风险、合规管理情况，监督公司董事会、经营管理层及其成员的履职情况，积极维护股东、公司、员工及其他利益相关方的合法权益。公司监事会认真履行职责，充分发挥监督职能。

二、监事会工作特色

（一）建立监事会知情权保障机制，确保监督职责有效发挥

在公司监事列席董事会和股东大会会议的常规做法之外，公司监事会主席列席公司执行委员会会议，及时了解公司经营管理情况与重大事项进展情况，积极发挥监督、支持和保障作用。监事会认真监督董事会执行股东大会决议情况，监督公司高级管理人员履行职务的行为，关注经营管理层落实发展规划、经营计划和实现工作目标的全过程，积极维护股东权益。

公司监事会利用知情权、建议权、质询权、检查权和调查权，在检查公司财务和业务、监督董事和高级管理人员履职行为的基础上，对公司信息披露、募集资金使用、关联交易管理、利润分配方案等重大事项进行监

督，认真履行监督职责，充分发挥了在公司治理方面的监督作用。

（二）调整内部汇报机制，以内部审计为抓手，助力公司抗风险能力进一步提升

为更好地发挥监事会作用，中信建投证券于2006年开始将内部审计部门调整由监事会管理，多年来运行效果良好。监事会主席作为内部审计部门的分管领导，不断强化对内部审计工作的组织和指导，结合证券行业的业务结构和风险表现特征，在全面审计的基础上，努力加强对重点领域和重点项目的关注，并在机制、人员、经费等方面予以充分保障。

近年来，监事会围绕“加强对合规管理、风险业务和关键管理环节的稽核力度，强化专项评估和重点审计工作，严格防范重大风险、重大违规和舞弊行为的发生，提供高质量审计评价和审计建议”的工作目标，进一步明确“发现问题、解决问题、防范风险、创造价值”的内部审计定位，以“发现问题”为审计使命，以“抓大、做深、看全”为审计方针，按照“分类、分级、分区”和“业审结合”的工作方式，领导公司内部审计工作有序开展。

（三）组织开展合规管理、内控有效性审计评估，推动完善公司内控管理

一是在监事会指导下开展公司年度合规管理有效性评估。公司稽核审计部、法律合规部、风险管理部等内控管理部门，重点结合评估期内的合规风险事项，从制度、机制的建设与运行方面查找合规管理缺陷，分析缺陷产生原因，追踪整改及问责情况以及纠正情况，进一步提高合规管理有效性。

二是在监事会指导下开展内部控制审计监督。公司内控管理部门对公司年度内控有效性进行评价，同时结合监管要求开展投行业务、托管与运营服务以及公募基金销售业务的内控有效性专项评估，围绕内部环境、风险识别、控制活动、信息与沟通和内部监督等要素对公司内部控制进行全面评价。

（四）重视调查研究，充分发挥支持与保障作用

调查研究是监事会履职的有效手段，也是公司监事会的工作传统。近

年来，公司监事会围绕服务国家战略、提升公司核心竞争力，先后开展了关于公司粤港澳大湾区业务发展现况、公司“十四五”期间营业网点规划、注册制下证券公司投行业务组织架构调整对业务发展作用、新发展格局下证券公司自营业务策略及风险管理、公司营业网点发展现状与发展趋势等专题调研。通过与业务部门、分支机构开展面对面的调研，监事会充分了解到公司业务发展的现状，并协调解决影响经营发展的难题，更好地为公司稳健发展保驾护航。

2.12 财通证券
发挥监事会监督制衡作用
持续深化大监督体系建设

财通证券监事会认真学习贯彻习近平总书记在全国国有企业党的建设工作会议上的讲话精神，按照“两个一以贯之”的要求，把加强党的领导和完善公司治理统一起来，深入研究探索国有企业党的监督、公司治理监督和经营内控监督等各类监督职能的一体化整合和体系化运作，持续深化监事会创新实践，在法人治理结构中的监督制衡作用不断显现。

一、监事会基本情况

公司监事会由5人组成，其中2名股东监事、3名职工监事。公司监事会主席由省委省政府提名，省金控委派，进入公司党委班子，实现党的领导与公司治理的有机融合。职工监事分别由监办、风险管理部和稽核审计部等主要监督职责部门负责人兼任，提升工作专业性并畅通了监事会信息获取渠道。

监事会下设监事会办公室作为专门办事机构，按照总部一级部门管理，目前工作人员3名，能够有效服务保障监事会日常运行。

监事会按照《中华人民共和国公司法》《证券公司监督管理条例》规范运作，公司层面于2020年制定了《监事会监督工作制度》，明确了公司监事会5类11项具体监督工作任务，规范了监督工作的具体流程和标准程序，使监事行使监督职责时有章可循，有据可依。总体上监事会按照制度要求，聚焦监督主责主业，充分融入公司治理，有效发挥监督制衡作用。

二、做实法人治理监督

公司监事会对股东负责，坚持出资人监督定位，紧紧围绕公司发展中心工作，不断提升发现问题、分析问题、提出建议、促进整改的能力，与董事会、经营层携手推动公司健康平稳发展。

（一）充分融入公司发展大局

在战略决策等宏观层面，监事会主席参加党委会、列席总经理办公会等重要会议，监督战略规划、薪酬绩效等重要事项的决策过程，及时了解情况，沟通信息，表达意见；在完善内控等微观层面，一方面，监事会主席分管稽核审计部门，提升内审的独立性和权威性，另一方面，以监事会牵头大监督体系建设为抓手，建立监事会与合规、风控、巡察等监督部门的工作联动，从微观上掌握内控上的问题和薄弱环节，监督合规、风控等部门更好履行监督职责，同时促进相关监督成果在法人治理层面的再运用，将监事会的监督意见更好地贯彻落实到公司经营管理之中。

（二）深化监督检查

在公司党委、董事会和经营层支持下，监事会聚焦监督主责主业，充分融入公司治理，有效发挥监督制衡作用。（1）高管离任审计。监事会负责对公司高管组织开展离任审计，目前主要由监事会聘请有资格的会计师事务所实施，公司予以专门预算保障。（2）开展财务监督。监督财务是监事会的主责，从做深做细财务监督工作入手，对公司战略、主业经营、资产质量和经理层履职形成清晰的认识和评价，是近年来公司监事会提升履职能力的探索方向，目前我们初步形成了一套财务评价指标体系和方法，并每半年出具监事会定期财务监督报告。（3）组织多种形式的调研检查。涵盖总部、分支机构和子公司等各个层面，近年来开展了境外资产专项检查、“投行下沉”专项调研、财通资管和永安期货先进典型调研、上海总部建设微调查等，这些多角度、多形式的调研，既主动发掘、提炼有利于公司发展的经验、做法，又及时发现、提示阻碍公司发展的风险、问题，引起公司董事会和经营层的重视，对推动董事会和经营管理层进一步加强战略研究、经营决策及高质量执行发挥了积极作用。

三、构建大监督体系

公司党委把党的领导和监督贯穿于公司经营管理的全过程、各方面，着力发挥监督治理效能，使监督体系更好融入公司治理体系，积极推进各种监督协调贯通，探索形成常态长效的监督合力机制。2020 年，公司启动大监督体系建设，由监事会负责牵头，专门召开了大监督体系建设大会，并发布了公司《大监督体系建设实施意见》，明确了大监督体系建设的目标定位、总体要求、实施路径、具体任务和分工安排。

（一）总体要求

贯彻“统一领导、联合行动、关口前移、精准高效”16 字方针。在公司党委统一领导下，由监事会牵头巡察、财务、组织人事、合规、风控和稽核审计等七大监督职能体系化、整体性运作，建立健全职责清晰、权责明确、各司其职、各负其责的三道防线监督架构，以预防为主实现监督关口前移，提升监督精准性和有效性。

（二）运行机制

建立了“委员会领导统筹、工作小组具体负责、职能部门主抓落实”的工作机制。（1）领导机构。风险与大监督委员会领导大监督体系建设，具体工作由监事会牵头，委员会办公室设在监事会办公室。委员会由公司党委书记、董事长担任主任，监事会主席担任常务副主任并主持委员会日常工作，七大监督职能部门分管领导和首席信息官担任委员。委员会内设：风险与大监督工作小组、反洗钱工作领导小组、风险管理委员会、风险处置应急领导小组。（2）执行机构。公司成立风险与大监督工作小组，具体负责大监督体系建设的组织实施工作，由监事会主席担任组长，七大监督职能部门负责人和金融科技研发部负责人参加，每季度召开定期会议交流情况、布置工作。

（三）主要成效

聚焦“减负、增效、赋能”的总体目标，以协同为切入点，针对重点业务部位、重要风险事件，风控、合规、审计、巡察等大监督各部位深化监督、精准发力，促进了监督工作“减量提质”。一是切实为基层“减负”。确保“最多检查一次”，组织统筹各监督职能部门2021年度监督检查计划，共减少重复检查23次。二是深化协同形成合力。监事会办公室协同风险管理部、合规部等开展融资融券业务全面风险评估；多部门联合开展国有资产重大损失存量及风险问题专项清理；大监督体系牵头启动“阜兴”“仁东”事件问责调查程序，形成调查结论和问责意见。三是数智监督赋能。大监督体系建设以“数智监督”建设为抓手，推进监督工作数字化赋能，提升监督精准性和及时性。聚焦“监督一屏掌控、数据一键获取、预警一有即出、管控一贯到底”的设计目标，规划了“1＋N”的数智监督体系，即建成1个大监督工作台，打造风控、合规、稽核等N个专业监督管控示范项目。

下一步，财通证券将认真贯彻证监会提升上市公司质量的有关要求，对标对表行业先进实践，持续探索创新监事会监督的工作机制，以深化大监督体系建设抓手，推进完善公司治理规则体系，强化公司治理底线要求，健全公司治理长效机制，加快推进公司治理体系和治理能力现代化。

2.13 常熟银行
巧借"四力"持续提升监督能力

常熟银行监事会按照《中华人民共和国公司法》《银行保险机构公司治理准则》《商业银行监事会工作指引》《上市公司监事会工作指引》等法律法规及常熟银行《章程》的规定和要求，忠实履行职责，持续对常熟银行发展战略、经营管理、风险管理、内部控制、财务状况等进行有效监督，强化对董事会、高管层的履职监督，助力常熟银行高质量发展，维护了常熟银行、股东、职工、债权人和其他利益相关者的合法权益。

常熟银行监事会系第七届监事会，成立于2020年12月，现有股东代表监事、职工代表监事、外部监事各2名，均为兼职，下设提名与履职考评委员会、监督委员会2个专门委员会。设立监事会办公室作为监事会日常工作部门，配有主任1名、工作人员1名，与纪律监督室合署办公。近年来，常熟银行有效整合内部监督资源，借力发力，积极实践探索，着力破解监事会专职监督力量不足的难题，取得了良好监督成效。

一借内部审计"恒力"，提升风险排查质效。

如何长效利用内部审计资源？常熟银行首先在机制层面打好2个"根基"，即监事长协助分管审计部门夯实组织领导根基，审计部门作为监事会监督委员会专门工作机构夯实工作职责根基。其次在落实层面订好1个"清单"，制定监事会及专委会年度工作计划时与审计部门充分对接，将监事会及专委会重点监督检查工作有机融入专项或全面审计计划清单。2021年以来，常熟银行审计部门立足审计本职，对标公司治理新要求新规定，积极应对常熟银行发展新情况新问题，综合运用非现场审计大数据分析和现场审计排查，配合监事会监督委员会开展2020年度、2021年度呆账贷款核销专项检查评估、2021年度信息科技和数据治理专项检查，合计向董事会、行长室提出 4 条改进工作建议和 5 条风险管理意见，并得到董事会和行长室积极反馈。

二借纪检监察“定力”，强化政治监督保障。

常熟银行监事会有效发挥监事会办公室与纪律监督室“一个班子、一套人马”的监督优势，围绕监督主责，公司治理监督与纪委政治监督有效融合，宏观全面监督与微观细节监督互为补充，助推董事会金融廉洁与伦理委员会深化履责。强化履职监督，服务工作大局。2021 年，面对疫情冲击下常熟银行如何更好完成支持经济持续恢复工作任务，监事会办公室与纪律监督室联合开展支持经济持续恢复和高质量发展专项检查评估，查找不足分析原因，形成《金融支持经济持续恢复和高质量发展专项检查报告》提交监事会会议审议通过，针对绿色贷款持续下滑等问题提出 4 条改进工作建议，董事会和行长室及时予以响应。强化政治监督，健全监督体系。做实拟提拔干部违规信息核查，把好廉洁关口，2021 以来出具意见 104 份，其中对 4 人出具否定意见；2022 年起前移人才招聘（选聘）监督，派员列席面试 5 次，核查违法违纪信息 582 人次，堵截有违法违纪记录人员 3 人；组织 110 名提拔或调任干部廉洁谈话，逐一签署《员工行为十条禁令》《合规承诺书》《廉洁自律承诺书》，集中约谈中层干部 312 人次。做实日常监督，制订《常熟农商银行廉洁风险防控工作意见》，按照“高、中、低”三个档次风险等级，督促总行部门按部门及管辖条线岗位全面梳理 8 大类、213 个风险点，覆盖 227 个岗位，按季组织党支部纪检委员（兼职纪检监督员）开展廉洁风险排查；运用大数据分析深化非现场合规管理，常态排查员工与客户非正常资金往来、信用卡套现、违规代保管、经商办企业等违规行为；严格落实强制休假、大额热线查证、对账管理等案防重点制度；开展全员征信排查，认真核查问题线索。深化巡查督导，共巡查督导机构 10 家，主动约谈 198 人，梳理出共性问题 11 个、个性问题 16 个通报全行，发出《工作提示函》6 份；聚焦重点领域和关键环节，坚持关口前移，2021 年以来纪委累计派员列席招标会、财审会 80 余次。深化“两禁”排查，保持强力震慑。2021 年，一季度在全行开展“禁赌博、禁酒驾”专项排查，下半年每季开展涉“黄、赌、毒、酒驾”等专项排查；2022 年，排查频率提高至“每月”。对查出的违规违纪人员，视情节按规定进行处理。

三借部门协同“巧力”，强化风险识别能力。

常熟银行监事会办公室与计划财务、运营管理、人力资源、法律合规、风险管理、授信审核等部门明确对接人员，建立长效沟通机制，及时掌握职能部门风险管理计划和工作动态，敏锐寻找与监事会监督工作的结合点或切入点。2021 年 3 月，监事会办公室了解到计划财务部门拟组织人力在全行开展财务费用管理专项检查的信息后，监事会监督委员会及时介入，运用计划财务部门检查成果深化财务监督，监督工作效率显著提高。最终形成《关于财务费用管理专项检查风险意见》经监事会会议审议通过，针对检查发现问题，监事会从总行计划财务部门、总行其他部门、分行财务管理部门、本异地分支机构四个层面，提出 11 项具体风险管理建议。又如 2022 年 7 月，监事会监督委员会会同运营管理部门开展反洗钱工作专项检查，形成《反洗钱—对公账户受益人身份识别专项检查风险意见》。再如监事会在开展年度岗位责任落地情况检查评估、半年度内控体系架构建立及执行情况检查评估、季度资产风险分类及风险管理检查评估工作等方面，主动开展部门协同联动，积极利用人力资源、法律合规、风险管理、授信审核等职能部门信息资源，形成内控监督、风险管理监督合力。

四借联合调研“智力”，持续丰富监督手段。

常熟银行紧紧围绕发展战略、市场定位、经营管理、政策落地等重要课题，组织全体董事、监事及总行相关部门业务骨干开展联合调研，旨在通过众人众智、群策群力，了解基层经营管理工作中存在的问题和难点并提出改进意见建议，为高层决策提供有力参考。2021 年 3 月，赴泰州分行，与泰州分行、兴化支行、高港村行负责人进行座谈，详细了解异地机构和村镇银行在差异化竞争、小微团队与支行融合发展、风险控制等方面的经验做法和面临的困难挑战，监事与董事结合资本管理情况调研任务，向董事会提出轻资本管理具体建议：把提高资本回报水平作为全行的重要考核指标，并把相关理念传导到各利润中心、分支机构，开展资产业务必须考虑“资本成本”。2021 年 9 月，再次组织监事与董事一道，赴战略投资单位镇江农商银行调研，通过听取汇报、走访网点、与基层员工座谈等，深入了解其发展现状，从坚守市场定位、提升盈利能力、做好成本管控、加强风险管理、提升负债能力、充实人才储备6个“进一步”，提出加快镇江农商行发展的建议意见，为推进常熟银行对镇江农商银行技术支持与业务合作提供参考。

2.14 天风证券
打开监督视野 延伸监督触角

监事会是公司的监察机关，即依照公司法和公司章程规定设立，对公司的经营管理试行监督的公司内部监督机关，在维护公司健康、和谐、稳定、快速发展，确保股东大会各项决议的贯彻落实和维护公司及全体股东的合法权益等方面，监事会应持续积极探索、创新监督，有效利用监督资源、提升履职效果。具体方式方法和具体举措如下。

一、强化监事会自身工作机制建设

一是加强制度执行，监事应按照《中华人民共和国公司法》《公司章程》《监事会议事规则》等有关规定，认真履行监督职责，对公司股东大会、董事会的召开程序、决策程序，董事会对股东大会决议的执行情况，公司管理人员的执行职务情况及公司管理制度执行情况进行监督，督促公司董事会和管理层依法运作，科学决策，保障公司财务规范运行，维护公司、股东及员工的权益。二是加强组织建设，各监事会日常办事机构应进一步强化机构独立、人员独立、考核独立、资产独立、财务独立、业务独立原则，为进一步规范履职、切实提升监督质效奠定基础。三是提高工作效率，监事会可采取现场检查与非现场监测相结合、工作调研与专项检查相结合等方式，深入了解公司经营和风险管理情况，不断提高监事会工作效率。

二、引入外部力量强化监事会监督职能

监事会可建立与会计师事务所的长效沟通机制，增强监督的客观性与专业性，不断提升监事会财务监督效能。通过外部审计力量，监事会能有

效以资产负债配置、财务报告编制、资产减值计提等重要财务事项为监督抓手，重点关注定期报告中的财务指标、经营数据、风控指标、合规事项等内容，并进行提炼分析形成重点关注事项，监事会能有效防范经营风险，维护公司和股东的利益。

三、根据实际工作需要，采取聘请第三方专业机构提供协助

监事会可采用非现场检查、现场检查、审阅报告、调研、问卷调查、离任审计等方式开展工作，必要时，可以聘请第三方专业机构提供协助，公司可通过制度条款约定给予监事会履职保障。借助第三方机构进行监督，能有效推动公司平稳、安全地发展，能更好地使监事会发挥对全公司上下的监督作用。

四、支持职工监事履职

监事会成员中有代表着股东利益的监事，也有代表着职工利益的监事，由于代表着不同利益对象的监事在产生的过程、渠道、来源以及考核方式上有差异，因此在履行监事职责的方式、途径，工作中所关注的重心、基本面、侧重点等也应该有着一定的差异。职工监事主要职责是发挥职工民主监督作用，公司应当全力支持职工监事履职，在保障股东和董事会利益的同时，最大程度的保证员工的利益与股东、公司的利益相平衡。

五、规范履职，突出监督重点有效做法

监事会应当由治标监督向标本兼治监督转变，有效推进监督深度。一是监督关口前移，注重事前监督。通过派员列席股东大会、董事会、总裁办公会、财务审查委员会等，对会议召开、表决等程序性问题进行监督，对公司经营决策和重大事项部署等进行全程监督，提高决策的合规性和公司经营管理水平。二是突出监督重点，强化过程监督。聚焦重点工作部署，

结合经营管理现状，组织开展专项检查；对公司内控管理情况进行专项调查研究；对日常监督发现问题进行及时提醒并提出合理建议。三是形成监督闭环，对董事会、经营管理层成员履职情况进行客观合理评价，促进履职能力提升。

六、资源整合，探索多样化监督手段

一是畅通沟通渠道，加强信息共享，推进协同监督。建立与财务、合规、风控、董办、总裁办等条线部门的工作联动机制，强化资源整合，实现资源共享，进一步拓宽监督信息来源，保证监事会及时、有效、全面掌握公司经营管理情况、财务状况、内控情况以及与之相关的各类重大事项，架起董事会、经营管理层、公司各职能部门之间的信息交流平台，快速、有效解决经营管理过程中出现的新情况、新问题。二是建立问题跟踪督导机制，定期进行必要的内控管理专项检查，针对日常履职监督发现的问题及风险点提出整改建议，对于日常履职发现的问题及风险点，与公司经营管理层及相关职能部门充分沟通，确保风险提示的准确性、工作建议的有效性。三是强化监管汇报，形成监管合力，构建与监管部门的联动机制，加强与当地监管部门沟通汇报，认真贯彻落实监管意见及建议，促进工作水平持续提升。

七、合理利用监事会职权

监事会应从宏观的角度，抓住事关公司利益、员工利益和股东利益的重大事件，通过《公司章程》明确的规定来监督关键少数的执业行为，合理向未依法履职的监督对象提起诉讼，或提议召开临时股东大会等，更好地维护公司的整体利益，推动公司正常发展。

八、信息化助力监督治理效能提升

信息化是提升监督治理效能的重要手段，监事会可利用信息技术手段进一步提升监督效能，使流程管理更加公开透明，最大限度消除运营管理风险。监事会让“数据”和“系统”说话，将公司经营情况、财务状况、风险情况及合规运营情况等重点关注纳入综合监督平台监测范畴，按照既定原则，平台实时抓取数据进行比对分析，对触发规则或存在风险的流程及时预警提示，监事会根据预警内容进行核查，实现对公司日常运行的常态化监督。借助综合监督平台的技术手段，监事会能有效协助公司把握业务发展和风险控制之间的平衡关系，确保公司健康、规范、高质量发展。

九、监事会开展理论研究的有关成果

切实提升监事会治理水平，有能效解决公司治理中最薄弱的“监督”环节，监事会效能的发挥对于加快形成有效制衡的公司法人治理结构具有重要意义。监事会作为公司治理的关键环节，应当在建立健全权责对等、运转协调、有效制衡的决策执行监督机制中发挥着主体性作用，明确与其他治理主体的权责边界，全力保障监事会的“知情权”“监督权”“建议权”，切实履行法定监督职责，有效形成“在监督中促进发展，在发展中加强监督”的良性工作循环。

十、提高监事会监督水平的其他方式方法

监事会突出监督靶向性，依托履职责任，通过优化工作方法，有效强化监督力度。第一，对日常履职监督工作进行台账记录，同时加强跟踪督导，对于问题台账逐条记录问题原因、整改情况、整改进度，督促制订整改计划，明确整改时限及整改落实责任人。第二，强化整改监督，防范虚假整改，对整改不到位的，及时采取约谈、质询等措施，确保风险问题能够实质性解决。第三，加强联动配合，涉及多部门时，监事会充分发挥协同作用，督促各部门联动配合，分条线进行问题整改，切实将监事会履职监督成果转化为推动经营发展的实际措施，推动监督成果落地落实。

2.15 上海银行
构建高效的监事会工作体系
有效发挥监事会监督作用

上海银行作为一家总行地处上海的国有控股上市城市商业银行，其公司治理及经营管理既接受上海市国资委的管理和指导，也受中国银保监会、人民银行、证监会等行业监管部门的监管。这种双线管理既为本行监事会有效发挥监督作用提供了多维度制度保障及手段支持，同时也为促进监事高效履职提出了激励约束要求。本行监事会坚持“提升监督质效，服务经营发展”的指导思想，在运行实践中逐步形成了一套符合监管要求及本行特色的监事会工作体系，为促进本行实现稳健、可持续高质量发展提供坚实保障。

一、总体情况介绍

（一）发挥监事会“外派内设、内外结合”的独特优势

上海市国资委对辖属国资企业实行外派内设监事会体制，上海银行监事会主席和 1 名专职外部监事由上海市国资委外派。本行于 2021 年年初换届产生第六届监事会，共有监事 6 名，其中股东监事 1 名（为监事会主席），外部监事 3 名，职工监事 2 名。监事的专业背景涵盖经济金融、财务会计、法律等领域，均具有丰富的工作经历，监事会成员和专业结构较以前更加完善。

全体监事除了和董事及高级管理人员一起，按照银保监会相关制度规定接受监事会年度履职评价，并向股东大会、上海银保监局、市国资委报告外，监事会主席和市国资委外派监事还须严格履行《市管国有企业外派

监事会主席和外派监事履职目录》明确的各项监督和报告职责，接受上海市国资委的评价考核。这种“外派内设、内外结合”的体制较好结合了外部人、内部人、专业人的优势，更有效地发挥了就近监督和及时监督的作用。

（二）构建系统、规范的监事会制度体系

近年来，中国银保监会、上海市国资委相继出台了《银行保险机构公司治理准则》《银行保险机构董事监事履职评价办法（试行）》《关于进一步完善市管国有企业外派监事会主席管理的若干意见》等制度，为监事会履职提供了政策引领。本行监事会在监管制度框架下，立足规范化运作，不断总结实践经验，先后制定了《监事会议事规则》《董事监事履职评价办法》《监事会对高级管理人员履职评价实施办法》《高级管理层向监事会报告工作规则》《监事薪酬管理办法》等制度规范，对监事会定位、工作职责、工作程序等作出制度安排，建立起较为完整、成熟的监事会制度体系。

（三）建立务实高效的监督工作机制

本行监事会积极探索有效发挥监事会作用的方法和途径，不断完善工作机制，提升监督实效。一是建立常态化信息沟通机制，通过加强信息监测和部门督办，推进落实《高级管理层向监事会报告工作规则》；通过编制《监事通讯》等渠道及时向监事通报上级监管政策、战略推进及经营动态等，保障监事知情权。二是建立监督评价机制。落实市国资委和监管部门要求，聚焦重点监督内容，综合分析内外部信息及调研、督查情况，汇总监事监督意见，形成全面评价经营发展与管理状况年度督查报告，以及重点领域的专项督查报告，提交董事会、管理层、上级及监管部门。三是优化履职评价工作机制，合理构建董监高履职评价指标体系，定性与定量相结合、充分体现差异化，规范信息报告、自评互评、监事会评价、结果审议等各环节的评价程序，完善评价报告框架，促进公司治理各主体有效履职。

（四）坚持常态化监督和重点领域监督相结合

本行监事会紧贴法律、法规和监管制度要求，做实做深战略、财务、

风险内控和履职等常规监督，确保法定监督事项全覆盖，同时紧扣服务国家和区域发展战略，围绕银行业公司治理监管要求，持续扩大监督领域，适时调整监督重点，拓宽监督深度和广度，增加监督频率，增强对重点事项的实质性、穿透式监督。近年来，陆续将普惠及绿色金融战略推进、数字化管理、监管意见整改等纳入监督范畴，并结合经济形势发展、监管政策变化与金融行业趋势，为全行发展建言献策，促进本行经营管理提质增效。

二、具体实践案例交流

案例一：为监事会及监事高效履职提供支持保障

上海银行监事会持续致力于为发挥好监督职能以及支持监事更有效履职，创造一个保障有力、服务高效的良好工作环境。2021 年以来重点开展了以下工作。

1. 积极保障监事知情权。一是制定《高级管理层向监事会报告工作规则》，通过明确各类报告的内容、形式、报告频率以及责任主体，确保监事会能全面、及时了解全行经营管理情况及各项工作进展，进一步加强监事会对高级管理层及其成员的履职监督。二是加强监事会内部信息交流，每季编辑一期《监事通讯》，包括监管动态、战略推进、经营概况、业务动态、监督成果、监管意见与整改落实等专栏，及时向监事通报上级监管政策、经营动态和监事会监督成效，更好了解和把握监督重点的动态进展。

2. 为监事有效履职做好服务。一是为外部监事创造良好工作条件，根据履职需要，统筹安排参与相关经营管理层会议和调研，确保监事全面、及时了解掌握全行经营管理动态。二是为职工监事有效履职搭建平台，并完善职工监事向职代会报告机制。通过组织职工监事参与研究员工问责制度修订、了解薪酬政策实施，监督员工提案落实成效等工作，增强职工监事在维护员工权益方面的作用发挥。

案例二：加强调研深度，提升监督实效

2022 年 6 月，上海银保监局对本行下发了《关于加强普惠金融战略执行的监管提示》，要求监事会积极履行普惠金融战略执行的监督责任，对战略执行开展评估，从绩效考核、体制机制、尽职免责、产品服务、人力资源等方面发现问题，找到不足，督促董事会和高级管理层加大资源配备，激发内生动力，建立普惠金融服务长效机制，同时，也对于普惠金融战略长期执行不利的分支机构，提出合理建议。本行监事会高度重视，于 7 月下旬至 8 月中旬组织开展了对全行普惠金融战略执行情况的专项调研评估工作。

上海银行自 2018 年起至今的两轮战略规划中，均将普惠金融作为全行战略重点之一，为全面准确评估战略执行成效和不足，避免简单将汇报材料变为评估报告，本次专项调研重点强调规划性、广泛性、深入性，突出了监督工作的主动性和针对性。

1. 加强调研前设计，做好前期准备。一是根据调研目的制定工作方案，明确调研对象、方式、时间进度、职责分工等，明晰工作内容与路径。二是聚焦重点关注，收集关键信息。考虑到此次调研涉及面广、样本多样，因此在职能部门汇报的相关基本信息基础上，征求监事的关注重点，针对不同调研对象，设计了差异化调研问卷，有的放矢地收集关键信息。三是形成针对性调研访谈提纲。在监事已对战略执行基本情况有了一般性了解后，就其中需进一步了解把握的重点内容，形成正式调研访谈提纲，提升了现场访谈实效。

2. 合理确定调研样本，增强信息全面性和客观性。根据调研关注的重点问题，此次调研问卷覆盖总行普惠金融部、计划财务部、风险管理部、授信审批部、金融科技部等相关职能部门，同时选取上海本地及外地战略推进成效较好和不足的分支经营机构各两家，力求能较为客观反映出不同层级、不同地区存在的共性和差异化问题。

3. 深入全面了解情况，精准发现问题。此次专项调研中，各位监事按照工作方案，全程参与了调查问卷、听取汇报、现场访谈等各个环节，认真听取总行职能部门与相关经营机构的汇报，深入了解本行普惠金融战略推进情况，以及战略传导和执行过程中存在的突出问题，并就重点关注的问题进行了充分交流和讨论，提出了专业意见与建议。在此基础上，汇总形成《上海银行普惠金融战略执行情况调研报告》，总结战略推进成效，分析存在的主要问题，并对本行董事会和管理层下一步优化战略实施提出针对性意见建议。经监事会讨论后，调研报告按相关要求报送上海银保监局和市国资委。

2.16　上海医药
以“人”为本　创新监督

上海医药集团股份有限公司（以下简称“上海医药”或“公司”）是中国内地首家“A + H”两地上市的医药企业。公司主营业务覆盖医药工业与商业，2021 年营业收入达 2158 亿元，位列《财富》世界 500 强与全球制药企业 50 强，综合实力居全国医药企业第二，入选上证 180 指数、中证 500 指数成分股、摩根斯坦利中国指数（MSCI）。

上市以来，上海医药监事会自觉遵守国家法律法规和监管规定，不断建立和完善监事会结构和监督制度体系，力求从广度、深度两方面落实对公司内部运营的监督职责，提高公司在资本市场的公信度，从而从根本上保护广大投资者的利益。

一、事在人为，故以人为本

监事会监督体系素来有“形式大于实质”之魔咒，能否破除该魔咒的关键在于监事会内部人员结构及素质，即监督手段是否有效关键在于人员的主观能动性。公司内部一直不断探索和优化监事会人员结构，目前上海医药监事会由 3 名成员组成，分别是：股东监事 1 名（监事长）、职工监事 1 名（职代会选举）、独立监事 1 名。

监事长徐有利先生由大股东上实集团委派，上实集团背靠国资委，对国家层面的工作发展要求和方针具备更加超前和深刻的了解，由其担任监事长在一定程度上拔高了监事会监督管理职责的“眼界”。实施财务监督是监事会工作的重中之重，徐有利先生本人具备多年的财务、审计和管理的经验，在监督公司定期报告编制、财务决策和执行情况、内部财务审计运作等方面具备专业的洞察力。

公司职工监事环建春先生是由公司职代会选举产生，其具备多年的人力资源和党务工作经验，在群众中具备一定声望，在实际监督工作中，群众约谈也是相当重要的监督手段之一。

独立性是监事会监督工作最重要的前提，独立监事忻铿先生在投资领域具备丰富的经验，在监督公司重大项目进展工作中，起到了关键的作用，一方面其具备专业的业务经验，另一方面其独立性又能从市场化的角度客观地判定交易的合规性。

二、正确的人，做有效的事

如果把监事会监督工作比作射击，射击手已经就位（人员构成），选择何种子弹（监管手段）就是射击成功与否的另一关键因素。上海医药监事会一直秉持着“目标导向”的工作风格，将监督成效放在首位，持续对监督工作的本质进行深入研究。

（一）“层层递进式”监督

上海医药作为一家集医药研发、制造、分销和零售为一体的综合性医药公司，其业务模式和内部运营具备一定的行业特殊性和专业性。俗话说“知己知彼”，公司监事会为了将监督工作落实到业务发展实处，积极参加上市公司协会以及上海医药大学组织的各项培训及讲座，包括但不限于：专门针对董监高组织的关于其责任和义务的培训、关于医药行业市场发展趋势及政策相关的讲座、关于如何做好公司内部控制的讨论等。

除了积极学习行业理论知识外，公司监事会还理论结合实践，坚持“层层递进”的原则：定期审阅公司内部总裁办公会简报（包括会议材料、决议等），并根据简报内容，有的放矢地下沉集团子公司进行业务调研，从集团业务运营的最小处启动构建监督职能框架；再往上层决策机构，公司监事会在实操中严格执行“列席会议”制度，不仅列席董事会会议，还对董事会下设审计委员会、薪酬与考核委员会、战略委员会以及提名委员会相关会议进行列席，对公司重大事项的决策过程及结果进行全面的监督，并及时提出相关建议和意见，确保监事会的知情权和监督权落到实处，从根本上避免监督职责浮于表面化。

（二）“内外结合式”监督

上海医药监事会善于整合各方资源，在履行监督工作时将公司内部审计监察部、法务部、董事会办公室与外部审计机构有效连接，以内部自查报告、稽查报告等为抓手，以外部审计机构的丰富经验为辅助，有效改进公司内部控制运行模式，不但要求能够及时发现和改进问题，更以提早发现潜在风险点为首要任务，防患于未然，真正为广大股东修建第一层防火墙。

（三）“重点跟进式”监督

上海医药近几年可谓是大动作不断，从 2019 年的股权激励到 2021 年的非公开发行，使上海医药无论是在证券市场还是资本市场都获得了极大的关注。当然，在公司重大项目的进程中，监事会的监督、管理、协助之责从未懈怠。

在股权激励项目中，监事会全程参与了激励计划的制订、激励对象的审核、审议程序的流转、行权条件的达成等全链条式的项目讨论会，跟进项目从零到一的全过程，不放过项目进程中的每一环节，并与公司外聘的人力中介机构进行了深入的沟通，确保公司的股权激励项目合法、合规地推进，从而保护广大股东的根本利益。在公司非公开发行项目中，监事会更是从最开始就加入项目组中，从监督角度，有的放矢地对公司情况及相关事项进行自查和论证，并且与保荐机构就公司定增价格的合规性和合理性进行了单独沟通。另外，公司监事会还积极配合提供无犯罪记录证明及其他信息，并审阅内幕信息知情人名单，确认了名单完整性。

2.17 成都银行
依法规而行责 重实效而立新

一、监事会概况

成都银行成立于1996年12月，是一家国有控股的地方性股份制商业银行，引入马来西亚丰隆银行作为境外战略投资合作伙伴。2018年1月31日，成都银行在上海证券交易所主板上市，成为四川省首家上市银行、全国第8家A股上市城市商业银行。英国《银行家》杂志发布的2022年全球银行1000强榜单，成都银行列200位。

成都银行监事会成立至今已历7届，根据公司治理机制及原理，可以总结为：机构完善、机制健全、治理顺畅。目前监事会成员为7人，其中股东监事1人、外部监事3人、职工监事3人。监事会下设提名委员会和监督委员会，协助监事会履行职责，主任委员均由外部监事担任。监事会下设办公室，配备了相应的工作人员，协助监事会处理日常工作。

二、监事会履职创新主要做法

（一）遵循监管要求，助力公司治理新提升

对标监管新规，积极开展监事会议事规则及下设专门委员会工作细则的重检与修订，坚决维护党委在公司治理中把方向、管大局、保落实的领导作用。本行监事长担任党委委员，在履职过程中贯穿省委、市委的重要精神，严格落实党委决定，密切了党委会与监事会之间的信息传递，确保了党委对监事会监督工作的领导以及监督工作的方向。扎实开展监事会治

理合规性和有效性评估，在监事会上及时通报本行公司治理监管评估结果，强化与董事会、高级管理层的沟通联动，持续推动完善公司治理。监事会深度参与本行战略规划的编制并提出工作建议。制定了《监事会战略监督工作实施方案》，紧扣发展战略的科学性、合理性和稳健性，通过多种形式持续监督战略规划实施，认真开展战略规划执行情况评估。

（二）整合监督资源，实施审计“增压”新机制

按照“遵循监管要求，围绕中心工作，关注当期重点”的原则，监事会每年确定3—4个审计项目，委托本行内部审计部门实施专项审计，对涉及公司经营决策、风险管理和内部控制等进行监督检查，细化项目立项、启动进场、中期沟通、报告审议、整改推动等全流程管理。为完善审计监督运行机制，有效利用内审资源和成果，形成监督合力，促进稽核审计发现问题得到有效整改，监事会制定了《成都银行监事会稽核审计结果“增压”机制实施办法（试行）》，针对审计发现风险较高、问题较集中的方面，强化与内审部门的联动，采用立项管理、专人管理、协同管理、闭环管理的方法，通过发送关注函、听取报告、现场访谈等方式，推动加大整改力度和进度，促进问题有效整改。

（三）着眼科学评价，构建履职评价新模型

遵循依法合规、客观公正、标准统一、科学有效、问责严格“五个原则”，全面修订监事会履职评价相关制度，与本行动态调整的年度履职评价方案，共同组成了一个系统、开放、多维的监事会履职评价制度体系。本着先行先试，进一步梳理、细化履行忠实义务、履行勤勉义务、履职专业性、履职独立性与道德水准、履职合规性五个评价维度的外延子项，找准评价点位，搭建了多维、立体的履职评价新模型。率先引入上级主管、行业监管部门等外部评价，切实贯彻落实商业银行公司治理新要求，将落实党的建设情况纳入对董事、监事、高级管理人员履职评价评分重要维度。严格自评、互评、董事会评价、监事会最终评价等流程环节，让履职评价量化评分数据更丰富，定性评价推导更科学，评价描述“画像”更精准。在实践基础上加强理论思考，形成的《商业银行监事会履职评价工作初探》发表于《四川银行业》（2019年第4期）。

（四）强化能力建设，探索监督工作新方法

建立了《成都银行监事会会务工作事项清单》，为规范高效组织监事会会议提供了范本。编制了《成都银行监事会工作操作手册》，对监事会如何落实监管要求、如何履行法定职责、如何加强能力建设等10余项常规工作的制度机制、法定要求、操作流程等内容进行了细化固化。监事会将调研作为提升履职能力的重要途径和嵌入式监督的有效载体，形成了“调研选题、方案制定、课题实施、成果转化”的闭环式流程定式。监事高度关注经济金融发展趋势，瞄准同业运营前沿和热点、难点问题，精心选题，通过同业走访、座谈研讨、现场观摩等方式，进行案例分析、比较研究，结合本行资源禀赋、发展特色，形成了具有前瞻性、探索性、实操性的调研报告，倾力献策本行高质量跨越式发展。形成的《成都银行第六届监事会调研报告汇编（2017～2019）》《成都银行第七届监事会2021年调研报告汇编》得到了董事会、高级管理层的高度重视，并转化为经营管理工作的重要举措或相关业务领域的有益参考。

2.18　紫金银行
积极探索别具特色监督模式

近年来，紫金银行监事会始终坚持依法依规、客观公正、科学高效的原则，紧密结合全行工作部署，在完善公司治理体系、创新监督模式、强化监督检查等方面做出了积极探索。

一、完善治理体系，优化公司运作模式

紫金银行监事会坚持围绕中心、服务大局，持续优化各项机制流程，推动法人治理结构不断完善。一是持续完善监事会制度体系。根据监管要求结合本行实际，修订《江苏紫金农村商业银行股份有限公司监事会议事规则》《江苏紫金农村商业银行股份有限公司监事会对董事履职评价办法》《江苏紫金农村商业银行股份有限公司监事会对监事履职评价办法》《江苏紫金农村商业银行股份有限公司监事会对高级管理人员履职评价办法》《江苏紫金农村商业银行股份有限公司监事会工作制度》等制度，规范运行程序，夯实运行基础。二是持续完善监事会组织架构和人员构成。吸收内部业务骨干担任职工监事，保障职工参与监督的权利；兼顾专业性、独立性和多元性标准，选聘涵盖经济、金融、财会、法律等专业背景的高素质人才成为外部监事，确保监事会有效发挥监督职能。设立监事会办公室，择优选配工作人员，实现“机构独立，人员独立，经费独立，考核独立”。三是持续强化专委会履职。修订《江苏紫金农村商业银行股份有限公司监事会提名与履职考评委员会工作细则》和《江苏紫金农村商业银行股份有限公司监事会监督委员会工作细则》，从制度层面进一步明确了专委会主任委员、委员工作职责，以及专委会工作小组成员，为规范高效开展监督

工作，充分发挥专委会议事和监督职能提供制度规范。四是持续优化会议监督。按年召开监事会务虚会，总结交流监事会工作情况及存在问题，研判经济金融形势，谋划监事会工作重点；优化监事会会议议程，在原有审议和审阅两项议程基础上，新增学习事项和调研（培训）事项，议题内容更加丰富，监督重点更加明确。

二、创新监督模式，强化公司治理能效

紫金银行监事会注重工作的传承与创新，以及同业间的交流与借鉴，不断创新监督模式。一是建立全面畅通的信息收集渠道。按照“监督前置、做实、结果导向”原则，进一步顺畅对公司、零售、风险、审计、合规、财务、人力等职能条线以及各经营模块的信息收集，同时确保董事会和高管层各类会议及决策信息全部报送监事会，为监事会提升监督质量，强化监督实效提供必要的信息基础。二是建立内部监督资源整合机制。监事会建立监督联席会议制度定期召开会议，邀请董秘、风险总监，证券事务代表，以及财务部门、合规部门负责人列席会议，听取资产风险分类、不良资产核销、洗钱风险管理、数据治理等专题汇报，并就监督事项进行沟通与交流，拓宽监事会获取信息渠道，增强监督的有效性。三是建立监事会工作平台。通过监事培训学习、监督信息通报、董监事履职纪实、董监高履职评价在线管理，实现沟通、履职、提醒相结合，事后监督、事中提醒、事前评价相结合，不断提升监督效率。四是建立常态化督查督办机制。建立督办事项清单，明确责任分工、责任人和时间节点，跟踪督办落实情况，按季向监事会汇报。

三、坚持以查促治，提升公司治理水平

紫金银行监事会坚持“全面覆盖，突出重点”工作原则，精准、深入、全面开展监督检查，为本行高质量发展发挥建设性监督作用。一是持续深化履职监督。深化对董事会、监事会、高级管理层及其成员的履职监

督，丰富反洗钱履职、消费者权益保护、清廉文化建设等评价内容，通过评价有效促进董事会、监事会、高级管理层及其成员勤勉履职。二是持续开展财务监督。审议年度财务预算方案及决算方案、利润分配方案、本行定期报告等，发表独立意见；听取外部审计机构就本行年报审计工作汇报，向外部审计师提出工作要求，对其履职情况进行监督，促进外部审计师提高工作质量。三是持续开展内控监督。重点关注董事会和高级管理层履行内部控制职责的情况，定期听取内控合规、审计发现及其整改、案件防控等情况的专题汇报，就健全内部控制制度、落实监管规定等提出建议，按年对内控体系的建立和执行情况以及岗位责任落地情况进行评估。四是持续开展风险监督。注重银行全面风险治理架构的建立和完善情况，及时关注监管部门的监管意见，适时向高管层提交管理建议和评价报告，督促风险管理部门研究本行风险偏好、风险限额，提高全面风险管理能力，按年对资产风险分类进行全面检查和评估。同时，还加强了对发展战略的评估，对本行战略实施全程监督，并要求管理层就战略实施推进等工作向监事会作专题报告，对战略实施中发现的问题给予提示，跟踪监督并解决问题。

2.19 中国核电
监督融入治理 保障公司行稳致远发展

现代企业制度是企业产权制度、企业组织形式和经营管理制度的总和，并且随着市场经济的发展而不断创新。法人治理结构，也称公司治理，是现代企业制度中最重要的组织架构，关系到公司投资者、决策者、经营者、监督者的基本权利和义务。现代化的公司治理体系是实现企业使命、支撑企业战略的手段，必须服从和服务于企业定位、使命和发展战略。中核集团肩负着强核强军强国的历史使命，“三位一体”的奋斗目标（建设完整先进的核工业体系，要打造世界一流的核工业集团，推动建成核工业强国）是新时代核工业发展战略的核心。中国核能电力股份有限公司（以下简称“中国核电”或“公司”）作为中国完整先进核工业产业链的龙头，集团公司经济建设的压舱石、创新发展的顶梁柱，必须紧紧围绕公司的使命和战略目标完善公司治理体系，提高治理能力特别是战略执行力。公司监事会规范运作，严格按照《中华人民共和国公司法》和中国上市公司协会的相关规定，认真履行《公司章程》和股东大会赋予的职责，遵照《监事会议事规则》等有关制度要求，本着对全体股东负责的精神，深入了解公司生产经营情况，掌握董事会的决策情况和公司经营层的主要工作情况，从维护股东权益和公司利益的角度出发，发表监事会的意见和建议，恪尽职守，认真履行各项职责和义务，充分发挥监督职能，为完善公司治理和促进企业规范运作起到了积极作用。现将公司监事会履职实践报告如下。

一、多种监督方式结合，掌握公司风险情况

公司监事通过参加监事会定期会议、专题会议，积极利用公司内部各

方监督力量及业务部门资讯，有效履职，深入了解公司经营和风险管理情况，不断提高工作效率。

2021～2022 年度共召开多次监事会会议，公司监事通过现场方式、视频方式或通信形式参加。会议的召集、提案、通知、召开和表决符合公司章程和各项规范要求，监事会对定期报告、募集资金使用、重大项目投资及其他公司重大经营决策等事宜均作出了有效审议。监事会决议内容和签署合法、合规、真实、有效，不存在违反《中华人民共和国公司法》《公司章程》及相关制度要求行使职权的行为，决议都得到了及时有效的执行。公司监事会成员依照《中华人民共和国公司法》《中华人民共和国证券法》等有关法律、法规及《公司章程》《监事会议事规则》的要求对公司运作情况进行了监督，通过列席董事会和股东大会，听取了公司各项重要提案和决议，了解了公司各项重要决策的形成过程，掌握了公司经营业绩情况，同时履行了监事会的知情监督检查职能。

召开了 1 次监事会专题会议，共听取报告 5 项，分别是听取公司财务报表评估报告、听取公司反馈 2019 年度、2020 年度董事会工作评价意见的整改落实情况、听取公司风险管控报告、听取公司财务资金专项整治行动整改情况的报告、听取公司投资完成情况报告，并集中学习了公司“十四五”规划，通过本次会议，监事从各方面深入了解公司经营和风险管理情况，并提出防范风险的相关意见建议。

二、进行现场调研，深入了解公司运营管理情况

2021 年 6 月 21 日至 25 日，中国核电监事赴江西、江苏选取三家公司开展调研。通过调研，监事进一步了解到，目前核电站的经济性问题已经成为包括核电业主、建设单位在内的整个行业高度关注的问题，也是关系到核电行业后续能否健康发展的关键问题。目前，核电项目建设期的成本压降空间越来越小，核电经济性问题，归根结底已聚焦于设计优化问题，建议中国核电及大股东中核集团通过创新设计优化评审、监督、考核机制等方式，不仅要考虑设计的先进性，也要考虑设计的实用性、经济性，设

计单位要多听取运营单位和建设单位的建议，多措并举切实降低核电建造成本，有效提升核电经济性。在建筑施工单位目前所承担的业务中，核电业务仅占20%左右，其在市场打拼多年，市场化程度很高，其宣传片及展厅设计都有可供公司借鉴的地方，如何更好的面向市场寻求投资者的支持也是值得公司借鉴和学习的。如何与建筑单位携手共同降低核电建造成本也是有很多工作可以推进的，比如按合同规定按期施工按期结算，共同向设计单位提出优化设计方案，对于现场出现的问题能加快决策过程，如何在总承包模式下能够协调施工单位与总包单位的关系等。要高度重视核电项目运维管理，不断向在运核电挖潜。同时，中国核电要不断加强在运核电项目运维管理，提升运维的研发及产业化水平，寻求新的经济增长点。

通过本次调研，公司监事更好地了解集团公司内部不同板块各家单位的经营情况和风险管控情况，更全面地履行职责，提出更加专业更符合公司实际的建议。

三、开展专项检查，着力提升监事会监督水平

2021年，公司监事会对财务报表开展了评估，对董事会2019年工作评价整改落实情况进行了监督检查。监事会还针对公司实际情况，分别开展了公司风险管控情况督导检查、集团公司财务资金专项整治行动整改情况督导检查，以及董事会审定的年度投资计划完成情况督导检查，听取了相关部门的专题汇报，督促相关工作落地落实。

下面以公司财务报表评估检查为例，详细阐述监事会在其中如何履行知情监督检查职责。公司监事到财务部门进行实地调研，与相关工作人员开展座谈，对公司近三年财务报表（2019～2020年的年度财务报表，以及2021年半年度财务报表）的基本情况进行了解、询问。另外，由于公司2020年年末并购了中核汇能有限公司，根据会计准则，同一控制下企业合并，在编制合并报表时，应当对合并资产负债表的相关项目进行调整等情况进行了解、询问，最终公司监事根据财务部门提供的财务数据对报表的质量信息及公司面临的财务风险从专业角度进行分析。其中，对资产负债

表中的主要指标（货币资金、应收账款、存货、固定资产、商誉等）近几年的趋势变化进行分析，通过综合研判得出各指标变动趋势是否合理以及变动原因；对利润表中的营业利润和核心利润的变动趋势及原因进行分析，得出公司专注于主业，营业利润和核心利润在逐年增长，不存在主业“空心化”的结论；对现金流量表中的经营活动现金流入、流出的趋势予以说明，波动均属于正常现象。最后通过综合分析得出，公司财务报表反映公司的财务状况良好，收益质量较高。

2021～2022 年度，中国核电监事会对公司股东大会、董事会的召开和决策程序、决议事项，董事会对股东大会决议的执行情况，公司高级管理人员执行职务情况及公司内部控制情况等进行了监督，同时对公司的财务状况、关联交易情况、内部控制情况进行了检查和审核。监事会通过积极探索、创新监督方式方法，有效利用监督资源、提升履职效果，为公司健康、安全、高质量发展保驾护航。

中国核电准确把握企业发展定位、责任与使命，积极推进国有企业治理现代化，不断提高发展效益和效率。进一步探索监事会监督与完善公司治理的有机结合，建立更科学的现代企业制度体系与工作流程。

2.20 贵阳银行
党建引领 有效监督 推进高质量发展

一、贵阳银行股份有限公司概况

贵阳银行股份有限公司（以下简称“贵阳银行”或“公司”）成立于1997年，注册资本36.56亿元，总行位于贵州省贵阳市。2016年8月，贵阳银行首次公开发行股票在上海证券交易所成功上市（股票代码601997），成为中西部首家A股上市城商行。目前，全行下辖9个省内地州分行、1个省外成都分行，机构网点实现贵州省88个县域全覆盖，发起设立贵阳贵银金融租赁有限责任公司和广元市贵商村镇银行股份有限公司2家控股子公司，参股息烽、花溪2家村镇银行，初步形成立足贵州、延伸成都、辐射西南的综合金融服务网络。贵阳银行成立25年以来，坚持以客户为中心的服务理念，始终秉承“服务地方、服务中小、服务城乡”的办行宗旨，始终牢记金融服务实体经济的天职，扎根本土，精耕细作，致力于打造特色化、本土化、差异化的综合金融服务体系，资产规模连续保持贵州省第一大法人金融机构地位。

上市6年来，贵阳银行各项经营指标稳步向好，综合实力持续增强，品牌影响力不断提升。资产规模从上市初的3700亿元增长至目前已突破6000亿元，归属于母公司股东的净利润从36亿元增长至60亿元、复合增长率10.43%，ROE和ROA在上市同业中保持领先。凭借多年的不懈努力，贵阳银行发展获得业界广泛认可。在英国《银行家》杂志发布的全球1000强银行排名中由上市初期的395为跃升至第196位，2022年首次跻身全球200强；在中国银行业协会发布的中国银行业100强排名由58位上升至第39位；在中国《银行家》杂志发布的2020年“中国商业银行竞争力评价报告”中，位居资产规模3000亿～10000亿元城商行第1位。

二、贵阳银行监事会基本情况

贵阳银行坚持以习近平总书记“两个一以贯之”重要论述为指引，把加强党的领导写进《公司章程》，将“坚持党的领导”作为加强和完善公司治理的根本原则，构建了以“三会一层”为主体的现代公司治理架构，各主体职责边界清晰，形成了权力机构、决策机构、监督机构和管理层之间权责明确、运作规范的相互协调和相互制衡的有效机制。监事会作为公司治理体系的重要环节，承载着保护贵阳银行股东、职工、投资者和其他利益相关者合法权益的神圣使命。

近年来，贵阳银行监事会始终以维护全体股东、职工和贵阳银行利益为己任，严格落实党的领导融入公司治理具体要求，持续完善“双向进入、交叉任职”领导体制，加强了监事会与行党委、董事会、管理层的密切联系与沟通，全力推动党的领导与公司治理有机融合。在贵阳银行党委的正确领导下，监事会坚持用理论指导实践，以持续构建符合新时代要求的现代公司治理体系为目标导向，在实践中不断深化监督治理路径方向，勇于探索创新监督方式方法，持续强化监督履职能力建设，不断夯实规范、务实、高效的监督履职基础。

贵阳银行自成立以来监事会已历经四届，本届监事会为贵阳银行第五届监事会。本届监事会由5名监事组成，其中：股东代表监事1人，职工代表监事2人，外部监事2人；监事会下设监督和提名2个专门委员会，委员会主任由外部监事担任。本届监事会成员均熟悉掌握有关经济、金融法律法规，能正确贯彻执行国家的经济、金融方针政策，具有很强的管理能力和业务资质，分别持有国家一级律师、一级高级会计师、高级经济师、注册会计师等专业高级职称。从顶层设计入手，本届监事会各类监事成员结构比例和从业经历均符合相关法规要求，监事会成员均符合上市金融企业任职资格，具有良好的品行、声誉和守法合规记录，具备与所任职务相匹配的知识、经验、能力和精力。各类监事的专业知识更加全面，履职经验更加成熟，监督履职的专业性和权威性进一步增强。

监事会监督是一项政策性、程序性很强的工作。贵阳银行监事会高度重视建立合规有序的内部运作制度，持续建章立制，不断规范监督行为。经过历届监事会的共同努力，贵阳银行监事会已制定并修订完善了《贵阳银行监事会及专门委员会议事规则》《监事会工作制度》《监事会信息沟通管理办法》《董事监事履职评价办法》等6项制度，切实构建起一套既立足实际又放眼长远的监督制度体系，保证监事会工作有章可循、有据可依。通过强化制度建设，把监督原则、监督内容和监督方式细化为各项管理规定，把监督工作置于规范化的程序和流程之中，确保履职行为守土有责、依法合规。

三、贵阳银行监事会履职有效举措和创新做法

随着大数据时代兴起，金融的开放性、交易的复杂性与日俱增以及贵阳银行业务规模日益扩大、管理层级逐渐增加，集团内部结构逐步复杂，这些给贵阳银行公司治理改革带来了新的困难和挑战，也对监事会工作提出了更高的要求。在行党委的统一领导下，贵阳银行监事会创造性、突破性、有效性地推进监督工作，以“做实监事会功能、提高监督有效性”为出发点，准确把握职责定位，健全监督体制机制，整合凝聚监督力量，提高检查调研效率，充分有效发挥监事会在公司治理体系中的监督保障作用，树立了“依法履职、合规履职、独立履职、专业履职”的监督理念，开拓了监事会工作的新局面，监督成效进一步显现，逐步形成了一套行之有效的监督工作思路和方式方法，为保障贵阳银行稳健合规经营、持续健康发展和广大股东利益形成有力支撑，推动和助力贵阳银行高质量发展进程。

贵阳银行规范、稳健、高效的公司治理体系和监督管理亦得到监管机构、行业协会的充分肯定和良好评价。2019年、2020年贵阳银行连续两年在《银行家》杂志“中国商业银行竞争力排名”中获得“最佳公司治理城市商业银行”单项奖；2019年和2020年连续两年斩获上市公司信息披露

最高 A 类评价；2021 年入选上市公司 ESG 优秀实践案例。

（一）深刻把握职责定位，切实践行监督治理使命和担当

在行党委领导下，贵阳银行监事会始终按照《公司章程》建立并代表党和国家、出资者行使法定监督权，始终坚持适度制衡原则，既积极履行监督职责又不干涉公司业务的正常运转，不做一团和气的虚位监督，也不做对立拆台的内耗监督，更不做盲目插足的越界监督，与董事会、高级管理层建立起“相互制衡、相互补台”的关系，既维护董事会在公司治理中的核心地位，又保持了监事会履职的独立性、权威性。

一是把握好总体思路。迈入“十四五”新征程，贵阳银行监事会深入贯彻《国务院关于进一步提高上市公司质量的意见》，以银保监会《健全银行业保险业公司治理三年行动方案（2020～2022 年）》为指南，以《银行保险机构公司治理监管评估办法（试行）》《银行保险机构董事监事履职评价办法（试行）》为抓手，把对接全行高质量发展需求、对标先进行管理水平、对照金融改革的要求放在更加重要的位置来统筹思考谋划，厚植“主动作为、有效作为、敢于担当”的监督文化，遵循适度制衡原则，做到参与不干预、到位不越位、帮忙不添乱、制衡不对立。以帮助董事会和经营层科学决策、规范经营、修正偏差、减少错误为目标，善于从建设性的角度和善意的立场出发履行内部监督职责。

二是提高议事监督效果。贵阳银行监事会严把议案会前组织关、会中审核关、会后成果关，依法召开监事会会议及专门委员会会议，在职权范围内研究讨论各项议案和专题报告，并进行集中审议，客观公正发表意见，独立行使表决权，积极履行参会议事监督职责。2021 年，全年共召开监事会会议 12 次，审议通过议案 75 项；召开提名委员会和监督委员会会议各 5 次，分别审议通过议案 13 项和 54 项。截至 2022 年上半年末，筹备召开监事会会议 5 次，审议通过议案 45 项；筹备召开监督委员会会议 2 次，审议通过议案 37 项；召开提名委员会会议 3 次，审议通过议案 5 项。监事会围绕发展大局，聚焦管理重点，依法履行对贵阳银行发展战略规划、董监事会工作报告、年度经营报告、财务预决算报告、全面风险管理报告等重要议题的会议监督，持续跟踪决议落实情况反馈，不断提高议事水平和议案

审议效果。

三是重视经营行为过程监督。监事会成员通过列席董事会及专门委员会会议，及时监督董事会会议的合法性，适时对董事会议题发表监督意见；通过列席高级管理层会议，对关联交易、不良资产处置、子公司和分支机构管理等事项提出了监督意见建议，强化对经营行为的过程监督；通过参加行务会、信用风险和资产负债管理委员会等各类重要经营管理会议，严格审阅会议材料，全面了解贵阳银行经营管理状况，履行对重大事项决策程序、议事内容合规性的现场监督。

（二）强化作风能力建设，切实提升自身履职实力和水平

监事会作为公司治理体系重要组成部分，必须不断提高政治素养、履职能力，不断加强作风建设，才能有效树立监事会权威，维护行党委的绝对领导。近年来，贵阳银行监事会通过一系列措施全面加强自身建设，监督结果得到股东大会董事会、高管层的高度重视、充分肯定和积极回应，对推动全行高质量发展起到了“稳定器”的作用。

一是不断提高政治能力。监事会成员通过加强政治理论学习，牢固树立四个意识、增强四个自信，坚决做到两个维护。在思想上、政治上、行动上同党中央、省市党委、行党委保持高度一致。在思想上明确“主动作为、有效作为、敢于担当”的监督指导思想，在行动上落实“敢于监督、善于监督、有效监督”的监督总要求，强化责任意识，加强作风建设，切实增强自身的责任感和使命感。二是持续提升履职能力。各类监事积极参加行内外组织的专业知识培训和公司治理专题讲座，准确把握法律法规和监管政策，不断推进资产负债管理能力、风险控制能力和战略管理能力的全面精进；深入基层支行、企业客户和子公司实地调研，学用结合，加深监事会对基层运营情况、金融产品与服务后评价、股东需求的研判分析；主动走访和对接优秀上市同业，深入探讨公司治理理念，学习交流先进管理经验，建立沟通联系渠道，共同提高监督履职水平。三是完善监事履职的自我监督评价。制定出台了《贵阳银行股份有限公司董事履职评价办法》《贵阳银行股份有限公司监事履职评价办法》，严格执行监管要求，细化履职档案内容，优化履职评价方案，注重经营管理实绩考评，规范指导

开展年度履职评价工作。通过监事会办公室建立监事履职档案，记录监事在任期内的各项监督的履职尽责情况，包括前述监事履职情况的基本内容。履职评价的形式包括监事自评和监事互评等环节，结合监事履职档案，形成初步评价结果，并由监事会进行审议，决议形成评价结果：称职、基本称职、不称职三类，监事最终评价结果经股东大会审议通过后对外披露。成立至今，贵阳银行监事会及监事无证券监管和银保监等监管处罚情况，以往年度履职评价结果均为称职。

（三）创新检查调研方法，切实提高监督精准度和有效性

开展专项检查和调研是监事会履行监督职责的重要手段和利器，监事会监督的主要对象是董事会和经营管理层，因此，查找问题不能单一地集中在某项业务中的个别违法违规行为，而是通过检查督促董事会和管理层履行职责，运用监督权制衡董事会决策权、高管层行政权，维护银行整体利益和股东利益。贵阳银行监事会创新提出专项监督检查调研“八有”原则，即事先有计划、事前有方案、事中有重点、人员有分工、检查有方法、目标有明确，事后有整改、检查有成果。查深、查透、查细，基本做到了风险延伸到哪里，监督就执行到哪里，对存在的问题进行深入剖析和揭示，直击问题根源，敢于揭示问题，有效防范风险，推动经营管理水平提升。一是注重检查调研的全面性和重点性。根据《银行保险机构公司治理准则》《商业银行监事会工作指引》等监管要求，商业银行的战略规划、财务活动、经营决策、风险管理和内部控制是监事会监督的主线，在实践中，专项监督检查的重点领域根据全行发展面临的主要矛盾来进行明确。例如，监事会密切关注贵阳银行战略规划的实施情况，分别在战略规划执行中期和末期开展对战略目标推进完成情况的专项评估，客观剖析规划指标与执行落地的差距；在贵阳银行发展过程中，县域全覆盖后分支机构的管理，子公司管理都是不同时期董事会、高管层面临的问题，监事会开展了分支机构运营情况调研、子公司监事会监督履职情况检查等专项监督项目；随着金融“严监管”政策和要求的加强，监事会紧盯金融资本配置权领域对转授权管理、呆账自主核销、洗钱风险、薪酬管理等关键领域进行深入检查。二是注重检查的独立性和联动性。针对不同领域问题采取不同监督检

查方式。例如，坚持独立开展审计检查调研工作，充分发挥监督委员会及外部监事的独特作用，不受董事会和高管层的质询和干预，检查工作的立项、制订方案、参与人员、实施检查、确定报告等由监事会及其监督委员会讨论决定。三是注重检查的时效性和实效性。监事会敏锐分析当前存在或潜在的问题，及时关注事关发展全局的难点、热点和痛点问题展开专项检查，并向全体董事和经营管理层通报检查报告的全部内容，通过约谈、函询等方式强化整改并及时督促董事会和经营管理层进行整改落实，并适时对整改落实情况进行跟踪后续审计，以保证监事会的检查取得实效。四是注重检查成果运用和警示教育。遵循信息共享、查处分离等原则，建立协同督导督办机制，确定监事会检查成果报送与处理程序，督促董事会、高管层对监事会揭示的问题和风险进行整改。近年来，监事会累计开展监督检查 8 项、专题调研 4 项、高级管理人员离任审计 3 项和战略评估评价 3 次，出具专项报告 18 份，发现管理架构、人员配置、制度建设、运行机制及信贷管理等方面问题短板及风险隐患 40 余个，提出改进建议 40 余条，监事会成员累计走访总行职能部门、分支机构和子公司、营业网点及农村金融服务站点等 90 余次。同时，采用“监督—评价—改进—提高”的工作模式，遵循监督闭环管理原则，按年开展监督发现问题整改落实情况的“回头看”跟踪检查。2018 年以来，董事会和高管层对监事会提出的问题整改完成率均达到 90% 以上，以监督治理促转型发展，推动贵阳银行上一轮发展规划战略目标实现顺利收官。

（四）建立沟通交流机制，切实彰显监督成果运用和转化

加强沟通协调，是推动监事会贯彻落实监管要求、传递反映员工心声、促进董事会、高管层及其成员有效履职的重要保证。贵阳银行监事会加强监事长与行党委主要领导的横向沟通、建立与董事会、高管层、外部审计之间的常态化、规范化沟通交流机制，推进监管意见传导落实，共同促进贵阳银行公司治理体系强基提质。一是主动加强与监管机构的报告沟通。监事会一贯重视监管意见的传导落实和监管检查指出问题的后续整改，把后续跟踪监督作为加强贵阳银行合规管理的有力举措。通过定期听取贵阳银行对监管意见和问题整改落实情况的工作汇报，从责任落实、制度建设、

改革转型和管理提升等方面提出监督要求，监督整改质量，压实董事会、高管层整改主体责任，从思想和行动上积极进行整改，确保监督意见贯彻到位、问题整改彻底，二是加强与行党委、董事会和高管层的横向沟通联系。贵阳银行监事长同时担任行党委副书记，通过党委会、专题会等主动向党委报告监事会工作开展情况，争取党委对监督工作的支持；监事会制定出台了《贵阳银行股份有限公司监事会信息沟通管理办法》，编制发布了《监事会工作要讯》内部刊物，加强监事会监督动态和监督成果宣传，形成了监事会与董事会、高管层相互了解及时准确获取信息的机制，一方面监事会能及时掌握公司发展指导思想和经营管理重大决策，另一方面董事会和高管层能及时获悉监事会工作开展情况，双向信息沟通为监事会履职提供了基本保障。三是加强与外部审计建立常态化沟通机制。一方面，与负责年报审计注册会计师保持日常沟通，可以保障监事会及时关注了解重大财务事项的处理流程，通过年报审计事项的过程管理，提高判断能力。另一方面，在董事会、监事会审议年度报告之前，与外部审计机构进行全面沟通，深入了解审计方法、审计事项等，与注册会计师就监事会关注的问题进行深入研讨，既保证审计的专业性，又确保了监督的有效性。四是建立健全职工监事述职报告机制。职工监事不仅是监事会成员，也代表了广大职工对监事会的期望。本行监事会换届选举，选举了内审部门负责人作为职工监事，双重身份既有利于积极发挥职工监事对经营管理较为熟悉的优势，又能保障认真勤勉履行监督职责，更好的维护广大职工利益。规范的制度约束是加强履责的有效保障，本行监事会根据监管新规，从尊重职工权利出发，建立并落实职工监事定期向职代会报告机制：一方面职工监事积极发挥本行职代会与监事会之间沟通联系的桥梁纽带作用，就涉及职工切身利益的规章制度或者重大事项，广泛听取职工的意见和建议，真实准确、全面充分地向监事会反映职工的合理诉求。另一方面职工监事直接对本行职代会负责，执行职代会的决议、决定，积极参加职代会的有关活动，定期向本行职代会作述职报告，履责情况接受职代会的监督、质询，督促其认真履行监督职责。

（五）搭建协同监督体系，切实整合资源突出监督合力和推力

监事会监督保持相对独立，但并不是要孤军奋战，而是要通过加强与

内外部机构的协同配合，最大限度的借用各方力量，围绕中心工作，实现资源共享，减少重复监督，降低监督成本，凝聚形成监督合力，推动形成“大监督”格局。一是牵头搭建跨部门协同监督联席会议机制。监事会制定并面向全行发布了贵阳银行《关于进一步深化监事会、稽核审计、纪检监察协同监督工作机制的通知》，整合审计部门、纪检监察等监督资源，在协同监督领导小组的带领下，各监督主体通过联席会议平台，事前整合监督计划，避免监督资源浪费；事中整合监督力量，实现监督效能最大化；事后监督成果传达共享，共同推进监督成果运用，引导和促进形成了多元参与、有机贯通、资源互补的协同监督局面。二是利用外部专业审计力量，协助监事会对监管重点关注事项开展审计。聘请第三方会计师事务所等专业审计机构开展重点审计项目是贵阳银行监事会加强监督履职的有效途径。2018 年以来，在行党委支持下，结合行内业务发展和风险管理需要，贵阳银行监事会先后聘请天健、普华永道等业内领先的会计师事务所对贵阳银行表外业务、信息科技风险和流动性管理等重点领域开展了全面或专项审计，监事会根据审计发现和结论，编制完成审计报告和管理建议书共 6 份，为贵阳银行缩短与监管要求差距、揭示风险隐患、改善薄弱环节、补齐管理短板、有的放矢防范风险、未雨绸缪进行管理提供了有力的帮助和支撑。三是充分发挥外部监事专业特长，牵头开展重点领域专题调研。贵阳银行外部监事充分发挥在监事会监督治理重点独特作用，持之以恒的组织开展调研检查。在研究分析经营形势、业务发展态势的基础上，瞄准行内重点关注事项，结合自身专业特长，有针对性地拟定调研检查项目，组建调研团队，深入部门和基层一线实地走访座谈、开展问卷调查、广泛听取收集意见。近年来，由外部监事组织开展了不良资产处置、全面预算管理、消保工作落实等调研项目，分别形成有分量、有质量的专题调研报告 4 份，中肯的指出了贵阳银行当前经营管理存在的不足和短板，并提出了具有建设性的对策建议，得到了董事会、管理层及职能部门的重视和回应，为贵阳银行高质量发展积极建言献策，护航贵阳银行向“百年好银行”的愿景不断前进。

2.21　金徽酒
深化监督机制　提高实务效能

金徽酒股份有限公司（以下简称“金徽酒”或“公司”）地处秦岭腹地、嘉陵江畔，毗邻世界自然遗产九寨沟的甘肃陇南徽县，生态环境得天独厚，酿酒历史和白酒文化悠久。公司前身系始建于1951年的甘肃省徽县酒厂，曾用名甘肃陇南春酒厂，是国内首批注册成立的中华老字号白酒酿造企业之一。1960年，“金徽酒”成为全国首批获准国家注册的白酒品牌之一；1978年，“陇南春酒”一经上市便享誉大江南北，成为西北名酒。2007年以来，金徽酒通过改革创新进入跨越发展的新时代。2016年3月，金徽酒成功在上海证券交易所A股上市，成为全国第19家白酒上市公司。自上市以来，金徽酒持续健康发展，在经营业绩和公司治理上取得了较好的成绩，历届监事会在公司稳健发展过程中发挥了重要作用。

一、充分发挥监事会的监督职能，持续提升公司内控管理、合规管理水平

根据《公司章程》规定，金徽酒监事会由3名监事组成，其中职工代表监事1名，股东代表监事2名，设监事会主席1名。金徽酒监事会全体成员严格按照《中华人民共和国公司法》《中华人民共和国证券法》《公司章程》及《公司监事会议事规则》等有关规定和要求，本着对公司负责、对全体股东负责的原则，认真履行监督职责，对公司经营活动、财务状况、关联交易、董事会建设及董事、高级管理人员履职情况等实施了有效监督，保障了公司和全体股东合法权益，促进公司法人治理不断完善、发展。

近年来，随着《中华人民共和国公司法》《中华人民共和国证券法》

《上市公司治理准则》《上市公司章程指引》《上海证券交易所股票上市规则（2022年1月修订）》等一系列法律、法规、规章的修订、实施，金徽酒及时修订公司治理制度中的相关内容，根据依法治国、依法治企的要求并结合公司发展需要，不断完善法人治理机制、职能。2022年3月，金徽酒全面系统地对《公司章程》《公司股东大会议事规则》《公司董事会议事规则》《公司监事会议事规则》等20项治理制度进行梳理、修订，通过对涉及监事会职能相关制度的修订，从制度层面固化沟通联系机制，为监事会发挥法律赋予的监督职能给予了充分的制度保障。

在监事会的高效履职及全体员工的共同努力下，金徽酒先后荣获“全国模范劳动关系和谐企业”“全国轻工行业先进集体”“甘肃省人民政府质量奖”“金质量·公司治理奖”“ESG卓越企业”等诸多荣誉。

二、紧紧围绕公司、投资者权益保护，多措并举，突出监事会履职成效

（一）发挥专业优势，强化风险防范机制

金徽酒监事会由3名监事组成，其中职工代表监事担任本届监事会主席。现任监事会主席具有法学专业背景，又常年在公司法务、质量管理、检验检测、市场营销等部门担任中层及以上管理职务，积累了丰富的生产、经营、管理工作经验，能够代表职工参与公司经营决策，履行监事监督职能，使监事会的工作更加有效，作出的决策能够更多地赢得广大职工的信任、理解和支持，充分调动职工的积极性和创造性，增强企业凝聚力。其他两名股东代表监事亦具有法学、经济学专业背景，在公司合规管理、投资运营等方面能够提出专业的意见建议。监事会成员充分发挥自身专业知识和能力，坚持“事前防控、事中可控、事后提升”的工作原则，通过线上线下多形式督导，对公司各项业务进行调研，不断完善经营风险防范机制。同时，按照上海证券交易所、甘肃证监局等监管机构要求，定期参加培训，学习相关法律法规、监管政策，提升履职水平。

（二）实施联动机制，协同作业聚合力

金徽酒监事会积极探索监督方法，实施联动工作机制。一是监事会成

员通过列席公司股东大会、董事会会议，参与重大事项讨论，对公司股东大会、董事会的召集、召开、决议事项等进行监督；二是日常工作中积极与财务、审计监察等部门加强沟通，对各项财务制度的执行情况进行检查，定期查阅会计报表，了解公司经营业务、财务和资产情况，同时利用公司审计监察等内部监督资源，有效整合监督力量，提高工作成效；三是利用外部机构力量，就募集资金、关联交易等关注事项进行审计或了解，听取券商、律师、会计师等外部机构对公司良性发展的意见建议，查阅相关报告，结合国家经济形势和政策变动情况，对公司经营管理提出意见建议，强化风险防范，促进公司更好更快发展；四是在履职过程中，注重与股东、董事、高级管理人员积极沟通，密切关注公司的发展动态和经营状况，对董事、高级管理人员是否忠于职守、全面落实各项工作以及是否存在损害公司及股东利益的行为进行监督。

（三）充分发挥监督的群众性，拓展监督宽度

金徽酒监事会建立了与工会联合作业的协同工作机制，通过多种渠道参与到员工工作、生活中，将基层员工对生产经营的意见建议与监事会监督检查有机结合。一是在日常工作中注重倾听职工心声，在职工代表大会、专项履职检查中对涉及职工切身利益的重大事项参与讨论并发表意见，及时向职工反馈问题解决措施及处理进度；二是建立、畅通监督渠道和方式，通过信箱、电子邮箱、电话、OA 办公系统等方式，提供高效便捷的信息互通平台，营造人人参与的监督氛围，不断强化职工参与监督的积极性，有效拓展监督宽度；三是在实施金徽酒第一期员工持股计划时，由职工代表监事担任员工持股计划管理委员会委员，代表职工参与员工持股计划的日常管理，关注员工持股计划认购股份、限售股解禁、股份减持等事项，将股权激励的作用最大化，促进生产经营发展。

（四）积极探索监督方式，提高监督精准度

金徽酒努力打造学习型组织，监事会成员不断学习新知识、钻研新方法，探索新形式，努力提升履职水平。一是金徽酒监事会成员充分利用现有系统、软件、工具，开展监督职能，履行监事会、监事职责，更好、更快、更精准的发挥监督职能，为公司、投资者权益保护发挥“守门员”作

用；二是建立倾听式、平等式、沟通式的监督模式，定期开展员工座谈会，加强与员工之间的沟通，针对员工提出的问题，给予专业的意见建议；三是疫情期间，监事会积极探索履职方式，利用电子邮件、电话、视频会议等线上远程办公方式，提升监事会成员参与公司重大事项的沟通、决策效率；四是强化预沟通机制，每次监事会正式会议召开前，通过电子邮件发送会议材料，召开预沟通会议，征求监事会成员意见建议，提高决策效率和决策质量；五是根据《公司章程》赋予的职责，监事会成员及时学习法律法规，不断针对重点领域集中发力，突出对股东、董事、高级管理人员依法履职情形进行监督，有效提高监督精准度。

随着我国资本市场的不断发展，上市公司高质量发展呈现加速之势，监管机构、社会、市场对上市公司治理能力、治理水平的要求不断提升，监事会及其监督职能作为公司法人治理的重要组成，金徽酒监事会全体成员将一如既往严格按照《中华人民共和国公司法》《中华人民共和国证券法》《公司章程》及《公司监事会议事规则》等有关规定，积极适应市场变化和公司发展要求，加强自身学习，积极探索、完善监事会的工作机制，对公司经营活动、财务状况、关联交易及董事、高级管理人员履职情况等实施有效监督，持续保障公司和全体股东合法权益，夯实公司治理基础，促进公司长久可持续发展。

2.22　读者传媒
优化监督资源　发挥协同效应

一、监事会概况

读者出版传媒股份有限公司（以下简称“读者传媒”或“公司”）是于2009年12月由读者出版集团有限公司作为主发起人，联合国内4家知名企业共同发起设立，2015年12月10日在上海证券交易所上市。公司上市实现了甘肃省文化企业上市零的突破，成为西北地区首家在国内主板市场上市的出版传媒类企业，也是A股中唯一拥有出版行业品牌的概念股。

公司监事会成立于2009年12月28日，中国上市公司协会30家理事单位之一。2016年12月，在中国上市公司协会、上海证券交易所、深圳证券交易所共同主办的“上市公司监事会最佳实践评选活动”上，读者传媒获得“上市公司监事会卓有成效30强”荣誉。第五届监事会有5名监事，其中股东代表监事3名，由股东提名，经股东大会表决产生；职工代表监事2名，由公司职工代表大会民主选举产生。监事会设监事会主席1名，由全体监事选举产生。监事会下设监事会办公室，与审计部合署办公，配备工作人员5名，专门从事日常监督检查工作。

二、监事会创新实践具体做法

公司监事会始终严格遵守监管标准，坚持不断完善公司法人治理结构和健全内部控制制度，监事会作为公司治理结构的重要组成部分，本着向全体股东负责的精神，运用法定职权并结合公司实际情况，不断探索建立适当、有效的监督机制，按照依法合规、客观公正、科学有效的原则，对公司董事会、高级管理人员的履职以及公司财务、内部控制、风险控制、信息披露等事项进行监督，以保护公司、股东、职工及其他利益相关者的合法权益。

2019～2022年，共召开监事会16次，审议相关议题74个，出席公司2019～2022年度股东大会9次、并列席了2019～2022年度全部董事会会议23次，出席公司年度、半年度、季度经济分析会议，听取公司及所属单位财务分析和经营情况汇报，并问询相关财务、资产状况及经营管理情况，重点关注审计部门在审计报告中提出的主要问题及公司内部控制体系建设评价的有效性等，同时为了进一步优化内部监督资源，最大限度地发挥监督的协同效应，不断提高监督效力，更好地发挥监督职能，公司监事会在监督方式、方法和监督成果的应用方面尝试一些有益的探索和实践。

（一）注重顶层设计，强化组织领导，把党的领导与法人治理有机地融合，提升监督执行力

公司党委十分重视顶层设计，党委班子在业务分工时，特别重视内部资源的整合，公司监事会办公室和内部审计机构合署办公。这种分工和机构设置模式，为统一调配各种内部监督资源、顺利开展监督检查工作，提供了平台支撑和组织保证。公司党委、监事会可以根据管控要求，按监督性质、对象、内容、业务及特点，采用不同的监督方式和方法，从不同的层面、不同的角度，对不同的对象进行监督检查。监督检查的对象不仅有公司董事和高级管理人员，还包括所属子公司、控股公司、经营单位、职能部门领导班子、党员干部甚至普通员工。监督检查的内容有公司董事、经理和高级管理人员的履职情况，公司财务、信息披露、内部控制、风险控制的情况，所属公司（部门）主要负责人任期内经济责任履行情况、落实“主体责任”“一岗双责”、党的建设、党风廉政建设和反腐败工作的情况。监督检查基本覆盖了关键岗位和主要经济业务，监督基本没有死角。

（二）健全监督制度，完善监督体系，提升监督检查的约束力

公司党委、董事会十分重视公司的内部控制制度建设，董事会聘请专业机构，对公司的财务、业务、制度、流程等进行了全面的梳理和优化，

监事会除了督促董事会建立健全和完善内部控制制度体系外，也健全和完善了各项监督检查制度。严格执行《财务审计实施办法》《合同审计实施细则》《建设工程项目审计实施办法》《公司内部控制评价管理办法》等制度，重新修订《内部审计办法》《任期经济责任审计办法》及《内部审计档案管理办法》三项制度。建立起涵盖总部、各分子公司多层级的监督检查体系，通过常规审计、专项调查以及聘请第三方检查等多种形式对各业务领域的控制执行情况进行评估和督查，提高内控工作质量。这些监督制度的建立和完善，为有效开展监督检查工作提供监督管理的依据和保障。

（三）优化监督资源，发挥协同效应，提升监督检查的执行力

公司监事会充分利用内部监督资源，打造综合监督平台，提高监督效率，提升监督水平，形成监督合力，发挥内部监督的协同效应，不断推进内部监督工作转型发展。

1. 用好三个监督函。公司监事会在日常监督中发现了问题、缺陷和风险后，监事会会根据问题、缺陷和风险的性质、情节和影响程度，分别以提醒函、改进函、纠正函的形式，提醒董事长、经营层及高级管理层关注和整改相关问题，并对整改情况进行跟踪检查。公司监事会向子公司、控股公司董事、财务总监及高级管理层发出提醒函，针对存在的问题，提醒经营层及高级管理层加大对应收账款、库存商品的监管力度，注意防范财务风险和经营风险，保证年度经营指标顺利完成。2017 年监事会发出提醒函 2 份，《读者出版传媒有限公司监事会提醒函 2017 第 1 号》《读者出版传媒有限公司监事会提醒函 2017 第 2 号》，2021 年开展各子公司内控制度完善和执行专项检查工作，2021 年委托审计部配合完成存货管理制度执行情况检查。各子公司、控股公司收到提醒函、改进函、纠正函后，一般都会认真整改落实，并将整改落实情况向监事会报告。

2. 打好约谈一张牌。监事会联合纪检、审计部门，对公司及所属子公司、控股公司的主要负责人及班子成员开展谈话谈心，谈心谈话的内容涉及学习贯彻党的路线、方针、政策，落实党风廉政建设、“主体责任”“一岗双责”、中央“八项规定”和省委“双十条规定”，依法出版、依规经营、廉洁从业等。通过约谈，对领导班子及业务经营中存在的一些苗头性、

倾向性问题，早发现、早提醒、早纠正，促进干部廉洁从业、公司规范经营，强化了领导干部的风险防控意识和风险管控能力。

3. 打造综合监督网。监事会十分重视整合各种内部监督力量，使内部监督资源相互融合、相互支撑，形成监督合力，发挥协同效应，形成内部监督网络。实践中，监事会借助审计部门开展工作，公司监事会委托审计部，对公司及所属单位主要负责人履职情况和财务状况、经营管理等方面进行审计监督检查。2019 年监事会委托审计部对所属 9 家子公司的主要负责人进行经济责任审计，2020 年监事会委托审计部对 5 家所属子公司主要负责人进行经济责任审计，2021 年监事会委托审计部对 5 家所属子公司主要负责人进行经济责任审计，对公司总部进行财务收支审计，对审计中发现的问题和不规范事项，提出要求限期整改，并对相关程序和制度进行完善。

4. 构建审计整改长效机制，提升成果运用水平。监事会和审计部密切配合积极推动做好落实整改工作，健全完善查出问题整改工作机制，2019 ~2022 年已开展 4 次审计整改检查工作，成效显著。一是督促公司层面充分发挥统筹引领作用，积极构建风险管控和防范长效机制体制，全面减少和解决系统性风险和问题。二是各经营单位、子公司要切实提高认识站位，担当负责，全面提升履职能力和水平，兼顾发展和运营安全；三是审计部要充分发挥好部门职能，创新工作方式，抓好审计整改，强化审计成果的运用和转换，全面提升审计效能和质量。公司每年将发现问题的整改作为公司重点工作强力推进，召开整改专题会，针对发现的典型案例，提炼形成重点提示，在全公司范围内予以发布，从共性问题的揭示和经验的传承方面出发，促进一审多果，一审多用。

未来，读者传媒监事会继续根据上市公司监管要求、公司治理需求和经营管理实际，强化监管创新，优化监管制度，不断提升监督职能和工作水平，进一步促进公司规范运作，实现公司的可持续发展。

2.23　东北证券
践行行业文化发挥监督职能为公司高质量发展保驾护航

东北证券股份有限公司（以下简称“东北证券”或“公司”）监事会始终坚持立足当下、放眼长远，科学规划、认真履职，积极探索、纵深提升，充分、全面发挥监督效能，助力公司行稳致远。

一、工作举措方面

（一）立足公司战略规划与转型发展建设，充分发挥监督职能

1. 充分了解经营过程，构建良好的监督环境。公司监事会与董事会和经理层均建立了及时、充分、透明、畅通的沟通机制，形成了相互制衡、相互配合的成熟有效的公司治理结构和运作机制，构建了良好的监督环境，共同落实公司战略，推动公司健康高质量发展。一方面，监事会积极关注公司日常经营管理过程，能够及时、全面、便捷地获取公司重要经营数据信息，跟踪公司重大经营决策落实情况；另一方面，公司监事会通过列席公司董事会、总裁办公会、季度年度经营工作会议、创新业务研讨会、数字化转型讨论会、综合战略业务战略研讨会、风险资产风险项目处置会、融资规划会、长效激励机制论证会等各类重要专题工作会议，掌握公司重大决策部署安排，随时就重要事项与董事会和经理层展开深入交流，及时交换意见。这种深度融合的工作模式为监事会构建了坚实的履职基础。

2. 严格行使监督权力，树立严谨的履职意识。公司监事会充分发挥监事会议事机制，坚持公开审议、集中讨论、集体决策，对公司治理、财务管理、高管履职、合规风控等各个重要方面的运行状况和工作成果进行监

督，始终站在公司发展全局和维护股东利益的角度，独立、客观、公正、审慎地发表审议意见。在历届监事会成员共同努力下，监事会始终坚持珍惜并用好自身监督权力，认真检视会议召集、召开程序的规范性，关注审议内容的合法合规性和决策部署的科学有效性，共同树立了公司监事会负责的履职风范。

3. 客观揭示重大问题，坚守公正的履职原则。公司监事会始终坚持自身立场，充分了解公司在发展中遇到的重大挑战，关注公司战略规划推进落地的效果，客观揭示公司在转型过程中出现的重大问题，及时提示公司董事会和经理层对重大问题做好解决和应对，始终依循客观、公正的履职原则，助力公司实现更加健康稳健的发展。

（二）立足公司合规风控与内控能力提升，充分发挥评价职能

公司监事会坚持履行评价职能，聚焦公司合规风控和内部控制的体系建设、机制设计、制度规范、工作落地等各方面情况，协同公司纪检监察部门、稽核审计部门、合规管理部门、风险管理部门发挥监督合力，制定了《公司监事会工作信息报送管理制度》，并根据制度建立了“日报—周报—月报—定期报告”的完整报告机制。监事会以公司日常重要工作报告为主要抓手，通过审阅合规日报、季度合规报告、风险管理日报、风险资产处置周报、重大风险项目处置报告、非标投后管理报告、季度风险评估报告、压力测试报告、每周舆情报告、季度声誉报告全面跟踪公司各类合规风控举措的落实效果和重大风险事项的处置进展，及时发现潜在风险隐患，并对公司合规风控和内部控制有效性作出全面、客观的评价，助力公司合规风控和内部控制体系始终能够满足公司的发展需要。

（三）紧跟资本市场和监管形势变化，充分发挥建议职能

近年来，宏观环境复杂多变，资本市场改革持续深化，监管层以“建制度、不干预、零容忍”为指导思想，引导证券公司专精主业、回归本源，推动上市公司质量进一步提升。面对外部环境快速变化带来的机遇与挑战，公司监事会也加快步伐，紧跟资本市场和监管形势变化。一是及时了解行业，关注中国证监会、沪深交易所、中国证券业协会、上市公司协会等监管部门的最新政策文件和重大的行业新闻事件等重要信息，充分解读最新

监管精神，准确把握行业发展动向，研判宏观市场及行业风险变化形势；二是全面了解公司，熟悉公司战略规划，掌握公司经营现状，判断公司当前及未来可能面临的业务机会与潜在风险，为公司经营决策提供合理有效的建议，助力公司把握市场机遇，精准施策、及时调整、充分应对。

（四）紧跟公司治理理论发展与实践发展，持续提升自身能力

近年来，随着中国资本市场加速对外开放，公司治理理论与实践也得到了更加充分的发展，为公司监事会提供了更多的学习机会和资源。公司监事会加快学习步伐，积极组织参加各类监管培训，开展业务专题研究；通过组织交流座谈会等方式与优秀上市公司交流分享监督经验，持续提升自身专业素养；建立“公司监事会论坛”，实时交流分享最新监管政策动态；结合公司自身实际创新工作实践，在教学相长中持续提升自身履职能力。

二、工作亮点与成果方面

（一）持续健全制度体系，建立特色履职标准

一直以来，公司监事会在严格遵循外规要求规范履职的同时，也在不断创新履职方式，丰富履职实践，总结经验教训，将这些日常的工作积累凝结、转化为日益完善的工作制度。经过监事会多年的持续探索与不断完善，已经构建了包括《公司监事会议事规则》《公司监事会监督管理制度》《公司监事会外部审计交流制度》《公司监事会工作信息报送管理制度》《公司高级管理人员离任审计管理制度》《公司监事履职评价管理办法》等多项制度在内的较为健全的监事会监督工作制度体系，建立了符合公司治理发展需要、具有公司自身特色的履职标准，为监事会持续规范履职、提升工作效能奠定了坚实基础。

（二）有效整合监督资源，精准聚焦重要事项

随着公司不断发展壮大，面对的风险和挑战也在日益增加，监事会的履职方式也经历了“由点到面、由内向外、由后至前”的跨越，从多点分散监督向统筹全面监督转变，从内部独立监督向联动外部审计共同监督转

变，从工作结果监督向工作过程监督转变，通过更加充分地整合调动内外部监督力量，实现监督资源共享，实现对公司重要事项的精准聚焦。

（三）监督效能持续提升，切实服务公司全局

基于监事会与公司经营过程的充分融合、工作制度体系的持续完善、工作方式方法的不断创新和自身履职能力的有效提升，公司监事会的监督效能持续有效发挥作用，切实维护了公司全局利益，处理好公司发展速度与发展质量之间的平衡关系，为公司行稳致远筑起了一条“安全线”。

三、当前及未来工作探索方向

公司监事会将围绕资本市场持续深化改革发展新要求，立足公司战略规划落地和转型创新发展新进程，在转变监督理念、创新监督方式、发挥监督合力、提升监督质效等方面做出积极探索，为持续提升公司治理水平、实现公司更高质量发展贡献力量。

1. 规范开展日常监督工作，有效参与公司治理。一是规范召开监事会会议，及时审议决议相关议案，充分发表意见和建议。二是按时出席列席股东大会、董事会、总裁办公会及重要专题会议，掌握公司重大决策部署，充分履行监督职责。三是持续检视公司财务、内控、合规、风险等核心治理活动，强化过程监督，提出切实可行的改进意见和建议。

2. 持续推进制度建设，完善监事会工作制度体系。监事会将继续完善监督制度体系，建立相应履职评估机制，制定公司监督工作联席会议制度，明确外部监事现场工作规范。

3. 持续提升履职能力，完善履职保障。公司监事会将发挥各位监事的专业优势，通过加强制度学习、内外部调研、参加监管培训等活动，构建更好的学习交流平台，有效支持监事不断提升自身履职能力，助力监事会更好履行监督职责。

2.24 云南铜业
规范监事会运行 推动高质量发展

云南铜业股份有限公司（以下简称“云南铜业”或“公司”）前身为1958年成立的原云南冶炼厂。公司于1998年5月在深圳证券交易所上市，是中国铝业集团有限公司、中国铜业有限公司的铜产业唯一上市公司和核心平台。公司主要生产阴极铜、黄金、白银、硫酸等产品，主产品阴极铜产量稳居全国铜行业第一方阵。公司长期跻身中国500强，是中国铜冶炼规模最大的企业之一，在国内铜行业内占据相对领先的市场地位。

近年来，云南铜业认真贯彻落实党中央、国务院关于完善中国特色现代企业制度、进一步提高上市公司质量的决策部署，坚持问题导向和目标管理，体系化推进监事会规范建设与运行管理。

一、基本情况

云南铜业监事会于1998年5月成立，至今已超过24年，现任监事会为第九届。根据《公司章程》规定，公司监事会由5名监事组成，其中职工监事2人，监事会设主席1人。目前，公司监事会成员共5人，其中监事会主席1人，股东代表监事3人、职工监事2人，女性监事2人，具有财务、金融、审计、企业管理和矿冶生产等方面的专业知识和工作经验。公司监事会自成立以来，始终根据《公司章程》赋予的职权，本着对股东负责，保障股东、公司和员工权益，秉承“公开透明、运作规范”的原则，不断加强和完善监事会工作制度体系和内部控制体系建设，持续提升公司治理能力，充分发挥了监事会在公司治理中的监督制衡作用。

二、主要做法

云南铜业多措并举加强监事会建设，规范监事会运行，促使公司监事会切实履行监督职责，积极拓展监督渠道，认真开展监督工作，充分发挥监督作用，维护股东、公司及员工权益，做到了“监督全覆盖，到位不越位”。

（一）坚持党的领导，完善治理体系

云南铜业坚持加强党的全面领导，充分把党委领导作用和监事会的作用有机统一。一是在《公司章程》中专设“党委”一章，确立党委在公司治理结构中的法定地位，完成了党组织融入公司治理结构，确保了党组织处在“党组织—股东会—‘董事会＋监事会’—经理层”公司治理结构的顶端。二是健全公司党的领导一体化体系体制，公司监事会5名成员均为党员，其中监事会主席由股东单位党委常委担任，另有1名监事由股东单位审计部（监事会办公室）负责人担任，由此确保了党委的意志和董事会、监事会的主张在公司得到全面贯彻落实。三是明确权限界定和权责清单，对照《中华人民共和国公司法》和中国证监会、国务院国资委、深交所的有关监管规定，逐步修订和完善了《监事会议事规则》《监事会工作职责》《董事会、监事会、股东大会档案管理细则》等制度，细化了“权力清单”，厘清各治理主体的责任边界，形成了权责边界清晰、行权有效衔接的决策机制，有力支持和保障了监事会依法履职。四是严格执行党委研究讨论作为董事会、监事会、经理层决策重大事项的前置要求，监事会相关重要议题均事前提报党委会研究，对根据监事会审议意见需作出重大调整修改的事先也要求再次提交党组织前置研究讨论，确保党委在重大决策事项前的把关定向。

（二）坚持依法合规，确保高效运行

云南铜业按照上市公司监管规定，进一步规范监事会建设和运行，公司监事会在召集会议、议事程序、表决方式和决议内容等方面，均符合《公司章程》《监事会议事规则》和有关监管法规的要求。一是规范监事会

会议安排。每年年初按上市公司定期报告的披露时限，制订发布监事会年度会议计划，从而提高了党委会、总经理办公会、董事会以及子公司决策会议等相关会议的计划性。二是规范监事会议题报审。严格遵循“未经法律合规审核、议题不上会”原则，证券部在监事会会议召开前向各部门征集议题并明确截止时间，要求各部门报送议题材料应由公司法律部门、监事会办公室、监事会主席、法律顾问进行审查，议题材料经汇总后按时限要求送达全体监事，确保审阅时间充分。三是规范监事会参会范围。在《公司章程》《监事会议事规则》中明确了监事会会议参会人员，要求议题汇报人原则上为分管领导和部门负责人，公司纪委书记列席公司监事会会议，以增进监事与公司内部人员的互动交流。四是规范监事会议题审议与表决程序。监事会议题需经与会监事充分审议，严格遵守“一人一票、一事一决、逐项书面表决”的表决程序。未征得全体监事一致同意，不得就会议通知中未包括的议题进行表决，议题内容不具体、不明确或不充分的需缓议。五是规范监事会会议信息保密和披露。严格涉及上市公司内幕信息的保密管理，将参与或接触监事会敏感议题的人员纳入内幕信息知情人，提示保密义务，并在监事会审议通过后及时、准确、完整发布公告，履行信息披露义务。2021 年，云南铜业监事会共召开 12 次会议，审议事项 50 项，事项涉及公司制度体系、定期报告、关联交易、重大资产处置、内部控制、董事候选人提名及高管聘任、非公开发行股票等重大事项。

（三）坚持做实监督，推动企业发展

云南铜业积极强化监事会运行支撑，将过程监督与事后评价相结合、财务检查与督导落实相统一，确保监事会严格按照《上市公司规范运作指引》《公司章程》及《监事会议事规则》的规定运作。一是坚持专项检查和深入调研相配合。公司监事会坚持问题导向，聚焦公司投资、融资、产权转让、关联交易等经营管理的难点、痛点，组织开展专项检查、专题调研，并针对发现的问题和不足，向董事会、管理层及时进行风险提示，让监督履职更精准、更深入。二是坚持会议监督和现场监督相呼应。公司监事会根据工作需要，通过召开监事会会议和全程列席公司股东大会、董事会等方式，及时掌握公司经营管理情况，参与审议公司各项重大决策，对

重大决策事项的程序合规性、内容真实性以及董事、高管层参与决策行为的有效性进行现场监督，适时发表监督意见，将监督落到实处。三是坚持充分汇报和多方沟通相衔接。及时向股东大会报告工作，与股东单位、监管机构开展交流，及时收集监管意见，提升监督的及时性、针对性；积极利用公司“大监督”工作平台，推动监事会工作与纪检监察、审计、内控、风控、法务等工作有效衔接，建立目标一致、计划统筹、实施联动、信息共享、专业互补的监督机制。四是坚持充分履职与发挥合力相融合。公司监事具有财务、审计、管理、矿冶生产等专业背景，在企业内控合规、风险防控、财务管理等方面具有丰富经验，能积极履职行权并向董事会、管理层提出合理性建议，保证了监事会履职的专业化，维护了公司及全体股东的合法权益；公司监事会在与董事会、经理层团结一致、共谋发展的同时，围绕公司发展中的重点难点问题进行充分沟通交流，充分尊重董事会的决策权和经理层的经营管理权，增强了防范化解重大风险能力，充分发挥了监事会在公司治理中的制衡作用；定期跟踪检查、动态管理监事会决议执行情况，促进决议贯彻执行，实现了“调研汇报、研究决策、推进跟踪”的完整闭环。

三、工作成效

云南铜业通过加强监事会规范运行，充分发挥监事会作用，有力健全了公司治理体系，提升了公司治理能力，促进了公司高质量发展。

（一）公司治理更加规范

云南铜业监事会积极依法行使职权、开展工作，指导和督促董事会、经理层自觉接受监事会监督，提高监事会履职的独立性、权威性，形成了公司党委、股东大会、董事会、监事会、管理层各司其职、互相协调、有效制衡的良好局面。近年来，云南铜业秉承实现“股东增值、企业增效、员工增收”的宗旨，遵循“勇为人先、同创辉煌”的工作理念，立足全面提升可持续发展能力，调整结构，创新发展，正努力建设具有全球竞争力的世界一流铜业公司。

（二）经营业绩持续优化

面对复杂的国内外经济形势和新冠肺炎疫情带来的影响，云南铜业坚持稳中求进、克难攻坚，经营业绩持续向好。近几年，公司自产铜精矿、阴极铜、黄金等主产品产量连续刷新历史纪录，资产总额、所有者权益、营业收入、经营利润等多项指标创历史新高。2021 年，云南铜业实现营业收入 1270.58 亿元，同比增加 43.99%，归属于母公司的净利润 6.49 亿元，同比增加 71.00%；2022 年前三季度，公司实现营业收入 980.52 亿元，同比增加 5.43%，归属于母公司的净利润 14.81 亿元，同比增长 184.08%。

（三）企业形象显著提升

云南铜业各方面工作的不断进步，得到了广大投资者、监管机构和社会公众的肯定和认可。近年来，公司先后荣获"中国百强高成长企业奖""中国上市公司最佳投资者关系公司奖""上市公司金骏马奖之扶贫先锋奖""上市公司乡村振兴最佳实践案例"等重要奖项；在深圳证券交易所上市公司 2021 年度信息披露考核中，公司获得信息披露最高评级"A"；在国务院国资委组织的 440 余家中央企业控股上市公司 ESG 评级中，公司位列 2022 年"央企 ESG·先锋 50 指数"第 7 名，较上一年上升 21 名。在 2022 年《财富》中国 500 强排行榜中，公司再次蝉联云南上市公司首位，位列中国 500 强排行榜 107 位，较上一年上升 19 位。

四、经验体会

云南铜业在加强监事会规范运行和促进发挥监事会作用发挥方面，组织实施了诸多工作举措，开展了积极探索和尝试，在取得一定成果的同时，也总结梳理了经验体会。

（一）精准定位是前提

上市公司要站在公司治理结构全局的高度，按照党组织"把方向、管大局、促落实"，董事会"定战略、作决策、防风险"，监事会"强监督、查风险、纠偏差"，经理层"谋经营、抓落实、强管理"的职能定位，厘清职责边界，找准薄弱环节，完善制度机制。其中，监事会必须依照有关法律法规，向全体股东负责，对公司财务以及公司董事、经理和其他高级管理人员履行职责的合法合规性进行监督，维护公司及股东的合法权益。

（二）做实监督是根本

监事会是上市公司治理结构的重要组成部分，是上市公司的监督机构，要坚持问题导向和风险导向，聚焦重点领域、重要问题和关键环节合理选择监事会的监督点位，做到定位向业务监督聚焦、责任向业务监督压实、力量向业务监督倾斜，确保监督尽职“不缺位、不越位、不错位”。要进一步建立健全依法治企、财务活动、经营者行为等监督工作体系，特别要把对董事会“作决策”时的方向性问题、经理层“强管理”中的风险性问题的监督作为重点，确保上市公司各项经营活动处在有效监督之下。

（三）完善机制是重点

良好的治理机制及完善的监督体系，是上市公司监事会充分发挥作用的基础。要持续加强监事会相关制度机制建设，坚持“在执行中完善，在完善中执行”，以提高监督效能为目的，以完善监督体制机制为重点，细化监督行为和工作程序。要充分融入公司治理架构，监事会除做好日常监督外，要积极与董事会及董事会审计委员会沟通协调，善于利用中介机构、内外部审计、上级巡视巡察、专项工作等成果，加强各类监督协同联动协调，把监事会的职能由虚转实，形成监督合力。

（四）强化保障是基础

监事会要充分发挥作用，离不开多方面的保障。要围绕上市公司生产经营、改革发展重点工作，积极探索监事会开展监督工作的新机制、新模式、新办法，进一步推进监事会工作制度化、程序化、规范化。支持监事会设立监事会工作机构，配备相应的专、兼职工作人员，注重在具有财会、审计、法律等知识素养的优秀人才中挑选职工监事和监事会工作人员，组织监事学习相关业务知识，不断增强履职能力、提升监督水平。完善监事会的工作检查、调研、考核、督办等机制，做到信息互通、协调协同，确保监督意见或建议“事事有落实、件件有回音”。

五、后续展望

站在开启第二个百年奋斗目标、全面建设社会主义现代化国家新征程的起点上，云南铜业监事会将持续以习近平新时代中国特色社会主义思想为指导，紧跟监管导向、努力开拓创新，不断提升上市公司法人治理水平。

一是依法依规勤勉履职。严格遵照《中华人民共和国公司法》等法律法规及《公司章程》赋予的职责，以维护公司及股东利益为己任，以监督公司规范运作为重点，切实维护公司利益和广大股东的权益。

二是持续提升监督效能。通过跟踪分析公司运营状况，深入所属企业考察调研，加强对公司依法运作、高风险业务、关联交易等重要事项的监督检查，及时向公司经理层提出合理化意见或风险提示，确保公司各项决策程序合法合规，防范经营风险。

三是不断加强监事队伍建设。通过持续加强监事学习和培训力度，提高监督意识和监督能力，保障公司利益不受损害，为公司实现内涵式高质量发展作出应有贡献。

2.25 浙商中拓
整合内外部监督力量 完善公司治理体系

一、浙商中拓概况

浙商中拓集团股份有限公司（以下简称“浙商中拓”或“公司”）于1999年4月成立，同年7月在深圳证券交易所上市。公司聚焦于各类基建和制造业客户的供应链需求痛点，融合公司全国线下网络和产业互联网平台，数字化协同整合社会仓储、运输及加工等资源，为生产资料供应链客户提供端到端的产销衔接、库存管理、物流配送、生产加工、产业金融、套期保值等全链条集成化管理和一站式服务。公司已连续13年入围《财富》中国500强榜单，在2022年《财富》中国500强榜单中排名第69位。公司在“2020年中国最具成长性上市公司排行榜”中位列前30强，连续3年获得深交所上市公司信息披露考核最高评级“A”级，在第19届和第21届中国上市公司金牛奖评选中分别荣获“金牛投资价值150强”和“金牛最具投资价值奖”奖项；入选了“第一批全国供应链创新与应用示范企业”“全国物流行业先进集体”“国家5A级物流企业”“浙江省物流创新发展试点名单”“浙江省重点进口平台”等。

浙商中拓监事会自成立以来，始终秉持对公司和全体股东负责的态度，勤勉尽职，认真履行监督职责，对公司依法运作、财务情况及内部控制体系的健全和有效执行进行监督，全力维护公司、股东、职工及其他利益相关者的合法权益。

浙商中拓监事会共有5名监事，设监事会主席1名，其中股东监事3名，职工监事2名，监事会下设监事会办公室，作为监事会办事机构。

二、浙商中拓监事会创新实践具体做法

（一）利用内外部监督资源，有效整合监督力量

公司纪检审计部承接监事会办公室的日常职能，作为监事会的日常工作机构，设置了监事会秘书岗，配备两名专职人员。一方面，更好地协助公司监事会处理日常事务，加强监事会与内部审计、纪检监察以及其他职能管理部门之间的协调配合，使监督工作有力可借，形成合力；另一方面，通过纪检审计职能与监事会监督职能的融合，进一步加强了监事会工作的独立性和客观性，加大了日常监督工作的覆盖面，强化了监督效果，促使监督、问责、整改、复查形成了完整的闭环，监督的体系化和机制化优势更加明显，有效地保障公司决策事项更好地贯彻和落实。

证监会于 2020 年 12 月 28 日发布第 69 号文件《关于开展上市公司治理专项行动的公告》，公司严格对照证监会文件的要求，各职能部门通力合作开展自查，涉及自查项目 119 项，自查清单全文 3.4 万字，包括公司治理、内部控制规范体系建设、信息披露与透明度以及信息披露、环保、社会责任等各方面，自查情况良好。公司监事会对自查情况进行了全过程监督，确保公司高质量完成专项自查，得到监管部门的认可。

监事会充分发挥外部审计机构在监事会履职中的作用，建立了监事会与外审机构之间的良好沟通机制，针对公司重大资产重组、限制性股票激励、募集资金的使用等情况，借助外部审计力量，形成监督合力，通过外部审计及时发现问题，对公司运行情况，经营过程实行监督，提高监督的有效性和针对性。

（二）健全监事监管体系，强化监督履职能力

公司对下属全资、控股或参股子公司委派 19 位监事进行监督，延伸监督触角，加大对子公司监督力度。在规范子公司监事任职资格方面，公司选聘高素质、执行能力强、有责任心、忠诚勤勉的具有财务、审计、法律、经营管理等专业知识的中层管理人员为子公司监事人选，定期对公司监事履职能力进行评估及培训，提升监事履职能力，充分发挥公司监事的监督

作用。

（三）完善监督及问责制度，明确监督履职责任

公司建立了涵盖董事、监事、高级管理人员在内的《关键岗位人员廉政风险防控清单》，包括权责清单、风险清单和防控清单，此项清单立足于引导董事、监事、高级管理人员等关键岗位人员理清工作中存在的廉洁风险，规范防控方法，使履职有章可循，有法可依，从源头上降低履职风险，规范权力的运行，推进履职风险防控工作持续开展。

公司修订了《浙商中拓日常关联交易行为规范操作细则》，完善关联方清单作为关联方核查依据，强化关联方管控，上线日常关联交易管控模块，标记关联人标签，做好关联交易额度预警，规范公司日常关联交易行为，控制关联交易风险，提升公司整体合规意识，不断促进上市公司规范运作。

公司还修订了《定期报告信息披露重大差错责任追究制度》，加大对信息披露责任人的问责力度，提高信息披露的质量和透明度，强化信息披露真实性、准确性、完整性和及时性要求，明确规范对不履行或者不正确履行职责、义务或其他个人原因，对公司造成重大经济损失或造成不良社会影响时的追究与处理。通过完善监督及问责制度，公司治理结构更加规范，运作更加高效，职责更加明晰，履职更加到位。

（四）创新监事会会议形式，提高监督履职效率

监事会会议是监督的重要方式，会议召开形式影响着监事会议事效率和履职，关乎监事会监督作用的发挥。近年来，由于国内外疫情蔓延传播及疫情防控等原因，现场召开监事会受到影响。公司率先启用通讯会议网签系统，监事可以通过手机签署表决意见，使会议召开便捷、高效，工作人员可及时、准确收集所有表决结果，提升了会议效率和监事会科学运作水平，为监事高效履职提供支撑和保障。

（五）监督做好信息披露，提升信息披露质量

信息披露是公司对接投资者最重要的窗口。公司监事会持续监督信息披露的合规性，不断加强对公司规范治理、关联交易、内幕交易、对外担保、涉诉事项及日常信息披露等方面的监督，确保信息披露和重大事项的

合规性；监事会对定期报告披露模板的规范性、公司内控体系开展监督，不断提升公司对投资者的信任度和影响力；监事会对重大战略决策的科学性、合理性及执行结果的有效性发表意见，任期内监事会对公司重大资产重组项目、限制性股票激励计划、股票期权激励计划等发表核查意见，对相关重大事项的执行过程进行跟踪，充分保护上市公司及全体股东权益，充分发挥纠偏纠正和监督职能，不断提高公司规范运作水平。

2.26 多氟多
以监督促进管理提升 保障公司战略实现

多氟多监事会始终围绕法律法规及监管要求，勤勉履职并持续探索以监督促进企业管理提升，本届监事会主要从监督融合、机制改进、监督方式及方法、加强廉洁合规文化建设、提升监事履职能力五个重点方面进行创新，以提升监督成效。具体举措如下。

一、公司治理层面与经营层面监督充分融合、相互促进、提升监督成效

科学设置组织架构，保障监督工作落地。多氟多各监督机构设置齐全，公司党委/纪委、监事会、审计委员会是监督工作的引导者和保障力量。监事会主席主管公司审计监察部工作，1 名监事系企业内审负责人及审计监察部部长，审计监察部下设审计科、监察科、监事会办公室等发挥着核心监督作用，有利于具体监督工作的部署实施。

合理配备监事成员，充分保障监督力量。多氟多第六届监事成员同时负责公司审计监察、战略投资、法务、企业管理及子公司管理相关工作，有助于监事会掌握全面的监督信息；各监事拥有律师、注册会计师、高级经济师、国际注册内部审计师等专业资质，均具有丰富的工作经验，且对企业情况较为熟悉，有利于监督工作开展。

重视监督融合，相互促进提升监督成效。监事会监督工作与审计监察、法务、企业管理工作等密切结合，监事会的监督目标借助审计监察、法务、企业管理等具体工作落地实现，审计监察、法务、企业管理工作中的疑难问题及时提报监事会推进解决，实现了从公司治理层面到经营层面的全方

位监督布局及融合。

二、改进监事会工作及考核机制，保障监事会有效运作

建立良性沟通机制，加强信息共享。除正常审议表决需召开监事会会议外，监事会办公室每月组织召开监事会办公会。通过监事会办公会监事充分交流各监督领域需关注重要事项，及时了解重要监审风险。监事会主席部署重点监督工作，有助于推进监督工作落实，推动公司风险事项化解。

改变监事津贴发放机制，提升履职积极性。多氟多第六届监事会将监事津贴分为日常津贴、绩效津贴两部分；日常津贴按月平均发放，绩效津贴根据监事年度履职考核结果进行二次分配后，年末一次发放，从监事津贴机制创新以提升监事履职积极性。

动态修订监事管理制度，确保考核有效执行。监事会办公室出具《多氟多第六届监事会管理办法》对监事履职进行规范要求，对会议、培训、工作要求及考核等进行明确，并定期对管理制度进行动态完善。通过建立规范清晰的监事履职考评制度，促进监事履职及考核规范，确保监事履职考核有效执行，促进监事履职规范。

三、不断尝试创新监督形式及手段，以提升监督成效

融合监督力量，聚焦重点领域监督及规范，推进疑难问题解决、促进管理提升。监事会联合审计、法务开展合同管理及执行情况专项监督检查，针对合同签订、执行、管理中存在问题，完善公司合同管理相关制度，提升公司合同管理水平。为赋能业务操作、构筑风险管控底线，监事会安排法务和审计结合，对公司日常业务进行分类管理，梳理各类业务审核及执行底线，提升业务落实效率及效果，为公司日常业务管理积累宝贵经验，并组织“企业风控大讲堂”专题培训活动，促进公司风控体系完善。与审计监察工作充分融合，对于监审工作中发现较难推进解决风险事项，监事会通过向责任主体下发问询函形式，积极推动重大事项落实，助力风险事

项化解。监事会联合审计及监察加强对重点子公司的巡视监督，对监督发现风险及时查漏堵缺，通过巡视监督帮扶、整改、提升子公司管理水平。

将监事对高管监督评价结果融入年末考评，提升高管考核全面性。监事会围绕对高级管理人员履职监督重点整理年度主要监督风险事项，作为董事会考评参考依据之一。将监事会对高管履职评价结果与高管年末考核相结合，将监事会对高级管理人员的监督落到实处，使高管考核更加全面性。

不定期开展敏感领域调查，收集舞弊及违规信息。加强与供应商互动，全面开展供应商反舞弊及营商环境满意度调查；发挥群众监督作用，开展领导干部品行调查问卷对高管/中层干部履职情况进行全方位了解，提升监督全面性；对调查问卷结果进行整理分析，对调查问卷中反馈异常事项进行回访、调查，对问卷结果进行公示，达到警示效果。

监事会成员提前介入重大投资事项，规避投资风险。在子公司重大股权资本投资有退有进的操作中，监事会协同审计、法务两大部门围绕相关股权转让方案的设计，与交易对手反复磋商谈判，为公司稳健运营和持续发展作出了贡献。

转换监督思维，发挥榜样引领作用。多氟多监事会独立设立年末奖项评选活动，出具《监事会年度奖项评选办法》规范奖项评选程序。对监审过程中支持配合且自身管理工作表现突出的单位/个人进行表彰，以表扬先进、鞭策落后，发挥榜样示范引领作用，促进内部管理提升。通过优秀监事、最佳公司治理、子公司规范、业务规范、外协单位优秀、廉洁多氟多建设等奖项评优促进监审工作高质量开展，推动多氟多廉洁文化建设，提升公司整体管理水平。

四、畅通监督渠道、创新宣传方式、持续组织活动，促进公司廉洁合规文化建设

畅通公众监督渠道，拓宽监督覆盖范围。通过在多氟多官网建立反舞弊通道、总部及子公司重要位置要求粘贴监督举报牌、干部及经济岗位员

工名片要求印制公司反舞弊举报电话及邮箱信息等形式，确保监督渠道畅通。目前，公司已形成电话、邮箱、官网、微信公众号，线上＋线下多种监督渠道，借助公众力量拓宽监督覆盖范围。

利用内部宣传平台，积极宣传监督动态。大力宣传监事会及监审动态，增强员工廉洁意识，将监事会培训、活动通过“廉洁多氟多”、多氟多报、OA新闻等形式进行宣传，增强员工对监事会及监审工作的了解，提升员工对监事会及监审工作认知，增强员工廉洁意识。

利用新媒介，持续宣贯廉洁及合规要求。设立“廉洁多氟多”微信公众号，多氟多监事会充分调动监事资源及公司宣传力量，加大对违规典型案例通报、合规制度及风险防范规避宣贯、廉洁文化宣传、正能量传播，以增强员工合规意识、风险防范意识、廉洁意识，促进廉洁合规文化创建。

开展反腐倡廉活动，倡议移风易俗，打造廉洁自律团队。多氟多监事会联合审计监察部组织新晋高管“反贿赂/反贪腐承诺签字仪式”活动，通过签署承诺书方式引导干部/员工加强自身作风建设，筑牢反腐倡廉思想防线；定期开展廉洁自检自查活动，推进公司廉洁文化建设，时刻保持廉洁自律的警觉。多氟多监事会联合公司党委/工会发起“关于公司范围内婚丧嫁娶宴请的倡议书”，对宴请事由、范围、礼金金额等进行明确，对于违反规定大操大办在公司内造成不良影响或涉嫌违反《多氟多员工廉洁自律管理规定》的，将对员工进行查处，倡议得到员工积极响应，有效抑制了公司范围内大办宴席的风气，使企业文化更加健康，同时有助于降低借机敛财的舞弊行为。

五、以“迎进来”“走出去”双向开放心态交流学习，促进监事会履职能力提升

积极接待外来交流企业，碰撞监督思维。多氟多监事会积极接待开展监事会业务交流活动的外来公司，总结交流获取优秀经验以开拓工作思路，结合公司实际情况尝试工作提升。

甄选优秀企业实地调研学习，开拓监督思路。多氟多监事会积极学习

《上市公司监事会最佳实践案例》并组织监事会成员与监事会运作优秀企业开展工作交流。例如，2021 年多氟多监事会办公室组织监事会全体成员与优秀上市公司重点对监事会运作、审计监察、法务、人力资源管理等进行交流，学习优秀监督方法，不断探寻监管新思路。

积极参加内外部培训，提升监事履职专业能力。密切关注上市公司协会发布培训动态，组织各监事积极参加培训，不断提升监事履职软实力。另外，监事会办公室根据法律法规整理编制《监事会资料汇编》并为监事配备监事会运作相关专业书籍，每年组织监事通过轮流授课、好书分享、监事会知识分享等形式开展内部学习，为监事提升履职专业能力提供支持。

多氟多监事会将持续围绕法律法规及监管要求，积极探索、创新监督方式方法，有效利用监督资源、提升履职效果。监事会全体成员将结合公司实际情况，充分融合公司监督力量，持续围绕重点风险领域发力，以监督促进管理水平提升，保障公司战略实现。

2.27 山西证券
拓展履职方式 延伸监督链条

一、山西证券监事会概况

山西证券股份有限公司（以下简称“山西证券”或“公司”）最早成立于1988年7月，是全国首批证券公司之一，属国有控股性质。2010年11月，山西证券登陆深圳证券交易所，成为国内第6家IPO上市的证券公司，也是山西省目前唯一一家A股上市金融机构。30多年来，公司秉承“诚信、稳健、规范、创新、高效”的经营理念，践行“以义制利、协作包容、追求卓越”的核心价值观，不断改革创新，已经发展成为牌照齐全、作风稳健、经营稳定、管理规范、业绩良好的证券公司。

山西证券监事会设立于2008年。根据《公司章程》规定，监事会由12名监事组成，设监事会主席1人，监事会成员中股东监事8人，职工监事4人。监事会主席为股东监事，由控股股东山西金融投资控股集团有限公司提名产生，现任公司党委委员，长期在金融机构工作，具有丰富的金融企业管理经验。其余7名股东监事均来自发起人股东（中小股东），并在股东单位担任副总经理、财务负责人等重要职务，为保障中小股东权益发挥了重要作用。4名职工监事由职工代表大会选举产生，分别来自风险管理、稽核审计、研究所及人力资源等部门，能够真实、准确、全面地反映职工的意见和建议。公司监事具有会计、管理、审计等方面的专业背景和管理经验，形成监事会相对独立、专业、科学有效的成员架构，为科学决策、有效履职提供了专业保障。公司董事会办公室为监事会日常工作的服务机构，工作人员具有金融、法律、会计等方面的专业背景及深圳证券交易所董事会秘书资格，充分保障监事会开展日常监督检查工作。

山西证券监事会作为公司治理结构的重要组成部分，一直以来，认真履行监督职责，有序开展监督工作，着力提升监督实效，并在实践中持续探索完善自身工作机制，严格内部控制，切实维护公司和广大投资者的利益，为实现公司差异化高质量发展保驾护航。

二、山西证券监事会创新实践做法

（一）强化制度建设，依法合规履职

公司依照《中华人民共和国公司法》《中华人民共和国证券法》《上市公司治理准则》等法律法规，制定《公司章程》《监事会议事规则》等相关规章制度，明确了监事会职权和议事程序。近年来，公司还相继制定和完善了《重大信息内部报告制度》《信息披露事务管理制度》《关联交易管理制度》等一系列制度规范，在制度层面持续保障监事会充分履职，有力地促进了监事会行使监督职责制度化、规范化，提高了监事会的监督效率和监督水平。

（二）优化监事会结构，保障中小股东合法权益

按照相关规定，大股东利用其持股优势能够顺利进入董事会，而中小股东受制于持股比例，进入董事会的机会较少。对此，山西证券监事会成立之初，即通过联合提名或大股东提名方式，将持股比例较少的发起人股东纳入监事会，在监事会层面为中小股东更多地参与监督提供保障。当前，山西证券监事会 12 名成员中有 7 名来自中小股东，占比超过半数，充分体现公司对保护中小股东合法权益的高度重视。来自中小股东的监事，按照《中华人民共和国公司法》《公司章程》赋予的权力和职责开展工作，参加监事会议，审议相关事项，发表审核意见。全体监事列席股东大会、董事会，对董事会决议事项提出质询或者建议。此外，多样化地通过实地调研、检查公司财务等方式，了解公司经营情况；通过监督董事、高级管理人员履职行为，确保公司治理规范，保障中小股东利益。

（三）有效发挥内部监督资源，确保监督工作落到实处

一是监事会主席同时担任党委委员，确保党的建设与经营监督同向发

力。《公司章程》明确规定：党组织发挥领导核心和政治核心作用，把方向、管大局、保落实。监事会主席作为党委委员，出席党委会议，参与党委“三重一大”等重大决策，并将党委决策部署落实到监事会日常工作中。同时，通过多种途径，与其他股东监事之间就公司重大决策事项预先沟通、交流、解释，使公司一系列重大决策在监事会层面顺利推进。监事会主席列席经营管理层会议，全体监事列席股东大会、董事会会议，对涉及公司经营管理的重大问题发表意见，并督促经营管理层加快落实。监事会主席会同董事及经营管理层对重点业务、重要子公司开展常态化调研工作，及时了解经营情况，提出监督建议。

二是职工监事来自基础管理一线，能够确保监事会及时、充分了解公司经营管理等各方面的情况。4 名职工监事分别来自风险管理、稽核审计、研究所及人力资源等公司经营管理的重要领域，均具有丰富的从业经历，能够充分保障监事会及时了解公司风险防控、审计监督、战略推进和稽核考核等情况，强化监事会对公司动态的掌握情况。同时，监事会借此向职工监事提出工作中应关注的方向和重点，突出事前、事中的监督作用，有效防范经营风险，提高监事会的监督成效。

监事会有针对性地协同实施监督检查工作。《公司章程》规定：监事会组织对高级管理人员进行离任审计，进一步强化了监事会对经营层的监督。就审计工作而言，2022 年上半年，公司共开展审计项目 36 项，同时根据中国证监会等监管部门和公司部署开展专项检查及评估工作，如按季度、年度向董事会提交审计工作报告，对募集资金的存放与使用情况进行审计，业绩快报的审计等。

三是强化与公司纪律检查部门的协作，拓宽监督渠道，共同推动问题整改、规范运作和管理提升。监事会强化与公司纪委、纪律检查室的沟通，及时了解把握党风廉政建设和纪律检查的信息，关注苗头性、倾向性问题整改落实情况，促进公司规范运作和健康发展。

四是持续强化母子公司一体化监督机制。为防范风险、强化管理，公司推进母子公司穿透式一体化管控。监事会借助公司一体化管理机制，持续加强对子公司治理、发展战略、合规管理、风险控制、稽核审计、财务管理等方面监督，及时把握子公司发展动态，形成上下管理监督合力，有效延伸监督管理链条，进一步提升整体经营管理监督效能。

（四）发挥监督职能，完善风控合规体系

作为金融企业，公司监事会积极发挥监督职责，对公司经营活动和重大决策提出意见和建议，持续强化对全面风险管理、合规管理、董事及高级管理人员合规履职等监督实效。监事会从公司实际出发，及时了解公司资产负债、损益结构等重大事项，审核公司披露的定期报告，对公司依法运作情况、董事及高级管理人员履职情况、财务状况、关联交易情况、信息披露工作、执行利润分配政策和股东分红回报规划情况、反洗钱工作情况等事项进行监督检查，并发表审核意见。监事会及时了解、跟踪重大风险信息，评估风险管理有效性，督促风险排查及化解工作，审核风险管理相关专项报告，掌握全面风险管理体系建设情况。监事会持续督促内控缺陷整改、外部审计整改、问责检视，促进内控部门职能的充分发挥，推进公司总体合规管理、内部审计监督效能的发挥。

三、我们的体会和关于强化监事会职能的建议

实践中，山西证券监事会深刻体会到：（1）中小股东进入监事会能够有效保障中小股东权益。山西证券监事会有 7 名监事来自中小股东，占比达到 58%，通过列席股东大会、董事会能够有效地监督决策及执行过程，确保中小股东利益。（2）监事会主席进入党委班子是监事会贯彻党委决策部署、有效行使监督职责的保障。（3）重要的管理部门负责人进入监事会，强化与纪委、纪律检查部门的沟通，是延伸监督触角、提升监督效能的有效途径。

监事会制度是公司治理的重要组成部分和公司持续健康发展的保障，监事会职能的有效发挥，需要监管部门、行业协会指导和上市公司的不断探索，建议广泛组织上市公司监事会履职经验交流与分享，共同构建提升监事会的履职能力的行业氛围，促进监事会更好地开展工作。

2.28　江阴银行
发挥监事会效能　赋能高质量发展

江阴银行监事会严格按照上市银行公司治理的要求，不断健全完善责任清晰、各司其职、运行规范的监事会工作机制，在完善公司治理体系、创新监督方式、提升监督质效和深化监督价值挖掘等方面作出积极探索，维护全体股东、存款人和公司的利益，促进各项业务健康有序发展，充分发挥了监事会在“三会”架构中的重要作用。具体创新做法如下。

一、开展“五项监督”，促进监督提质增效

江阴银行监事会明确监督重点，针对战略发展、财务运行、风险管理、内控合规等保障全行稳健发展的关键管理活动开展积极有效的监督。

1. 创新开展战略实施监督。根据《商业银行公司治理指引》要求，全面了解董事会战略规划实施进程，定期对董事会制定的发展战略的科学性、合理性和有效性进行评估，并根据本行战略规划实施情况，编写战略评估报告。

2. 精准开展风险管理监督。关注信用风险、市场风险、操作风险、流动性风险，监测全面风险管理体系的建设执行情况。围绕监管机构关注的主要风险，以及本行经营管理的薄弱环节，进行重点监督和调查评估，及时向董事会和经营管理层提出合规建设、大额贷款管控、信贷基础管理与贷款三查工作等工作提示和风险提示。

3. 持续开展内控管理监督。定期对内控体系架构建立和执行情况、岗位责任落地情况进行综合评价，编写《监事会对本行内控体系的架构建立和执行情况的评价报告》和《岗位责任落地情况评价报告》，并就监管机构和本行关注的重点和环节，向董事会和经营管理层提出内控制度执行与

会计业务操作工作等相关风险意见书。

4. 主动开展财务管理监督。定期研究和审议本行财务报告、经营分析报告，听取外审机构审计工作情况报告，对财务报告编制和审议程序、内容与格式的合法合规性发表书面审核意见，及时掌握和评价本行财务管理状况。

5. 严格开展履职评价监督。加强决策过程监督，增加监事列席会议的频次，从促进全行稳健经营角度，加强重大事项和重要工作的决策监督。完善评价体系，修订完善对董事、监事和高级管理人员的履职评价制度，建立实施履职记录实施办法，进一步提升履职评价的科学性和有效性。围绕董监事参会、调研、发言、沟通等履职情况，围绕高管绩效达成及忠实勤勉履行义务情况，对上一年度董事、监事和高管履职情况组织开展评价。评价过程中，监事会注重与各方的沟通，持续完善评价机制和履职档案，按时、保质完成履职自评、互评等评价环节。年度履职评价情况，均向监管部门和股东大会进行报告。

二、强化“六项机制”，全面提升监督效能

江阴银行监事会积极发挥沟通作用，持续强化与“三长”的沟通交流、与外审机构的沟通检查、内审内控的检查监督、“五位一体”监督保障和集体调研等六个方面的工作机制。

1. 强化“三长”交流机制。注重与董事会、高级管理层的沟通交流，持续完善监事长与董事长、行长的沟通和互动机制，“三长”定期和不定期互通行内外重要信息，参与决策监督，并及时反馈监事会的监督意见和建议。

2. 强化外审沟通机制。监事会与外审机构保持定期、不定期沟通交流，要求年报审计机构在年报审计时，加强对内控管理的检查，并将检查发现的问题和改进建议同时反馈经营层、监事会，并逐条督促整改落实，对改善操作流程、提升精细化管理起到了积极的推动作用。

3. 强化内审监督机制。监事会围绕全行经营主线，切实履行监督评价工作，以指导内部审计检查为抓手，坚持以风险防范、促进管理、提高效

益为工作目标，有序开展内审工作，督促对全行重点业务和制度执行等方面进行审计检查，促进本行内控管理水平和风险防范能力的提升，确保本行各项业务符合各级监管和风险管控的要求。

4. 强化监督保障机制。监事会审计监督委员会和提名委员会根据监管部门和内控管理要求，委托内审部门年度关联交易、呆账贷款核销、信贷资产风险分类管理和薪酬管理情况进行专项检查；委托财务管理部门进行财务非现场检查，对实物资产进行专项检查，根据检查情况提出相应的管理意见和建议，并持续跟踪整改落实情况，落实反馈机制，结合“五位一体”监督保障机制的严格执行，对本行坚持依法合规经营、加强内部控制起到积极作用。

5. 强化“五位一体”监督机制。监事会、纪检监察、稽核审计、合规风险、运营管理组成“五位一体”督查小组，对全行分支机构领导干部遵章守纪、内外勤人员制度执行等情况进行飞行检查。

6. 强化集体调研机制。每年，江阴银行监事会组织全体成员开展集体调研活动，及时将调研情况与建议向董事会和高管层传递，帮助条线坚定发展战略、理清发展思路、破除经营困惑，有效发挥监事会服务发展、有效监督的作用。比如，赴江阴南征战略指挥部办公室，深入了解江阴市委市政府“南征北战、东西互博”战略决策的具体内涵、实施方案和金融需求，为本行因地制宜、创新求变，将金融保障行动落到实处提出意见建议，形成《监事会关于做好“南征”金融服务的调研报告》；组织常州、无锡和苏州三家分行围绕党建引领、保持做小做散定力、金融服务实体、经济探索数字化零售转型等方面召开集中座谈，共同探讨在全行战略发展指引下，分行如何走出具有自身特色的高质量发展之路，形成《站稳“苏锡常”市场　蓄能“总分行”力量——监事会关于对分行业务发展的调研报告》；选择地处海南自贸港腹地的海口苏南村镇银行、江阴服装外贸产业集中的文林地区开展调研，前往“党建＋金融”发起地浙江桐庐农商行，“微贷”“微存”典型长兴联合村镇银行开展同业学习交流，并走访海南银保监局等监管机构，深入研究近年来经济发展环境、金融环境、监管政策的变化，以及对农商行发展的影响，增强调研的针对性和监督的有效性。

2.29 青岛银行 搭建全面监督体系 充分发挥监督职能

青岛银行监事会严格遵守法律法规规定，依法履行监督职责，围绕搭建全面监督体系、充分发挥监督职能开展了一系列积极的探索和创新。具体做法如下。

一、规范组织会议，持续开展常规监督

青岛银行监事会坚持“监督到位而不越位”的原则，按照法律法规要求不断充实监事会议题内容，持续拓宽监督的深度和广度。

2021 年，本行监事会按照公司章程相关规定，共召开监事会会议 8 次，审议通过了行长工作报告、定期报告、利润分配预案、内控自评报告、董监高履职评价报告等 27 项议案，审阅听取了各类风险管理报告、内部审计报告、金融监管通报及整改报告等 55 项报告，全体监事出席率均达到 100%。通过召开会议，监事会对涉及全行发展的重大事项进行充分的研究和审议，发表了客观、独立的意见和建议，有效开展常规监督。为提升监督质效，本行监事会在完成审议、审阅等“常规动作”基础上，进一步突出对监督事项的研究讨论，监事会全员围绕重点议题深入研究、积极讨论，最终形成独立统一且有针对性的监督意见，有效促进监事会议事质效的提高。

同时，除正常参加监事会工作会议外，本行监事还可列席董事会及其专门委员会会议、本行年度工作会议、季度经营分析会及各专业条线会议等重要会议，保证能够第一时间掌握本行重大战略、重要部署、投资决策、预算安排、风险处置、业务运行结果等情况，有效对董事和高管人员的履

职和决策程序实施前端监督。

二、聚焦重点领域，充分开展实质监督

青岛银行监事会高度重视监督的实质和效能，从维护各利益相关者角度出发，建立了以财务监督、风险内控监督、履职监督为重点的监督体系。

财务监督方面，关注重大财务决策的科学性、合规性及其执行情况，按季度审阅存贷款、资产质量、资本充足情况等财务指标，对定期报告的编制和审核程序、报告内容的真实完整性等方面进行监督，确保报告内容能够真实、准确、完整地反映本行实际经营情况；按半年度审议财务报告，重点关注财务预算执行情况；每年对利润分配方案的合规性、准确性和完整性发表意见，对经营计划提出监督建议，对外审机构聘用、解聘、续聘的合规性、公允性及外审工作的独立性和有效性进行监督。

风险内控监督方面，关注全行风险内控体系建设情况和执行效果，一是持续加强对董事会和高级管理层履行信用风险、市场风险、操作风险、并表风险、合规风险等全面风险管控职责的监督力度，针对风险管理体制机制建设、大额风险暴露管控、信贷投向与资产质量等重点内容，提出建设性监督意见；二是持续关注“业务、合规、内审——三道防线”的履职情况及合规管理机制的建设情况，重点关注案件防范、恐怖融资与反洗钱、员工异常行为管理等重点领域的内部控制执行情况，监督内控机制的有效性；三是认真研究监管机构出具的各类监管检查报告，定期听取内部审计部门工作汇报，监督并实时追踪管理层对重点问题的整改情况，形成“监督—改进—反馈—提升”的工作闭环，促进本行合规经营水平持续提高。

履职监督方面，本行监事会建立了完善的董监高履职评价体系，重点关注董监高依法合规履行职责以及在公司治理、发展战略、风险管理和内部控制等方面履职的情况，每年就上述内容对董事会及其成员、监事、高管层及其成员开展履职评价，评价结果向股东大会及董事会通报，并向监管机构备案。监事会优化履职评价方案，从履行忠实义务、履行勤勉义务、履职专业性、履职独立性与道德水准、履职合规性等五大维度全方位开展

履职评价，评价程序包括自评、外部评价、监事会评价等多种方式，最终形成履职评价报告向董事会、高管层及各监事提出工作改进建议，充分发挥监事会履职监督作用。

三、结合实际情况，深入开展专题调研

青岛银行监事会将涉及全行实际经营发展的重要业务作为重点，每年由监事长带队赴分支机构或与总行部门开展一系列专题调研，切实了解基层经营管理和营销服务的实际情况，掌握第一手资料，充分收集存在的问题、困难和建议，最终形成专题调研报告及时反馈董事会和高管层，相关意见建议得到高管层认真研究落实。

2021 年，本行监事会组织了三次专题调研活动：一是针对信用卡业务开展专题调研，了解本行信用卡业务基本情况、战略定位和下阶段目标，建议高管层重点关注信用卡业务中容易出现的政策风险、信用风险、客户欺诈风险、声誉风险，确保业务高质量发展，围绕当地文化特色与消费场景，打造青岛特色信用卡品牌；二是针对惠农金融业务开展专题调研，了解本行惠农业务基本情况、主要工作措施、队伍建设和机制保障情况，建议高管层重点关注发展惠农业务易发的政策风险、道德风险、信用风险以及声誉风险，加快推进惠农金融管理信息系统的搭建，建立并完善风险管控措施及应对预案；三是针对授信集中度管理开展专题调研，从客户授信集中度、行业授信集中度、区域授信集中度、期限结构集中度、产品种类集中度等多个维度，分析本行授信集中原因及存在的风险，建议高管层从经营目标、考核约束、授信政策等多个维度对分支机构进一步加强管控，确立审慎、合理的授信集中度目标阈值，加强对重点客户、全产品项下授信情况的动态监测。

四、加强自身建设，不断提升履职能力

青岛银行监事会持续加强自身建设，目前形成了股东监事、职工监事、

外部监事“1 +3 +3”的成员结构，具有良好的专业性和独立性。

一是不断完善制度体系。为保障监督工作的有序性和规范性，本行监事会不断夯实管理基础，制定了《监事会议事规则》《监督委员会工作规则》《提名与考核委员会工作规则》《职工监事工作制度》等一系列规则制度，并根据国家相关法律法规、部门规章及规范性文件要求持续优化更新，为监事会各项工作开展夯实了制度基础。

二是切实发挥专门委员会作用。本行监事会充分发挥监督委员会、提名与考核委员会两个专门委员会在日常监督中的议事作用和专业化优势，会前由专门委员会对相关议案进行前置研究和讨论，并形成书面决议向监事会提报，为监事会进一步审议议案提供智力支持，有效提高监事会议事效率。

三是持续开展履职培训。为不断适应监管新政策要求，本行监事会不定期组织各类专题培训，加强交流学习，牢固树立合规履职意识，不断提升监事履职能力。一方面，组织监事参加监管部门开展的各类培训活动，学习掌握最新监管政策要求，明确未来履职的重点和方向；另一方面，组织监事参加本行开展的公司治理及法律法规专项培训，重点对境内外新修订及颁布实施的公司治理法规进行解读，不断提高监事合规履职水平。

2.30 苏州银行
与时俱进 专项审计与专题调研协同发展

苏州银行股份股份有限公司成立于2010年，注册资本36.67亿元，是唯一一家总部设在苏州的城市商业银行。2019年8月2日，苏州银行在深圳证券交易所挂牌上市，登陆A股市场。苏州银行成立以来，专注“服务中小、服务市民、服务区域经济社会发展”的市场定位，深耕苏州，面向江苏，融入长三角，现已拥有170家机构网点，下设12家分行、136家支行、2家社区支行、6家小微支行和13家分理处。发起设立苏州金融租赁股份有限公司以及4家村镇银行；入股2家农商行；成立新加坡代表处。截至2022年9月末，苏州银行总资产5059.81亿元，存款规模3061.23亿元，贷款规模2452.38亿元。不良贷款率0.88%，拨备覆盖率532.50%，主要监管指标优良，发展态势良好，在英国《银行家》杂志全球1000强银行中排名第285位。

随着金融供给侧结构性改革不断深化，中小银行的战略发展转型迫在眉睫，在这种形势下，必然要求监事会与时俱进，将银行的战略发展转型、重大业务创新等领域作为新时期监督重点。苏州银行监事会紧紧围绕银保监会“进一步做实监事会监督功能”的精神要求，在监督管理模式方面大胆创新，经过四届监事会的不断打磨，开创了“专项审计+专题调研”的协同工作模式，有力推动监事会的监督管理与稽核审计形成监督合力，取得了良好的效果。

一、审计调研选题

苏州银行监事会紧紧锚定全行发展战略和年度经营计划，每年初由监事会主席和监督委员会主任从稽核审计年度工作计划中，遴选出涉及全行战略发展转型、重要业务的审计项目作为当年联合审计调研项目，并明确监事会专项调研的主题。

二、项目开展

针对联合审计调研项目，由监事会监事提供指导，由监事会办公室指派有复合业务经验和综合能力较强的员工，全程参与审计的重要环节，如与稽核审计部共同制定审计方案、非现场审计的资料审阅和数据分析、现场审计访谈等。在参与专项审计的过程中，监事会和监事会办公室平行开展专题调研，通过这种工作方式，监事会能够更加全面的了解和掌握业务情况。

与联合审计调研相配套，苏州银行监事会还制定了一系列日常监督管理机制，例如由大数据管理部开通重要经营部门的业务报表权限和数据库查询权限，与各部门建立定期信息沟通机制，列席参加各条线工作会议等，便于监事和监事会办公室在日常工作中能主动发现、提前发现可能存在的问题，为专题调研和业务检查等监督管理工作奠定了坚实的基础。

三、近年案例

2020 年，在宏观经济下行、互金行业整顿、新冠肺炎疫情等因素影响下，网贷行业系统性风险也逐渐显现，不良贷款率大幅攀升。为提前发现和防范网贷业务风险，尽早作出风险警示，经监事会主席批示，监事会办公室与稽核审计部联动，开展针对数字银行总部的联合审计调研。通过多维度数据分析呈现网贷业务发展全貌，并针对所发现的问题提出建设性意见，完成了《关于苏州银行网贷业务的专题调研报告》供行领导参考，为下阶段网贷业务模式升级提供了重要决策依据，促进全行互联网金融创新业务稳健发展。同时，稽核审计部完成的网贷业务专项审计报告，荣获了苏州市属国企 2020 年优秀审计项目评审的一等奖。

近年来苏州银行逐渐加大金融科技投入，并于2021年正式启动了数字化转型，如何强化科技和业务融合、提升科技投入产出效率，成为全行战略管理重点关注的问题。2021年，监事会主席指示监事会办公室与稽核审计部联动开展信息科技全面审计和科技与业务融合专题调研工作。专题调研重点关注了IT治理、科技预算使用、科技对业务支撑、重点系统运行、前沿金融科技应用等情况，并认真研究先进同业的领先实践，分析目前信息科技工作中值得关注的问题。出具了《关于苏州银行科技和业务融合专题调研报告》供行领导参考，建议从完善IT治理体系、提升IT规划水平、优化科技资源配置、增强业务主动引领的意识和能力、弥补项目管理薄弱环节、做实项目后评价、建立复合型人才梯队管理机制等方面进一步加强业务和科技的融合，为加快推动数字化转型提供建设性意见。

“专项审计+专题调研”的协同工作模式被证明产生了良好的效果。通过这种监督工作模式，监事会和稽核审计部协同配合、信息共享、结果共用，稽核审计部的专项审计专注于业务层面的合规内控，监事会的专题调研集中于战略管理和顶层设计层面，两项工作成果合二为一、互为补充，使苏州银行董事、监事和高级管理人员能够更加全面立体的掌握业务真实情况。审计与调研联动既有效发挥了监督管理职能，又能对业务发展产生有力的推动作用。审计调研联动还将监事会各项工作“连点成线”，提升了监事会监督管理的整体工作水平，为全行战略发展评估和董监高履职评价提供第一手材料，有助于监事更加深入了解银行业务经营和风险管理情况，有效提升监事会办公人员的专业素质。

第三部分
积极进取案例[①]

① 部分入选公司案例。

3.1 中信证券
履行法定职能 创新监督方式

一、监事会发展历程

（一）监事会成立与发展历程

1999 年 9 月 26 日，中信证券改制为股份公司，48 家发起人股东按照《中华人民共和国公司法》规定及持股比例分别推荐董监事人选，第一届监事会初设 7 名监事，其中监事会主席 1 名，由蒲明书先生担任。在第一届第一次监事会上，监事会主席蒲明书提出“公司的监事会应当成为名副其实的监事会，每一位监事应当有一种大无畏精神，维护公司的利益，确保公司的安全，避免风险，认真努力地工作”。这句话成为了中信证券监事会成立初期的指导思想与工作原则。

2002 年，公司根据有关部门法规、政策关于监事会职工代表担任的监事不得少于监事人数的 1/3 的要求，增补 2 名职工代表监事，公司监事会成员达到 9 人，至 2009 年一直保持公司监事会成员历史最多的记录。

2009 年，公司面临全流通后股东持股较分散的情况，为实现监事会高效运作，第四届监事会由 9 人缩编至 5 人，监事会成员人数保持至今。本届即第七届监事会由张长义（主席）、郭昭、饶戈平、李宁、牛学坤 5 名监事组成。

目前公司监事会已经历 22 年、7 任监事会主席、25 位公司监事的履职服务，监事们为公司业务拓展统筹资源配置，发挥协同特点，为董事、高管审慎开展决策提供了监督保障，在激烈的市场竞争中助力公司保持行业领先。

（二）完善治理架构，丰富制度保障

1999年公司以股改为契机，做好顶层设计，完善股东会、董事会、监事会三层公司治理架构，修订公司《章程》，明确监事及监事会的职责与权限，提供履职与监督保障，规范企业现代化管理，实现公司市场化运营。

2002年1月，中国证监会与国家经济贸易委员会共同颁布了《上市公司治理准则》，证监会发布了《证券公司管理办法》等制度并于当年执行。为配合A股上市准备计划，公司于当年5月修订了公司《章程》并制定了《监事会议事规则》。

2004~2021年，公司在中国证监会等监管部门发布的《证券公司治理准则》等相关规定要求下，陆续更新完善《监事会议事规则》4次。公司监事会通过不断修订规章制度，推动完善公司治理、促进公司规范运作，保护公司股东、客户及其他利益相关者的合法权益。

二、发挥上市优势，推动中信证券公司治理建设

（一）把握上市先机，规范运作先行

2003年1月6日，公司完成A股发行上市，成为第一家A股IPO上市证券公司。公司严格按照当年法规要求搭建法人治理结构，形成了“三会”和经理层相互分离、相互制衡的公司治理结构，细化制定各层次职责、权限范围，深化落实各司其职、各负其责，确保公司的规范运作，保持健康稳定的发展。

公司监事会在公司治理结构中履行监督职能，完善监督事项清单，把履行法定监督职责落在实处。公司监事会定期监督公司的财务报告与内部控制报告，实时监督董事会、经营管理层及成员履职行为的合法、合规性。2003年至2021年9月，公司监事会共召开95次会议，审议280余项议题。公司监事严格按照监管要求保证参会出席率，按照信息披露要求定期发布监事会决议公告，履职监督的同时不断致力于维护和提升公司规范运作的良好市场形象。

（二）“三会”有效衔接，公司治理“双效”

公司监事会严格遵守《中华人民共和国公司法》《公司章程》等有关规定，依法认真履行职责，遵循程序，列席全部现场董事会、股东大会会议并向股东大会汇报工作，提交监事会工作报告和有关议案。董事会办公室作为“三会”服务部门，以服务、专业、效率为硬指标，切实有效保障监事会“及时、准确、完整”的了解和掌握需审阅的信息披露内容；协助监事会“公开、公正、公平”地披露包括公司治理、高级管理人员考评、董监高薪酬、公司发行与增发股份、设立子公司及收购资产等重大决策和重大经营活动情况，并对公司的财务状况发表独立意见；助力监事会为实现公司高质量发展贡献“有效与高效”履职保障。

三、积极履职实践，形成中信证券监事会监督体系

（一）独立、专业、多元的监事会成员架构

公司第七届监事会有 5 名监事，其中股东监事 1 名、外部独立监事 2 名、职工监事 2 名。公司监事会主席为中信集团推荐；2 名外部独立监事均为社会专业人士、大学教授，是财务会计、法律等领域的著名企业家和学者，且具有多家上市公司服务经验；2 名职工监事，分别来自公司前后台部门，在相关领域拥有丰富经验。5 位监事形成了相对独立、专业、多元、互补的监事会成员架构，为监事会履职提供全面保障。

（二）完善监事制度建设，丰富监督履职体系

公司监事会严格遵照有关法律法规开展工作，不断总结工作经验形成了以《公司章程》为基础，以《监事会议事规则》为核心，以监事会运作及职责履行相关制度为内容的监事会制度体系。目前，除《监事会议事规则》外，公司共制定发布了 4 项涉及监事履职的内部制度，涵盖监事会会议、监事考核、监事会组织开展关联交易、合规管理、内控有效性评估、全面风险管理、廉洁从业管理等事项，主要制度有《中信证券合规管理规定》《中信证券全面风险管理制度》《中信证券廉洁从业规定》《中信证券关联交易管理办法》等。

（三）稽核内审汇报机制，形成监督合力

从公司治理高度，发挥监事会监督协调作用，推动公司稽核等内部监督机构监督资源的集约化运作。通过监事会主席分管稽核部的管理机制，加强监事会获取信息、协调联动、检查成果的互通共享，增强监督合力，发挥监事会内部监督的核心作用和主体作用，提升公司整体监督效率和效果。2009 年，上海证券交易所就公司“率先将负责内部审计的稽核部划归监事会管理，提升公司风险控制的水准”授予公司首届公司治理专项奖。

（四）丰富监事监督手段，深入公司组织基层

公司持续开创监事履职监督方式，丰富监事对公司日常运营的监督检查工作方法。结合公司稽核项目，组织公司监事参加稽核审计部对相关总部部门、分公司、营业部、子公司的现场稽核意见交换工作，并就重点业务听取汇报、进行访谈了解。自 2013 年至 2021 年 9 月，公司监事赴全国 11 个省市参与了稽核项目现场意见交换，与公司业务部门、分支机构及子公司现场交流 37 次，丰富了公司监事的履职方式，加强了对公司运营及基本状况的了解，切实提升了公司监事对公司经营管理活动的监督能力。

（五）完善监事履职保障，组织多维度培训

公司不断加强对监事的各类培训。结合证券公司与资本市场创新业务多、专业性强的特色，有力借助监管平台组织的任职资格与后续培训，借助公司研究部与投行委对行业与产业的深度理解与研究，通过现场 + 网络多种形式组织公司监事学习新业务、新知识，持续增强监事对财务、风险新规则的了解，在提高监督履职能力的同时，不断梳理强化监事岗位的监督特性，为监事提供实时、稳定、专业、有效的知识理论环境基础，努力促进监事会监督作用的发挥。

3.2　广州发展
科学制衡　大数据监督

董事会和监事会都是上市公司治理中的重要核心设置，对于公司的管理和发展起着非常重要的作用。监事会制衡机制的工作重点在于监督，而监督的最终目的也正是为了保障公司和股东的合法权益。

广州发展集团股份有限公司（以下简称“广州发展”或“公司”）第八届监事会以“防未病”的定位和要求，大监督平台为支撑，积极探索、创新监管方式，不断提升监事会履职效果。

一、广州发展第八届监事会监事的组成

根据《公司章程》规定，广州发展第八届监事会由 5 名监事组成，其中 2 名为公司实际控制人广州市人民政府派出的专职监事，代表国有资产管理部门履行对企业的监督效能；2 名为职工代表监事，由公司职工代表大会选举担任，代表职工行使监督本企业合法合规经营、促进可持续发展的权利；1 名监事为公司总审计师、审计机构负责人。监事的专业涵盖企业管理、会计、法律、审计等领域，合理地组成结构能使各利益相关方形成监管合力，提高监督效能，为监事会履职提供充分的保障。

二、以“防未病”哲学提升监事会履职效果

“防未病”是中国古典医籍中的词汇，首见于《黄帝内经》，其学术思想源于古代哲学，并得到了后代医家的继承与发扬，其内容主要包括养生防病、有病早治、未病先防、已病防变、已变防渐等多个方面的内容。“治

未病”的哲学对于监事会履行监督工作也有指导意义。专职监事努力在“融合、制衡、上报、内控”等方面下功夫，注重落实“治已病，防未病”的工作职责，谋划和推进“防未病”的相关工作。

1. 强调“融合”，积极融入企业。专职监事与监管企业的关系，既要“超脱”，不能形成任何利益往来，保持客观、公正、独立；又要“融入”，培养共同语言和感情，不能做“钦差大臣”。试想，如果达到充分而不过分、和谐而不是“和稀泥”的融合状态，专职监事真正成为了企业的一员，能够全方位参加企业的各种活动，信息完全充分对称，企业不当的决策和经营活动就不可能瞒得住、绕得开、骗得了，就能在第一时间被察觉、报告和处置，达到“防未病”的监督作用。

2. 强调“制衡”，在公司治理中积极发挥作用。作为公司治理架构中的“三驾马车”之一，专职监事除了及时发现情况、专门上报之外，最主要的是建立了一种“有形监督，无形约束”的制衡机制。这个机制可以全过程、全时段发挥作用，实时、即刻、有效地提醒和影响着企业的决策行为。专职监事成为公司治理中的“重要基础设施”，效果寓于无形之中。就像是现在警察必须习惯“在镜头下执法”一样，专职监事的存在促使国企领导必须习惯“在监督下工作”。这种制衡机制达到人体中白细胞所起到的作用和效果。

3. 强调“上报”，积极发现问题并及时报送。这应该算是“防未病”中的发现预警机制。专职监事在工作中发现企业存在的问题和风险，可以向企业发出工作函和提醒函，也可以向上级单位报送简报和专报。对于一些重大而紧急的问题，应该第一时间报上级机关，上级机关组织力量或联合企业进行处置，尽量在萌芽状态下处置问题和减少损失。

4. 强调“内控”，积极推动企业建立监督工作机制和完善内控措施。“防未病”的关键还在于企业的“强身健体”，在于免疫系统时时刻刻发挥作用。对企业的监督是个系统工程，如果能整合各种监督力量建立联合监督工作机制，帮助企业建立完善有效的内控体系，让机体有自免疫功能，而不是只靠监事会区区数人以“巡警”的角色来发现问题，效果完全是不一样的。特别是对二级及以下子企业的监督，专职监事更要积极推动、加强完善，依靠企业自身的监督力量，发挥企业内控机制的作用。

三、大数据监督平台推进数字化监督

广州发展作为国内领先的绿色低碳综合智慧能源企业集团，属下三级企业近50家，监事会履职面临监督力矩长、组织监督远的问题，必须要建立一套立体化监督网络，广州发展大数据监督平台应运而生。

（一）历程：多平台整合大数据

2016年10月，广州市委常委、市纪委书记亲自联系和指导广州发展党风廉洁建设联系点工作，集团党委、纪委加快构建系统化监督体系的步伐，整合监督资源建立监督联席会议机制，形成“一三五”监督体系。“一”是指始终坚持党委对监督工作的统一领导，下好“一盘棋”，持续强化纪委组织协调作用。“三”是指发挥“三方力”，巩固和完善监督长效机制，将纪委专责监督、监事会监督、职能部门监督相结合，形成三方监督合力。“五”是指打好“五套拳”：打好权力制衡拳、提升公司治理水平；打好制度治企拳、深化标本兼治作用；打好廉洁风险防控拳、“科技＋”监督走出新路径；打好综合联动拳、实现监督全覆盖；打好责任追究与容错纠错拳、构建监督体系运行闭环。“一三五”监督体系为系统化体系化监督提供了理论基础。

在“一三五”监督体系理论指导下，2017年3月，公司率先在全市国企建立“科技＋责任监督”的主体责任e系统；2017年6月建立“科技＋资产监督”的ERP实时监控系统；2017年8月建立“科技＋招投标监督”的招标监控系统，2018年5月，率先在全市国企建立“科技＋领导干部监督”的廉政档案及预警系统。

（二）上线：建成大数据监督平台

一是五方监督力量协同发力。系统汇集纪检监督、职能监督、审计监督、监事会监督、巡察监督五方监督力量，达到强化监督协同的目的，做到统筹编制计划、统筹利用资源、统筹使用力量，事前监督、事中监督和事后监督相结合，线上监督和线下监督相结合，过程监督与结果监督相协同，职能监督与专业监督相协同，巡察监督与审计监督相协同。

二是四大模块实现集团监督作业。计划管理模块：高效利用监督资源，实现重要项目统一协同、相同项目汇总调减；全集团监督计划按部门上报、统一下发。作业流程模块：采取在线作业和非在线作业的方式完成监督事项。审计部、党委巡察办、法律事务部、招标管理部等执行在线作业项目流程。纪检监察室、监事工作部、战管部、财务部、人力资源部、行政中心采取非在线项目流程。整改落实模块：问题监督整改信息共同跟踪、逐级评价；各监督单位发挥合力，促进监督整改落实。结果运用模块：督促相关业务部门采取有效措施督促整改，提升管理水平，巩固监督成果。

（三）成效：形成横向高效协同、纵向闭环管理的监督体系

为规范监督平台使用，公司印发了《广州发展大监督平台系统管理办法》《大监督电子信息平台建设项目系统用户手册》等制度。监督系统的建立为监事会进一步发挥监督作用提供平台支撑。

1. 提高监督规范性。改变以往监督信息分散碎化、不成整体的情况，建立平台把分散在各部门的监督事项和权力运行数据汇集起来，有效聚集专业优势。

2. 提高监督精准性。通过平台健全标准化管理，形成监督闭环，以大数据监督平台推进监事会切实高效履行监督职责。

3.3　中国卫星
强化制度建设　完善监督体系

一、监事会概况

中国东方红卫星股份有限公司（以下简称“中国卫星”或“公司”）是中国航天科技集团公司控股企业，是专业从事卫星研制及卫星应用业务的航天高科技企业。公司监事会作为常设监督机构，目前由5名监事组成，其中股东代表监事3名，由控股股东提名并经股东大会通过累积投票方式选举通过，职工监事2名。这5名监事由企业管理或财务管理方面的专业人士组成，知识层次较高，拥有丰富的工作经验，能为公司重大项目投资、内控体系建设、财务审计等方面提出专业性建设性意见和建议，对公司持续稳健发展和规范运作发挥了十分重要的作用。

公司制订了《监事会议事规则》，明确了监事会的人员构成、职责范围、监事会会议的召集和召开等相关事项，以保障监事会工作的顺利开展。公司监事会认真履行职责，对公司的规范运作、财务状况、募集资金使用以及董事和高级管理人员履行职责等方面进行全面监督与核查：第一，按照有关规定召开监事会会议。公司监事会严格按照《中华人民共和国公司法》《公司章程》《监事会议事规则》的有关规定，认真履行监督职能，召开监事会会议，审议募集资金使用、财务决算、利润分配、定期报告等重要事项的相关议案。第二，列席股东大会、董事会。作为公司常设监督机构，监事会列席公司股东大会、董事会，对公司的决策程序和公司董事、高级管理人员履行职务情况进行了必要的审查，维护了股东特别是中小股东的合法权益。第三，对于重要事项发表意见。在公司定期报告的编制、关联方资金占用、利润分配、年度财务决算等重大事项中，监事会均进行了认真监督审查，并发表了相关意见。

二、监事会履职创新实践

公司监事会对于完善治理结构、提升规范化运作水平发挥了重要的作用，同时，按照相关法律法规，公司监事会也在不断创新监督方式，促进公司的规范运作。

（一）强化公司制度建设，切实保障监督职权

公司于2022年4月21日修订《公司章程》，其中对公司监事会及监事的权利、义务、职责、约束机制等内容根据最新的监管要求做出了明确的规定。公司制定《监事会议事规则》，明确了监事会组成、通知、召集、审议及表决等方面的内容。

（二）与子公司经营结合，贯通各方监管要求

公司作为央企控股上市公司，既要遵守公司治理规则和国资监管、证券监管规定，又要在实际工作中接受纪检监察监督，努力提高上市公司质量，因此，公司监事会由股东监事和子公司职工代表监事组成，努力实现公司的监督工作和公司及子公司的生产经营深度结合。股东监事对国资和证券监管要求非常熟悉，职工监事了解子公司事务和经营管理状况。在生产经营过程中，子公司监事密切关注风控薄弱环节，筑牢国有企业经营管理和国有资本安全运行的防火墙。

公司日常经营管理工作涉及公司的方方面面，监事会结合外部监管要求精准把握涉及公司发展方向的重大战略抉择。同时监事会成员在日常工作中主动学习军工行业和航天领域变革发展的趋势，外部监管规则变化，坚持将功夫做到事前，重点检查监督涉及关联交易等事项，对公司关联交易决程序、关联董事和关联股东进行了全面而有效的监督。

（三）探索有效监督手段，下沉监事监督层级

公司监事会经过不断摸索，进一步完善工作方式，监督职能逐步下沉到公司日常的经营决策中去，取得了有效的监督成果。在日常工作中，公

司常规采取的监督方式首先是列席会议，即监事会成员通过列席股东大会、董事会的重要会议，对董事参与决策行为进行现场监督。其次，监事会成员在公司股东大会、监事会会议召开前，会和公司证券业务与法律事务部取得联系，提前拿到会议议案并根据情况听取公司相关职能部门的重点汇报。同时，公司也非常注重发挥职工代表监事的作用，职工代表监事日常工作中与子公司交流与沟通，强化监事会对公司经营动态的熟悉度和掌握情况并能时时发挥最大的监督作用。

（四）积极参加业务培训，提高监事履职能力

中国卫星监事会将参加监管培训作为提升监事履职能力重点方式加以贯彻。公司将上海证券交易所、北京证监局、北京上市公司协会等相关培训计划发送给每位监事，各位监事踊跃参加培训，切实提高了监事会的履职能力和监督水平。此外，公司证券业务与法律事务部还通过微信公众号——卫星微观察向监事及时发送最新的监管政策解读、文件通知、监管案例等，加深了监事对上市公司规范运作知识的学习和理解。公司监事会还积极学习其他上市公司监事会优秀运作经验。

中国卫星监事会始终将完善公司治理、强化规范运作作为监事会的工作主旨，结合公司自身实际，充分调动各方面资源，在保障公司科学决策、维护股东特别是中小股东合法权益方面作出了积极的努力并取得了实效。

（五）纪检审计机构联动，强化国资监管力度

公司监事会注重与年审会计机构、国资监管体系、公司纪检审计机构保持密切沟通，充分发挥各个监督体系在各自监督领域的专业性和针对性，形成全面覆盖、协同配合、制约有力的多层次外部监督体系。监事会成员根据国资监管要求，密切关注公司在财务流程及与财务信息等有关方面的内部控制，提高公司财务流程的规范性。监事会成员经常保持与外部审计机构及公司审计纪检部门的沟通，充分依托外部审计机构和国企审计纪检部门的力量，跟踪了解公司的各项审计情况和纪检监察情况，从而将监事会监督工作贯穿于公司各项业务经营管理的全过程，做到会议监督与过程监督充分结合。监事会将国资监管要求、国企审计纪检要求与上市公司的监管要求创造性的有机融合，构建了高效无缝隙的内外部监督体系。

三、存在的问题及建议

1. 上市公司的监事会成员来源有限。公司监事通常由控股股东推荐、选举产生，因此，更多代表的是控股股东的意志。作为监事会成员的职工代表监事对公司管理层面的事务介入不够深入，对公司董事会和经营层难以形成有效的监督。

2. 保证日常监督工作的履行到位。公司监事会的日常工作烦琐复杂，应考虑在监事会中设执行监事保障监事会日常工作的正常运转。执行监事的工作职责是为监事会会议提供支持和服务，承担收集资料、进行监督工作的准备和安排以及档案管理等事务性和程序性的工作，为监事会和其他监事的工作发挥辅助作用。同时，下沉监事会的监督权力，使得监事会在日常经营中也能发挥监督作用，促进公司的规范发展。

3. 赋予监事会财务审计方面更大的权力。监事会的一大职能就是对公司财务审计和监督。外部审计在完成定期报告审计后，监事可再对审计报告进行审查，使监事会掌握审计资源，最大限度地保全体股东特别是中小股东的利益不受侵害。

3.4　南钢股份
创新探索　数字治理监事会

一、公司介绍

南京钢铁股份有限公司（以下简称“南钢股份”或“公司”）成立于1999年，并于2000年在上海证券交易所上市。秉持着提升公司治理水平的理念，南钢股份监事会积极探索、创新监督，不断利用监督资源，提升履职效果。

二、监事会构成

南钢股份监事会由5名监事组成，在廉政监察、审计、财务、职工权益保护等方面具有丰富的经验能力。其中监事会主席王芳（女）担任公司党委副书记、纪委书记，监事刘红军任公司内部审计机构负责人，监事郑志祥任廉政监察部负责人，职工代表监事徐文东任财务部成本费用室主任，郑和获得江苏省劳动模范的荣誉。监事们积极参加上海证券交易所、中国上市公司协会等外部机构以及公司内部组织的培训活动，不断学习最新的监管政策以及合规管理要求，提升履职能力。南钢股份监事会严格按照《中华人民共和国公司法》和《公司章程》所赋予的职责，积极探索、创新监督，未发现在执行职务时有违反法律、法规、规范性文件和《南京钢铁股份有限公司章程》或损害南钢股份利益的行为。公司能够严格遵守有关法律、法规、规范性文件的规定，规范运作，高质量可持续发展。

三、监事会创新实践

近年来，在各监事的推动下，南钢股份在数字化创新、内部风险控制、财务审计监督等方面开展了一系列工作，取得了丰富的成果，切实将高质量发展理念融入公司运营和管理。

（一）扬帆起航“十四五”，全面开启数字新征程

数字技术加速发展，已成为引领新一轮科技革命的主导力量，在开放化、服务化、生态化的企业运营模式下，助力企业的商业模式迭代创新。

在监事会主席王芳女士的推动下，南钢股份成立数字应用研究院，承担南钢股份数字化战略规划、数字人才变革与选拔、应用场景孵化落地、营造数字文化氛围等职责，强化数字化战略引领能力。数研院发挥顶层设计职能高质量支撑智慧运营中心项目，同时借假修真，以战略项目为试点探索工业数字系统领先架构，赋予南钢股份数字化持续进化领先的能力。

基于数字化战略与顶层设计，南钢股份对智慧运营中心项目进行精心设计与构建，明确了物联网、大数据平台、3D 云渲染、无人机平台、区块链、数据治理规划等多项关键技术架构设计，真正实现公司级运营数据的统一汇聚，并具备弹性、高效、稳定、实时与高体验的特点，整体方案达到行业领先水平，同时利用区块链建设可信的数字资产服务平台，在质量、审计等领域有序推进。

南钢股份监事会推动公司在行业内率先开展数据治理工作，引入华为数据治理经验，实现数据管理体系从 0 至 1 的突破。以业务驱动、价值导向为原则，结合各领域数字化项目实施，常态化数据治理工作。组织进行了 200 余人次，54 场调研及研讨会议，阶段性完成公司数据治理战略蓝图。结合南钢股份在建的数字化项目，分步有序进行领域数据资产盘点与梳理，赋能业务价值，夯实了南钢股份数据资产化与数据智能化的基础。明确数据治理 2023 年基本覆盖主业的目标，完成组织、人才、业务与管理规划，真正实现数据治理的战略置顶，推动数字化转型“双轮驱动”的良性循环。数字化技术创新应用为公司治理能力的提升提供了支持。

（二）推进风控信息化迭代升级，打造数字化风控审计

在监事会的推动下，南钢股份风险控制部推进组织架构优化，协同推进“事前”“事中”“事后”立体化的智慧风险防范体系建设与迭代升级。在打造南钢股份特色风控文化的同时，加强对南钢股份重点项目的过程监督和合规管理，促进南钢股份管理提升，为南钢股份战略落地保驾护航。南钢股份对风控大数据预警平台、合同系统、股权系统和诉讼系统迭代升级，通过信息化手段，对南钢股份信息化系统中的数据资源，有效利用及分析，及时准确发现业务运行中的风险，强化风控审计监督作用。为风险防控及风控审计工作前移提供了有力的抓手和工具，形成风控大数据沉淀加智慧决策分析的良好局面。

南钢股份成立信息化审计室，通过招聘等方式引进新生力量，如引入南京审计大学研究生（国际注册内部审计师、中级会计师）、引入既懂信息化项目管理又懂一线设备管理的人才等，加强信息化审计监督。

监事会有效组织并推进南钢股份内控合规工作，以上市公司合规要求及促进南钢股份全面管理提升为目标，促进南钢股份各项管理制度及流程的完善，重视内控的查漏补缺及内控缺陷的整改落实。在外部监管日趋严格的趋势下，南钢股份顺利通过年度上市公司内控自查及外部机构的内控外审。

在监事会带领下，南钢股份风险控制部门以“强内控、防风险、促合规”为目标，在进一步整合优化内控、风险和合规管理相关制度，全面梳理企业管理制度和内控流程缺陷，推动制度修订修补及流程敏捷化等工作的基础上，对资产管理、担保管理、全面预算管理、财务报告管理、资金管理等 6 个模块开展访谈、测试验证、编制工作。风控手册的编制系南钢股份各项风险管控点的归纳与体系化梳理，也是上市公司风险治理能力的体现。此外，南钢股份风险控制部门编制了投资业务、数据泄密、担保业务、存货管理等典型内控案例分析，并向全公司推送，增强内控意识，同时便于业务单位借鉴外部内控失败经验，举一反三查找出内控的薄弱点，进一步完善内控制度，切实提高相关业务的内控有效性。

在监事的推动下，南钢股份风险控制与审计监督不断优化提升，获得

了成果与荣誉。其中，公司智慧审计一期、二期项目成功获得中华人民共和国国家版权局授予的台软著授权。“钢铁企业基于数字化预警模型的全域智能风控管理”获得全国第28届管理创新成果大赛一等奖，且南钢股份为2021年度唯一获得该奖项的钢铁企业。

（三）加强财务数智化建设，加强对规范事项的监督

南钢股份监事参与助力公司财务数智化建设，以公司数字化转型战略目标为指引，结合铁前、钢轧集控、智慧运营中心建设等需求，持续优化财务数智化规划并有序推进落实，以数智化建设引领智慧财务转型。南钢股份持续推进财务共享中心建设，实现了对国内子公司的全覆盖，并以印尼项目建设为契机，规划海外子公司业务。

针对对外担保、财务资助等重大规范事项，监事推动南钢股份完善对外担保与财务资助等事项的审批流程，拓展对外担保与财务资助等事项的管理范围，规范对外担保与财务资助等事项的管理职责。

南钢股份监事会还将继续秉持认真负责的态度与开拓创新的理念，加强履职能力与水平，积极探索创新履职方式方法，利用信息技术手段进一步提升监督效能，为公司规范运作提供参考建议，对董事会履职进行监督规范，切实维护南钢股份和全体股东的合法权益。

3.5　上海能源
强化监事会职能作用发挥
推动上市公司高质量发展

上海大屯能源股份有限公司（以下简称“上海能源”或“公司”）是一家上市20余年的央企控股上市公司，主要从事煤炭生产贸易、发供电（热）、新能源、铝加工、铁路运输和能源综合服务及相关工程技术服务等。近年来，公司在上交所和证监会指导下，实现了自上市以来从未亏损的业绩，主要得益于始终把强化公司法人治理工作作为实现上市公司高质量发展的重要抓手，尤其是监事会在公司法人治理中发挥了不可替代的重要作用。坚持从“建制度、强队伍、创模式、重实效”4个维度为切入点，持续健全完善监事会监督体系，着力构建监事会“监督＋服务”新模式，监督的靶向性和导向性更加突出，服务的意识和理念愈发凸显，为企业资产保值增值及可持续高质量发展提供了有力保障。截至2022年6月底，上海能源超额完成利润目标任务，比过去三年同期分别增长234%、169%、274%。

一、建章立制，配强队伍，为监事会“能监事”提供保障

一是深化完善监事会履职机制。公司高度重视监事会的职能发挥，建立了完善的行使职权模式，保持监事会的独立性，保障公司的规范运营。及时修订《公司章程》《公司监事会工作（议事）规则》及相关制度，明确了监事会主席5项职权和监事会13项职权，确保监事会对公司依法运作、公司财务、公司信息披露、定期报告编制以及公司董事、高级管理人员履职尽责情况进行监督等各项工作有法可依、有规可循，为推进监事会

规范、独立、科学运行提供坚强的制度保障。二是选优配强监事会成员。为切实发挥监事监督职能，提升监事会履职质效，从多维度、宽领域选取监事。公司实际控制人委派并按程序选举具有财政部会计准则咨询委员会咨询委员、管理会计咨询专家、全国会计领军人才担任监事会主席，同时从控股股东单位中层以上领导干部中选聘具有丰富工作经历和治企经验、熟悉企业改革发展和生产经营情况的干部担任公司专职监事，并严格按照职工代表监事的比例不低于1/3的要求选聘公司法律、审计部门主要负责人担任职工监事。三是强化队伍建设，提升履职水平。开展专题讲座、深入生产一线、邀请相关部门负责人授课等形式，加强监事对新《中华人民共和国证券法》《关于依法从严打击证券违法活动的意见》《国务院关于进一步提高上市公司质量的意见》等条线业务知识的学习，全面提升综合业务素质，增强分析判断能力和履职能力，不断提升监事会的履职能力和监督水平。四是强化沟通协调，为监督履职提供有力保障。坚持“参与中监督、监督中支持”工作理念，监事会主席发挥督导带头作用，监事会主动前移监督“关口”，与董事会同频共振，针对日常风险点强化监督职能，切实提高监督服务的实效。在日常工作中做到“三个加强”，即加强与股东的联系与汇报，加强与董事会、经营层的沟通，加强监事会成员的联络与信息共享。在每次召开董事会之前10天将所有议案发监事会成员提前审阅，及时了解公司财务状况和经营管理情况及相关议案的背景材料，为监事会更好监督履职提供有力保障。

二、拓宽形式，创新模式，让监事会监督履职“监到位”

一是拓宽日常监督效能。按照《公司章程》和上市公司的相关要求，及时召开监事会，对董事会的各项议案，从合法合规性、内部控制、风险防控等方面进行审查。自2021年5月监事会换届以来，组织召开监事会6次，审议议题18项，提出建议4项，以监事会纪要形式提交董事会和高级管理人员，督促董事会和高级管理人员落实整改。坚持监事会对公司定期报告进行审核并签署书面确认意见。列席公司总经理办公会、专业会议，对高级管理人员贯彻和实施董事会决策意见情况进行监督，及时发现和纠正存在的问题，提高公司经营管理水平。二是开展专项监督。对监督过程中发现异常情况时，及时开展专项监督。2022 年 3 月监事会在审阅公司财务报告和相关报告的基础上，开展了财务、合规管理专项监督，专题听取德勤华永会计师事务所专项工作汇报，提出问询事项 9 项，德勤华永会计师事务所和公司相关部门逐一解答、说明。监事会还加强与审计、合规、纪检等监督部门联动，适时召开联席会议，通报内部监督情况，围绕制度盲区和热点难点问题展开讨论，聚焦经营管理、内部控制、风险管理等方面存在的主要问题，有针对性地开展联动监督，实现信息共享，并形成监督合力。三是创新“监督 + 服务”新模式。充分利用职工监事在公司内部、便于开展工作的优势，参与公司现代企业制度和落实董事会职权建设，对公司制（修）订的董事会议事规则、总经理工作规则等 19 项法人治理管理制度和落实董事会职权六大方面 9 项制度进行了把关，提出修改建议，切实发挥履职监督的作用。

三、突出重点，多措并举，确保监事会“监出成效”

一是突出公司重大发展战略监督。公司在制定和调整重大发展战略时，监事会成员列席董事会战略委员会会议。如 2021 年公司进军新能源产业时，监事会及时参与发展战略规划的汇报，全面了解新能源发展战略的布局、方向和目标，与会监事充分发表意见，为董事会、股东大会顺利通过审议提供支撑。二是突出公司重大事项监督。监事列席董事会会议，听取和评议董事会重大决策事项，了解公司各项重要决策的内容和形成过程，对重大融资、重大投资、重大资产重组、对外担保、抵押、转让、收购、兼并等事项进行监督并对有关决议提案进行认真研究讨论，发表意见，切实履行章程赋予监事的工作职责。同时安排职工监事专项督导完善控股子公司天山煤电、鸿新煤业等公司法人治理业务，切实服务业务的发展。三是突出公司经营重大异动监督。及时了解和掌握公司财务情况，对公司生产经营出现重大异动进行跟踪监督。如 2021 年对公司孔庄煤矿在煤炭价格行情较好、煤炭企业大幅盈利情况下仍然出现亏损的现象，监事会及时委托专项审计组到现场摸排情况，并进行跟踪监督，及时了解造成亏损原因，对因地质条件、顶板来压、支架压死等影响生产和智能化投入因素等提出了建设性建议。四是定期开展履职评价。监事会从履行忠实义务、履行勤勉义务、履职合法合规性等方面，通过数据分析、审阅董事及高管人员的报告等方式，对董事、高级管理人员的履职行为进行评价。通过实施履职评价，促进董事、监事和高级管理人员不断提升履职能力，提高履职意愿，真正融入公司的法人治理和具体工作当中，促进依法合规经营，实现公司健康可持续发展。

3.6　国网英大
创新监督体系　强化监督成效

自2020年重组以来，国网英大股份有限公司监事会勤勉履职、积极探索，创新监督体系和监督方式，协同公司各种监督资源渠道，充分发挥监事会职能，持续提升监督成效。现将工作经验总结如下。

一、健全完善监督体系

一是协商制订监督工作计划。年初全面复盘上年度工作情况，总结有益经验、分析待改进的不足，结合公司年度重点工作，明确重点监督领域，提前谋划工作举措，与经营层深入沟通交换意见，形成指导年度工作的计划指南，确保监事会工作落到实处，提升监事会监督工作效率。

二是健全完善监督工作机制。创新监督形式，建立“监事会监督工作联系单”制度，监督公司股东大会、董事会等重大决议落实执行情况；建立监事沟通交流机制，采取现场或通信会议、座谈交流等方式，通报监督检查情况，沟通重点工作进展。

三是健全优化办事机构。公司董事监事与投资者关系管理部为公司监事会常设办事机构，负责监事沟通联络、组织筹备监事会会议和监事沟通交流会、协助监事会对法定监督事项进行审核并发表意见等，董事监事与投资者关系管理部配备管理、法律、财务、金融等方面专业人才，为监事会履职提供坚强保障支撑。

四是持续加强制度建设。紧跟监管动态，修订完善《公司监事会议事规则》等相关规章制度，持续优化监事会运作流程；监督《关联交易管理办法》《合规管理办法》等制度的修订工作，从建章立制方面持续监督公司信息披露、董事会决策、关联交易管理、合规管理等合规性，确保相关工作规范运行。

五是有效开展会议监督。至少每六个月召开一次监事会定期会议，不定期召开监事会临时会议；通过制订工作细则，明确监事会审议事项及责任部门，提高议案审议针对性及效率；按照规定出席股东大会并列席董事会会议，根据需要列席董事会专门委员会会议；专职监事会主席列席公司党委会、经营会等会议，监督公司经营层落实股东大会、董事会及监事会决议落实、公司生产经营等实际情况。

二、加强信息披露审核监督

一是加强信息披露内容的审核。对公司需要依法披露的定期报告内容进行审核监督，按规发表明确意见；及时与经营层沟通关联交易、对外担保等重点关注事项的开展情况，监督了解公司相应临时公告披露的合规性，定期抽查内幕信息管理情况，确保公司信息披露事项和披露内容的真实、准确、完整、及时、公平。

二是加强信息披露程序的监督。定期抽查公司信息披露审核流程，对信披文件的完备性、审核人员的资格等进行监督，对可能存在的程序不完善情况提出督导意见并监督整改，保证信息披露合规。

三、组织开展调研活动

一是对外开展同业学习走访。重组上市后，为尽快提升完善法人治理能力，监事会组织公司相关负责人赴同行业上市公司开展调研，在法人治理、信息披露、资管业务、财务管理、风险防控等方面进行交流学习，深入了解其他上市公司经营管理情况，借鉴先进经验，结合政策要求和公司实际，探索完善监事会监督履职机制。

二是对内深入调研经营情况。2021 年，监事会主席组织监事会对公司全面风险管理体系建设、英大碳资产经营情况开展调研，前往深圳对子公司英大证券经营发展情况开展调研，深入了解在风险防控、财务管理、经营管理等方面情况，推进监事会年度监督计划实施，督导公司年度重点工作推进落实。

三是结合投资者关切开展调研。为进一步保障投资者利益，针对投资者关注较多的碳中和等领域的相关业务，2022 年监事会计划开展公司绿色金融规模化应用、碳金融业务创新情况等主题的调研活动，深入了解相关业务实际经营管理情况，让监督工作落实做细。

四、强化监事会“内功”修炼

一是坚持加强自身学习。加强对新《中华人民共和国证券法》《国务院关于进一步提高上市公司质量的意见》和公司最新修订的《公司章程》的学习；坚持党建引领，将党建工作与监事会自身建设紧密结合，相融共进。

二是积极参加内外培训。积极参加监管机构组织的相关培训，监事会主席参加由中国上市公司协会主办的“2020 年上市公司监事会主席网络系列培训班”并顺利结业，全体监事参加“上海辖区 2021 年上市公司董事监事线上培训班”，持续提升监督履职能力；监事积极参加公司相关培训，由董事会秘书为监事会讲授上市公司合规运作要点，提高监事自身业务素质，增强责任意识。

五、开展专项课题研究

结合公司发展实际，制定专项课题研究，持续提升公司规范运作能力，推动公司法人治理的完善升级。

2020 年 10 月，国务院印发《关于进一步提高上市公司质量的意见》，为进一步落实意见要求，2021 年监事会组织了两项课题研究的工作。一是《提高上市公司质量》课题，该课题结合上市公司发展宏观环境的新变化，分析并形成提升上市公司质量的工作目标；根据在新阶段发展目标下上市公司的发展理念，结合公司当前实际情况，开展线上线下调研工作，突出公司提升上市公司治理的发展重点；根据构建的评价框架体系，结合实际调研结果，为公司进一步提高上市公司治理提出具体策略和路径。二是《构建领先法人治理范式》课题，该课题立足公司发展战略，在法人治理运行的有效性、提高信息披露治理、子公司管控模式、现代企业治理体系完备率、ESG 治理运行体系、内控合规管理、规章制度建设及执行等方面开展了较为深入的研究，并进一步聚焦加强董事会建设、科学界定国有控股上市公司控股股东（及实际控制人）的权责、维护经营自主权、强化监督问责、坚持党的领导等方面的研究。课题通过研究总结归纳当前其他上市公司在公司治理方面的优秀实践案例，提出了一套较为科学的公司法人治理领先情况评价指标体系。

2022 年，监事会基于上年法人治理工作实际情况，与相关工作人员深入沟通，针对具体工作中遇到的难点和问题，计划开展两项相关课题研究，以进一步提升公司法人治理效能。一是“双主业战略背景下的央企控股上市公司市值管理策略与实践”课题，该课题将基于公司双主业战略背景下，围绕产融结合、公司价值创造、价值实现、价值经营、价值跟踪等方面，搭建公司价值估值模型，为公司后续开展资本运作、投资者关系管理等方面工作提供指导建议。二是“国资、金融双重监管下的央企上市公司法人治理及管理运行研究”课题，该课题将聚焦资本市场要求及国资管理要求之间异同，探索央企上市公司如何在双重监管下建立管理平衡，做好不同管理要求间的有效衔接，进一步指导公司提升规范运作水平，提高运营管理效率。

在监事会的监督指导下，公司近两年经营业绩稳步增长，营业总收入年均增长 12.38%，归母净利润年均增长 14.22%；法人治理水平持续提升，连续两年获得上海证券交易所信息披露工作评价 A 级最高评级，ESG 报告连续两年入选中国上市公司协会《上市公 ESG 优秀实践案例》。

展望未来，公司监事会将深入学习贯彻党的二十大精神，全面贯彻习近平新时代中国特色社会主义思想，慎终如始、勇于担当，依法合规履行好监督职责，全面融入公司改革发展大局，督促公司战略和重点工作落实到位，切实维护股东和公司合法权益，为公司发展保驾护航。

3.7 天士力
规范运作 强化监督 创新履职

天士力医药集团股份有限公司成立于1994年，于2002年8月在上海证券交易所挂牌上市。作为中国中药现代化的领军企业，上市之初，公司管理层制定了清晰的发展方向：致力于领跑现代中药，站在高起点、抢占制高点、达到高水平，依靠技术创新领先和差异化竞争获得广阔的发展空间。公司通过“四位一体”的创新研发模式，公司目前已经拥有多款销售过亿的产品，覆盖心脑血管、消化代谢、抗肿瘤等大病领域，形成了现代中药、生物药、化学药协同发展的大生物医药产业格局。自登录A股市场以来，天士力始终以做强主业为前提，以实现股东利益最大化为目标，以规范运作为原则，逐步完善公司治理结构，维护公司及股东利益，确保公司安全、稳定、持续、健康发展。

规范的组织体系建设与完善的公司治理结构，有利于公司合理的进行权力配置与制衡，使有权者只能通过法定形式行使其职能，并通过制衡和激励权力结构、决策机构、监督机构和执行机构，使得各层级发挥职能的同时做到权力的互相制衡，从而有效促进企业的规范运作，防范相关风险。作为公司治理结构中监督环节为主要责任的监事会，更是为公司决策的有效性、经营管理尤其是财务管理的规范性等方面，发挥出了重要作用。公司连续三次入选央视财经50指数十佳治理公司样本股。并于2003年7月1日正式进入上证180指数、2007年12月24日列入“上证公司治理板块”样本股。并在获得上海证券交易所“2009年度董事会奖提名奖”“2010年度董事会奖提名奖”后，公司作为唯一的制药类上市公司跻身上海证券交易所915家上市企业公司治理前十强，获得上交所“2011年度董事会奖”，并成为上交所915家公司中唯一一家连续三年进入“董事会奖”前20名的企业。公司获得由中上协联合中国证券投资者保护基金公司、上海证券交易所、深圳证券交易所、中国证券业协会、中国基金业协会主办，证券时报媒体承办评选的“2015、2017 年度中国最受投资者尊重的百家上市公司”。公司连续 3 年荣获中国医药工业百强企业、中国医药创新企业 100 强，连续 11 次入选“最具竞争力医药上市公司 20 强”，荣获 2019 年、2020 年中国上市公司口碑榜最佳上市公司董事会奖。

公司同样重视监事会工作经验的交流与共享，2019 年 11 月 1 日，中国上市公司协会“2019 年第 3 期上市公司监事会主席研修班”（现场教学部分实地调研与交流）在天士力成功举办，监事会主席叶正良一行接待了中上协、各上市公司与会领导，介绍了天士力在监事会监督、风险应对等方面的工作经验，和与会领导、同行在监事会工作实践等方面进行了充分交流。以下为公司监事会具体履职情况和工作特色。

一、公司监事会组织架构

本届监事会为公司第八届监事会，共有 5 名成员，其中 3 名为 2020 年度股东大会选举产生，分别为监事会主席叶正良先生、监事会副主席刘宏伟先生、监事章顺楠先生；2 名为职工监事，由公司职工代表大会选举产生，分别为监事蔡金勇先生、监事鞠爱春先生。

监事会下设监事会办公室，负责执行层面的具体工作。组织体系的建立健全保证了监事会的有效运行和监督工作的深入开展。

二、公司监事会运行情况

（一）关于会议的召开

监事会会议实行例会制度，每 6 个月至少召开一次会议。监事会会议由监事会主席负责召集、主持。公司总经理等高级管理人员或其他相关人员列席监事会会议。

（二）关于会议的议事范围及权限

监事会严格按照《公司章程》规定的职权范围履职，包括对董事会编制的公司定期报告进行审核并提出书面审核意见；检查公司的财务；对董事、高级管理人员执行公司职务的行为进行监督等事项。

（三）关于表决

监事会会议议案采取记名投票或举手方式表决。监事会会议法定参加人员表决实行一人一票制。监事会会议表决时，监事可以选择同意、反对或弃权。监事会会议在讨论和表决与某监事有利害关系的议案时，该监事须向监事会报告并作必要回避。监事会会议表决议案时，须有与会监事过半数同意方可形成有效决议。监事会会议结果以决议或决定形式表达；监事会会议所形成的会议记录须由参加监事会会议表决的监事亲笔署名。

（四）关于决议及其执行

监事会通过并形成的决议、决定或会议纪要，经监事会主席签发后报送监管机构备案。须提交董事会、经理层的决议、决定或会议纪要及其相关附属文件，经监事会主席签发后，及时将其送达董事会秘书签收。董事、经理层人员应认真研究和执行监事会的各项决议和建议。监事会形成的决议、决定或会议纪要及其附属文件，任何人不得擅自改变或撤销。监事会形成的决议、决定或会议纪要在执行完毕后，须由执行人向监事会秘书提交书面报告，并由最近一次召开的监事会会议对其执行结果进行审议。

（五）监事会会议召开情况

以 2021 年度为例，公司 2021 年度共召开了 5 次监事会，审议讨论并通过了 17 项议案，对公司依法运作情况、内部控制情况、董事及高管的履职合规情况进行了监督检查；对公司的生产经营，投资项目，关联交易等重大事项积极参与认真履行监督职责。监事会的召开、表决等事项符合《中华人民共和国公司法》和《公司章程》的规定，监事会运行规范、有效。

三、监事会履职创新举措

面对全球经济增长放缓，国内宏观政策调整、医疗改革等诸多因素对生物医药产业的发展带来了巨大影响，以及“一带一路”“京津冀一体化”

等国家发展战略给企业带来了发展新课题。在此背景下，天士力监事会坚持用科学发展观指导各项工作，因势而变，以变应变，紧紧围绕公司“十四五”发展规划，以中国上市公司协会发布的《上市公司监事会工作指引》为准绳，进一步规范公司监事会运作、监事成员任免、监事会职权的行使、监事会会议召开、监事的义务与法律责任、自律措施等相关工作内容。监事会运用《中华人民共和国公司法》及《公司章程》赋予的法定职权并结合公司实际，对公司董事会、高级管理层及其成员的履职以及公司财务、公司内控、公司风控、公司信息披露等事项加强监督，以保护公司、股东、职工及其他利益相关者的合法权益，创新工作方法，强化监督职能，关注公司战略落地及重点工作实施情况，逐步建立监事会对企业风险防范和预警机制，切实履行法律和《公司章程》赋予的监督职能，使得监事会工作随着现代企业制度建设不断完善。

（一）强化监督职能，确保监事会各项工作顺利开展

1. 紧密结合国家政策形势和有关文件精神，进一步学习贯彻《上市公司监事会工作指引》，结合公司实际，优化细化《公司章程》以及《监事会工作细则》等监事会相关制度，并适时在主要子公司范围内推广实施。

2. 增进与证监会、地方监管局等监管部门之间的联系与沟通，掌握重大监管政策及有关变化，了解阶段监管防范重点，并及时向公司董事会及管理层传达。

3. 积极参加董事会与公司的有关会议，加强与董事会和经营管理层的有效沟通，加强对公司财务状况的监督管控，点面结合重点检查，把内部监管工作做好做实。

4. 按期召开定期的监事会会议，保证监事会的各项工作顺利开展。

（二）增强主动服务意识，监督各项战略目标落实情况

监事会作为监督机构，要以维护公司整体利益为出发点，主动深入职能部门和员工中，多联系多沟通，广泛征求意见，确保监事会工作务实科学细致深入。

首先，监事会要发挥职能作用，监督全公司深入贯彻落实战略落地和企业经营目标，推动相关部门之间的协调合作，积极应对形势变化对企业

发展带来的挑战，加强对内控和风险的监督，加强董事会和监事会决议落实工作的监督，保障决策顺利进行。积极监督年度预算执行，督促考核体系扎实有效运作，促进公司实现有效益的科学发展。

其次，如有个别职能部门及管理人员履责不到位的情况，或职工反映强烈的问题，组织专门力量进行调查了解，实事求是公正客观，查清事实，形成报告并报公司监督处理。

最后，要发挥监事工作的主动性，围绕企业中心工作，广泛调查集思广益，有的放矢地提出合理化建议。

（三）加强监事会自身建设，提高监事会成员的综合能力和监督水平

一方面，不断强化对重点职能部门的监督力度，坚持每年对公司财务及重要部门的检查工作；探讨建立对经营班子和重点部门（绩效指标）考核评价机制；探索对公司董事、总经理及高管人员履职情况检查方式，熟悉、掌握公司的生产经营和经济运行状况。

另一方面，注重自身业务素质的提高，积极参加行业主管部门或上市公司自律组织以及公司内部组织的各种培训。考核期内参加了公司监事会成员参加了“民营上市公司专题培训”“上市公司监事会系列培训”“上市公司信息披露专题”远程培训、“最新上市公司监管法规规则修订综述培训”“上市公司数字化转型专题系列培训”等专题培训，加强会计、审计、内控、信息披露等等业务知识的学习，增强了业务技能，创新了工作方法，提高了监督水平，切实维护所有者权益。

同时，公司还借助中上协等各种协会组织的培训与交流活动，加强与其他上市公司监事会的互访，学习借鉴同业经验，继续加强监事会自身的学习，促进监事会工作水平的提升。

（四）深入开展基层调研，有效防范内部风险

首先做好深入基层开展调研的工作，进一步丰富和改进工作方法，及时监督各层面现实和潜在的风险，充分反映在经营管理工作中遇到的困难和问题，积极向董事会、经营管理层和相关部门反馈，并跟踪落实情况。

同时继续加强与内审部门、风控部门的工作联系，将监事会的巡查工作和检查工作与年度审计、内控审计等工作有机地结合起来，有计划、有

目的开展专项检查工作，帮助经营管理层发现和解决管理中的薄弱环节，有效防范内部风险，促进公司进一步提高经营管理水平。

（五）积极发挥职代会的作用，加强企业管理透明度和认同感

公司职工代表大会制度经过长期实践，在促进企业健康发展、保障职工合理合法权益，形成内部民主制约机制，构建和谐稳定劳动关系等方面较好地发挥了参与、维护、监督、协调作用。监事会根据公司实际情况，利用监事会成员中有两位职工监事这一优势资源，继续推进企业民主管理，适时与职代会一起推动职工监事向职工代表大会报告制度的执行，让企业的管理置于全体员工的监督之下。

3.8　山东黄金
有效整合监督资源　切实履行监督责任

一、公司简介

山东黄金矿业股份有限公司是山东黄金集团有限公司控股的上市公司，成立于2000年1月，并于2003年8月28日在上海证券交易所挂牌上市交易，2018年9月28日在香港联合交易所主板挂牌上市，2018年10月19日山东黄金H股进入港股通股票名单，实现A+H两地上市布局。公司以黄金开采为主业，拥有勘探、采矿、选矿、冶炼（精炼）和黄金产品深加工、销售于一体的完整产业链，并拥有与之配套的科技研发体系，黄金产量、资源储备、经济效益、科技水平及人才优势均居国内黄金行业的领先地位。2022年2月10日，公司所属新城金矿累计产金过百吨，公司是国内唯一拥有4座矿山累计产金突破百吨的企业。

公司自上市以来，坚守创造价值、奉献社会的使命担当，砥砺奋进，自身核心竞争力和长远可持续发展能力不断增强，多次入选上证50、上证180、沪深300指数样本股及明晟指数、富时罗素、标普道琼斯指数三大国际指数样本股。公司在稳步提升经营业绩的同时，不断健全法人治理体系，有效构建了一套系统完备的公司治理制度体系，公司决策质量、规范运作水平进一步提升。

二、公司监事会基本情况

公司监事会由3名监事组成，其中控股股东委派的监事2人、职工监事 1 人，人员构成完全符合法律法规，且监事会成员的专业知识囊括了管理、财务、法律等方面的专家，知识结构合理，具备充分履行监督职责的业务能力。

三、监事会实践方法

公司监事会秉承勤勉、忠实原则以及维护公司利益和全体股东合法权益的精神，根据法律法规、公司章程对于监事会工作的要求和工作指引，围绕财务真实性监督、董事及高级管理人员履职监督和风险内控监督三项核心职能，结合公司改革发展实际，进一步完善监事会工作机制和工作制度，创新监督方式，突出监督重点，强化实质性监督检查，加大调研力度，在提高监事会监督的针对性、有效性、科学性上着力实现新突破，在发挥监事会建设性监督作用、推进监事会工作与董事会、经营层工作形成合力等方面着力开创新局面，从而有效促进公司法人治理水平的不断提升。

（一）以内控制度建设为根本，督促完善各项制度

公司监事会严格执行《中华人民共和国公司法》《股票上市规则》《公司章程》《公司监事会议事规则》等有关规定，根据《上市公司监事会工作指引》，认真履行监事会职责，敦促公司进一步加强内部控制体系建设，对公司内控现状细致梳理，针对性提出了改进建议。敦促公司进一步健全完善重大经营管理活动领域的规章制度建设，指导新设、并购企业搭建风险管理体系，细化岗位职责，规范操作流程，确保制度体系化，并且能得到有效执行，促进公司提高风险防控能力。

（二）以合法合规性监督为重点，强化规范运作

公司监事会正确处理监督与被监督的关系，不断加大对董事和其他高级管理人员在履行职责、执行决议和遵守法规方面的监督。加强与董事会、经营层的沟通协同，通过列席董事会、股东大会等会议，与董事会、经营层成员经常性的交流，及时了解和掌握公司重大经营活动，对公司重大事项的决定和实施充分发表意见和建议，对公司财务经营、生产管理中存在的问题及时提出改进意见，在公司重大决策、市场形势研判、风险防控等

方面形成合力。

（三）与审计、纪检机构联动配合，整合监督资源

公司监事会保持与公司内外部审计机构及纪检机构的沟通，充分依托内外部审计机构和纪检机构的力量，跟踪了解公司审计、纪检监察机构对公司的各项审计、纪检监察情况，对审计工作、纪检监察工作提出建议。与审计、纪检机构确定年度工作布局，明确检查的重点事项和重要部门、重要子公司，从而将监事会监督工作贯穿于公司各项业务经营管理的全过程，做到会议监督与过程监督充分结合，不断提高监督工作的灵敏性和有效性，促进廉政建设，有效地发挥监事会监督职能作用。

（四）深入开展现场调研和专项检查，强化监督职能

公司监事会坚持财务监督与业务监督相结合的工作方式，积极推进审计全覆盖，紧扣重点工作，针对公司重大投资、大额资金、关联交易、募集资金管理、重大工程项目建设、法律事项、合同管理等重点领域，深入开展现场调研和专项检查，形成调研报告提供给公司董事会、经营管理层作参考。通过以点带面的方式提出意见建议，推动企业改进管理方式，提高管理水平。加强对内审工作的实务指引，大幅提高内部审计工作规范化水平，为有效防控审计风险、确保审计质量提供坚实保障。

（五）加大落实力度，不断增强监督实效

公司监事会为了提高监督检查的实效性，加大落实监督检查结果的力度，扩大监督检查结果的运用范围。在日常监督中，对监事会关注的重要事项，专题报告、专报中反映的问题，加强对其跨年度、跨行业、跨领域的综合分析，提炼普遍性、规律性、倾向性、苗头性问题，及时与公司董事、高级管理人员交换意见，将监督检查结果反馈给公司，提出建议，引导各单位开展重大事项全流程系统性监督，扩大审计结果运用深度与广度，努力推动公司提质增效，健康可持续发展。

（六）加强监事会自身建设，构建良好工作机制

在完善监事会组织架构和制度体系的同时，公司监事会重视监事自身履职能力和水平的提升，注重加强监事会与各方的信息沟通和交流。公司每年组织监事参加上市公司董监事培训，加强对公司治理、监管法规，以

及会计审计、金融和法律知识学习，不断拓宽专业知识、增强业务水平，提升监事的专业履职能力。监事会通过工作建议书、管理提示等方式，加强与股东、董事会、经营层之间的沟通与协调，建立顺畅工作关系，形成工作合力，提高了监督成效。

四、存在的问题及相关建议

公司监事会在创新实践、切实发挥监督职能方面开展了卓有成效的工作，但是尚存在以下不足：监事会的工作机制需要进一步健全完善，作为监督业务尚未形成标准化模式，工作的方式方法须进一步规范，监督问责力度需要进一步加强。

为进一步提高上市公司监事会的监督效能，建议：

1. 搭建上市公司监事会之间的交流沟通制度，通过上市公司监事会之间的横向经验交流，促进监事会更好地发挥其监督作用，进一步优化上市公司治理结构。

2. 加强对上市公司监事的培训及业务指导，进一步提高监事的专业知识及业务能力，提升监事的监督履职能力。

3.9 苏美达
切实履行监督职责 推动公司高质量发展

公司治理是国家治理体系中的重要组成部分，是推进国家治理体系和治理能力现代化的重要基础。加强和完善公司治理，也是央企控股上市公司落实习近平总书记“两个一以贯之”重要指示精神，完善中国特色现代企业制度，实现高质量发展的应有之义。

监事会是公司治理结构中不可或缺的组成部分，其独立性和监督力度是健全公司治理机制的重要因素。监事会制度在促进上市公司完善公司治理，提高规范运作水平，保护投资者的合法权益等方面起到了积极作用。

苏美达股份有限公司（以下简称“苏美达”或“公司”）作为央企控股上市公司，致力于推进治理体系和治理能力现代化，充分发挥监事会的积极作用，促使公司持续、健康地发展。

一、强化组织建设，保障履职基础

推动公司治理体系和治理能力现代化，关键是要有一只懂治理、会治理、善治理的高素质专业化人才队伍。公司持续“练好内功”，严格遵守《中华人民共和国公司法》《公司章程》等相关规定，通过股东大会、职工代表大会合法选出股东监事和职工监事，构建科学合理的监事团队。目前，公司监事会有监事 3 名，其中股东监事 2 名，职工监事 1 名。监事团队候选人在专业能力、业务素养以及对政策法规的把握、沟通协调、熟悉企业情况等方面都展现出较好的运筹能力，能够为公司发展建言献策，提供源源不断的动力。近年来，在外部环境深刻变化、市场竞争越发激烈的背景下，公司监事会持续成长，实现了监督工作的扎实落地。

二、开展专项调研，提升治理水平

公司监事会把深入一线调研摆在重要位置，根据履职尽责的需要，坚持集中与个别、重点与专题相结合，制订科学合理的调研计划，明确调研时间、范围、对象、内容、方法、步骤和工作要求，陆续开展了对所有二级子公司的专题调研。监事会通过现场调研和检查的方式，全面了解子公司的经营管理、财务状况、内部控制等情况，发现子公司经营管理中可能存在的问题及风险事项，评估其应对措施和方法的有效性。例如，监事会在现场调研中，针对子公司“三重一大”决策制度的建立和实施情况等进行了跟踪监督，督促子公司规范运作，提升监督效果。监事会通过深入一线调研，听取基层意见，掌握第一手资料，了解子公司需求，为监事会的决策科学性及履行监督职能的有效性提供支持，进一步提升监督效率。

三、坚持问题导向，创新推动监督

公司监事会始终坚持问题导向，及时发现问题、科学分析问题、着力解决问题，持续提升监督效果。第一，列席重要会议，强化事前监督。通过列席股东大会、董事会、审核定期报告等途径，了解并参与审议公司重大决策，对公司重大事项的决定和实施充分发表意见和建议，在重大决策、市场形势研判、风险防控等方面与其他治理机构形成合力，并实现对董事、高管的履职监督，工作主动前移，由事后监督转变为事前监督和事中监督，充分落实监事会的知情权和监督权。第二，加强合规监督，提出谨慎建议。以财务监督为核心，按月或按季度查阅财务报表或分析报告，关注公司“两金”等重点情况，谨慎地提出建议。同时关注公司重要经营风险等重大事项，跟进后续处理、解决情况。第三，立足整改落实，注重成果运用。针对监督中发现的问题，监事会及时地以书面报告的形式与董事会、管理层交换意见，提出整改意见，如提交“会计信息质量问题及整改清单”等，逐渐形成监事会发现问题、报告问题、督促整改的全流程闭环工作模式。

四、加强学习交流，提升履职能力

新时代背景下，监事会全面系统学、及时跟进学、联系实际学，有利于监事们掌握履职尽责的必要能力，及时充分掌握发展形势，将学习成果落实到干好本职工作、推动公司高质量发展上。公司监事会积极“走出去”，一方面向不同行业龙头公司交流与学习，与董事会一道，先后走访了华为、华润、阿里巴巴、海康威视、物产中大等头部企业，交流、学习在公司治理等方面的优秀做法，另一方面向兄弟企业取经，拜访国机汽车、中工国际、中国联合等国机集团内兄弟公司，交流监事会在内部控制、财务监督、关联交易、对外担保等方面的工作经验，丰富了监事会工作的思路与方法，将学习到的经验和优秀做法转化为实实在在的成效，不断完善公司治理体系，提高公司的可持续发展能力。

五、发布工作报告，发表明确意见

基于公司良好的治理机制和完善的制度建设，监事会在运作过程中保持了较强的独立性和权威性，能够有效利用资源，辅助决策，从而客观公正地发表意见。

日常运作中，监事会根据《上海证券交易所股票上市规则》《上海证券交易所上市公司自律监管指引第 1 号——规范运作》《公司章程》《监事会议事规则》等相关规定，对重大事项如定期报告、关联交易、对外担保、利润分配等，认真谨慎地审议，客观公正地发表意见。

年度股东大会上，监事会对公司任期内工作发布《监事会工作报告》，从监事会工作情况方面，介绍上一年度监事会会议召开次数及审议的事项；从公司依法运作情况方面，对公司治理结构不断完善，董事及其他高级管理人员勤勉尽责进行评价；从检查公司财务方面，对公司审计报告真实合理，定期报告客观、真实地反映公司的财务状况和经营成果进行评价；从募集资金存放与使用方面，对公司严格按照发行时所承诺的募集资金使用计划，管理和使用募集资金进行评价；从内控自我评价报告方面，对该报告是否如实反映公司内部制度的建设和运作情况进行评价；从使用部分自有资金购买结构性存款方面，对此举是否有利于提高公司资金利用效率、增加公司收益进行评价；从会计政策变更方面，对会计政策变更是否符合公司实际情况进行评价；从关联交易方面，对关联交易价格的合理性、决策程序的合法合规性等进行评价。

多年来，监事会审慎、忠实地通过多种途径履行监督职责及勤勉义务，有效维护投资者、公司及员工的合法权益，充分发挥监事会在公司治理方面的制衡和监督职能，为公司可持续发展保驾护航。

为者常成，行者常至。新的征程上，公司监事会将深入贯彻落实“两个一以贯之”，创新超越，行稳致远，一如既往地发挥监督检查职能、进一步强化其在公司内部控制中的职能和作用，继续在保障公司科学决策、维护股东合法权益方面做出积极努力，持续完善监督机制，不断提升公司治理水平，促进公司高质量发展，切实走好新时代的“赶考”之路。

3.10　三峡能源
强化监事会监督职能　着力服务公司改革发展

中国三峡新能源（集团）股份有限公司（以下简称“三峡能源”或“公司”）是国务院国资委直属中央企业中国长江三峡集团有限公司（以下简称“三峡集团”或“公司”）控股子公司，2021 年 6 月 10 日在上海证券交易所上市，2021 年底被纳入上证 180 指数，2022 年 6 月被纳入上证 50 指数，充分体现了资本市场对三峡能源行业龙头地位、市场表现和影响力的高度认可。三峡能源作为三峡集团新能源业务的战略实施主体，承载着发展新能源的历史使命。近年来，三峡能源积极发展陆上风电、光伏发电，大力开发海上风电，加快推进以沙漠、戈壁、荒漠为重点的大型风电、光伏发电基地建设，深入推动源网荷储一体化和多能互补发展，积极开展抽水蓄能、储能、氢能、光热等业务；同时，投资与新能源业务关联度高、具有优势互补和战略协同效应的相关产业，基本形成了风电、太阳能、战略投资等相互支撑、协同发展的业务格局。

三峡能源监事会按照《中华人民共和国公司法》《公司章程》和公司《监事会议事规则》等相关规定，本着对公司和股东负责的态度，恪尽职守，认真履行监督职责，依法独立行使职权。公司监事会对公司股东大会和董事会的召开及决策程序、公司董事和高级管理人员履行职责情况、公司管理制度的建立和执行、公司财务状况、关联交易、利润分配、募集资金等事项进行了有效监督，发表了监事会意见和建议，切实有效地维护了公司和股东的合法权益，为公司规范运作和高质量发展发挥了积极作用。

一、监事会概况

三峡能源本届监事会于 2019 年 6 月 26 日选举产生，由 3 名监事组成，其中股东监事2名，职工监事1名。股东监事何红心历任三峡集团资本运营部副主任，中国电力新能源发展有限公司执行董事、首席执行官，中国三峡新能源有限公司副总经理，三峡集团资产财务部副主任、主任，现任三峡集团副总会计师兼资产财务部主任、资金金融管理中心主任，上海总部（长江三峡投资管理有限公司）党委书记、董事长，三峡能源监事、监事会主席。股东监事王雪历任工行北京南礼士路支行公司业务部客户经理、业务部副经理，工行北京分行投资银行部三级营销经理，工行北京经济技术开发区支行行长助理，现任工行北京分行投资银行部总经理、三峡能源监事。职工监事郑景芳历任中国水利投资集团公司风险控制部（审计监督部）副主任，中国三峡新能源有限公司审计部副主任、专员。

三峡能源监事会成员结构具备专业性和独立性，两位股东监事在财务管理、风险管理、资本运作、公司治理等专业领域均具有深厚的理论基础和丰富的实践经验，职工监事长期从事审计相关工作，能够确保监事会有效发挥监督职能。此外，公司董事会办公室（证券事务部）作为监事会日常办事机构，配备一定数量的专职工作人员，为监事会日常监督检查工作提供专业、规范、高效的支撑和服务。

二、监事会履职重点关注事项

2021年6月，借助“双碳”东风，三峡能源圆满完成A股上市，募集资金总额227.13亿元，创下“中国电力行业史上最大规模IPO”“当期A股市值最高的新能源发电运营商”等多项纪录，圆满完成“引战—股改—上市”改革目标，迈出自我滚动发展的坚实一步。上市首年，三峡能源保持高速高质稳健发展，市值平稳增长，新增并网、经营业绩再创新高，资源获取实现翻番，深化改革多点突破，圆满完成中长期股权激励、利润分配等重大事项，实现国有资产保值增值。截至2021年年底，三峡能源累计装机2289.63万千瓦，资产总额2171.96亿元。面对公司高质量快速发展形势，三峡能源监事会积极发挥独立监督作用，严格按照《上市公司自律监管指引第1号——规范运作》《公司章程》及公司《监事会议事规则》

规定，以维护公司和股东利益为出发点，监督董事、高级管理人员履行职责的合法合规性，依法检查公司财务工作，就公司经营运作情况、财务状况、利润分配、募集资金使用、重大关联交易、股权激励等方面审慎监督并出具书面审核意见，有效促进了公司依法规范运作，助力公司争当能源清洁低碳转型的忠诚践行者。

（一）公司依法运作情况

按照《中华人民共和国公司法》《公司章程》《监事会议事规则》等相关法律法规和制度的要求，三峡能源监事会成员通过列席公司股东大会、董事会及董事会专门委员会会议，依法对公司经营管理，股东大会和董事会及董事会专门委员会的召集、召开程序、决议事项及董事会对股东大会决议的执行情况等进行了监督，公司股东大会、董事会及董事会专门委员会召集、召开和决策程序合法有效，股东大会和董事会决议均得到较好地落实。密切关注公司董事和高级管理人员履职情况，持续监督公司董事及高级管理人员勤勉尽职履责，规范开展各项工作。近 3 年，公司董事及高级管理人员不存在因履职行为违法违规受到相关部门立案调查或处罚的情形。

（二）检查公司财务状况

三峡能源监事会对公司年度财务报告，半年度、季度财务状况及财务管理情况等进行了认真审查和监督，重点关注会计资料的真实性、完整性、财务报表是否按照企业会计准则及公司有关财务制度规定编制等。监督公司不断建立健全财务管理制度，从制度源头防范杜绝财务造假、资金占用、违规担保等违法违规行为。按照法律法规及公司相关规章制度的要求审核财务报告；监督财务报告内容客观、全面地反映公司的财务状况和经营成果，不存在虚假记载、误导性陈述或重大遗漏。此外，聘请信永中和会计师事务所对公司年度财务状况、经营成果和现金流量进行审计。三峡能源监事会通过事前、事中、事后切实加强管控，不断完善财务管理架构和机制，公司定期报告的编制和审议符合法律法规、《公司章程》和公司内部管理制度的各项规定，内容和格式符合中国证监会和上海证券交易所的各项规定。

（三）监督公司关联交易情况

按照相关法律法规及公司《关联交易管理制度》等规定，三峡能源监事会对公司发生的关联交易事项进行监督，有效规范关联交易管理，不损害上市公司及广大股东利益。定期听取年度重大关联交易、年度日常关联交易金额预计、更新公司关联人名单等报告，掌握公司已发生的关联交易金额、交易类别、关联人等重要信息，监督公司关联交易定价公允、不存在内幕交易，符合公开、公平、公正的原则，避免发生损害公司和其他非关联方股东利益的行为。列席董事会、股东大会，审议关联交易事项时监督关联董事、关联股东回避表决，维护关联交易决策和实施程序合法有效。同时督促公司按照上市公司监管要求和公司制度规定履行关联交易披露义务。

（四）核查公司股权激励情况

按照《中华人民共和国公司法》《中华人民共和国证券法》《上市公司股权激励管理办法》《国有控股上市公司（境内）实施股权激励试行办法》《关于规范国有控股上市公司实施股权激励制度有关问题的通知》《中央企业控股上市公司实施股权激励工作指引》等有关法律法规及规范性文件的规定，三峡能源监事会审议了公司《〈限制性股票长期激励计划〉及其摘要的议案》《〈2021 年限制性股票激励计划〉及其摘要的议案》等议案，并对公司股权激励计划首次授予激励对象名单及相关事项进行了核查并出具核查意见，有力推动股权激励计划依法合规实施，进一步完善公司激励约束机制，使核心员工利益与公司、股东的长远发展更紧密地结合，充分调动公司核心骨干员工的积极性和创造性，实现公司和股东价值最大化。

（五）监督公司利润分配情况

根据《关于进一步落实上市公司现金分红有关事项的通知》《上市公司监管指引第 3 号——上市公司现金分红》《公司章程》等有关规定，三峡能源监事会对公司利润分配审议表决程序等相关事项进行核查。肯定了公司在利润分配方案审议前充分听取中小股东的意见和诉求的做法，并对公司未来利润分配比例提出了建议及要求。强调三峡能源在资本市场上要树立正确的价值理念，重视对股东的合理投资回报。利润分配作为提振资本市场的重要手段，需综合考虑公司正常经营和长远发展、股东合理回报等因素，保持利润分配政策的连续性和稳定性，并兼顾公司的可持续发展，在实现盈利且现金能够满足公司持续经营和长期发展的前提下，逐步提高分红比例。

（六）检查公司募集资金存放与使用情况

按照募集资金存放和使用相关法律法规和规范性文件的规定，三峡能源监事会对公司募集资金的存储、使用、变更等内容进行核查，有效规范了募集资金的管理。监督公司审慎选择商业银行，开设募集资金专项账户，与募集资金专户存储银行及保荐机构中信证券股份有限公司签订《募集资金专户存储三方监管协议》，对存放于募集资金专项账户中的募集资金集中管理。认真审议关于募投项目金额调整、募集资金置换预先投入募投项目自筹资金、募集资金存放与实际使用、变更部分募投项目等议案，重点关注募集资金专项使用情况，督促募集资金全部用于主营业务；监督公司及时完成部分因可行性等情形发生重大变化的募投项目变更，有效提高募集资金的使用效益和效率。监督公司对募集资金相关信息按照监管规定真实、准确、完整披露，严防违规使用募集资金，避免出现变相改变募集资金用途和损害股东利益的情况。

三、监事会履职创新情况

在“碳中和”愿景下，新能源行业政策频出，开发模式持续推陈出新，新业务、新业态、新技术不断涌现，投资主体呈现多元化，非技术成本日趋增加，对三峡能源同时实现效益增长、规模增速的健康快速高质量发展提出了更高要求。面对新发展形势和要求，三峡能源不断健全完善制度体系，为监事会运作规范提供保障支撑；监事会成员列席股东大会、董事会及董事会专门委员会，加强对公司整体经营管理状况的了解与监督；坚持以财务监督为核心，加强对公司资金运作情况的监督检查，保证资金的运用效率；积极推进公司内部监督的资源整合，强化监督制衡，形成监督合力；积极组织参加各类培训，认真学习最新法规，提高业务水平。在监事会的认真监督下，三峡能源全体干部员工主动担当作为，积极开拓创新，各项工作取得显著成效，为助力实现“双碳”目标、构建新型电力系统贡献三峡能源力量。

（一）健全制度体系，规范监督行为

2015 年，三峡能源建立监事会，制定了《监事会议事规则》。上市以后，不断建立健全中国特色现代企业制度，相继制定和完善《公司章程》《监事会议事规则》《关联交易管理制度》《募集资金管理制度》《重大信息内部报告制度》等一系列制度规范，明确监事会职权、议事方式和决策程序，进一步细化关联交易、募集资金、重大内部信息报告等重要风险点及工作机制，并使之制度化、规范化，为监事会规范高效履职提供制度支撑，监事会的监督效能和监督水平稳步提升。

（二）认真履职尽责，促进科学决策

三峡能源全体监事严格按照《中华人民共和国公司法》《公司章程》《监事会议事规则》等相关规定，本着对公司及股东负责的精神，勤勉尽责，近三年未缺席一次监事会会议，并对提交监事会审议的各项议案积极发表意见，依法行使表决权，充分履行监事职责。本届监事会任期内，公司共召开监事会 19 次，审议相关议案 49 个，并通过列席股东大会、董事会及其专门委员会会议，进一步了解公司重大事项决策过程，对公司的重大事项决策、内部控制体系建立健全和公司董事、高管履职等事项进行监督检查，确保公司重大事项决策程序合法、合规，促进科学决策，提高治理水平，切实维护公司和股东的合法权益，推动公司规范稳健发展。

（三）加强监督检查，有效防控风险

一是坚持以财务监督为核心，加强与内部审计部门、外部审计机构的沟通，进一步提高监督实效。二是定期向公司了解情况并掌握公司的经营状况，主动关注公司重大决策事项，促进各项决策程序的合法性，加强对公司资金运作情况的监督检查，保证资金的运用效率。三是重点关注公司高风险领域，对公司募集资金管理、关联交易等重要方面实施检查，确保公司业务实施过程中充分识别和防控风险，促进业务合规高效推进。

（四）整合监督资源，完善监督体系

三峡能源监事会积极推进公司内部监督的资源整合，强化监督制衡。

发挥监事会、审计与风险管理委员的监督职责，与党委巡察、纪检、审计相结合，形成各方分工负责、协调配合的监督体系，促使监督、问责、整改、复查形成完整的闭环，监督的体系化和机制化优势更加明显，确保权力得到有效监督，在提高决策效率的同时保障项目合法、合规、风险可控，有力彰显了国有上市公司在公司治理中的独特优势。此外，依托中介机构协助开展工作，积极建立与中介机构间的长效沟通交流机制，建立与会计师事务所、保荐机构、合规咨询机构等中介机构的信息共享机制。

（五）充分行使知情权，保障履职能力

三峡能源重视保障监事会知情权，为监事履职提供充分的依据。三峡能源监事利用参加董事会、股东大会的机会，了解公司生产经营情况，并与公司董事长、总经理、总会计师、董事会秘书等公司管理层保持定期沟通，通过听取汇报、会议沟通、资料查询等方式获取作出独立判断的资料，积极履行监事职责。召开监事会、董事会会议前，相关会议材料能够按照公司各项制度的规定及时发送给全体监事，积极为监事开展工作提供便利的条件。

（六）加强新规学习，提高履职能力

在工作中，三峡能源监事会成员注重持续积累知识，提升专业水平。任期内，三峡能源监事会成员能够按照监管部门的要求，积极参加上交所、上市公司协会组织的培训学习，及时了解最新法规、行业知识和政策，掌握监事会工作机制，不断提高履职能力，推动公司健康、稳定地发展。

风正劲足自当扬帆破浪，任重道远更需快马加鞭。“十四五”期间，三峡能源肩负的改革发展任务光荣而艰巨，合规管理对公司实现高质量发展至关重要。三峡能源监事会将坚持以“十四五”规划为蓝图，继续忠实勤勉履行职责，积极参与公司治理，依法依规全面履职，深化合规管理体系和机制建设，继续在促进公司科学决策、风险防控、合规管理等方面发挥好保障作用。在监事会的认真监督下，三峡能源必将正确把握新发展格局中的新机遇，全面完成各项目标任务，为推动新能源事业高质量跨越式发展再立新功，以优异业绩回报广大股东和投资者。

3.11 中集集团
监督工作落在实处 促进公司健康发展

一、公司监事会概况

中国国际海运集装箱（集团）股份有限公司（以下简称“中集集团”或“公司”）成立于1980年，是中国最早的中外合资企业之一。1994年，中集集团在深圳证券交易所上市。2012年，于香港联合证券交易所上市。

目前，中集集团的股权结构为深圳国资委全资所属的深圳资本运营集团有限公司持有29.74%的股份，招商局集团有限公司的全资子公司招商局工业集团有限公司持有24.49%的股份，以及社会公众持有45.77%的股份。

经过四十年的发展，中集集团从创立之初的总投资300万美元、员工300人的区域小厂，发展成为多元化、全球化的跨国企业集团。截至2021年12月31日，公司总资产达1543亿元，年营业额1637亿元，净利润83.6亿元，员工近8万人。

中集集团的发展，得益于自身的体制基础。公司拥有均衡的股权结构、现代化的公司治理结构、市场化的职业经理人制度和薪酬机制、完善的监督机制。其中，监督机制在企业的发展中发挥了重要作用。

根据《公司章程》，作为公司监督机制组成部分的公司监事会由3名监事构成，设监事会主席1名。监事会成员为两名股东代表和1名职工代表。

公司监事会依照相关法律法规和《公司章程》等的规定，忠实履行职责，恪尽职守、勤勉工作。公司监事参加股东大会，列席董事会，听取经营汇报，实地调研，审核公司定期报告、利润分配方案、关联交易、内部控制评价报告、股东回报规划、重大资本市场运作等事项，监督董事、高级管理人员履职等，促进了公司规范运作和健康稳定发展，维护了公司及股东的合法权益。

二、监事会运作及创新实践

公司监事会依据《中华人民共和国公司法》《中华人民共和国证券法》《上市公司治理准则》《深圳证券交易所上市公司自律监管指引第 1 号——主板上市公司规范运作》《中国国际海运集装箱（集团）股份有限公司章程》《中国国际海运集装箱（集团）股份有限公司监事会议事规则》等规定，对董事、高级管理人员进行履职监督，对公司进行财务监督、内控监督、风险管理监督、信息披露监督等。

（一）科学合理的监事会团队，为监事会实施有效监督提供专业保障

监事会代表股东的两位监事，一位曾在监管一线工作多年，一位曾在国资委国有重点大型企业监事会任职，两位监事均拥有丰富的企业运营经验以及扎实的专业背景。监事会代表职工的监事，担任集团工会主席，亦为深圳市南山区人大代表，公司职工的意见和建议可以得到及时传达。因此，公司监事会在人员组成上即构建了一个科学合理的监事会团队，监事通过自身对政策的把握度、专业的素养和沟通协调能力、企业管理经验等多方面为监事会实施有效监督提供了专业保障。

（二）沟通和信息传递渠道的建立和保障，使监事会知情权受到充分保护

监事会列席公司董事会及董事会的各专门委员会会议，了解所有对议案的审议过程。公司定期向监事会提报业务管理报告、税务管理报告、风控工作计划与推进、ESG 工作计划与推进等重要运营资料。对董监事关注的下属企业或业务，公司不定期组织董监事深入企业进行实地调研，听取汇报。公司通过多种方式，从日常管理实际出发，充分保障监事会知情权，为监事会履行监督职能提供了有力支持。

为保障监事会履行职务，公司每年安排预算，以承担监事履职可能产生的合理费用。

为降低监事履职风险，公司提请股东大会批准，为监事购买了责任保险。

（三）依托公司风控工作，使监事会监督工作落在实处

监事会切实履行内控及风险管理监督职能，定期听取集团审计监察部在董事会风险管理委员会上关于风控工作推进和日常工作开展情况的汇报。从公司运营层面掌握风控体系运行的有效性、重大风险专项治理、数字化风控、风控体系建设、年度内控自评及风险评估等风控工作开展情况，监督风险管理战略落地实施情况，有效提升监事会履职和监督的成效。

监事会积极关注公司关联交易线上管控平台建设，该平台建设较大程度地推动了关联交易管控从被动走向主动，从事后走向事中事前，实现关联交易风险的动态预警，有效降低了关联交易的风险敞口，使监事会对关联交易的监督落到了实处，监督成效得以加强。

监事会也持续关注公司内部控制职责的落实，公司陆续推出的《责任事件问责办法》《董监事履职指引》《总经理履职指引》、销售/采购/工程等系列关键业务风控指引及配套案例集等，为监事会推动加强公司风控工作提供了有力的保障。

（四）借助外部审计师力量，提高监事会财务监督效果

监事会全程列席董事会审计委员会与外部审计师就年报审计工作的事前审计策略会议、事中执行阶段会议、事后完成阶段会议，全面了解公司年审过程中的时间安排、审计策略、重要审计问题及重大年度事项会计处理等，并就监事会关注的重要事项向外部审计师了解具体情况，协同董事会审计委员会，借助审计师作为外部的监督力量，提高监事会财务监督效果。

（五）与时俱进、学习提高，监事会实现履职能力提升

中集集团积极响应深交所上市规则及相关自律监管要求，2008 年起至今已连续 13 年发布可持续发展报告，是国内最早发布社会责任报告的上市公司之一，并自 2017 年香港联交所环境、社会及管治报告（ESG）指引生

效起开始发布符合 A + H 两地监管要求的 ESG 暨社会责任联合报告。2020 年 7 月香港联交所生效了新的关于 ESG 报告指引，加强了董事会对 ESG 工作的领导责任。中集集团按照香港联交所 ESG 新指引要求进一步完善了董事会领导下的 ESG 治理架构。监事会深刻认识到可持续发展的重要性和长期价值，公司监事积极参加集团可持续发展报告领导小组组织的关于 ESG 和可持续发展的主题培训，提升 ESG 方面的知识和专业性，理解 ESG 的价值并倡导推动，以适应 ESG 监管规则发展、公司 ESG 风险管控和机遇把握等方面对公司监事履职能力的新要求。公司监事会清晰知晓和落实 ESG 事宜中的角色和职责，有力推动了公司 ESG 工作，助力公司高质量发展。近年来，公司编制的《ESG 暨社会责任报告》以及报告中所呈现的 ESG 管理成果，获得了资本市场、外部机构和社会的高度评价。

三、监事会工作总结

监事会作为现代公司治理机制的重要组成部分，公司监事会忠实履行了法律法规和《中国国际海运集装箱（集团）股份有限公司章程》等所赋予的监督职责。公司监事会履职工作的开展，一直着眼于从企业的实际情况出发，强调过程监督，强化监督效果，结合内外部监督力量，将监督落在实处，提高监督的有效性，从而促进了公司健康稳定发展。

3.12 徐工机械
创新监督机制 夯实发展基础

徐工机械全力打造合理公司治理结构，积极构建监事会履职保障，创新监事会履职途径，公司的监事会成员由7人组成，其中股东代表监事4名，职工代表监事3名。4名股东代表监事由监事会提名、股东大会选举产生，3名职工代表监事由职代会选举产生。为保障监事会的高效履职，参照董事会秘书制度，公司监事会在监事成员中聘任了监事会秘书，监事会秘书由监事会主席提名，监事会决定聘任或解聘。监事会秘书主要负责监事会会议组织、会议记录、协助监事会主席处理监事会日常事务。同时，公司证券部积极协助监事会履职，加强监事会人员接受监管部门培训。

未来，公司监事会将主要从包括强化政治引领，提高监事会履职水平、加强履职监督，推动公司治理机制持续完善、从严开展财务监督，督促“高质量发展”要求落到实处、深入开展风险管控监督。

一是持之以恒加强党的创新理论学习，坚定不移把加强党的领导落实到自身工作实践中。不断完善监事会常态化学习机制，深入学习贯彻党的十九大会议精神，始终坚持以习近平新时代中国特色社会主义思想武装头脑，牢固树立“四个意识”，深刻把握“两个确立”的决定性意义，坚决做到“两个维护”，进一步提高政治判断力、政治领悟力、政治执行力，不断深化对工作政治性和人民性的认识，更加自觉把党的创新理论贯彻到监事会工作的全过程各方面。

二是提高政治站位，准确把握监事会职责定位。以落实公司监事会议事规则为契机，在审议重大事项的过程中，进一步提高政治站位，主动站位大局思考和开展工作。全面履行监事会职责，更加充分发挥监事会在公司治理中的重要作用。监事会是企业治理结构的重要组成部分，是公司决策、执行、监督的重要一环，对规范企业“三重一大”决策、促进董事和高管履职尽责，保障企业贯彻落实国家方针政策和法律法规，具有十分重要的作用。公司监事会按照中央、市委市政府和市国资委的工作部署，在集团党委的领导和支持下，进一步加强和改进监事会工作，增强监督的系统性，针对性和有效性，认真履行新时代监事会在公司治理中的监督职责，做到不缺位、不越位、不错位。做好监督主业，开展事前事中监督，敢于揭示企业改革发展过程中的问题和风险，提出意见和建议，发挥好监督作用。

三是守正创新完善监督工作机制。不断完善新形势下常态化监督机制，在优化既有监督方式的基础上，进一步丰富常态化监督手段，提高业务监督的精准性和有效性。积极探索监督工作与业务工作深度融合的有效路径，针对重要业务运行、重点项目建设、重大资金使用、关键领域风险防控等，健全信息共享、协同配合机制，优化监督人员定期列席董事会和股东大会的工作机制，努力做到发现问题更加及时、“抓早抓小”更加有力。进一步加强对子公司监事会工作的指导，压实工作责任，推动各级监事会切实发挥作用。

四是坚持不懈强化自身建设。监事会将不断强化能力建设，通过组织召开会议、座谈交流、开展监督检查和参加培训等方式，为监事会成员履职创造更加便利的条件。不断提高监督工作的成效和水平，深化拓展针对性培训和实践锻炼，加快打造一支综合能力过硬和专业化素养高的监督队伍。

五是协同纪委，探索大监督体系。公司是国有控股公司，拥有强大的纪委监察力量，公司监事会主席担任公司、控股股东及实际控制人纪委书记，有利于处理好监事会和纪委的工作关系，同时借助纪委监察的力量，推动监事监督职能和其他监督力量的融合，形成监督合力，提高监督效率同时降低监督成本。

3.13 我爱我家
求真务实 探索创新
努力开创监事会工作新局面

我爱我家控股集团股份有限公司（以下简称“我爱我家”或“公司”）是首家在A股主板市场上市的、全国领先的以居住交易服务为核心的互联网人居生活服务平台运营商。公司以为消费者创造品质生活和追求企业卓越运营为目标，基于网络平台和数字智能开展线上线下一体化的运营服务，为居民客户和产业客户提供居住交易与产业数字化的解决方案与服务产品，公司产业延展到商业资产运营及居住衍生业务等领域。公司目前业务覆盖北京、上海、杭州、南京、苏州、南昌等40余座国内一二线核心城市，国内运营门店总量超过4千家，员工约5万人，并先后入选富时罗素全球股票指数系列、标普道琼斯新兴市场全球基准指数A股名单。

公司构建了符合业务规模和经营管理需要的完善的法人治理结构，以股东大会为最高权力机构、董事会为决策机构、董事会专门委员会为决策支持机构、经营层为执行机构、监事会为监督机构，形成了权力机构、决策机构、监督机构与经营层之间权责分明、各司其职、相互配合、有效制衡、科学决策、协调运作的内部控制体系和治理机制。作为监督机构，公司监事会规范有效运作，依法合规开展监督工作，切实发挥监事会作用。

一、公司监事会的运行机制

我爱我家监事会将依法合规作为工作开展的出发点，认真履行《中华人民共和国公司法》《中华人民共和国证券法》等有关法律法规和公司章程规定的职责，严格按照公司章程和《监事会议事规则》运作。监事会本着对公司、全体股东和员工负责的态度，充分发挥在公司治理结构中的监督作用，对公司财务、合规经营进行监督，对董事、高级管理人员履职行为进行监督，督促公司董事会和管理层规范运作、科学决策。

（一）建立健全监事会制度体系，做到有规可依

健全的规章制度是监事会履行职责，切实发挥作用的依据。公司制定了《监事会议事规则》《董事、监事和高级管理人员所持本公司股份及其变动管理办法》《董事、监事、高级管理人员内部问责办法》等制度办法，规定了监事会会议的召集、议事方式和范围，明确了监事会肩负检查公司财务状况、监督董事及高级管理人员履职尽责情况等的责任，并严格遵照执行，确保监事依法履职。

（二）监事会成员构成合理，专业履职

公司监事会共 5 名监事，其中股东监事 3 名，职工监事 2 名（其中 1 名职工监事为工会主席）。合理的知识结构和多年的工作经验，是监事独立、客观发挥监督作用的前提。目前公司的监事均为行业专家，具备相应的管理、财务、风险控制、人力资源和法律等专业背景，为有效履职提供了保证。

（三）监事会规范运作，推动公司治理完善

公司监事会每年召开至少 2 次定期会议，围绕定期报告、年度审计工作进行审议；不定期召开临时会议，针对公司的内部控制和相关重大事项进行充分讨论与审议，审慎、客观地发表独立核查意见。会议做到一事一议、一事一决。监事会成员恪尽职守，认真审议定期报告、非公开发行股票、员工持股计划、监事提名、聘任审计机构、内部控制自我评价报告、会计政策变更、计提减值准备等相关事项议案和专题报告，客观公正发表意见，审慎行使表决权。

监事会运作公开透明，重点围绕公司制度是否有效执行、董事和高级管理人员是否勤勉忠实、决策是否依法合规，以及股东和员工权益是否受到侵害等方面开展监督。公司监事会成员勤勉尽责，独立有效地履行监督职能，通过参加股东大会、列席董事会向管理层和相关部门深入了解公司经营情况等，对公司的经营活动、财务状况、重大事项决策程序，内部控

制的有效性、规范性及董事、高级管理人员勤勉履职等情况依法进行监督。监事会全体成员均依法出席公司召开的全部股东大会，且监事作为监票人进行监票；列席全部董事会，并通过听取和收阅专项报告、会议议案材料等，及时了解公司各项重要决策的形成过程，掌握董事会和经营班子开展经营工作的情况，积极参与公司重大决策事项的讨论，并严格执行《中华人民共和国公司法》《中华人民共和国证券法》和公司章程等有关规定，依法对股东大会和董事会的召集召开程序、决议事项合规性、董事会对股东大会决议的执行情况、董事和高级管理人员履行职责的情况、公司管理制度的执行情况及公司重大决策落实情况等进行监督，认真有效履行法律、法规规定监事会的监督、检查职责和义务。

公司财务监督方面，监事会通过认真听取公司及相关部门对公司年度报告、半年度报告、季度报告编制情况的汇报并进行审核，召开监事会会议审议公司定期报告，审查会计师事务所审计报告，认真审阅财务报表，对公司的现金流、收支结构、费用控制、资本运作、资产负债、股东权益、关联交易等财务状况给予重点关注等方式，对公司财务状况和经营成果进行有效监督、检查和审核，为维护公司和股东的合法权益，促进公司规范化运作发挥了应有的督促、推动作用。

二、加强自身建设，提升专业能力，实现监督职能与服务保障功能相协同

（一）畅顺沟通渠道，注重信息收集

监事会按照充分知情、监督前置的原则，畅顺公司内外部沟通渠道，注重公司内部重大信息、外部行业信息及监管信息的收集。为此，公司监事会认真收集和掌握相关经营工作信息、财务信息、政府监督部门信息、监事会履职所需其他必要信息等，同时将监事会的重要会议记录及其决议做到定期归档，由专人负责，及时分析、不断调整、动态跟踪，为监事会提升监督质量、强化监督实效提供了必要的信息基础，保证监事会工作的顺利开展。

（二）强化培训力度，提升监事履职水平

为提升监事履职能力，监事会注重监事履职培训，要求监事在履职过程中，不但要具备财务、管理知识和策划、判断能力，还要熟悉资本市场相关规章制度，并有强烈的规范运作意识。公司监事除每年按规定参加监管部门、证券交易所、上市公司自律组织的专门培训外，还要对内通过不定期组织相关学习培训，利用线上、线下等多种途径和方式，讲解法律法规，学习证券监管文件，及时了解和学习最新监管法规要求，持续宣贯依法履责的思想。

（三）监督职能与服务保障功能相协同

为更好地协助公司进行重大决策、开展日常经营活动，维护公司及全体股东合法权益，监事会在严格遵照各项法律法规和规范性文件要求认真履职的前提下，不断探索新的工作模式，提高监事会工作效率和成效。建立内外部监事会配合协调机制，通过协同监督加强内部管控和风险防范，股东代表监事及职工监事充分利用各自的专业知识及特长，提出相关意见和建议，相互借力，助力公司经营发展。通过加强监事会与管理层及相关业务部门的日常沟通，及时了解公司经营情况，积极就规范运作、合规信息披露提出意见建议，确保各项重大交易及关联交易价格公允、程序合规，助力公司规范运作，在对公司治理工作履行好监督职能的同时，也为公司健康平稳发展提供专业服务保障。

近年来，公司监事会工作呈现出“起步扎实、运转有序、监督有力、成效明显”的良好局面。未来，监事会将积极探索并不断完善监事会的工作机制及运行机制，监事会工作将继续以关注公司经营管理的合规性与科学性为重点和切入点，不断促进监事会工作制度化、规范化、日常化，继续发挥好监事会的基本保障作用，执行事前、事中、事后全过程监督，持续加强与董事会及董事会审计委员会的沟通协调联动，与公司其他监督体系形成监督合力，切实发挥联动监督作用，为全体股东利益保驾护航，在实践中有效保障公司的健康发展，夯实公司高质量发展的基础。

3.14 北部港湾
主动作为履职尽责　依法履行监督职责

北部湾港股份有限公司（以下简称“北部湾港”或“公司”）是广西大型国有企业广西北部湾国际港务集团有限公司（以下简称“北部湾港集团”）控股上市公司，实际控制人为广西壮族自治区国资委。公司原名北海新力实业股份有限公司、北海港股份有限公司，成立于1989年，1995年在深圳证券交易所挂牌上市，成为广西最早的上市公司之一。在自治区和北部湾港集团战略部署下，2013年实现钦北防三港整体上市，后更名为北部湾港股份有限公司，成为广西北部湾地区国有公共码头的唯一运营商。近年来，北部湾港生产经营始终保持高速增长势头。2021年，公司完成货物吞吐量2.69亿吨，同比增长13.09%；完成集装箱吞吐量601.19万标准箱，同比增长19.01%。根据交通运输部发布的2021年全年全国港口货物、集装箱吞吐量数据显示，北部湾港全港货物吞吐量和集装箱吞吐量首次进入全国沿海主要港口双前十，分别位居第9位、第8位，较2020年均提升2位，增速在全国沿海主要港口中均排第1位。

一、监事会概况

公司设立监事会，共有监事3人，其中1人为职工代表大会推举出的监事，其余2人为股东大会选举产生的非职工监事，监事会的人数及人员构成符合法律法规要求。公司审计/法务部负责监事会日常运作，监事会工作资料台账完整，按照“一会一档”归档保存。

二、监事会履职创新实践具体做法

（一）完善监事会工作机制，提升监事会的履职能力

主动作为履职尽责，依法履行监督职责。公司监事会严格依照《中华人民共和国公司法》等法律法规、规范性文件及《公司章程》的规定进行运作，认真履行监督职能，对公司经营管理、财务状况、募集资金使用、股权收购等重大事项的决策程序以及董事会、高级管理层及其成员履职情况等进行有效监督。监事会每年召开定期会议，审议定期报告，对公司的财务状况、会计报表及财务数据进行监督和核查，并就定期报告进行审核，出具书面审核意见。通过列席公司董事会及股东大会会议，及时了解公司"三重一大"的决策过程，对公司大额资金运作、重大事项决策等涉及公司和股东利益的重大问题进行面对面的监督，保障监督的实效性。

（二）建立完善的制度，依法规范运作

1. 建章立制，规范监事会运作。根据《公司章程》赋予的权利和义务，公司制订了《监事会议事规则》，明确监事会的人员构成、职责范围、议事程序、会议的召集和召开等相关事项。同时，公司监事认真学习中国上市公司协会发布的《上市公司监事会工作指引》，积极参加中国上市公司协会举办的各类培训，进一步掌握工作内容和方法，增强规范履职意识，提升专业素养，为监事会履职监督提供了保障和依据。

2. 加强内控管理体系建设，促进公司依法合规经营。公司以《企业内部控制基本规范》及其指引为框架，逐步建立健全各项运营管理制度，确保经营业务各环节实现有章可循，有法可依。充分发挥内控制度的约束、规范、督导和激励作用，增强标准化管理体系的执行力，公司经营管理实现了规范化、制度化。同时，通过对公司内部控制运行情况进行持续监督及有效评价，不断改进及优化各项重要业务流程，及时健全和完善内部控制体系，为公司在风险管理方面提供了较为完善的控制手段。此外，公司每年根据内部控制管理工作情况，编制年度《内部控制自我评价报告》，并提交公司监事会、董事会、股东大会审议同时对外披露；聘请第三方审

计机构对公司的内部控制进行年度审计并出具年度《内部控制审计报告》，通过自我评价和外部审计，不断提高公司内部控制管理水平。

3. 建立健全信息披露管理制度，及时履行信息披露义务。公司发布了《北部湾港股份有限公司信息披露管理制度》《北部湾港股份有限公司重大信息内部报告制度》，明确和规范了信息披露事务的工作程序、内容、要求及信息披露义务人的相关职责。同时，公司严格遵守《上市公司信息披露管理办法》《深圳证券交易所股票上市规则》等相关法律法规要求，及时履行信息披露义务，及时披露可能影响债券价格的重大事项，定期报告均在规定期限内完成披露。

4. 实行统筹管理，提升监督实效。为加强对下属子公司的监管，公司制订《下属公司支持配合监事会监督工作管理办法》，统一协调委派下属子公司监事，指导下属子公司监事会开展监督管理工作，公司及下属公司皆已按要求配备和委派监事，有效提升了公司监事会的整体监督水平。

5. 完善与规范法人治理，切实维护公司和股东的合法权益 。公司坚持严格按照《中华人民共和国公司法》《中华人民共和国证券法》《上市公司治理准则》等法律和行政法规、证券监管部门规范性文件等要求规范运作，不断完善公司法人治理结构，健全治理机制，提高公司治理水平。公司积极推动建立完善适合自身的法人治理机构，坚持以股东大会为权力中心、董事会为决策中心、经理层为执行中心、监事会为监督中心、党委会为领导核心，股东大会、董事会及专门委员会、监事会、党委会议事程序规范，权责分明；公司股东、董事、监事、高级管理人员和党委委员职能分明，权责明晰，充分行使合法权利；公司重大信息披露透明；公司依法运作、诚实守信。公司坚持执行监管要求，完善内部控制，与公司控股股东北部湾港集团在业务、资产、人员、机构和财务上实现“五分开”，并积极采取各项有效措施避免同业竞争风险。

三、完善监事会工作机制及相关建议

1. 继续完善监事会工作机制，加强对重大事项的监督力度，拓展监督工作的广度和深度，增强监督工作的有效性和权威性，通过列席公司相关会议，提前介入有关决策事项，加强对公司“三重一大”事项的监督，针对存在的问题建言献策，保证重大事项有序开展。

2. 关注重大风险管理和内控体系建设，参照广西区国资委风险数据库中的风险分类标准，定期评估公司面临的经营风险，建立“早发现、早预警、早处置”的长效机制。切实加强对各级子公司的监管。进一步规范子公司的运营行为，建立健全包括重大事项报告制度、重大投融资核准制度、财务管理制度等在内的重点内控制度管理体系，切实履行监事会监督职能。

3. 加强监事会建设，提高监事会工作人员的素养，提升监事会的监督履职能力。同时，与公司其他监督主体密切配合，做到优势互补，形成监督合力。

4. 为进一步提高上市公司监事会的监督履职能力，持续为公司进一步完善与规范法人治理、促进公司规范运作，切实维护公司和股东的合法权益履行监督职能，我们建议：

（1）继续健全监事会相关制度，《中华人民共和国公司法》《上市公司治理准则》等法律法规对监事会职责、工作标准的规定都比较书面化，建议监管部门加强对上市公司监事会工作的指导。

（2）建议上市公司协会搭建相应的交流平台，通过上市公司监事会之间的学习交流，提升监事会监督履职能力。

3.15 中兴商业
聚焦规范运作　助力企业健康发展

一、中兴商业基本情况

中兴—沈阳商业大厦（集团）股份有限公司（以下简称“中兴商业”或“公司”）1997年5月在深圳证券交易所主板上市，主业突出、业绩稳定、资产优良，单体经营规模和销售连年稳居全国排名前列。上市25年来，中兴商业在激烈的市场竞争中，遵循资本市场监管规则，董事会、监事会与管理层之间合理分工、各司其职、有效协同，形成决策科学、执行到位、监督有力的运行机制。特别是2019年4月中兴商业顺利实现混改，学习借鉴控股股东辽宁方大集团“党建为魂”企业文化，将加强党的领导真正融入和内嵌入公司治理当中，法人治理结构更加规范。

二、监事会建设及运行实践

中兴商业监事会以维护上市公司及全体股东利益为着眼点和出发点，持续加强公司治理及自身建设，不断探索创新工作方式方法，实现了对公司多层次、多维度监督，规范运作和职能发挥日趋完善，监督效果持续提升，切实发挥了监事会的监督职能和对上市公司发展的促进作用。

（一）监事会组成多元化、专业化

监事会自身专业化能力和水平是监督职能有效发挥的关键。中兴商业第七届监事会由3名监事组成，除1名职工监事外，另2名监事分别由第一、第三大股东提名，且均为财务专业人士，具有丰富的财务、审计工作经验，监事会组成多元化、专业化，更有利于监事会切实履行检查监督职能。

（二）治理结构规范，治理制度健全有效

中兴商业监事会严格按照《中华人民共和国公司法》《中华人民共和国证券法》等相关法律法规，本着对全体股东负责的精神，独立履行职责。监事会主席由外部监事担任，重大事项审议、决策、监督等职能均由监事会独立运行，完全与董事会及董事会办公室分开，真正实现了与董事会平行架构。《公司章程》《监事会议事规则》《信息披露管理制度》等公司治理制度中明确监事会职权和职责，为监事会履行职责提供了有效的制度保障。

（三）多措并举，切实履行职能

1. 多渠道保障监事的履职知情权。

一是充分参与重大事项决策。在实践操作中，公司凡需经股东大会审议的议案均经监事会审议通过，充分发表意见。监事会列席董事会会议，并根据工作需要和具体提案情况列席董事会专门委员会会议，听取汇报、了解情况。根据监事会需要，公司及时向监事提供相关文件、信息和其他资料，以便监事会更好地履行监督职能。

二是为加强董监事会间沟通协调，同时保证监事会独立行使职权，分别建立了监事会微信工作群和董监事会微信工作群，切实保障监事会履职知情权。

2. 结合企业特点，有的放矢履行监督职能。

一是采用现场检查与非现场检查相结合的方式行使监事会职权。中兴商业是零售业上市公司，通过经营现场的调研更容易深入了解公司经营情况。监事会成员均在公司所在地，除利用现场会议的机会现场检查外，不定期（特别是公司大型营销活动期间）到中兴商业进行现场调研。此外，还通过审阅报告、与董事会、管理层及相关财务人员直接沟通等方式全面了解公司经营管理情况及财务状况。

二是强化对信息披露工作监督审核。监事会对公司《信息披露管理制度》建立健全及完善情况、执行制度情况进行检查；审核董事会编制的定

期报告，通过监事会决议的形式对定期报告真实性、准确性、完整性发表意见并签署书面确认意见；临时公告履行监事会告知程序，监事会重点关注及时性、准确性、公平性，同时对重大事项报告、传递、审核、披露程序，内幕信息知情人管理制度实施情况开展监督，进行年度评价。

三是对公司关联交易、委托理财等事项进行监督。结合企业实际情况，有针对性地对相关内部控制制度及风险控制措施建立、决策及审批程序、跟踪交易事项进展等进行监督并在年度报告中作出说明。

四是对董事会及董事、高级管理人员履行职责情况进行监督。对董事会决策及执行股东大会决议情况、董事会专门委员会议事规则执行情况及履行职责情况进行监督。对董事、高级管理人员履职情况进行监督评价，特别关注非因任期届满及退休等原因离职情况，董事、高级管理人员离任相关材料均抄送监事会。

3. 有效整合资源，创新开展监督工作。

充分借助内部审计部门开展工作。针对中兴商业内部控制制度较为健全完善的特点，工作重点是制度的执行情况。监事会加强与内部审计部门的沟通，公司内部审计部门每季度形成工作报告并向监事会汇报。监事会结合具体情况，在内部审计部门工作成果的基础上，有针对性地开展财务以及内部控制检查工作。

加强与外部审计机构的沟通。外部审计机构在开展年度审计前，将审计时间和审计工作计划向监事会报告。审计过程中，监事会持续了解外部审计工作进展情况，就重点关注情况等与外审机构保持密切沟通。审计结束后，监事会通过听取外部审计机构对财务、内控审计工作和审计结果的汇报，就审计范围、重点审计事项、重点关注领域、内部控制情况进行沟通，据此对年度报告、董事会编制的内部控制评价报告进行审核并出具意见。

（四）强化培训，提升履职能力

抓住“关键少数”，中兴商业不定期组织董监高人员参加培训。监事会成员及时学习证监会、交易所出台的各项政策法规，积极参加监管部门、行业协会以及公司组织的各类培训，不断提高监事会履职能力以及风险防范能力。

综上，中兴商业监事会运作规范，能够独立有效地行使职责，突出监督重点，持续关注公司重大事项，在公司治理、保护中小投资者权益等方面发挥了积极作用。未来，中兴商业监事会将致力于提高上市公司质量，坚持规范履职，继续创新工作实践，围绕企业重点领域、重大项目和关键环节持续加强监督，全力保障公司规范运作和稳健发展。

3.16 燕京啤酒
履行监管职责 规范公司治理

一、遵守法律法规，规范制度保障

2022年，北京燕京啤酒股份有限公司根据《中华人民共和国公司法》《深圳证券交易所股票上市规则（2022年修订）》《深圳证券交易所上市公司自律监管指引第1号——主板上市公司规范运作》《上市公司监事会工作指引》等相关法律法规，结合公司实际情况对《监事会议事规则》进行修订，公司按照强化监管、制度先行的总体思路，通过制定、贯彻、落实相关管理制度，切实推进监督工作规范化、制度化。

公司监事由股东代表和公司职工代表担任。公司严格遵守《中华人民共和国公司法》规定，职工监事1人，不少于监事人数的1/3。公司监事均具有相应的专业知识或者工作经验，具备有效履职能力和良好的职业道德，公司监事均遵守国家有关法律、法规和《公司章程》的规定，履行诚信和勤勉义务，维护公司利益。公司监事会的人员和结构确保了监事会独立有效地履行职责。

二、提升自身业务素质，强化理论知识学习

熟悉并深刻掌握有关法律法规，具备履行职责所需的专业知识和能力，是监事会人员履职尽责的基础。公司监事根据监管部门和行业协会要求，不断加强学习资金运营管理等方面的知识和责任追究等方面的制度规章，对国家的法律法规和行业制度规范加深理解，切实加强监管力度，提升履

职能力，增强履职实效。

三、充分发挥监督职能，严格履行工作职责

公司监事会为公司经营业绩的稳定与提升发挥了重大作用，监事会履行监督职责为企业长期稳定发展起到了保驾护航的积极作用，完善和发挥监事会的治理功能对完善企业内控管理机制、规范企业日常经营管理尤其重要。

每一年度，公司监事会对董事会、高管层、监事自身的履职情况均进行综合评价，对公司经营情况、财务状况、风险控制情况、利润分红情况、内部控制情况、日常关联交易情况等进行逐项审议，同时监督公司日常生产经营过程中的资金使用事项、关联交易及财务风险防范等方面，监事会通过现场调研、渠道反馈等形式，及时掌握第一手资料，了解现实和潜在的各类风险苗头。

公司第八届监事会按照《中华人民共和国公司法》《公司章程》等制度法规赋予的权利对公司财务状况以及公司董事、高级管理人员履行职责的合法性进行监督，通过监督公司董事、高级管理人员的履职情况、监督会议决议落实执行情况维护公司及股东的合法权益。公司保障监事的知情权，及时向监事提供必要的信息和资料，以便监事会对公司财务状况和经营管理情况进行有效的监督、检查和评价。

（一）积极参与和监督董事会重大决策活动

公司监事列席董事会召开的每次会议，听取和评议董事会有关决策事项和经营层经营管理情况报告，了解全行各项重要决策的内容和形成过程，并对有关决议提案进行认真研究和讨论，充分发表意见和建议。公司监事通过列席参加董事会会议，对公司的重大决策、重大项目、公司资金运作、财务审批、资金使用过程的风险掌握第一手资料，并发表独立意见，公司监事会通过严格自行监督权责保障股东利益，通过加强对企业运行和董事会决策过程中的监督，发挥了规范公司运作、规范公司治理结构建设、防范资金运作风险的作用。

（二）强化约束和监督机制，促进公司规范和高效运作

公司监事会按照《中华人民共和国公司法》《公司章程》等法律法规和公司规章行使职权，对董事会、高级管理人员及其成员的开展履职监督和评价。公司第八届监事会对公司董事、经理和其他高级管理人员在遵守有关法律法规、深圳证券交易所股票上市规则、深圳证券交易所其他规定和公司章程以及执行公司职务、股东大会决议等行为进行监督，监督公司董事、高级管理人员是否存在损害公司利益行为，或者是否可能给公司造成重大损失，公司监事认真行使职权，截至目前，监事会未发现公司董事及高级管理人员任何违法违规现象。

监事会通过检查公司财务发挥监督职能，如检查公司年度及中期财务报告，并对会计师出具的审计报告进行审阅，同时公司监事会深入公司及其下属企业或业务部门、投资企业了解财务状况，并要求公司高级管理人员对公司财务状况做出进一步的说明。若监事会对董事会拟提交股东大会的财务报告、营业报告和利润分配方案等财务资料存在异议，监事会有权利委托注册会计师、执业审计师复核。截至目前，公司财务管理规范，董事会申报的各项议案程序规范，资料准确、翔实，公司监事会都给予肯定同意的意见。

公司监事会对董事会编制的公司定期报告进行审核并提出书面审核意见。书面审核意见主要说明报告编制和审核程序是否符合相关规定，内容是否真实、准确、完整。截至目前，公司监事会对每一期定期报告审核后都给予同意，定期报告内容真实、准确、完整，信息披露规范。

公司监事会监督公司日常经营，若发现情况异常，按照《公司章程》和《监事会议事规则》的规定，必要时，可聘请律师事务所、会计师事务所等专业性机构给予帮助调查，同时公司监事会还可以就某一问题提议召开临时股东大会，截至目前，公司监事会在监督过程中未发现公司经营存在违规情况和异常情况，公司监事会对公司日常经营管理给予肯定，积极支持配合董事会和高级管理人员履职尽责。

（三）采取多种形式，提升工作效率

公司监事会积极探索多种手段，发挥有效监督职能作用，将各项监督

任务落实到位。一是在日常工作中，监事会常规采取的监督方式是列席会议，即监事会成员通过列席股东大会、董事会、管理层的重要会议，对重大事项的决策程序、议事内容的依法合规性以及董事、高管参与决策的行为进行现场监督。二是采取工作访谈和座谈的方式，即与董事、高管或项目负责人进行工作访谈，了解不同层面对董事会、管理层和监事会尽职尽责情况、公司经营管理请假、财务现状、资金使用情况等方面的看法和意见。三是与财务部门加强常态化沟通，对重点监督事项开展具体分析。四是开展专题调研监察，例如对公司内控情况，风险评估等方面进行调查。

近几年，公司监事会严格遵守国家法律法规和监管规定，规范公司治理结构，聚焦管理重点，独立行使职权，履行法定职责，积极探索创新监督路径，初步形成一套行之有效的工作方法。

3.17 航发控制
构建大监督体系 发挥监事会功能

中国航发动力控制股份有限公司（以下简称“航发控制”或“公司”）隶属于中国航空发动机集团有限公司，经中国证券监督管理委员会批准，于1997年6月26日在深圳证券交易所上市。现任监事会成员从2019年11月起开始任职，监事会围绕新时代国有上市公司发展需求，积极构建大监督体系，不断探索、创新监督方式方法，按《中华人民共和国公司法》《中华人民共和国证券法》《上市公司监事会工作手册》及深圳证券交易所《自律监管指引第1号——主板上市公司规范运作》和《中国航发动力控制股份有限公司章程》等相关规定忠实、勤勉、有效地履行监督职责。

一、梳理监事会职责，确定履职方式

一是按照证券监管法规要求，抓好监事会成员遴选。公司监事会由3名监事构成，监事会成员与其他监督职能交叉任职：股东派出监事之一为控股股东巡视办主要成员、股东派出监事之二为控股股东审计部门主要成员，职工监事为主要子公司党委副书记、工会主席。

二是建立清单台账，显性化责任落实。本届监事会贯彻落实法律法规和监管要求，建立职责清单，梳理主要职责10项。探索创建履职方式5种，包括：现场调研、日常监督、专项检查、借助其他资源监督及召开定期会议监督等形式。确定会议监督事项8项；需开展董事会履职、高级管理人员履职、风险防控管理等日常监督3项；公司治理专项检查1项；借助内部审计、外部审计、巡视巡察等方式实施监督。

二、构建大监督格局，助力上市公司运行质量提升

一是与内部审计上下联动，建立“两年一循环”检查机制。指导内部审计部门制定上市公司规范治理检查方案，对所属子公司开展公司治理、关联交易、财务管理、对外担保、重大诉讼及信息披露、合同管理、内部控制有效性等专项检查，按照“两年一循环”的原则，有序推进对公司所属 4 家子公司的专项检查。2020 年完成对中国航发西控科技和中国航发长春控制的专项检查，2021 年完成对中国航发北京航科和中国航发红林的专项检查。助力提升公司合法合规高效运营，近几年公司未发现重大、重要缺陷。通过专项检查，促进不断完善信息披露上下联动的信息沟通机制和审批流程，建立《信息披露管理制度》《子公司信息报告实施细则》《财务报告信息质量管理办法》，确保披露的信息真实、准确、完整，连续多年获深交所信息披露 A 级评价。

二是与外部审计联动，监督运营状况。对聘请年度财务审计与内部控制审计会计师事务所资质和履职能力进行审核把关，建立与外部审计机构沟通机制，沟通审计工作策划情况、审计进展情况和审计发现问题情况，通过事前、事中、事后沟通，监督公司的财务状况、经营成果和内部控制的有效性。

三是与两级党组织联动，通过政治监督促进公司改革发展。监事会成员积极参加股东所在党组织的巡视组，职工监事参加所在单位的巡察组对上市公司总部及子所公司开展巡视、巡察工作，通过巡视、巡察，发现问题，采取整改“回头看”等措施，监督国有控制上市公司健全组织体系，促进完善决策机制，助力厘清股东大会、董事会、党委会、经理层的决策界面和流程，强化基层党组织围绕中心、服务大局，促进党建融入业务，促进党员践行责任，发挥先锋模范作用，提升运营质量。

四是探索监管新方式，提升监督效率。受新冠肺炎疫情影响，传统意义上的现场会已不能满足监督需求，为解决监事会会议决策科学性和及时性，充分利用互联网腾讯视频和微信平台等通信形式召开会议。2019 年 11

月至今，召开现场会议1次、通讯会议18次，共审议议案68项。2022年，探索引入易董平台，实现会议流程和文件处理的线上管理，高效协助业务人员完成会议的创建、审批、通知、召开与归档，支持监事会成员电子签名，为监事会异地履职提供便利。

三、坚持目标导向、风险导向，促进公司规范治理

（一）强化行为监督，促进董事、高级管理人员规范履职

一是列席董事会，现场监督董事会召开程序和审议程序的合法性、合规性。二是以履职待遇业务支出预算为牵引，与内部审计机构联动，监督高级管理人员规范履职、廉洁履职。三是召开定期会议，通过审议年度财务预算、决算报告及内部控制评价报告等重要事项，监督董事、高级管理人员的履职成效和财务决策执行情况。

（二）抓重点环节监督，产融结合提升回报能力

围绕上市公司再融资重点环节发挥监事会的监督作用。事前结合公司发展战略和内外部发展环境，审核非公开发行股票的资格、条件及发行方案，助力非公开发行股票方案通过证监会审核。事中指导内部审计机构加强季度募集存放、使用资金过程管控和募集资金使用的精准性、效益性监督，提升主业科研生产能力和回报股东能力。事后指导总结、交流前次募集资金使用管理经验和特色作法。2021年助力公司实现非公开发行股票融资42.98万元。

（三）风险导向，监控重点防控措施落实

现场调研和日常监控结合。一是结合监事会现场会议召开，深入会议所在地单位，听取公司经营和风险管理情况，了解风险管理体系建设和风险防控情况，监督和指导建立风险、内部控制管理组织体系和健全风险防控措施。二是以季度财务报告和重大风险事件季度跟踪监测表为抓手，监督公司经济运营效果和风险防控能力，其中2021年度监控风险28项，近几年无重大、风险事件发生。

（四）监督“问题”归零，巩固提升治理能力

借鉴质量管理体系质量问题归零模式，指导内部审计部门针对发现问题拉条挂账，建立内外部审计检查发现问题整改台账，组织研究问题产生的根源，坚持问题导向、责任导向，指导制定可操作、可跟踪、可核查的具体整改计划和措施，探索建立审计整改“四不放过”原则，即通过“制度未完善不放过、资金未追回不放过、责任未落实不放过、整改不到位不放过”原则进行“销号”管理，强化内外部审计、检查发现问题系统整改落实，将审计成果转化为公司治理效能。

3.18 招商蛇口
传承“蛇口基因” 监督与发展并重

一、监事会概况

招商局蛇口工业区控股股份有限公司（以下简称“招商蛇口”或“公司”）作为招商局集团有限公司旗下城市综合开发运营板块的旗舰企业，以“成为中国领先的城市和园区综合开发运营服务商”为目标，以独特的“前港—中区—后城”综合发展模式，全面参与中国以及“一带一路”重要节点的城市化建设。

长期以来，招商蛇口高度重视规范运作，按照监管要求动态提升公司的合规经营管理水平。2022 年，公司凭借严格的规范运作、完善的治理结构、优质的信息披露、持续有效的投资者关系维护，获评国务院国资委“国有企业公司治理示范企业”称号。同时，招商蛇口也是深市各板块中唯一一家信息披露连续 19 年考评为“A”的上市公司。

招商蛇口监事会由 5 名监事组成，其中包括 3 名股东代表监事，2 名职工代表监事。监事会成员涵盖财务、审计、法务、风控等专业背景，多元化组合有利于整合多方监督力量。招商蛇口财务管理部作为监事会的服务支持机构，负责监事会的会议筹备和日常监督等具体工作，风险管理部等职能部门配合、支持监事会履职，促进提升监事会工作实效。招商蛇口监事会运作规范有效，依法合规开展监督工作，通过召开监事会会议、列席董事会会议、出席股东大会，审阅公司财务报告、重大经营活动的法律文件、关注公司战略执行情况、运营情况、重大投资决策实施情况等，对公司规范运作和风险控制情况以及董事、高级管理人员的履职情况进行持续监督。

二、监事会创新实践具体做法

（一）优化制度建设，强化履职保障

按照法律法规和有关文件的要求，结合公司实际深入梳理监事会履职脉络，聚焦制度可行性，加强工作细则的修订补充，招商蛇口建立和完善了《监事会议事规则》，建立健全了监事会工作规则、工作报告、成果运用等方面的规定，形成了衔接有序、涵盖全流程的监事会工作制度体系，为监事会提供了明确的、极具可操作性的工作指南，有效促进履职规范化，充分强化监事会履职的刚性保障和约束。

（二）强化创新作为，有效提升监督质效

在落实国企改革三年行动的关键时期，招商蛇口监事会亦努力做到创新突破，以期促进监事会工作质量和效率提高。

一方面，建立健全风险预警机制，做好前期风险识别、预警和防控，充分提升监督灵敏性与科学性，监事会成员通过各类重要会议、下属公司上报的财务及运营数据，及时掌握公司重要事项的运作动态，全面保障监事会对公司经营情况的知情权，便于其发现经营中存在的问题。

另一方面，创新监事会工作方式，积极探索事前、事中和事后相结合的全过程监督模式，依托信息化技术，通过公司 OA 办公系统、法务系统、EAS 系统、生产经营系统、审计管理系统等，搭建集事前审核、过程监督、追踪评估为一体的信息化综合监督系统，实现全过程、全方位监督，并在信息化工具辅助下优化工作报告体系和流程，细化落实报告责任，科学促进监管质效提升。

此外，持续做深实地调研，探索形成“行前分析 + 实地考察 + 集中座谈 + 调研总结”四位一体的调研模式。对于非现场检查无法发现的问题，监事会通过定期和不定期开展实地调研等方式对重点区域进行核查和监督，深入到区域总部、城市公司了解经营情况，就下属公司的党建工作、公司治理、生产经营情况及公司面临的困难和问题等进行调查，充分掌握第一手信息资料，对公司经营情况形成更为具象、更加全面的认识，并基于监

事会职责提出改善建议，有力提升监事会监督检查工作高效性、全面性，提升监督工作与业务经营实际的契合度的同时，为下属公司解决运营中的难点、风险点指明方向。

（三）加强队伍建设，巩固监督驱动力

严格监事职业资格准入标准和聘任制度，科学搭配监事会人员结构。以“专业化”和“多元化”为原则，持续完善监事会结构。招商蛇口监事会成员的专业背景和工作经历涵盖金融、财务、法律、审计、风控、经济、管理等领域，既有理论专业水平，又具管理实践经验，确保监督作用有效发挥。

建立常态培训学习机制，强化激励约束机制，不断提高监事成员履职能力与综合素质，提升监事队伍精神面貌，巩固增强履职效果。公司监事会成员积极参加深圳证券交易所等监管机构开展的培训交流，及时了解监管新规和动态变化，在提高执业素养的同时，严格按照相关法规和行为准则，充分关注公司决策事项对股东权益的影响。

建立健全监事会履职支持体系，加强监事会办事团队建设，打造跨部门的横向支持团队。招商蛇口以总部财务管理部信息披露与市值管理小组团队作为监事会的专门办事机构，风险管理部、运营管理部、综合管理部以及财务管理部其他小组指定专门对接人协同配合，逐步形成一支复合型专业化团队，在加强各方沟通、保障监事会各项监督权力有效落地等方面发挥重要作用。

（四）聚焦监督重点，深化监督内涵

招商蛇口监事会始终坚持以助力公司稳健经营和高质量可持续发展为监事会监督履职的出发点和落脚点。作为上市公司治理架构中的重要主题，招商蛇口监事会在日常监督检查工作中，不仅发现问题、识别风险，还结合工作实际，提出针对性的改进措施，为公司的高质量发展建言献策。近年来，监事会提出的有建设性的意见和建议如下：督促公司董事会和经营管理层加强战略性思考，统筹战略方向，重视对政策层面、业务层面的研究判断；强调公司在“十四五”期间应当进一步清晰战略定位，做好房地产税、金融监管等方面的研究；针对不同区域，开发不同产品，针对一线

城市和核心的二线城市，应有针对性的采取对策；建议公司对持有性物业运营，做针对性的策略和安排，进行系统性的梳理和盘点，基于长远战略，铺排退出和长期持有的计划，提升持有性物业的运营能力；提示公司注意持续提升对流动性风险、组织风险和业务创新风险的管控能力等。招商蛇口监事会始终坚持履职监督、风险管控与公司经营发展并重，将公司经营得好不好，尤其是是否实现高质量可持续发展作为检验和评价公司治理和规范运作各项工作的核心指标。

招商蛇口监事会在未来履职中，将持续探索、创新监督方式，更高效地整合内外部的监督资源，进一步强化监事会的监督职能、提升履职水平，一如既往得以维护和保障公司及广大股东的合法权益为己任。

3.19 华林证券
发挥监事会企业治理监督效能
规范运作助力公司高质量发展

华林证券股份有限公司成立于1997年，注册地位于西藏，是全国性综合类券商，2019年在深交所上市。公司在全国范围内开立34家分公司，并在北京、上海、深圳、拉萨等大部分省会城市及沿海经济发达城市设立证券营业网点，实现全国各省市、自治区、直辖市全覆盖。公司盈利能力优异，过去三年公司平均净资产收益率（ROE）超过10%，持续位居行业前列。公司秉承“您财富的成长是我们的使命，守法合规严谨是我们的原则”的核心经营理念，坚持“忠诚、正直、专业”的核心价值观，各项业务均衡发展，具有差异化经营特色。

一直以来，华林证券积极发挥企业治理监督的体系化和机制化优势，完善法人治理结构与各项监督运作规则，优化风控水平，不断提升管理效率和公司治理水平，构建科学合理的公司治理架构。目前，公司已建立了股东大会、董事会、监事会与经营管理层之间合理分工、各司其职、相互配合、有效协同的运行机制。监事会在公司治理架构中发挥着重要的监督制衡作用，通过积极监督董事和高级管理人员的履职行为，以及监督公司重大决策、定期报告、关联交易、信息披露等工作，确保公司持续规范运作。

一、公司积极支持职工监事及监事会主席履职

公司职工代表大会选举了吴伟中先生为公司职工代表监事，监事会推选其担任监事会主席。吴伟中先生1968年8月出生，本科学历，计算机软

件专业。1996 年 12 月加入华林证券工作，在华林证券从基层员工做到部门负责人，任职超过 25 年，对华林证券的历史、现状非常了解，在公司拥有较高的威望。其担任职工代表监事和监事会主席，有利于其深入员工开展调研，同时可以向管理层提出更符合实际的建议。

为了确保职工监事及监事会主席切实履行监督职责，公司采取了一系列措施保障其职权，例如公司规定职工代表监事及监事会主席可以查阅公司一切档案文件，并可列席公司所有会议（包括股东大会、董事会、经营管理层例会及其他会议）；公司财务部门、内审部门定期报送财务报告、稽核报告等文件给监事审阅。此外，公司所有工作流程均通过 OA 流程实现，公司给职工监事及监事会主席开设了超级权限账号，可以随时随地查看公司所有部门的日常工作及业务流程，便于及时发现存在的问题并尽快反馈、报告。

二、监事会积极开展专项检查和调研，提高监事会工作效率

（一）深入业务实质，加强事中监督

近年来，受外部经济环境影响，各行业均受到较大压力，公司监事会通过听取和了解公司年度财务决算报告、年度利润分配预案等事项，全面关注公司经营状况、财务状况、重大事件决策情况，关注公司战略和公司财务预算执行情况，了解公司的财务和风控情况。同时，主动深入业务实质，了解公司重要信息。例如深入了解公司投资的金融工具估值情况；评估公司各项业务的市场风险、信用风险；评估公司是否存在法律风险；是否存在减值风险等，对公司的业务起到了实质监督复核作用。

通过开展事中监督，排查重大问题和风险隐患，及时将问题报告公司决策层，为公司做好风险辨识和防范工作提供信息支撑；还从管理运行流程上查找风险隐患，堵塞管理漏洞，充分发挥监事会预防预警功能。

（二）加强对信息技术的监督检查

随着公司科技金融转型，监事会持续关注公司科技创新与安全管理的

技术资源的平衡投入，监督科技转型过程中科技创新（敏态）及安全管理（稳态）平衡发展，压实网络安全主体责任，通过参加会议、关键岗位访谈等形式，持续对重大项目的产品设计、开发、软件测试、应急预案、回退方案、运维管理等关键技术环节质量控制进行检查监督，守住网络和信息安全的风险底线。

（三）监督公司内幕信息知情人管理执行情况

公司监事会对公司 2021 年执行内幕信息知情人登记制度的情况进行了监督、检查，检查公司是否按照《内幕信息知情人登记管理制度》，完善内幕信息管理权责体系，明确内幕信息流转的各个环节的登记、报送程序和义务，是否切实加强公司对外报送未公开信息的管理，强化相关外部知悉主体的保密义务等。

（四）监督公司企业文化建设情况

报告期内，公司明确了监事会在公司文化建设中的独立监督作用，并写入了《公司章程》。监事会对公司文化建设工作开展情况积极进行监督，监事会认为，报告期内，在董事会的正确领导和公司文化建设领导领导小组的部署下，公司结合自身特点和发展战略，从法人治理、合规风控、绩效考核、激励约束、选人用人、职业道德等关键环节入手加强了公司文化建设。2021 年，公司组织开展了一系列文化建设活动，激发员工的责任感和使命感，提升员工的精神风貌和工作热情，构建全员参与的文化建设氛围。经过调研，监事会主席建议公司应该进一步加强文化建设方面的内部宣导和外部宣传，让证券行业和公司文化理念从上至下得到贯彻落实。

（五）开展调研工作，监督高级管理人员常态化工作

公司建立了执委会制度，定期召开执委会会议，为监督高级管理人员的履职情况，监事会于 2021 年 6 月针对公司执委会运行情况进行了调研，并建议董事会采取切实可行的措施加强公司高级管理人员队伍建设，提议探索股权激励等多种方式，提高公司高级管理人员及员工队伍的积极性及稳定性。

三、监事会有效整合监督资源发挥监督合力

（一）督促内审部门加强对重点领域的监督检查

在监事会的督促与指导下，公司稽核监察部 2021 年实施了 95 次内部审计，2022 年上半年实施了 39 次内部审计。行业监管强制要求的各项检查工作均及时高效完成，各实施的项目程序均符合监管要求；《深圳证券交易所上市公司自律监管指引第 1 号——主板上市公司规范运作》关于内部审计要求的各项工作均落实到位；稽核监察部对检查发现的问题及时跟踪整改，有效地推动了公司在内部控制、合规遵从等方面的完善提升。

2021 年 9 月，对公司客户资金存款实际管理和运行情况进行核查后，监事会及稽核监察部提出“建议完善公司客户资金管理制度，完善特殊事项下的审批流程”“建议评估进一步降低低利率银行的存放比例下限的可行性”“充分调研同行的银行合作利率，并加强与金融同业部、计划财务部在银行合作方面的密切联动，不断争取提高三方存管银行存放利率”等问题及建议。

（二）指导内审部门加强廉洁从业的监督检查

自中国证监会《证券期货经营机构及其工作人员廉洁从业规定》、中国证券业协会《证券经营机构及其工作人员廉洁从业实施细则》要求发布以来，公司监事会认真贯彻落实相关要求，主要通过定期审阅季度稽核工作报告以及廉洁从业管理工作报告，全面掌握稽核、监察工作完成情况，并提出工作重点方向与建议。在监事会的组织下，稽核监察部根据中国证券业协会《关于开展 2021 年度证券公司廉洁从业专项自查的通知》（中证协发〔2021〕44 号）的要求，对公司 2020 年 3 月至 2021 年 3 月的廉洁从业管理机制及落实情况进行了专项检查，并出具了报告。

四、提高监事会会议效率，并强化监督意见落实反馈

一是改进会议议程。为贯彻公司“开短会”的管理要求，监事会通过

合理安排议题讨论程序和时间，明确议题说明环节的时限要求，充分保障讨论环节的时间。

二是会前充分沟通。监事会在会前注重就议题与管理层进行沟通，必要时听取外部审计师意见，以此深化对议题内容的了解，为会议讨论做好准备。

三是监督意见更加务实。监事会成员会上围绕重点议题深入研究、积极讨论，并注意从监督角度提出具有实质性、针对性、可操作性的意见和建议。

四是加强对监督意见的督促落实。由相关负责部门及时将监事会会议形成的主要监督意见进行梳理，将需要落实和传导的事项和内容分解到具体部门，并通过跟踪落实，使监督意见有效“落地”，监督工作建立完整的反馈机制，监督效果进一步提高。

公司治理体系的规范运作是公司发展的重要保障，也是公司高质量发展的基础。随着资本市场的进步、外部监管和内部发展要求的不断提升，华林证券将持续发挥监事会在公司治理结构中的监督作用，整合内外部监督力量，将监督落在实处，提高监督的有效性，切实维护股东、公司及员工权益，为公司高质量发展保驾护航。

3.20　蓝思科技
充分发挥监事会作用　助推公司高质量发展

监事会作为内部监督机构，是公司法人治理结构中的一个重要组成部分，依法检查公司财务，监督董事、高级管理人员履行职责的合法合规性，以及维护公司及股东的合法权益等职权。为保障监事会履行职责的权利，充分发挥监事会在公司治理中的作用，蓝思科技股份有限公司（以下简称“蓝思科技”或“公司”）在监事会治理实践中进行以下几方面的探索创新。

一、公司全方位保障监事会的知情权和监督权

（一）努力保障监事会依法行使知情权和监督权

公司及实际控制人高度重视监事会在上市公司治理和规范运作等方面发挥积极作用，严格遵守《中华人民共和国公司法》《深圳证券交易所上市公司自律监管指引第 2 号——创业板上市公司规范运作》等相关法律法规，并不断健全完善《公司章程》《重大事项报告制度》《三级管理权限》等相关制度、工作流程、机制，切实依法保障监事会享有的检查权、调查权、会议参与权等权利。

监事会与董事会、公司高管、相关部门建立起有效的沟通机制。董事会、公司高管以及相关部门主动向监事会报告监督信息，监事会在证券部的全力配合下依法监督董事和高管的履职行为、个人对外投资、股份变动、关联交易，以及公司财务、内控与合规等公司管理与决策行为。根据《公司章程》《监事会议事规定》等公司制度，监事会成员有权参与商议关涉公司发展的战略部署和经营决策，有权列席参与公司高层重要会议和讨论，

能够及时获悉公司经营情况，事前进行风险识别与检查。公司为监事会全面履职提供制度保障，监事可以客观、独立地对相关事项发表意见，真正发挥监事会职能。

（二）建立具有专业履职水准的监事团队

公司监事会成员均在公司任职多年，拥有丰富的行业经验和管理能力，以及生产经营、财务管理、政府事务、内控管理等专业背景。专业化的履职能力为多角度、全方位监督公司的信息披露、财务报告、内部控制等活动提供专业能力保证，为监事会在整个公司治理中充分、有效履职创造了条件。监事会深度参与公司内部控制、审计、合规审查、风险控制等各个内部监督环节，掌握公司经营管理的第一手资料，能够为公司规范运作提供专业性的指导意见，促进内外监督体系的沟通协调，独立有效地监督评估董事及高管人员履职行为。

（三）利用电子化手段，及时、便捷地保障监事会对公司信息披露的知情权和监督权

公司充分利用 OA 办公系统、内部邮件系统、短信息平台等电子化途径，向监事会及时传递重要信息。监事会也有权调用或可以要求相关部门提供履职所需资料。例如，证券部在发布定期报告和临时公告后，第一时间将公告主要内容以短信方式发送给监事会成员，及时、便捷地提示其公司信息披露工作情况，有利于监事会及时检查公开披露的信息是否真实、准确、完整，并可以对相关工作底稿进行审核，从而更好履行信息披露工作监督检查职责，为公司信息披露差错风险的的事前防范和事后补救提供多重防护。

（四）积极举办培训交流会议，提高履职能力和规范意识

为提高公司规范运作水平，帮助董监高增强履职能力和规范意识，公司证券部门与持续督导券商、年审会计师事务所多次举办专题培训会议，对中国证监会、证券交易所及国家有关法律法规、规章制度进行系统性学习，分享心得经验，交流观点看法，取得了良好成效。

二、监事会积极作为，推动公司管理制度优化

公司监事会根据《中华人民共和国公司法》等法律法规和《公司章程》，结合公司发展情况，健全完善公司各项管理制度，提升监督质量和公司管理水平，确保各项决策适应行业形势与公司发展战略。例如，在财务优化方面，监事会结合工作实践与公司实际，协同证券部共同搜集、整理同行业其他上市公司资料作为参考，经初步研究认为公司当前及未来业务、客户结构已经发生积极变化，于是通过证券部组织协调沟通会议，向董事会提出了优化建议。董事会经充分调研后，进一步委托审计委员会联合证券部、财务部、商务部等相关部门，以及会计师事务所进行专题研究。经多次研究讨论，各方一致认为部分财务制度和政策存在优化的空间。最终，在监事会和相关部门的高效配合下，证券部向董事会审计委员会、董事会及监事会提交了相关财务制度及政策优化报告，公司根据《公司章程》和《股票上市规则》履行完成了必要的决策程序，实现了该次优化。在此过程中，监事会积极发挥其质询、监督管理权，发起议题、联合开展研究、提出建设性意见、与年审签字注册会计师及独立董事进行积极沟通，切实履行了财务监督职能，促进公司财务管理水平提升。

三、监事会积极参与工作会议，充分发挥内控与合规监督职权

公司监事会积极列席董事会审计委员会、内部审计部门会议，听取管理层、财务部、审计部等内部汇报，并可通知证券部安排与会计师事务所、独立董事进行沟通，对内控与合规工作提出指导意见。作为公司的日常监督机构，内部审计部门审查和评价组织的业务活动、内部控制和风险管理的适当性和有效性，其工作贯穿全年始终，覆盖组织全部。监事会对内控内审部门的规范运作进行有效的监督指导。内部审计部门、合规管理部门每季度向监事会报告季度工作开展情况，相关监事成员通过分管内控与合规监督工作，将业务层面的监督职能和治理层面的监督职能进行了融合。

对于监事会来说，内部审计部门、合规管理部门可以凭借其对企业经营状况的全面了解、接触的财务信息以及专业能力，帮助监事在董事会上提出较为合适的意见和建议。监事会也可以利用内部审计报告对公司有更深入的了解和判断，并通过监督机构间业务上的监督指导及时有效地获取信息，为相关工作的事前、事中监督提供了可能性，反过来又可以促进公司内部控制体系的健全和完善。

四、监事在内部投委会担任委员，深度参与公司重大发展决策

公司设立了投资委员会，部分监事会成员在投委会中担任了委员职务。在证券部、投资部等相关部门的协作下，监事会从起始阶段全程参与并监督立项、调研、可行性分析、委员会表决，以及提请董事会及股东大会审议全部流程。在公司积极把握投资并购机遇时，监事会成员在风险控制与合规管理方面发挥了重要作用。

例如，公司在新兴产业加大战略投入方面，监事会结合本职工作和专长，对某项目可行性进行了全面、细致、谨慎的了解和评估，在投委会上会讨论阶段，对项目的必要性、经济性、存在的问题和风险等进行提示，发表独立、客观、专业的意见，并对接下来进一步探明行业前景、市场状况、编制项目具体方案等工作提出建设性思路，防范潜在风险，并联合证券部共同对后续落实情况进行跟踪汇报。在此过程中，监事会以公司和股东利益为核心，深度参与投资项目的尽调评估，同时积极履行监事职责，客观、真实地发表意见，谨慎使用投委会表决权，对风险进行了有效的管理。

我们认为，公司监事会能够凭借其特殊身份、业务背景和专业能力，深入到公司的各项具体的管控实践中，这是其他外部监督力量所无法企及的、难以替代的。因此，监事的监督职能与公司的内控体系深度交融，能更好地体现事前、事中和事后的全过程监督，防范风险于未然。未来，公司监事会将再接再厉，继续探索、实践、积累更多高效的工作途径和方法，更好地为公司合规、高效治理发挥出监督和促进作用，推动公司治理水平不断提升，助力公司实现更高质量的可持续发展。